中央政法委重大项目《域外刑事案件快速处理程序机制研究》最终研究成果

域外刑事案件快速处理程序研究

李本森　等著

中国人民公安大学出版社
·北　京·

图书在版编目（CIP）数据

域外刑事案件快速处理程序研究/李本森等著. —北京：中国人民公安大学出版社，2021. 1

ISBN 978-7-5653-4133-5

Ⅰ. ①域… Ⅱ. ①李… Ⅲ. ①刑事犯罪—案件—处理—研究—世界 Ⅳ. ①D914. 11

中国版本图书馆 CIP 数据核字（2021）第 018753 号

域外刑事案件快速处理程序研究

李本森　等著

出版发行：中国人民公安大学出版社
地　　址：北京市西城区木樨地南里
邮政编码：100038
经　　销：新华书店
印　　刷：北京市科星印刷有限责任公司

版　　次：2021 年 1 月第 1 版
印　　次：2021 年 1 月第 1 次
印　　张：26
开　　本：787 毫米×1092 毫米　1/16
字　　数：467 千字

书　　号：ISBN 978-7-5653-4133-5
定　　价：87. 00

网　　址：www. cppsup. com. cn　www. porclub. com. cn
电子邮箱：zbs@ cppsup. com　zbs@ cppsu. edu. cn

营销中心电话：010-83903991
读者服务部电话（门市）：010-83903257
警官读者俱乐部电话（网购、邮购）：010-83901775
公安业务分社电话：010-83905672

前 言

2014年6月，十二届全国人民代表大会常务委员会表决通过授权最高人民法院、最高人民检察院在部分地区开展刑事案件速裁程序试点工作。2014年8月，最高人民法院、最高人民检察院、公安部和司法部联合发布《关于在部分地区开展刑事案件速裁程序试点工作的办法》，正式在14个省市的18个城市开展刑事速裁程序的试点。刑事案件速裁程序的试点是自2012年《刑事诉讼法》修正之后，首次对刑事诉讼程序具有实质意义的试点改革。2018年修正的《刑事诉讼法》正式确立了刑事案件速裁程序。刑事案件速裁程序的立法和实践已经证明，这项制度对于有效缓解基层法院“案多人少”的矛盾，实质性提高刑事案件的审理效率，以及对于建立更具有可操作性的多元化的刑事诉讼程序都具有重要的现实意义。

毫无疑问，中国的刑事案件速裁程序刚刚起步，还处于初步探索阶段。域外很多国家和地区的刑事案件快速处理程序的立法和实践，已经有相当长的历史。刑事案件快速处理程序被广泛纳入刑事诉讼基本法律程序中，说明其具有程序的正当性。这种正当性就其本质而言，在于其在保障犯罪嫌疑人、被告人的基本诉讼权利的前提下，实现司法公正与司法效率的高度统一。当然，刑事案件速裁程序在域外的实践由于其诉讼的文化和犯罪情势的不同而存在很大的差别，在有些国家和地区还存在很多棘手的问题，甚至受到学界的尖锐批评。中国的速裁程序立法和实施已经起步，无论是立法层面还是实践层面，建立符合中国国情的刑事案件快速处理程序还有很长的路要走。在这个过程中，我们不仅要不断总结刑事案件速裁程序本土的实践经验，还要广泛借鉴世界上其他国家相对成熟的刑事案件快速处理程序的立法和司法经验。

一、借鉴域外辩诉交易经验，探索建立完备的速裁控辩协商程序

域外辩诉交易中最具价值的部分就是控辩协商机制。域外典型的辩诉交易中的控辩协商包括以下步骤：第一阶段，控辩双方交换信息，了解对方对案件的掌握程度以及证据资料。包括对方具体的交易提议、在证据方面的弱势及强势、对方的利益所在、希望达成的交易目的以及最可能的妥协，等等。通过了解对方的这些信息勾勒出大致的交易框架，并对以后双方进行互相说服有着重要的意义。第二阶段，一方提出交易提议，另一方针对该提议提出反驳意见即反提议，力图使对方接受自己的建议并最终达成一个双方都满意的协议。对于提议以及反提议，都要求简洁并且有合法的依据。要求简洁是因为在陈述己方的建议时会不自然地透露出己方的弱势，简洁就会避免这样的情况发生，并且能够避免不必要的解释，而要求有合法依据就会增加可信度及说服力。无论是提出提议还是反提议，都必须在提出之前分析对方所掌握的信息以及背后的根据，因为任何的提议都会或多或少地反映出己方的弱点以及所掌握信息的程度，如果将这些信息无意之中透露给对方，就会使己方的说服工作举步维艰。第三阶段，双方的妥协与让步。一般而言，实践中检察官掌握着绝大多数辩诉交易的主动权，因此其在提出提议或者反提议后几乎不会再进一步妥协与让步，但是如果辩护律师提出的建议更加合理、合法且更符合双方的利益，检察官就会作出妥协。通常双方妥协的原因主要是被告人羁押的期限、检察官的证据失效、法官对辩诉交易制度的态度，等等。如果控辩双方未能就提议达成一致，那么在其后的审判当中，被告如果作出与之前的有罪答辩相矛盾的答辩，那么检察官就会以提议中被告人的陈述对其进行反驳。较之直接选择正式审判的被告人，未能最终达成协议的被告人将面临更大的被判处刑罚的危险。因此，被告人及其辩护律师对会见及提议要慎重考虑。第四阶段，在控辩双方会见之后，如果双方达成一致，就会形成一个答辩协议。答辩协议实质上是一种合同，因此一般要求用书面的方式记载下来并由双方签字确认。“辩诉协议的内容一般包括以下几个方面：（1）被告人是否将作有罪答辩；（2）检察官的具体指控；（3）检察官是否会撤销的具体指控；（4）审判前问题的分工，如何方将于何时、何地、何种方式为何种行为；（5）检察官是否承诺不对被告人提起额外的指控，该指控为何种指控，与何种行为相关以及有关日期的条款；（6）检察官将提出的量刑建议的具体条款，包括在可适用的量刑指南下如何计算刑罚；（7）有关缓刑、假释、罚金、赔偿、社区服务、治疗或者改造、驱逐流放、纳税义务、没收以

及其他有关的条款；(8) 是否对被告人的上诉权利进行限制；(9) 被告人与检察官合作的具体条款，包括如何确定合作的充分性，如何影响量刑建议；(10) 检察官是否承诺将不起诉案外第三人，如被告人的配偶；(11) 对支持辩诉协议的事实基础的任何约束或者限制；(12) 检察官是否承诺将不会要求被告人在任何程序中作证，如大陪审团或者审判程序；(13) 任何违反辩诉协议行为的具体后果；(14) 重述如果法院拒绝辩诉协议，被告人有权利撤回答辩。”在辩诉协议达成以后，被告人将在法庭上作出有罪陈述，只有在有罪答辩完成之后，控辩双方的合作关系才算正式成立。此时，检察官作为协议的一方开始承担义务，即降低指控、减少指控或者作出向法官提出从宽的量刑建议。

我国可以借鉴和参考域外辩诉交易中的控辩协议的步骤与规则以及文本内容，完善刑事案件速裁程序和认罪认罚从宽制度。刑事案件速裁程序和认罪认罚从宽制度的试点开启了控辩协商的“大门”，但是离规范意义上的控辩协商制度还有相当差距。最高司法机关可以总结部分地方速裁试点中控辩协商机制和运行的经验，并吸收域外控辩协商方面的有益做法，制定规范的控辩协商规则。有的地方开始探索建立律师广泛参与的速裁案件的控辩协商机制，这为中央层面的立法提供了可资参考的经验。完备的控辩协商制度应当包括协商的范围、程序的启动、协商的地点、协商的过程、协议的确认、协商的救济，等等。控辩协商程序没有辩护律师的参与就无法充分实现在平等自愿基础上的协商。在看守所和法院设立值班律师，为速裁案件被告人提供法律咨询和法律帮助是这次试点突出的制度创新。但是，由于法律援助资源区域性差异，要保证所有速裁案件的被告人都享有律师辩护权，仍然面临实际困难。如果没有辩护律师的有效参与，在审前监督机制不完善的情况下将极有可能产生冤、错案的风险。在目前法律援助资源稀缺的情况下，国家应当加大对法律援助的投入，并采取措施将有限的律师资源配置给最有需要的速裁案件中认罪认罚的被告人，以帮助其与控方进行有效的量刑协商。另外，可借鉴域外认罪答辩审查机制，我国应当逐步建立刑事案件犯罪嫌疑人、被告人认罪答辩规则。具体包括：认罪前的权利告知和相关认罪问题的解释，包括伪证罪的后果、被告人享有的包括辩护权在内的各种基本诉讼权利、认罪的后果、认罪后法院在判决上的权力，等等；明确对认罪的撤回、上诉的条件以及相关救济措施；对认罪事实的确认和审查；明确有关认罪后可能产生的民事赔偿、罚金罚款、刑罚执行方式，等等。这些规则的建立对于完善刑事案件快速处理程序中的控辩协商机制具有重要的意义。

二、借鉴域外处罚令经验，探索建立刑事案件的书面审程序

有很多国家和地区设有处罚令程序，如德国、意大利、日本等。处罚令程序是德国刑事案件速裁程序中最具特色部分。《德国刑事诉讼法》第407条第1款规定：在轻罪案件中，检察机关可以向刑事法官或者有职权的审判员以书面形式申请，在不经审判程序下通过书面处罚令确定违法行为的法律后果。当检察机关根据调查结论认为案件不必要经过审判程序时，则提出处罚令申请。处罚令申请应当针对特定法律后果。允许起诉处罚令。处罚令的最大特点是不经审判程序，而仅通过检察机关向法院申请处罚令，这也是处罚令成为最快速的刑事案件处理程序的原因。与此相比，刑事案件快速处理程序机制对处理期限作了明确规定，还规定了简化法庭审判程序。处罚令程序原则上适用的是资格吊销、罚金等非人身处罚。除德国外，意大利、日本等许多国家也有处罚令制度。

我国目前的刑事案件速裁程序的制度设计中并没有规定处罚令程序，但是此前有极个别地方也在尝试速裁案件的书面审理，但是和域外的处罚令程序有着显著的不同。由于我国速裁案件中相当一部分案件的犯罪社会危害性显著轻微，如涉嫌醉酒的危险驾驶罪，还有部分仅仅可以单处罚金的案件，实际上都可以尝试运用处罚令程序。根据司法统计数据，刑事速裁案件中特别是判处1年以下有期徒刑的拘役和罚金类的案件的占比超过70%。如果对判处拘役和单处罚金的案件适用处罚令程序，这样就可以更大程度上提高速裁案件的审理效率。目前速裁程序的分流力度虽然有所加大，但是效果并不是十分显著，在中国未来的速裁程序立法中，可以探索对可能判处拘役和罚金刑的轻微刑事案件采取书面审理的处罚令程序。

三、借鉴域外治安法庭制度，探索建立快速处理轻微刑事案件的治安法庭

域外的治安法庭制度在普通法系国家最为发达，英国、美国和加拿大等国家都有治安法庭制度。英国的治安法庭有着悠久的历史，在快速处理轻微的治安案件方面发挥着非常重要的作用。英国治安法庭集中规定在《1980年治安法庭法》中。治安法院受理的案件范围包括《1980年治安法庭法》表I中所列的犯罪，一般如非重大的偷窃、针对人身的暴力犯罪等。对于此类犯罪，被告人一般可以自行选择审理法庭。如果被告人选择由治安法庭进行审理，则案件由治安法院进行简易审判。但是，治安法庭在案件最终适用何种审理程序的问题上仍然享有最终决定权，即如果治安法官认为案件性质过于

严重，不宜由治安法庭进行审理，则应裁定将案件移送刑事法院进行审理。而如果被告人选择由刑事法院进行审理，则案件必须移送刑事法院按照正式审判程序进行审理，此时治安法院对审理程序的适用没有裁量权。治安法庭与纯粹的单一刑事法庭相比，最大特点是对轻微犯罪案件的处理在保证快速的同时，既具有对犯罪人综合性预防矫治功能，也有针对被害人权利保护的恢复性司法功能。

从长远来看，借鉴域外治安法庭的经验，非常有必要建立中国特色治安法庭制度。在一些轻微刑事案件量大集中的法院，特别需要建立专门的治安法庭来分流这些案件。在刑事案件速裁程序试点过程中，有的地方已经开始探索建立富有地方特色的“治安法庭”，如北京市海淀区的司法机关在看守所建立的速裁法庭，就是中国特色的治安法庭的雏形。在刑事案件速裁程序的立法实施过程中，国家应当允许有条件的地方探索治安法庭的建立和运行机制。初期，可以首先在沿海经济发达地区或其他经济基础条件比较好的地区，进行专门的治安法庭的试点，观察和总结运行中的经验和问题，为在刑事案件速裁程序中创设治安法庭不断积累经验。

四、借鉴域外审前合作模式，探索建立新型认罪认罚合作的速裁模式

俄罗斯刑事诉讼中最具特色的审前合作协议与我国的认罪认罚从宽制度十分契合。根据最新《俄罗斯刑事诉讼法典》（第 317-1 条至第 317-9 条）的规定，在犯罪嫌疑人或被告人与检察长签订审前合作协议的情况下，侦查员有权从原刑事案件中分出一个刑事案件单独办理，在该案件程序中：关于签订审前合作协议的申请，侦查员关于向检察长提起与犯罪嫌疑人或刑事被告人签订审前合作协议的申请的决定，检察长所作的满足关于签订审前合作协议的决定，以及审前合作协议应一并归入刑事案卷中。当签订审前合作协议的犯罪嫌疑人或被告人，他的近亲属、亲属和亲近的人的安全受到威胁时，侦查员应作出将关于签订审前合作协议的申请，侦查员关于向检察长提起与犯罪嫌疑人或刑事被告人签订审前合作协议的申请的决定，检察长所作的满足关于签订审前合作协议的决定，以及审前合作协议封入信封保管的决定；侦查终结后刑事案件应移送检察长批准起诉书，并由检察长作出对该案件适用法庭审判和裁判的特别程序的报告，报告中应当说明：被告人在揭露和调查犯罪、揭发和追究其他共同犯罪人以及起获赃物方面协助侦查的性质和范围；在揭露和调查犯罪、揭发和追究其他共同犯罪人以及起获赃物上与被告人合作的意义；与被告人合作所发现的犯罪、提起的刑事案件；刑事被告人，

其近亲属、亲属和亲近的人，因被告人与控方合作而受到的人身安全威胁的程度。检察长还应该在报告中证明被告人在履行其所签审前合作协议所规定的义务时陈述信息的全面性和真实性。报告的副本应送交被告人和他的辩护人，对此，他们有权提出自己的意见。

根据2018年修正的《刑事诉讼法》的规定，我国适用速裁程序的案件，同时必须具备认罪认罚从宽处罚的条件，目的就是鼓励犯罪嫌疑人、被告人与国家司法机关合作，获得从宽处理。但是，目前在制度设计上缺乏有效的鼓励犯罪嫌疑人认罪合作的模式。俄罗斯的认罪案件的审前合作模式可以为我们完善认罪认罚从宽制度提供借鉴。特别是腐败类、诈骗类、有组织犯罪类案件等需要犯罪嫌疑人、被告人配合侦查起诉的案件，审前认罪合作模式对于提高侦查和起诉效能都具有重要意义。目前我国的认罪认罚从宽制度偏重于认罪，对于合作部分则不是特别强调，可以借鉴俄罗斯的认罪审前合作模式，弥补中国的刑事审前合作模式的空白。在认罪认罚从宽制度的总体框架下，建立认罪合作模式或机制，包括认罪审前合作的申请、审核、预先审查程序、制作程序、适用特别审理程序、量刑判决程序；必要时对适用合作模式的犯罪嫌疑人、被告人进行人身安全保护，等等。

五、借鉴域外立即审判程序，探索和完善“刑拘直诉”制度

域外案件快速处理程序中独具特色的是立即审判程序，其代表性国家是意大利。意大利在西方的刑事简易程序的多元化制度构造中属相对较完善和体系化的国家，其刑事简易程序包含辩诉交易、快速审判、立即审判、处罚令和保证金制度五大类。其中立即审判制度是其体系中最具特色的部分。立即审判程序规定于意大利《刑事诉讼法》第453条至第458条，作为特别程序，它最为鲜明的特征就是省略了初步庭审环节，将案件的诉讼过程从初期侦查直接过渡至正式庭审。从刑事诉讼权利角度看，立即审判程序是以牺牲法官在初步庭审环节中的审查权力为基础，制定的特别刑事诉讼程序。立即审判的适用标准主要是以检察官所掌握的证据是否清楚，能否达到符合初步庭审的要求为标准。第一，被告人提出请求的情形。被告人请求适用立即审判程序，意味着被告人主动放弃参加初步庭审的权利，但被告人的放弃不影响辩护人获取调查文书材料副本的权利。被告人适用立即审判程序的请求应在初步庭审开庭3日前提出，并将这一请求交至司法文书室，同时通知检察官和被害人。被告人提出这一请求，法官须直接发布立即审判令。第二，检察官提出要求的情形。相比被告人提出请求，由检察官提出立即审判要求的审查流程和诉讼程序则更具英美法系的特点，之所以说检察官提出适用立即

审判程序的案件程序更具英美法系特征，是因为在此程序中，审查法官摒弃了大陆法系法官审理案件的一个基础性原则——对抗原则，而只在单方面听取检察官意见后就作出决定。

检察官提出适用立即审判要求的规定，经意大利在2008年通过第92号“关于社会公共安全”的法律性命令中予以新增条款并作出修订。检察官在这种方式下提出立即审判要求须符合的条件为：（1）行为人已被羁押，包括被羁押于监所、在居住地或是收容场所被逮捕，当然，行为人被采取措施的罪行应是检察官提出立即审判要求所诉罪行。（2）行为人被采取强制措施的种类及其期限应当与法典中规定所涉罪行相符合。（3）执行羁押措施的180日内，检察官应当提出适用立即审判的要求。意大利司法界普遍认为，超过180日检察官仍未提出适用立即审判要求时，并不导致检察官的行为绝对无效，违反法条对期限的强制规定并不会对检察官启动刑事诉讼程序和随后参与刑事诉讼的权力产生影响，违反此项期限规定只是单纯的违规行为，并不代表检察官行为无效。（4）法官驳回检察官要求的情形：法官主要以行为人行为的严重性为判断标准，如果法官经审查认为严重犯罪嫌疑不成立导致撤销预防性羁押措施的裁定或是裁定无效，那么法官会驳回检察官的要求。因此，在立即审判程序中，对行为人所采取羁押的强度和期限都是非常重要的，如果强度和期限过高或是过低，与犯罪行为程度不相符，都可能导致检察官提出立即审判请求后无法得到法官的同意。

我国刑事案件速裁程序实施中存在的突出问题，就是审前程序没有得到根本性的简化。如果在速裁程序中针对部分案件采用立即起诉程序，则可以实质性提高刑事案件的审前效率，大幅度提高速裁程序的效率。事实上，我国速裁程序和认罪认罚试点中，有些地方尝试刑事拘留后，跳过逮捕审查起诉环节，直接进入诉讼程序。这种“刑拘直诉”的模式类似意大利的“立即起诉程序”。因此，我国可借鉴意大利的立即起诉程序，规定立即起诉的案件范围和适用标准，充分发挥检察官在立即起诉程序中的认罪自愿和犯罪事实的查证功能，切实提高刑事速裁案件的审前效率。

除上述几个方面外，域外刑事案件快速处理程序机制中还有其他更为丰富、更有价值的经验和做法值得学习。本书作为笔者主持的中央政法委立项的重大课题《域外刑事案件快速处理程序机制研究》的最终成果，期望能够最大限度地提供域外刑事案件快速处理程序机制的立法和实践等方面的经验，为完善中国的刑事案件速裁程序提供有益的借鉴。

该书的出版得到中央政法委的专项课题经费资助，在该课题的研究过程中得到中央政法委政法研究所杨东亮处长的大力支持，在此表示衷心的感谢！

此外，中国人民大学法学院陈卫东教授、魏晓娜教授，中国政法大学比较法学研究院元铁教授对本课题的研究也给予了大力支持，在此深表谢意！中国人民公安大学出版社为本书的出版提供了帮助，在此表示由衷的感谢！

本书的写作分工如下：李本森：前言、第一章；王绍佳：第二章；魏晓娜：第三章；曹东：第四章；姚聪慧：第五章；李梅：第六章；元铁：第七章；杨超：第八章；祁蒙：第九章；郭锴：第十章；朱敏敏：第十一章、附录部分。

目　录

第一章　美国刑事案件快速审判权的宪法检验与立法嬗变*

迟到的正义是非正义（justice delayed is justice denied），这句古老的西方法律名言意在突出诉讼及时性对于维护正义的重要价值。但是，如何才能有效避免正义“迟到”，则历来是立法和司法上的难题。1789 年的美国宪法第六修正案确立被告人享有快速审判的权利，为避免正义的“迟到”提供了基本法上的保障。但是，由于该速审权规范的不确定性（amorphous）和不稳定性（slippery），[①] 该权利长期以来被看作宪法权利中的“密码”（cipher）和不可捉摸的权利（protean right）。[②] 直到 20 世纪六七十年代，美国联邦最高法院通过系列个案的司法审查，使速审权具有可操作性的检验标准并成为可救济的权利。美国人的权利既不是神的礼物，也不是自然的果实；它们不是自动实施的。[③] 法定的权利只有不断在司法实践中“生长”，并且“必须有生长的原则”，[④] 才能获得持久的生命力。从宪法速审权的艰难“落地”和曲折“生长”的历程，可以清晰地看到完备的权利规则体系并非“自动实现”或“朝夕可成”。

一、从英国大宪章到美国权利法案

根据美国学者的研究，有关快速审判权为何最终被写入权利法案中的相关文献记载十分罕见。[⑤] 但是，在该权利出现权利法案之前，在规范层面仍然

---

* 本章内容此前已经刊发在《环球法律评论》2017 年第 3 期。

① Barker v. Wingo, 407 US 514, 522 (1972).

② Brian P. Brooks, A New Speedy Trial Standard for Barker v. Wingo: Reviving a constitution Remedy in an Age of Statutes. The University of Chicago Law Review, Vol. 61, no. 2, (Spring) 1994, pp. 587, 589.

③ ［美］史蒂芬·霍尔姆斯、凯斯·桑斯坦：《权利的成本：为什么自由依赖于税》，毕竟悦译，北京大学出版社 2004 年版，第 220 页。

④ ［美］本杰明·内森·卡多佐：《法律的生长》，刘培峰、刘晓军译，贵州人民出版社 2003 年版，第 11 页。

⑤ Susan N. Herman, *The Right to A Speedy and Public Trial: A Reference Guide to the United States Constitution*, Connecticut: Greenwood Publishing Group, (2006), p. 161.

有迹可循，即被告人享有获得迅速审判权利，根植于英国传统法的基本原理。[①]

早在1166年，在英王亨利二世时代颁发的克莱瑞登法令（the Assize of Clarendon）中就有快速司法的规定。根据该法令，如果被告在偏远的县被捕，法令就要求逮捕被告人的当地司法行政官立即向皇家法院传递信息，以便在那里能够即时开始审判活动。克莱瑞登法令是在普通法文化中最早可见的有关快速审判的规范性条文，但是该规定并没有直接触及被告人的权利，而仅仅是从权利的相对面国家义务的角度强调快速审判的问题。[②]

真正把快速审判作为诉讼权利在法律上赋予被告人，可溯至1215年的《英国大宪章》（Magna Carta）。《英国大宪章》声称，我们不会否认和拖延任何人的正义或权利。[③] 相比美国宪法第六修正案的快速审判的权利的规定，《英国大宪章》中的规定更为抽象，且涵盖的范围更广。

英国普通法历史上的一些著名大法官对快速审判也有零散的论述。大法官伯爵 John Fortescus 在与亨利六世的对话中指出，“英国法不允许毫无意义和毫无成效的拖延”。[④] 科克（Edward Coke）大法官在其名作《英国法释义》中宣称对于受到侵害的人，他们享有正义和权利，并且在其过程中免于自由而不得欺骗（freely without sale），彻底而不得拒绝（fully without any denial），快速而不得拖延（speedily without delay）。[⑤] 这些英国大法官关于司法效率的论述，都为该权利进入司法和立法领域奠定了思想认识的基础。

作为美国刑事诉讼法的重要渊源的英国《人身保护令》（Habeas Corpus Act of 1679）特别规定了重罪和叛国罪的审判前超期羁押的救济规则。该法令规定，如果被告人因为证人没有在同期法庭上出现导致延迟，被告人就应该被释放作为救济。在重罪和叛国罪的第二期审判中，如果被告人仍然没有被

---

① *Klopfer v. North Carolina*, 386 U. S. 213, 87 S. Ct. 988, 18 L. Ed. 2d 1 (1967).

② Assize of Clarendon, 12 Henry II, ch. 4 (1166), quoted in Theodore Frank Thomas Plucknett, , *A Concise History of the Common Law*, Rochester, The Lawyers Co-operative Publishing Co. , 1936, p. 113.

③ Magna Carta, we will sell to no man, we will sell to no man, we will not deny or defer to any man either justice or right. Cited from Wayne LaFave & Jerold H. Israel, *Criminal Procedure*, West Publishing, 1992, 787.

④ Sir John Fortescue, In Praise of the Laws of England" in on the laws and Governance of England, ed. Shelley Lockwood, , New York, Cambridge University Press, 1997, pp. 75-77.

⑤ Sir Edward Coke, I Institutes of the Laws of England, 55. Cited from Susan N. Herman, The Right to A Speedy and Public Trial: A Reference Guide to the United States Constitution, Connecticut: Greenwood Publishing Group, (2006), p. 162.

判决，不管什么理由，被告人都应当被释放。[①] 从上面的规定可以看出，英国的《人身保护令》比此前的《英国大宪章》在具体的权利保护措施和救济方面已经有明显的进步。

由于北美早期殖民者主要来自英国上层社会的新教徒，在美国联邦形成之前的殖民地的立法中，有关速审权的规定也被吸收到其立法之中。1641 年马萨诸塞的自由团体（Body of Liberties）和宾夕法尼亚的政府结构（Frame of Government）等文件中都包含有快速司法或审判的法律文字表述。在独立后，1776 年弗吉尼亚州和宾夕法尼亚州发布的《权利宣言》、1777 年佛蒙特的《权利宣言》中都明确规定了快速公开审判权利（the right to a speedy public trial）。[②] 这说明，在美国宪法修正案之前，快速审判权已经从大不列颠被移植到美利坚的新大陆。

1789 年美国宪法第六修正案将快速审判权确立在宪法条文中，第一次在宪法史上明确宣称被告人享有快速审判的权利。与该权利相对应的义务是，政府有责任建立并执行刑事被告人获得快速审判的机制。根据美国学者的考证，对于为什么在美国宪法修正案中规定快速审判权并没有记载。[③] 唯一可考察的是，在对该权利进行讨论通过之前，南卡罗莱纳州的一位议员提出，过度的快速审判可能对被告人不利，并建议增加补充，即如果有利于被告人的证人没有在审判中出现，被告人可以要求推迟到下次审判。但是导论中其他人认为该建议没有必要，因为法院有足够的自由裁量权来保障审判的公正。最终该议员的建议被否决。[④] 虽然有关历史没有给出关于该宪法权利更多的正当性的解释，但是从上文的梳理中不难看出该权利承袭了英国普通法传统中的“刚性”的快速审判的权利要求。

二、从宪法条文到司法判例

被告人享有的快速审判权与被告人享有的其他宪法权利相比，在司法领域“蛰伏”时间相当久。在 1905 年的 Beavers v. Haubert 案件中，美国最高法院才正式启动对该项宪法权利的司法审查。[⑤] 自 1789 年美国权利法案的颁布

① Susan N. Herman, *The Right to A Speedy and Public Trial: A Reference Guide to the United States Constitution*, Connecticut: Greenwood Publishing Group, (2006), p. 164.

② *Id.*, *at* 165, 166.

③ *Id.*, *at* 166, 167.

④ Bernard Schwartz, *The Bill of Rights: A Documentary History*, Chelsea House Publishers with McGraw-Hill Education, 1971, p. 1114.

⑤ *Beavers v. Haubert*, 198 U. S. 77 (1905).

到 20 世纪初，这项权利才正式被最高法院“唤醒”。在该案判决中，最高法院指出：“必须记住的是，这项权利是一项宪法权利，如果这项权利适用到具体案件上，必须与审判的时间相关联，而不是审判的地点……这项权利必然相对的（necessarily relative）有关的延迟的判断取决于具体的环境。这项权利规定保护了被告人的权利，但是不能阻止其他司法的权利。这项权利不能被利用作为排斥其他罪名免受指控的目的。”① 对于该案被告人的上诉，最高法院认定被告人以法院管辖变更而引起的延迟，与宪法第六修正案的快速审判权没有相关性，驳回被告人以该项宪法权利受到侵犯的上诉请求。美国最高法院虽然强调对该项权利的保护，但同时确认该权利为相对性，不能因该项权利的保护而排斥正常的司法权力，可见最高法院对该项权利的保护是持保守的态度的。美国最高法院判决所传递的真实信息是，被告人享有快速审判的宪法权利必须服从国家司法裁判的便利，由此导致该权利在司法实践中被虚化和架空。受到该案判决的影响，从 20 世纪初期到中期出现的多起对该权利的司法审查的案件，美国最高法院都以各种理由强调国家没有违反宪法第六修正案的保护被告人的速审权。②

美国最高法院有关快速审判权的保守观点，到 20 世纪 50 年代沃伦执掌最高法院之后开始有了转机。在 Pollard v. United States（1957）案件中，虽然最高法院最终以 5 比 4 否决了被告人就该项权利受到侵犯的上诉，但是以沃伦首席大法官为首，另外还有其他三名大法官 Hugo Black、William Douglas、William Brennan，对该判决发表了异议意见。在该案的判决书中，沃伦首席大法官执笔的异议意见中指出：“我们的法律，基于几个世纪以来人民的悲惨境遇，要求一个人在被送往监狱前，他有获得快速审判的权利，有按照程序出席法庭的权利，有在任何时候获得律师帮助的权利，有自我辩护的权利，有获得开庭通知的权利，一直到法庭合法地量刑为止。”③ 沃伦大法官将该项权利推展到量刑阶段。他认为在该案中政府违反了联邦刑事诉讼规则（32a），即基于认罪的量刑，不能受到任何不合理的拖延（upon conviction，sentence be imposed without unreasonable delay），因此被告人应当被免于继续关押和受审。④

在 United States v. Ewell（1966）案件中，美国最高法院对该权利的价值的认识更加深入。在 Ewell 案的判决中，美国最高法院指出，该项权利的功能

---

① *Beavers v. Haubert*, 198 U. S. 77（1905）.

② *Pollard v. United States*, 352 U. S. 354（1957）; *United States v. Ewell*, 383 U. S. 116（1966）.

③ *Pollard v. United States*, 352 U. S. 354（1957）.

④ *Pollard v. United States*, 352 U. S. 354（1957）.

是“免于审前过度和压迫性的监禁降低因案件伴随公共谴责所带来的焦虑和不安，限制因过长延迟将对被告人自我辩护能力的损害”①。这为解析该项权利的功能提供了基本的分析框架。通过该案件的判决，我们发现，“抽象的权利”开始向“具体的权利”转化，“书面的法律”开始向“生活的法律”转化。虽然这个案件中被告人没有获得胜诉，但是该项权利的价值和功能开始被最高法院所确认。由此，对于因过分延迟的审判导致出现上述的三种情况之一，都将可能被认为是对宪法权利的根本性违反。

在 Ewell 案件判决 10 年后，该项权利终于“落地”。1967 年的 Klopfer v. North Carolina 案件，最高法院对刑事速裁权的宪法司法审查打开了缺口。②在该案件中，被告人 Klopfer 是杜克大学动物系教授，同时是一名激进人权分子。1964 年，他被检方以擅自侵入（trespass）其他人的财产罪名指控，但是陪审团并没有达成判决意见。被告人 Klopfer 认为根据 1964 年的人权法（Civil Rights Acts of 1964），他的案件不应当继续维持下去，于是要求当地法院尽快结束这个案件。检察官并没有按照常规对该案件采取押后指控（nolle prosequi）的方式，而是继续起诉。当地法院仍然没有对该案件进行排期审理。被告人提起动议要求尽快结束该案件，因为迟迟不审理该案件已经对他的职业和旅行都造成了消极的影响。当地法院征询检察官的意见，检察官将该案件定为押后处理，虽然被告人表示反对，但是法官在没有给出任何理由的情况下就批准了该处理方式。被告人上诉至北卡罗来纳州上诉法院，被上诉法院驳回。被告人于是以宪法权利的快速审判权受到侵犯，上诉至最高法院。最高法院审理后认为，押后的起诉使被告人受到社会的轻视，限制了其雇佣、社会交流等活动，因此属于违反宪法第六修正案关于快速审判的权利保护。该案另外的焦点问题是，宪法第六修正案关于快速审判权的立法保护是否可以从适用联邦范围扩大到州？对于这个问题，最高法院在判决中毫不犹豫地指出，由于该项权利适用于宪法修正案的正当程序，当然也适用于联邦各州。自 Klopfer 案件之后，该类案件的申诉和上诉开始逐渐增多，虽然总的数量不如其他修正案的权利保护的案件多，但是在 20 世纪中期，特别是 70 年代还是形成了高潮。在民权运动汹涌蓬勃发展时期，沃伦主导的美国联邦最高法院，一共审理了 20 多个快速审判权的案件，占到目前最高法院对该项权利的司法审查案件总数的 50%。③ 可见，宪法权利的“落地”和“生长”同样需

① *United States v. Ewell*, 383 U. S. 116 (1966).

② *Klopfer v. North Carolina*, 386 U. S. 213 (1967).

③ Susan N. Herman, *The Right to A Speedy and Public Trial: A Reference Guide to the United States Constitution*, Connecticut: Greenwood Publishing Group, (2006).

要适宜的社会环境等外部条件。

在 1971 年的 United States v. Marion 案件中，联邦最高法院将该项权利的适用范围扩展到审判前领域。① 在 Marion 案件中，联邦最高法院将该项权利适用到审判前的监禁阶段，使该项权利在司法领域的应用范围大大拓展。在美国宪法修正案中虽然规定了该项权利，但是在具体的实践中需要解决该项权利附随的时间起点问题。联邦最高法院在 Marion 一案中指出，宪法修正案从字面上看只有当一项刑事指控开始时才能予以适用，并且这种适用只能扩展到那些在提起公诉中的被指控人。因此，这项权利并不对那些还没有受到追诉的人提供保护，也不要求政府和公诉机关在任何特定时期内对任何人进行侦查、调查或指控。最高法院在此案中明确了逮捕作为该项权利的起始点，并论证了其中的缘由："逮捕是一种公共行为，可能严重侵犯被告人的自由，即便是被告人处于保释期。逮捕可能使被告人的工作受到影响，阻断他的经济来源，妨碍其社交，受到公众的贬抑，使其本人、家人和朋友产生痛苦。因此，无论是大陪审团起诉或公诉人起诉，还是以逮捕的方式加以拘禁，使其对某一刑事指控作出答辩，被追诉人都将受到宪法第六修正案关于迅速审判的特别权利的特别保护。"② 这个案件明确了逮捕或大陪审团起诉或公诉时，被指控人就自动被纳入宪法第六修正案的快速审判的权利保护范围。

三、从抽象规范到具体规则

如果说在 Beaver 案件中快速审判的宪法权利的"种子"已经被最高法院播撒到大地，那么在 Klopfer 案件中，宪法第六修正案的快速审判权就开始"破土发芽"。自 1905 年的 Beaver 案件起，美国最高法院就不断尝试探索宪法第六修正案快速审判权的检验标准。1972 年的 Barker v. Wingo 案件中，美国最高法院对快速审判权的价值和检验标准进行了全面的归纳。③

（一）Barker 案件对快速审判权的特征概括

关于宪法速审权的功能和特点，最高法院在 Barker 案件之前的判例中也有零散的分析。Barker 案件在综合此前的判例的相关分析的基础上，对宪法速审权的功能和特点作了高度的概括：

第一，被指控人除在公正的程序中获得平等对待之外，在该权利保护中还涉及社会利益。在案件积压的情况下，法院进行快速审理案件有利于减轻

① *United States v. Marion*, 404 U. S. 307 (1971).

② *United States v. Marion*, 404 U. S. 307 (1971).

③ Barker v. Wingo, 407 U. S. 514 (1972).

案件处理的压力，也有利于被告人通过认罪答辩和获得更轻的罪名指控。但是，被指控人在被保释，长期得不到审判的情况下，被指控人则有可能再次犯罪，从而对社会再次造成危害。而且等待审判的时间越长，被告人在等待期间逃逸和逃避审判的机会就越大。如果被指控人没有被保释，则会增加关押的成本，并导致看守所过度拥挤，社会为此付出的成本也会增加。同时，过长的时间用于等待审判，会对被告人的性格产生破坏性的影响，使相关的矫正活动变得困难。[①] 这些问题都是其他被指控人享有的宪法权利的不同之处。虽然美国宪法修正案中涉及所有的被指控人的个体权利保护，也必然直接或间接牵涉社会利益的损失问题，但是比较而言，在被告人获得快速审判的宪法权利的救济中，被告人的权利保护和社会利益的相互性和冲突性则显得异常复杂。

第二，被指控人获得延迟性审判有可能符合被指控人的利益。在刑事诉讼中，被告人使用程序动议等导致审理延期以有利于被告人是被告方的辩护策略。因为随着审判时间的推迟，相关证人无法被找到，即便找到，证人的记忆可能销蚀，证言的证明力在削弱。[②] 如果属于控方证人，这个案件起诉的条件将变弱，有时会导致起诉条件的不足。更为重要的是，指控方具有举证证明被告人有罪的责任。因此，被指控人享有律师辩护权以及免于被强制自证其罪的权利不同，剥夺被指控人获得快速审判的权利并不必然损害被指控人为自己辩护的能力。

第三，快速审判权在程序的救济性方面更具复杂性。被告人速审权的救济结果的社会不可接受性，可能是导致该宪法权利救济困难的重要因素。在速审权的救济方面，可能导致严重犯罪的被告人没有受到法律的惩罚而获得自由。社会公众的心理对这样的结果可能会很难接受。事实上，仅仅因为拖延，并不能给被告人免于司法惩罚提供正当性。这与非法证据排除相比，更难以被社会公众接受。最高法院作为社会民众最信任的司法机构，自然不能完全忽视民众的心理诉求。因此，在法院处理有关被告人的速审权的上诉请求中，法院的判决大多采取保守和审慎的态度。

第四，快速审判权能否尽快实现也会影响被害人的权利实现。在有被害人的案件中，如果被害人诉求赔偿，但是刑事案件迟迟不能解决，那么必然影响被害人赔偿诉求的实现。因此，拖延诉讼，对于国家来说可能会增加社会成本，对于被告人来说可能会增加精神折磨和生活不便，对于被害人来说则可能导致赔偿不能及时到位。在美国的刑事诉讼中，附属的民事诉讼必须

① Barker v. Wingo, 407 U. S. 514 (1972).

② Barker v. Wingo, 407 U. S. 514 (1972).

单独提起，并且被害人在刑事诉讼中缺乏独立的诉讼请求的法律主体地位，其诉讼权利的实现受制于被告人的审判等活动。因此，从被害人的利益考虑，刑事案件快速审判具有更强的社会诉求。

（二）Barker 案件对于权利检验的路径分析

在 Barker 案件之前，正因为该权利被剥夺所导致的非常严重的后果，所以对该权利是否被剥夺的检验也非常严格和慎重。在 Barker 案件中，联邦最高法院指出该权利保护的特殊性，在宪法检验中要求对公诉方和被告方的与延迟审判的相关行为都要进行检验和衡量，以此来确定快速审判权利是否受到侵犯。这就是速审权的双重检验。[①] 这种双重检验是对两种传统检验方式的否定[②]：

第一种方式是规定强制期限排除检验。为了保护被告人的快速审判的权利，宪法应当保证被告人在确定的期限内接受审判的权利。这个方式的优点就是什么时点的权利被侵犯，并且方便法院适用。比如，有的州的上诉法院规定，自逮捕开始 6 个月内必须移交审判，否则该指控将被驳回。美国律师协会也支持该动议。但是，虽然州法院可以规定与宪法权利相互一致的特定的期限，但宪法性权利中并没有包含具体的期限规定。最高法院在 Barker 案件中，明确反对这种方式，因为宪法并没有规定或要求法院在确定的期限内进行审判，并且这种方式过于拘泥，不利于进行个案分析。

第二种方式是被指控人快速审判权的推定放弃检验。根据请求与放弃规则（demand-waiver doctrine），只要被指控人没有提出明确快速审判的要求，就意味着被指控人放弃要求快速审判的权利。这个规则显然有利于指控机构。该原则在具体运用上存在推定默认的问题，这个推定有可能违反宪法的权利保护，因此在审查时可能非常严格。更为棘手的是，如果辩护律师能够容忍审判的迟延，他认为这样做有利于他更好地在合理的时间内为辩护做准备，他就不可能在那个时间结束之前使他的当事人获得快速的辩护。这种方式得到检察机关的支持，因为这种方式有利于检控方的利益保护。在 Barker 案件中，最高法院明确拒绝使用请求放弃的规则。因为按照请求放弃规则，被告人的律师将处于十分尴尬的境地，因为除非他尽早和经常性提出尽快审判的动议，否则他可能让他的代理人权利处于难堪。

最高法院在 Barker 案件中拒绝上述两个宪法路径检验的方式：固定期限的路径——因为这个路径过分偏离了宪法的要求；自动放弃的路径——因为

① Barker v. Wingo, 407 U. S. 514 (1972).

② Barker v. Wingo, 407 U. S. 514 (1972).

这个路径对于确认的基本权利的保护不敏感。联邦最高法院接受新的路径，即双重平衡检验的路径，对被告人和指控方在速审权的维护与义务履行方面进行对等的双重检验，以此来确认被告人的快速审判权利是否被剥夺。

(三) Barker 案件确立的检验四要素

基于双重检验路径，美国最高法院对在个案中对政府是否违反宪法速审权的检验提出具体考量的四要素：(1) 延迟的长短；(2) 延迟的理由；(3) 被告人是否以及何时主张自己迅速审判的权利；(4) 被告人是否由于这种迟延而受到不公正。[①]

根据上述四个要素检验标准，美国最高法院在 Barker 案件中认为延迟 5 年以上审判，对 Barker 来说是特别不正常的。特别是由于公诉方的过错导致的延迟是很不正常的。但是，导致审判延迟是被告人囿于自身利益考量的除外。在本案中，被告人并没有在特定的审前时间内主动向法院提出快速审判的请求，因为他希望同案的被告人能够获得无罪，从而使自己的案件撤销。这属于被告人的辩护策略。此外，该案件因审判延迟对被告人的损害是非常轻微的。虽然存在 4 年多的不确定性的审判期待使被告人处于待审的“阴云”之下，但是因为处于保释的自由中，在此期间他并没有因迟延审判而受到不公正的待遇。[②] 据此，最高法院认为 Barker 并没有被剥夺快速审判的权利，因而维持了美国第六巡回上诉法院对 Barker 的裁决。[③]

在上述四个要素的检验标准中，最具争议的是审判延迟是否对被告人形成不公的问题。关于这一点，美国最高法院强调这方面的审查要考察以下三个方面的情况：(1) 是否存在强制性的审前羁押；(2) 是否减少被告人的焦虑和压力；(3) 是否对被告人的正当权利构成侵害。[④] 如果被告人因审判延迟导致其辩护的削弱，将意味着对他的审判程序不公。如果在延迟期间证人死亡或者消失，对被告人的不公也是明显的。另外，如果被告人的证人无法准确地回忆起已经远去的事件经过，同样意味着对被告人存在不公。另外，审前过长的羁押，不仅不利于社会利益，也会对被告人造成巨大的损害，因为这意味着被告人失去工作、打乱家庭生活、无所事事。而且很少有监狱可以提供娱乐和康复性项目，在监禁期间的生活对于被告人来说实际上是毫无生机的。另外，将被告人监禁起来，使被告人无法搜集证据、联系证人或者准备辩护。对于任何没有被判罪的人来说，审前监禁都是非常糟糕的事情。

---

① Barker v. Wingo, 407 U. S. 514 (1972).

② Barker v. Wingo, 407 U. S. 514 (1972).

③ Barker v. Wingo, 407 U. S. 514 (1972).

④ Barker v. Wingo, 407 U. S. 514 (1972).

对于将来最终没有被判决有罪的人来说，这样的审前监禁尤其不幸。即便是被告人没有在审前羁押，只要被指控，他们也是生活在焦虑、怀疑和敌意的阴影之中。[①] 总体上看，最高法院的四要素标准为法官在速审权的宪法检验上提供了基本考量标准，虽然这个标准对于被告人来说可能比较苛刻，但是对于规范速审权的宪法审查的标准具有里程碑意义。

在美国保护被告人快速审判权方面，Barker 案件具有里程碑意义。在这个案件中确立的检验标准成为基础性的规则体系，成为后来的法院所遵循的基本原则。美国联邦最高法院对宪法权利的维护起到关键的作用，其通过判例的司法解释具有立法和司法的双重效果。虽然美国最高法院的快速审判权的判例并不多，但是反映了最高司法机构对该权利保护的态度和未来的司法走向。

这里需要指出的是，Barker 案件中的最高法院归纳的检验标准，对被告人的速审权的救济来说，就证明责任的标准而言是很难达到的。当规则成熟之后，人们却突然发现，原来成熟的规则，对于当事人的权利保护未必绝对有利。由于 Barker 案件的四要素的标准，更多地将被告人的快速审判权作为相对性权利，并且特别强调该权利保护中可能独立于被告人权利的社会和国家的利益因素。[②] 从这个意义来看，Barker 案的标准对于被告人来说是严苛的，某种程度上是限制了速审权的实现。事实上，Barker 案的最高法院双路径的四要素的平衡检验标准受到了很多批评，并被后来的判例所修正。[③]

（四）Barker 案之后速审权的司法审查

一是违宪的救济方式。根据延迟审判是否导致偏见，联邦最高法院发展出两种救济方式：一种是基于存在偏见的驳回（dismissal with prejudice）；另一种是基于没有偏见的驳回（dismissal without prejudice）。[④] 对于这种案件，如果没有审判，则不允许再启动审判；如果已经审判，则必须撤销对其定罪或量刑。联邦最高法院坚持如果确实存在延迟，就更倾向于适用基于存在偏见的驳回起诉。但是，对于联邦最高法院的执拗，还是有批评的声音，指出“对拒绝迅速审判的司法救济的主要形式应当是加快审判，而非抛弃审判”[⑤]。对于没有偏见的驳回起诉，则允许控方再度起诉，而对于已经导致偏见的驳

---

① Barker v. Wingo，407 U. S. 514（1972）.

② *Barker*，407 US，at 519.

③ Brian P. Brooks，A New Speedy Trial for Barker v. Wingo：Reviving a Constitutional Remedy in An Age of Statutes，The University of Chicago Law Review，Vol. 61，no. 2（spring，1994），pp. 587-611.

④ Anthony G. Amsterdam，*Speedy Criminal Trial*：*Rights and Remedies*，27 Stan. L. Rev. 525（1975）.

⑤ Anthony G. Amsterdam，*Speedy Criminal Trial*：*Rights and Remedies*，27 Stan. L. Rev. 535（1975）.

回，则不允许再行起诉。

1973 年，在 Strunk v. United States 案件中，联邦最高法院采取彻底驳回起诉，即基于存在偏见的驳回。理由是，政府违反速审权的保护必然应有法律之后果，否则该权利为空洞之权利。美国联邦最高法院在 Strunk 案件中指出，即便政府主张司法资源的有限性，特别是案件的积压导致速审权的违反，但这并不是强有力的理由。联邦最高法院在该案中强调违反速审权的案件应当“驳回起诉”，并释放被告人。由于案件驳回意味着要释放可能有罪的被告人，法院对案件的驳回起诉非常慎重，除有明显的偏见之外，很少有案例的被告人的救济能够获得成功。根据避免双重危险原则，违反速审权的案件不得重新起诉，由于被告人因延迟审判所承受的精神压力与痛苦，导致其无法尽快融入社会。驳回起诉并不得再行起诉和审判，这是刑事速审权的救济对于被告人的最佳结果。当然，上诉法院对获得快速审判权的救济的判决是非常慎重的，特别是要满足对延迟审判存在司法上的偏见具有很大的证明上的困难，因此在实务中就速审权的上诉救济被驳回起诉的案件很少。

二是侦查疏忽是否导致违宪。1992 年，在 Doggett v. United States 案件中，美国最高法院在对被告人的速审权利维护的标准规则的解释方面有了新发展。在该案中，最高法院认为政府在对被告人的侦查过程中存在疏忽和轻信，导致被告人的审判延迟，因此支持被告人的快速审判权保护的诉求。[①] 最高法院以微弱多数来支持被告人的权利救济。但是，在 Doggett 案中，包括最高法院首席大法官在内的 4 名大法官都明确表示异议。例如，托马斯大法官坚持 Barker 案的标准，认为政府虽然延迟审判 8 年多，但是被指控人的基本辩护权利并没有受到侵犯。因为被告人 Doggett 在这 8 年多里不仅没有被监禁，而且不属于处于保释期间，而是处于完全自由的指控的休眠期。托马斯大法官强烈质疑正当程序是否保护处于休眠状态的指控。他认为普通法从来不承认犯罪休眠的权利，根据英国法的传统，在刑事诉讼中，时间并不能对抗君王，君王有在任何时间起诉犯罪的权利。[②] 从上述托马斯在 Doggett 案件中所反映的激烈的言辞，不难发现被告人的快速审判权利的保护仍然面临很复杂的处境。任何试图通过宪法权利来获得权利救济的被告人，都将遇到重重的阻碍。在 Doggett 案件中，政府在保障快速审判权利方面的责任被突出地强调。如果指控机关不是疏忽而是合理地注意到指控被告人，那么这个案件的救济就不可能。

三是被告人辩护权的行使是否导致违宪。在 2009 年的 Vermont v. Brillon

---

① *Doggett v. United States*, 505 US 647 (1992).

② *Doggett v. United States*, 505 US 647 (1992).

案件中，最高法院纠正了州法院关于辩护人的延迟导致审判延迟违宪的判决。[①] 在该案中，最高法院认为无论是法庭指派律师、法律援助律师还是个人聘请的律师，由于其代表被告人，因此律师的延迟必然要归结于被告人的延迟，因律师导致快速审判权的延迟并不违反宪法第六修正案。

除上述案件之外，在 Barker 案之后，在 Dillingham v. United States (1975)，United States v. Lovasco (1977)，以及 United States v. MacDonald (1982) 等案件中，对快速审判权什么时间粘附在诉讼程序中、什么时间正当程序条款可以适用，以及什么时间作为快速审判权的起始点等进行了司法解释。在 Dillingham 案件中，最高法院明确了快速审判权仅限于刑事程序中，只有被告人被逮捕才会出现权利附属问题。[②] 在 Lovasco 案件中，最高法院强调并不是只要出现延迟，就一定要否决指控，还必须考虑公共利益。[③] 在 MacDonald 案件中，最高法院指出，只有逮捕和正式起诉对被指控人构成精神上的压力和行动上的自由，才可以作为审判延迟的计算起始点。[④] 以上这些案例对于宪法第六修正案快速审判权保护的具体规则都有新的发展，这个过程也可以看出权利保护的复杂性和对权利认识程度的不断加深。

快速审判权有时对被告人有利，有时对被告人不利；有时与司法机构的利益完全一致，有时与司法机构的利益完全相反。因此，美国最高法院强调在审查该权利时要进行双重检验，既要检验被告人在对待速审权上的态度和表现，也要审查司法机构对待速审权的态度和做法，采取综合判断和全面考量的原则。在某些案件中，仅仅因延迟存在并不绝对导致案件被撤销和被告人被释放。因此，对于速审权的司法审查，美国司法机构没有采取律师辩护、对质权等那样相对绝对的排除措施，而是基本上延续了在 1905 年 Beaver 案件中确定的被告人享有的快速审判权是一种相对性权利，而非绝对性权利的做法，对于速审权的保障基本上处于一种相对性的保守状态。这也是为什么最高法院很少启动速审权的司法检验，即便启动被告人也很少能够获得胜诉支持的原因。

四、从判例法到成文法

在 Barker 案件之前，美国司法界普遍意识到必须提高审判效率。1970 年，伯格大法官在美国律师协会发表演讲时，就司法效率的重要性作出形象的描

---

① *Vermont v. Brillon*, 556 U. S. 945 (2009).

② *Dillingham v. United States*, 423 U. S. 64 (1975).

③ *United States v. Lovasco*, 431 U. S 783 (1977).

④ *United States v. MacDonald*, 435 U. S. 783 (1977).

述："在法庭中自信的感受，对于自由的民族维护有序自由的规制至关重要；但是有三样东西可以摧毁这样的自信，而且可能导致对社会产生无法估量的损失。其中第一项就是，人民开始相信无效和拖延将'榨干'公正审判的价值。"[①] 伯克大法官再次指出了无效和拖延的司法对于社会的破坏，将该权利的价值提升到前所未有的高度，虽然他没有明确指出宪法第六修正案，但是伯克大法官对于美国司法效率的弊端必然是深有感触，绝非无的放矢。由于宪法审查采取个案审查，并且 Barker 案中的标准仍然具有相当的模糊性，在这样的背景下就促生了快速审判权成文法的出现。

美国快速审判法令的议案最初是由美国参议员埃文在 1970 年提出的，发端于他坚决反对哥伦比亚特区的犯罪法案。[②] 他坚持认为预防性羁押本身是违反宪法并且是没有效果的，而快速审判法是预防性羁押的替代性方案。[③] 当然，应当指出，该法案的最初目的并不是解决被告人的宪法权利，而是加速审判防止被告人在审判前重新犯罪和危害社会。但是，由于快速审判法客观上加速了审判，对被告人速审权的保护也具有重要意义，因此，美国国会和全美律师协会对该法案持支持态度。[④] 但是，美国联邦司法部和美国司法委员会反对这两个议案，反对的问题主要集中在对救济的惩罚措施上。[⑤]

1974 年，美国国会通过了《联邦快速审判法》（Speedy Trial Act 1974），并且绝大多数州随后采纳了该法案。该法案经过 1979 年的修订，被指控人的快速审判权从联邦扩展到州法院管辖的案件，该法以成文法的形式系统规范了刑事案件快速审判权，对体系化地保护被告人的速审权具有重大意义。相比速审权的判例规则，联邦快速审判法具有以下几个特点：

第一，对审前时间和审判期限进行强制性规定。《联邦快速审判法》与最高法院的案件分析不同，其采取明确期限方式，这是对最高法院 Barker 案综合考量的规则的背离。根据该法案，在任何涉及刑事被告人指控的案件中，司法官在知会被告人的律师和政府检察官之后，就应当在尽可能短的时间内对审判时期进行确定，或者将该案件列在案件审理的周日历中，以便确保尽

① 另外两项是：在日常的小额交易活动中一直被剥削的人们开始相信法院不能在诈欺案件中维护自己的权利；在更广泛的意义上，人们开始认为法律无法担负主要的功能，就是无法在家里、在工作时、在公共场所来保护他们和他们的家庭。参见：Burger, "What's Wrong With the Courts: The Chief Justice Speaks Out", *U. S. News & World Report* (Vol. 69, No. 8, Aug. 24, 1970) 68, 71 (address to ABA meeting, Aug. 10, 1970).

② George S. Bridges, *The Speedy Trial Act of* 1974: *Effect on delays in Federal Criminal Litigation*, The Journal of Criminal Law and Criminology (1973), Vol. 73. No. 1 (spring 1982), pp. 50-51.

③ Richard S. Frase, *The Speedy Trial Act of* 1974, 43 U. Chi. L. Rev. 667, 1975-1976, p. 673.

④ Richard S. Frase, *The Speedy Trial Act of* 1974, 43 U. Chi. L. Rev. 667, 1975-1976, p. 673.

⑤ Richard S. Frase, *The Speedy Trial Act of* 1974, 43 U. Chi. L. Rev. 667, 1975-1976, p. 705.

快安排审判。[1] 任何基于治安法官或来自大陪审团的犯罪指控，必须从被告人被逮捕或者被其他形式的令状限制自由的30日内立案。如果一项重罪指控在该司法管辖区域内没有组成陪审团，则对该项指控审判的立案可再延长30日。[2] 在任何不认罪的指控案件中，对被告人的犯罪指控的审判都必须在控方立案之后，或者在被告人在指控待审期间在司法官面前听证日之后的70日内进行审判。如果被告人书面同意可以通过治安法官审判，那么该审判必须在该被告人同意之日起70日内进行审理。[3] 除此之外，该法案还对案件因程序性上诉等原因中止之后，再进行启动审判的期限都作出了十分明确的规定。[4] 这些规定对于审判法官、检察官和辩护律师合理安排诉讼周期，以及进行必要案件审理准备都可起到规范的作用。这和判例规则紧紧依赖司法官的自由裁量相比，虽然规制的弹性较小，但是毕竟有强制性的规范，对于被告人快速审判的权利保护更加具体。从这一点来看，相比判例规则成文法的优点是显而易见的。

第二，对期限延迟的例外情形进行列举。根据《联邦快速审判法》的规定，任何期间的延迟如果是由有关被告人的其他程序导致的，将被排除在延迟期限之外，包括但不限于以下情况：因需要测定被告人的身体或精神因素的程序、被告人的其他审判程序、中间上诉、审前动议、跨州案件的移转、运送被告人的原因、认罪协商期间、延迟不超过30日内的被告人咨询法院的期间等共九个方面可能导致的审判期限的延迟。[5] 这些延迟在很大程度上缩减了违宪审查延迟的范围。虽然很多的例外规定看起来是合理的，但是为法院提供了巨大的自由裁量空间。审判延期确实存在例外，但是如何确定和限制例外变为常态则是必须考虑的重要因素。快速审判法为延迟例外提供了具体参照，因此可以说是明显有利于政府的司法行为。该法案规定，基于公正司法（ends of justice），法院可以根据具体情况进行决定是否延期审理。[6] 正因如此，《联邦快速审判法》出台后也受到很多批评。[7] 例如，美国最高法院的大法官就认为因为存在太多的例外，导致该法案成为例外法，而对加速审判

---

① 18USC § 3161（a）.

② 18USC § 3161（b）.

③ 18USC § 3161（c）.

④ 18USC § 3161（e）.

⑤ 18USC § 3161（h）（1）.

⑥ 18USC § 3161（h）（7）（A/B）.

⑦ Greg Ostfeld, *Speedy Justice and Timeless Delays: The Validity of Open-ended "Ends-of-Justice" Continuance Under the Speedy Trial Act*, 64 U. Chi. L. Rev. 1037（1997）, pp. 1037, 1038.

成为一种空洞的承诺。①

第三，规定更加细致、严格的救济和惩罚措施。首先，对于由于违反速审法而导致审判实质性延迟的，将导致基于偏见的案件撤销和非基于偏见的案件撤销两种结果。法院在权衡这两种决定的结果时，应着重参考以下情况：犯罪的严重程度、导致延迟的事实和具体的情况、再次审判对司法管理的影响。② 其次，该法案还对导致审判延迟的被告人的律师和检察官规定了具体的违法情形和惩罚措施。这些违法情形包括：辩护律师明知必须有证人出庭而在庭前没有揭示这一事实就将案件提交庭审；提起的动议就是以延迟为目的，而理由非常琐屑或者缺乏正当性；或者故意不遵守法令要求规定的审判期限等。违反上述规定等，对公设辩护律师将处以不超过 250 美元的罚款，对其他聘请的律师处以不超过其收取的律师费的 25% 作为罚金；在该案件处理结束后 90 日内限制执业；向律师协会纪律委员会提交报告，要求对违规律师和检察官进行纪律处分。③

第四，规定了严格的试点和推进计划。美国在 1974 年刑事速审法的推行试点中专门规定了计划规程（Planning process）和拨款（Planning Appropriations）。④ 根据该计划，为该法案的最终修改和具体实施提供 5 年的准备期，同时向联邦司法委员会提供专项资金 250 万美元，用于该法令试点的经费支出。在具体的实施方面，对具体统计项目、经费管理、试点报告等都进行了具体的规范。⑤ 另外，实施计划中包括需要收集的信息：诉讼期间的范围（从逮捕到起诉，从起诉到审判，从定罪到量刑），各种指控和取消指控的数量；转移到其他地区和州的案件的数量；审判和认罪的数量；暂缓起诉、撤销指控、无罪、定罪、转处和其他处理方式的数量，审判前的羁押和释放的范围，包括被告人被关押的天数和人数或在审判前处于自由状态的天数和人数；其他民事案件起诉的数量等。这些措施对于保证该法令的实施和具体操作起到重要的保障作用。美国司法行政机构对《联邦快速审判法》的运行状况和司法机构案件审理的时限记录了大量的统计数据，为其后续的立法和修改提供

① United States v. Taylor，(1988).

② 18USC § 3162（a）（2）.

③ 18USC § 3162（b）（4）（A/B/C）. 亦可参见伟恩 · 拉费弗、杰罗德 · 伊斯雷尔、南希 · 金：《刑事诉讼法》，卞建林、沙丽金等译，中国政法大学出版社 2003 年版，第 939 页。

④ 18USC § 3168，3170，3171.

⑤ 18USC § 3168，3170，3171.

了充足的实证资料和经验。①

除 1974 年的联邦速审法之外，美国联邦刑事诉讼规则和美国青少年违法犯罪，以及跨州的刑事追诉都有相关的法律规定，基本上涵盖了 1974 年的《联邦快速审判法》的基本内容。另外，美国律师协会发布的不具有法律强制执行力的速审法示范性规范，也较全面地概括了速审权保护的基本条件。在 Barker 案之后，虽然也有最高法院的相关司法审查案例，但是有关速审权的保护已经从过去联邦最高法院主导的宪法检验路径，转移到司法行政部门遵循快速审判的成文法路径。由于成文法可以超越具体案件的局限，提升涉及权利保护的空间和限度，因此对于宪法的权利保护来说更加系统化和规范化。当然，宪法的司法审查并没有因为成文法的出现而完全丧失其功能，在成文法没有能够解决的问题方面，以及权利的个案救济方面，最高法院个案的司法检验仍然具有成文法所不具有的优势。由此可以看出，在该权利的“生长”过程中，最高法院的判例和国会的成文法可以相辅相成地发挥作用。

五、美国被告人快速审判权立法和司法嬗变之检视

美国最高法院对快速审判权案的宪法审查与国会在快速审判权方面的相关立法，不仅反映了被告人的宪法权利在诉讼权利中应有的正当程序保障，也体现了司法效率日益作为司法公正的要素成为衡量司法活动的正当性的重要标尺。当然，反观美国快速审判权的“落地”与“生长”的历程，其中的经验和存在的问题也值得我们认真总结和反思。

首先，美国对被告人获得快速审判的宪法权利保护，彰显该基本权利在促进刑事司法效率和司法公正中的价值。美国在宪法中明确规定被告人可获得快速审判权，美国联邦最高法院对该权利通过判例的方式进行司法审查，国会专门制定《联邦快速审判法》，这些都说明美国的立法和司法机关高度重视诉讼的效率对刑事被告人权利等福祉的重要影响。美国最高法院的判例和国会的快速审判权的立法路径，保证了被告人获得快速审判权从“书面的法律”转化为“生活中的法律”。美国在对被告人有获得快速审判权利的保护方面，基本上是沿着从宪法规范、最高法院判例到国会制定成文法的方式来实现的。美国最高法院对基本权行使的宪法检验的权利，体现的是美国司法制度的分权制衡的特色，保障了宪法权利的行使较少受到政府的专断而减损。

① Administrative Office of the U. S. Courts, Sixth Report on the Implementation of Title I of The Speedy Trial Act of 1974; Title I 1980; Administrative Office of the U. S. Courts, Fifth Report on the Implementation of The Speedy Trial Act of 1974: Title I (1980).

在制定法方面，美国国会于1974年通过的《联邦快速审判法》改变了联邦法院对速审权审查的单一“权衡法则”，采取“规定期限”与“延期例外”相结合的方式，使司法机关在速审权的司法保护规制方面既具有原则性，也保持灵活性。联邦法院和国会试图以宪法基本权利为基础在判例法和成文法之间达成统一，但二者之间的罅隙仍然存在。从美国联邦法院的司法判例的裁判结果来看，由于法院适用严格的审查检验标准，被告人通过该权利获得有效救济的可能性甚微。但是，被告人宪法权利通过宪法检验形成的判例规则与国会经过试点后制定法的结合，使被告人获得快速审判的权利的实现具有正当程序支撑，使其有可救济的完整形态的诉讼权利。美国学者波斯纳指出，正义的第二种含义，也许是最普通的含义，是效率。① 联合国《公民权利和政治权利国际公约》第14条第3款也规定，在判定对他提出的任何刑事指控时，人人完全平等地有资格享受以下的最低限度的保证，受审时间不被无故拖延。在人权自由彰显的时代，当代的刑事诉讼比以往任何时候都应当更加重视诉讼效率，更加注重对被告人获得快速审判权的保护。被告人在刑事司法中获得充分的快速审判的权利保护，受到文化传统和司法资源的制约，从世界范围来看，该项权利的保护都不尽如人意。美国关于被告人获得快速审判的宪法权利的“落地生根”并非易事，而是需要对其权利保护机制在立法和司法领域进行创造性转换。从加强该权利保护和救济以及提高诉讼效率的角度，美国关于被告人快速审判权立法和司法规制的检验原则与具体路径，足可为其他法域提供有益的借鉴。②

其次，美国法院和国会对被告人获得快速审判的宪法权利保护，特别强调和突出该权利保护的程序性救济与制裁。任何权利的实现，必须辅以可以保障权利的“牙齿”。③ 美国的国父们在宪法中确立刑事案件中被告人有权获得快速审判的权利，体现了对被告人权利充分保护的思想。但是该权利的实现并不是有了法律条文就可以自动实现。在美国，对被告人的宪法关键性的基本权利保护不充分，法院就有权宣布指控无效。由于通过宪法审查和立法条例中的救济性和惩罚性措施，使美国宪法基本权利具有可诉性和救济性。美国被告人快速审判权发展过程中，特别注意通过相应权利的救济机制来保

① ［美］理查德·波斯纳：《法律的经济分析》，蒋兆康译，中国大百科全书出版社1997年版，第31页。

② 我国台湾地区已经借鉴美国的做法，制定了专门的“刑事妥速审判法”，对提高台湾地区的刑事司法效率和保护刑事被告人的权利发挥了重要的作用。参见钱建荣：《“刑事妥速审判”座谈会》，载《月旦法学》2010年第2期。

③ ［美］史蒂芬·霍尔姆斯、凯斯·桑斯坦：《权利的成本：为什么自由依赖税》，毕竟悦译，北京大学出版社2004年版，第4页。

障该权利的实现。虽然在司法实践中，美国法院很少动用惩罚性的救济规范制裁指控和审判机关，但是由于在判例和快速审判法中规定了具有宣布指控无效的规范，对于指控和审判机关的行为实际上起到了预制性影响。美国这种通过程序性制裁的保护基本权利的方式，不仅体现在对被告人的快速审判权维护方面，在其他宪法和基本权利保护方面，如律师有效辩护权等权利保护方面，都有类似的程序性制裁设计。[①] 对基本权利的侵犯采取程序性制裁的做法，已经成为美国最高法院调节刑事诉讼政策的重要的措施。对于这些程序性制裁条款的运用，美国最高法院历来秉承保守和审慎的态度。但是，这并不意味着对基本权利保护的救济性的程序性制裁规则不具有实际的效果。恰恰相反，当出现政府对被告人的宪法权利的实质性侵犯时，美国最高法院完全可通过判例的方式来宣示政府的指控无效。实际上，这就等于时刻提醒政府在行使对被告人宪法权利保护上应当采取积极的态度，防止被程序性制裁的规则所“击中”而陷入执法不公、不力的尴尬境地。

最后，美国最高法院对被告人获得快速审判权的“相对性权利”的定性，导致过度偏重该权利价值背后的公共利益保护，在很大程度上也影响了该权利保护的程度。如前所述，美国联邦最高法院在 1905 年的 Beavers v. Haubert 的判例中，确认被告人获得快速审判权为“相对性”权利。[②] 换言之，被告人对该权利的行使，不得影响国家司法活动正常运行。美国最高法院对被告人获得快速审判权的“相对性”的定性，从权利价值多重性指向看有其合理性。但是，在这种“相对性”权利思想的导引下，当对刑事被告人的个体权利保护与国家司法利益发生碰撞时，立法和司法机关就很可能牺牲被告人的权利价值，而让位于国家和社会的公共利益。这在美国对该权利的宪法检验的判例和立法条例中都得到体现。例如，该权利的宪法检验的案例比较少，且被告人鲜有获得胜诉，以及国会通过的《联邦快速审判法》中大量的开放性的例外条款，都可以清楚地看出其对公权的偏向问题。美国联邦法院从未在判例中确定刑事案件审理的合理期限。特别是美国国会制定的《联邦快速审判法》赋予司法机关的几乎不加限制的延期审理例外（open-ended continuance）。这种大量缺乏有效限制的延期例外，实际上“吞噬”了被告人的速审权的保护。[③] 针对无限制的例外延期对被告人获得快速审判权保护冲击，美国有学者提出了对延期例外条款采取“合理联系”（reasonable relation）原则来

① Stricland v. Washington, 466 U. S. 668, 801 L. Ed. 2d 674 (1984).

② *Beavers v. Haubert*, 198 U. S. 77 (1905).

③ Greg Ostfeld, *Speedy Justice and Timeless Delays: The Validity of Open-ended "Ends-of-Justice" Continuance Under the Speedy Trial Act*, 64 U. Chi. L. Rev. 1037 (1997), p. 1063.

处理，即用严格的限缩方式对延期审判的例外情形进行合理性审查。[①] 但是，这种观点并没有得到立法和司法部门的广泛认同。在一定意义上讲，美国被告人获得快速审判的权利，相比其他宪法诉讼权利而言，其在司法实践中拓展的空间仍然很大。

美国刑事案件快速审判权的宪法检验和立法历程，其宪法检验的路径和相关成文立法的规则，对其他国家和地区相关被告人的权利保护无疑具有重要的参考价值。我国台湾地区学者陈朴生指出，刑事诉讼法之机能，在维持公共福祉，保障基本人权，不计程序之烦琐，进行之迟缓，亦属于个人无益，于国家社会有损，故诉讼经济与诉讼制度之建立实不可忽视。[②] 我国《刑事诉讼法》并没有赋予被告人享有快速审判的权利，并且在司法实践中，拖延诉讼、超期羁押等严重侵犯被告人合法权利的现象仍然存在。从被告人获得快速审判权的内在价值的角度考虑，我国有必要在刑事诉讼基本法律中赋予被告人享有快速审判权，在此基础上通过完善相关的权利保护救济机制，借此进一步提高诉讼效率和促进司法公正。

---

① Greg Ostfeld, *Speedy Justice and Timeless Delays: The Validity of Open-ended "Ends-of-Justice" Continuance Under the Speedy Trial Act*, 64 U. Chi. L. Rev. 1037 (1997), p. 1063.

② 陈朴生：《刑事经济学》，台湾地区正中书局1975年版，第327页。

第二章　英国刑事案件快速处理程序机制研究

一、英国刑事案件快速处理机制改革的背景

（一）英国的法院体系及治安法院的定位

英国一般根据诉讼的性质和向法院提起诉讼的案件标的来确定司法管辖权。现行的英国法院组织结构不完全是垂直的金字塔结构，它从层级上可分为高级法院和低级法院；从审理案件的性质上可分为民事法院和刑事法院。[①]英国的刑事法院系统由治安法院、皇家刑事法院、上诉法院刑事分庭和上议院及欧洲法院组成。

高等法院设有三个法庭，包括衡平法庭、王座法庭和家事法庭。家事案件由高等法院家事法庭（离婚案件除外）和家事诉讼法院审理。家事法庭处理有关家庭财产等家庭纠纷的案件，衡平法院处理有争议的遗嘱案件。依据《1989 年未成年人法》的规定，对涉及未成年人的大多数案件，高等法院家事法庭、郡法院、治安法院均有管辖权。家事法庭还受理治安法院有关家事、未成年人案件裁决的上诉案。

刑事法院设立于 1972 年，取代了巡回法院和季座法院，成为严重刑事案件的审判机关，具有初审管辖权和上诉审管辖权。它有权审理可起诉罪，是刑事法院系统中唯一可用陪审制的法院。根据上议院大法官指令由刑事法院处理的犯罪案件有四类：治安法院就刑事法院专属管辖的可公诉罪移送的案件；可由治安法院审理，亦可由刑事法院审理的案件；不服治安法院审理、判罪处罚的即决犯罪案件裁决的上诉案件；当治安法官认为自己对某案无充分的量刑权时，刑事法院也有权对治安法院审理的案件作出判决。

英国的低级法院包括郡法院和治安法院。郡法院建于 1846 年，是处理民事初审案件的专门基层法院。威斯敏斯特时代的普通法院不能适用简易程序审理小额诉讼案件，利用抗辩式诉讼程序来审理这些案件所发生的费用超过

① 郭思媛：《英国的法院组织》，载北京法院网，http：//bjgy. chinacourt. org/article/detail/2013/03/id/929743. shtml，最后访问日期：2021 年 4 月 1 日。

了案件的讼争金额。但是，《1846 年郡法院法》使这种情况发生了改变，该法建立了现代郡法院体系，以处理第一审小额民事诉讼案件。英国共有 240 个郡法院，539 名巡回法官和 337 名地区法官。依据《1984 年郡法院法》，它审理的案件包括各种民事、家事以及对治安法院的上诉案件。由于重大、复杂的民事案件由高等法院审理，郡法院的民事管辖权主要有：审理标的在 25000 英镑以下的各种民事案件和家事案件以及人身伤害赔偿要求在 50000 英镑以下的民事案件，还处理对治安法院的上诉案件。[①] 治安法院的管辖范围详见下文。

（二）英国刑事法关于轻罪或微罪的历史演变

1. “可以金钱赔偿”与“不可金钱赔偿”的犯罪分类

在盎格鲁-撒克逊早期以及更早的时期，社会缺乏有效的管理，刑事犯罪只能依靠私人救济，常见的形式是家族之间进行血亲复仇，因此，流血冲突不断发生。后来，逐渐出现了公共司法机构，可以根据罪行的轻重，指示侵害方向受害方给付一定数额的金钱赔偿以解决争端，于是，“赔偿金”一词便开始出现。再后来，维护社会秩序和安全成为国王政府职责的一部分，刑事犯罪除被看作对受害方的侵害之外，还被认为是对王国“安宁”的破坏，因此，侵害人在向受害人支付一定赔偿金的同时，应向国王交纳一定金额的罚金。但是，并非所有的刑事犯罪都可以通过交纳赔偿金和罚金的方式予以解决。在盎格鲁-撒克逊后期，已经出现“可以金钱赔偿”与“不可金钱赔偿”的犯罪区分，后被诺曼王朝沿用。这种犯罪区分模式即以犯罪的轻重为标准，但与现在的轻重犯罪的区分差异明显。其中，“不可金钱赔偿”的犯罪主要是指那些破坏王国“安宁”的偷盗、放火、私下用毒药杀人等恶性谋杀行为（普通的杀人行为可以用支付赔偿金和罚金的形式进行补偿）。[②] 对“不可金钱赔偿”的犯罪行为，较为严重的处罚方式是剥夺其法律保护权，被剥夺法律保护权的人称为“狼头”，意味着人人可逐杀之。进入 13 世纪以后，传统的赔偿金制度完全消失，新式的可以自由决定赔偿数额的罚金以及死刑等其他刑罚开始成为主体。[③]

2. “叛逆罪”“重罪”和“轻罪”的分类模式

在古代的英国法中，犯罪依据刑罚的轻重被划分为叛逆罪（treason）、重

---

① 张彩凤主编：《比较司法制度》，中国人民公安大学出版社 2007 年版，第 39-40 页。

② William F. Walsh, *Outlines of the History of English and American Law*, New York: the New York University Press, 1926, p. 371. 转引自：程汉大、李培锋著：《英国司法制度史》，清华大学出版社 2007 年版，第 454 页。

③ 程汉大、李培锋著：《英国司法制度史》，清华大学出版社 2007 年版，第 454 页。

罪（felony）和轻罪（misdemeanor）。犯有叛逆罪和重罪的人的财产将被没收，其中，叛逆者的土地被没收后归国王所有，而重罪者的土地则归领主所有。[①] 将重罪与轻罪相区分，主要因为在实践中，这两种罪可能带来不同的后果，并适用不同的程序。例如，无令状的逮捕仅限于重罪；只有在重罪中才有主犯与从犯的区分；隐匿（包庇）或者同意不指控（私了）一项重罪则构成犯罪，而隐匿或者不指控一项轻罪则可能不构成犯罪等。[②]

但是，随着时间的推移，这种区分已经不再那么明显。《1967 年刑事法》（Criminal Law Act 1967）正式取消了重罪与轻罪的区分，“本法另有规定的除外，在所有以前有重罪与轻罪区分的事项方面（包括审判方式），从本法生效之日起，有关英格兰和威尔士法律有审判权的犯罪（包括海盗罪）之法律和诉讼程序，同样适用于有关轻罪”。

3. 当前英国刑事法中的犯罪分类

虽然英国在实体法意义上的重罪与轻罪的区分已经消失，但是，从程序法的角度，即以不同犯罪所适用的不同程序为依据，我们依然能找到重罪与轻罪之间微弱的区分。在英国的侦查程序中，逮捕可以分为“有证逮捕”“可逮捕罪的无证逮捕”“根据一般逮捕条件的无证逮捕”“具体法定权力下的无证逮捕”和“普通法上的逮捕”五类。其中，“可逮捕罪的无证逮捕”中的“可逮捕罪”即指原来普通法中的“重罪”，主要包括以下三种犯罪：一是法律规定了固定刑期的犯罪（如谋杀罪、叛国罪等）；二是年满 21 周岁及以上的人实施的可能被判处 5 年以上有期徒刑的犯罪；三是其他被明确具体规定的一些犯罪。[③] 主要包括：叛国罪、谋杀罪、过失杀人罪、强奸罪、绑架罪、与 13 岁以下幼女乱伦、与 16 岁以下男童或未表示同意的人鸡奸、构成严重猥亵行为的猥亵罪等。

就诉讼程序而言，英国的刑事犯罪起初被划分为即决犯罪和可起诉罪。这种区分也大致勾勒出犯罪的轻重界限：某些犯罪明显严重，必须经过起诉以适用正式的审判程序；而有些犯罪比较轻微，经过简易审判即可。但是，犯罪的轻重除受社会危险性影响之外，还与案件的具体情节有关，千差万别的犯罪情节可能导致重罪与轻罪的区分并不总是如此明显。正因如此，英国国会常常对可起诉罪规定适用简易审判，反而有时对即决犯罪规定适用正式的审判程序。这种“犯罪类型”与“审判程序”相互交叉的情形被认为是“混乱的、复杂的和无规则的”。为了简化现存的犯罪分类，并在王室法院和

① 赵秉志主编：《英美刑法学》，科学出版社 2010 年版，第 31 页。

② ［英］J. C. 史密斯、B. 霍根著：《英国刑法》，李贵方译，法律出版社 2000 年版，第 32 页。

③ 齐树洁主编：《英国司法制度》，厦门大学出版社 2007 年版，第 465 页。

治安法院之间更恰当地分配刑事案件，以便减轻前者的工作负担，英国成立了詹姆斯委员会（James Committee）。[①] 该委员会特别建议对犯罪进行三层分类，即形成了当前英国关于刑事犯罪的分类：即决犯罪（summary offences）、可起诉罪（indictable offences）以及可选择审判方式之罪（offences triable either way）。[②]

即决犯罪，是指在犯罪主体已经成年的情况下，由拥有即决审判权的法庭进行审判，或者由治安法官在没有陪审团的情况下进行审判的犯罪。此类犯罪的社会危害性最为轻微，主要包括大部分违反交通法规的犯罪。这类犯罪行为只能由治安法院按照简易程序审理，不适用陪审团审理的方式。英国国会可以随时审查某一特定犯罪在其所属类别中是否适宜。为了减轻王室法院的工作量，国会在《1977 年刑法法案》（Criminal Law Act 1977）中将原来属于可选择审判方式的某些犯罪（包括酒后驾驶和威胁执行公务的警察）划入即决犯罪的范畴。后来又在《1988 年刑事司法法》中规定普通威胁和殴打，以及未经同意使用交通工具也属于即决犯罪。

可起诉罪，是指在犯罪主体已经成年的情况下，通过起诉而适用正式审判程序的犯罪。它包括大多数严重的刑事犯罪，如叛国罪、抢劫罪、谋杀罪、强奸罪、故意造成人身伤害等，以及任何因为危险驾驶致人死亡，或者其他依据《1968 年盗窃法》所规定的更严重的犯罪而可处以死刑或终身监禁的一级犯罪（one first conviction）。此类犯罪必须在刑事法院按照正式的审判程序进行审理。但刑事法院在审理此类刑事案件时，审理程序根据被告人的答辩情况而有所不同：如果被告人作无罪答辩，则刑事法院必须召集陪审团进行审理，否则审判将归于无效；如果被告人作有罪答辩，而且法官认为其已经完全明白答辩的后果，便不必召集陪审团进行审判。一般犯罪如果因为犯罪情节特别严重，或者因为案情复杂，不适合简易审判，则只能通过起诉进行审判。

可选择审判方式之罪，是指介于即决犯罪及可起诉罪之间，在犯罪主体已经成年的情况下，既可选择适用简易程序，也可选择适用正式的审判程序进行审理的刑事犯罪。它包括《1980 年治安法院法》表 I 中所列的犯罪，一般如非重大的偷窃、针对人身的暴力犯罪等。对于此类犯罪，被告人一般可以自行选择审理法院。如果被告人选择由治安法院进行审理，则案件由治安法院进行简易审判。但是，治安法院在案件最终适用何种审理程序的问题上

① ［英］J. C. 史密斯、B. 霍根著：《英国刑法》，李贵方译，法律出版社 2000 年版，第 29 页。

② Catherine Elliot & Frances Quinn, *English Legal System*, Longman Press, 2001, p. 149. 转引自：齐树洁主编：《英国司法制度》，厦门大学出版社 2007 年版，第 159 页。

仍然享有最终决定权，即如果治安法官认为案件性质过于严重，不宜由治安法院进行审理，则应裁定将案件移送刑事法院进行审理。而如果被告人选择由刑事法院进行审理，则案件必须移送刑事法院按照正式审判程序进行审理，此时治安法院对审理程序的适用没有裁量权。作为司法系统的新举措，英国在 2013 年 5 月末废除了羁押听证制度，导致只要在案件足够严重的情况下，可选择审判方式之罪可以被直接提交刑事法院进行审判，无须等待羁押听证。①

二、英国刑事案件快速处理机制的运作

英国刑事案件快速处理机制主要包括简易审判和辩诉交易两种，由于其现行刑事法对犯罪的分类中包含“可选择审判方式之罪”，因此，对该类犯罪进行分流，首先需要确定某种特定的犯罪是否适用简易程序。《1980 年治安法院法》对该程序进行了详细的规定。

（一）程序分流机制——审判方式的确定

1. 一般规则

一个特定的“可选择审判方式之罪”最终适用何种审判方式的一般规律是：在犯罪倾向于适用“简易审判”的问题上，被告人享有最终决定权；而在犯罪倾向于适用“正式审判”的问题上，治安法院则拥有最终的决定权。一般来说，“可选择审判方式之罪”应适用简易审判，除非该犯罪存在一个或多个加重情节，或者该案件超出了治安法院的裁判权（一个治安法院一般最高可判处 6 个月监禁和/或 5000 英镑的罚金）。王室法院发布了指导方针，规定了该类犯罪更适合正式起诉审判的加重情节。

如前所述，被告人对“可选择审判方式之罪”的程序适用问题享有选择权，而治安法院对该类犯罪的审判方式也享有审查权。治安法院应当在考虑以下因素之后，对提交到法院的犯罪适于简易审判还是正式审判进行判断，这些因素主要包括：案件的性质、犯罪情节是否使该项犯罪具有重罪的特征之一、治安法院是否有权对某犯罪判处刑罚、是否有别的情形使该项犯罪的审判采取另一种审判方式更为适当等。但是，根据《1980 年治安法院法》，治安法院在进行考虑之前，如果该项指控未制成书面形式，治安法院应当指令将指控制成书面形式，并向被告人宣读。同时应当首先为公诉人，然后为被告人提供作出关于哪种审判方式更为合适的发言的机会。治安法院经过考

① Ministry of Justice Statistics bulletin, *Criminal court statistics quarterly*, *England and Wales*, *July to September* 2016, 15 December 2016. https://www.gov.uk/government/collections/criminal-court-statistics.

虑，按照以下两种情况进行处理：

其一，如果治安法院按照上述规定对案件进行了考虑，认为提交到法院的犯罪更适宜适用简易审判，则应当用通俗的语言对被告人进行下列解释：对被告人来说，由治安法院进行简易审判更为合适，他可以同意采用上述审判方式，也可以按其所愿由陪审团审判；如果被告人受到简易审判且被治安法院判决有罪，治安法院在根据所获得的关于被告人品格和前科的信息，认为被告人应被判处刑罚超出定罪法院的量刑权范围时，可以根据《1980 年治安法院法》第 38 条的规定将被告人移送刑事法院审判。在向被告人作出上述解释后，治安法院应当询问被告人是否同意适用简易审判或是否希望由陪审团审判。如果被告人同意适用简易审判，治安法院应当对告发进行简易审判；如果被告人不同意适用简易审判，治安法院应当行使预审职能对告发进行调查。

其二，如果治安法院认为某项犯罪更适宜由刑事法院正式审判的，应当告知被告人，即该治安法院已经决定，由陪审团对被告人进行审判更为适宜。而且治安法院应当行使预审职能对告发进行调查。

但是，如果公诉是由检察总长或副检察长或检察官提起，并且他请求由刑事法院正式审判该项犯罪，则不适用上述程序，治安法院则只应行使预审职能，对该项告发进行调查。如果法院已经开始简易审判，它可以在对控诉方的证据作出结论之前的任何时间中止审判，并且行使预审职能对该项告发进行调查。治安法院采取这种做法时可以在不将被告人还押的情况下决定对其延期审判。如果治安法院已经开始行使预审职能对告发进行调查，那么在调查的任何时间，出于对公诉人于被告人出庭时所作的发言或由被告人所作发言以及案件性质的考虑，认为被指控的犯罪更适宜简易审判的，治安法院可以询问被告人是否同意接受简易审判，如果被告人同意，则法院可以对被告人进行简易审判。但在此之前，治安法院应当用通俗易懂的语言向被告人解释：治安法院认为简易审判对他来说更为适宜，但是只有当被告人同意时才可以对其进行简易审判；如果被告人受到简易审判且被治安法院判决有罪，治安法院在根据所获得的关于被告人品格和前科的信息，认为被告人应被判处刑罚超出定罪法院的量刑权范围时，可以将被告人移送刑事法院审判，否则治安法院应向被告人解释关于治安法院将其交付刑事法院审判的职权。当然，如果公诉是由检察总长、副检察长、检察官提起，治安法院采取上述做法必须征得其同意。

上述程序是确定“可选择审判方式之罪”所适用程序的常规做法，但是存在以下例外情况：

其一，被告人被指控犯有“简单犯罪”（scheduled offence）。詹姆斯委员会曾主张对较小的盗窃和刑事损害案只能适用简易审判，以减轻王室法院的工作压力。而国会仅仅接受了关于较小的刑事损害案只能适用简易审判的建议，因其认为盗窃案的定罪牵涉一种刑事损害案的定罪所不涉及的耻辱性。最终，对于财产损失不超过一定数量（目前是5000英镑）的刑事损害指控，被告人只能被适用简易审判程序，但是鉴于被告人以前所拥有的陪审团审判权利的丧失，因此，法院所能判处的最高惩罚被限定为3个月监禁和/或5000英镑罚金。

其二，未满18岁的未成年人实施的除自杀以外的罪行必须接受简易审判，除非其犯罪属于《1993年儿童和未成年人法》第53条第2款规定的罪行的范围，并且法院认为，如果他被认定有罪，将有可能根据该条款对他判决；或者其与一个超过18岁的人一起被指控，并且如果法院认为为了维护正义而有必要将他们一起进行审判的，也可以这样做。①

2. 涉案金额较小的“可选择审判方式之罪”的程序确定规则

对于告发书所指控的犯罪属于《1980年治安法院法》附录2第一栏所列的罪行之一的情况，治安法院首先应当听取公诉人、被告人作出的发言，判断该案所涉及的数额是否超过了200英镑，进而再考虑该罪适宜哪种审判方式。但是下列两种情形除外：一种情形是被告人因同一事由被指控一项或数项犯罪，并且法院认为该项或数项犯罪构成了性质相同或相似的两个以上的一系列犯罪的一部分；另一种情形是被告人实施了附录规定的两个或两个以上的犯罪行为。治安法院在考虑之后，通常有三种处理情形：

一是治安法院认为指控的犯罪所涉及的价款明显没有超过200英镑的，应当将其作为只能简易审判的犯罪进行审理，并且不适用《1980年治安法院法》第19条至第21条的规定。

二是如果治安法院认为就被指控的犯罪而言，所涉及的价款超过了200英镑，其应当不需要进一步的考虑，而立即按通常的做法进行该法第19条规定的程序。

三是如果基于某种原因，治安法院不能确定被指控的犯罪涉及的价款是否超过200英镑的，则应当遵循以下程序。如果指控未被制成书面形式，治安法院应当指令指控被制成书面形式并向被告人宣读，而且应当用通俗易懂的语言向被告人解释：如果被告人同意，他可以接受简易审判，而且一旦接受，他将确定受到这种方式的审判。如果被告人受到简易审判并被治安法院

① ［英］J. C. 史密斯、B. 霍根著：《英国刑法》，李贵方译，法律出版社2000年版，第31-32页。

判决有罪，那么他被判处监禁刑或者罚金的可能性将按照《1980 年治安法院法》第 33 条的规定。在对被告人进行上述解释之后，治安法院应当询问被告人是否接受简易审判。同时，如果被告人接受，治安法院应当将其作为只能简易审判的犯罪进行审理，并不适用该法第 19 条至第 21 条的规定；如果被告人不同意，治安法院应当立即按通常的做法进行该法第 19 条规定的程序。

（二）刑事简易程序的具体运作

在英国，简易审判是指由治安法院依照简易程序进行的审判。通常所说的简易程序，是在刑事诉讼中由治安法院适用的，不启动陪审程序、由治安法官独任审理的审判程序。在英格兰和威尔士大约有 5000 个治安法院，它们主要对轻微罪行使管辖权，是普通民众直接面对的法院，大约有 98%的刑事案件由治安法院通过简易程序加以审判。多数案件由业余法官组成审判庭进行审理，少数案件由懂得法律的领薪治安法官进行审理。治安法院的司法权力是有限的，且不能创制先例。① 在刑事法院，法官与陪审团的职权是有划分的，而治安法院与刑事法院的审理程序不同，治安法官对事实和法律问题都进行裁决。治安法院依照简易程序进行审理案件的程序大致如下：

1. 受理告发书

简易审判是从治安法院受理告发书开始的。告发书是一种书面指控文书，列有对被告人的指控，并要求被告人对此作出有罪或无罪答辩。它仅包含基本事实和对被指控罪行的主张，不涉及被指控的犯罪细节。与正式审判程序中的起诉书不同，每份起诉书可以包括一项或者多项明确的指控（或者罪名），但每一份告发书只能指控一项罪名，并且应当尽量使用通俗易懂的、非专业性的语言。另外，对于存在瑕疵的告发书，治安法院允许通过准许延期的方式使告发书得以完善。对即决犯罪提起指控的告发书应在犯罪发生的 6 个月内提出。

2. 被告人出庭

在控方不到庭而被告人到庭的情况下，治安法官可以驳回告发书。如果被告人所犯的罪行是刑罚不超过 3 个月监禁，并且可以依简易程序进行审判的即决犯罪，那么他可以通过邮寄的方式进行书面认罪。书面认罪在案件开始审理之前均可以书面的方式撤回。如果被告人通过邮寄的方式认罪，就无须亲自出庭。如果被告人通过邮寄的方式作无罪辩护，或者被告人不予答复或不出现的，那么当他缺席时，法庭通常决定延期审理并确定一个重新开庭

---

① See D. G. Cracknell, English Legal System Textbook, p. 179，转引自：林榕年、叶秋华主编：《外国法制史》，中国人民大学出版社 2003 年版，第 211 页。

的日期，但是治安法庭有一定的自由裁量权，以便在被告人缺席的情况下继续审判。此外，治安法官还有权力强制被告人出庭。

根据《1980 年治安法院法》的规定，除在青少年法庭出庭及对被告人可能判处 3 个月以上监禁刑的即决犯罪的告发书作出答辩的情形以外，被告人被签发传票要求于治安法院出庭的，公诉人或公诉人代表应当通知法院书记官，下列文件已和传票一起送达被告人。文件包括：一份包括可能被规定的本法效力的说明内容的通知，以及一份被告人作有罪答辩而不出庭时由公诉人或公诉人代表提交法院的与指控事实有关的、具备规定形式的简要陈述。当书记官接受由被告人或他的事务律师提交的表明被告人愿意作出无须出庭的有罪答辩之书面报告时，书记官应当通知接收该报告的公诉人。

如果在事先约定的对告发进行审判或延期审判的时间和地点，被告人没有出庭，并且已经经宣誓或法律规定的其他方式向法院充分证明上述规定的通知和事实陈述已连同传票一并送达被告人时，那么在被告人缺席的情况下，无论公诉人是否缺席，治安法院可以与双方当事人都已出庭，并且被告人已作有罪答辩相同的方式审判和处理案件；或者如果治安法院决定不进行上述程序时，该法院应该像前述书面报告未被提交一样延期或再次延期审判以处理该项告发。

如果在审判之前的任何时间，书记官收到一份由被告人的律师提交的被告人想要撤回前述规定的书面报告的书面通知，书记官应当告知公诉人上述事项并且法院应当如同本法条未被通过一样处理该项告发。治安法院在根据上述规定接受缺席被告人作出的有罪答辩并且判决其有罪之前，应当指令包括被告人为了获得减刑，而希望引起法院注意的书面报告形式的附带意见在内的前述书面报告及事实陈述在法庭上宣读。如果治安法院在被告人缺席的情况下根据上述规定审判或处理案件时，该法院不应允许公诉人或公诉人代表作出不同于前面所述的事实陈述之依据及与被指控的犯罪有关事实的陈述。

3. 答辩

在被告人出庭的简易程序审判中，如果告发书要在治安法庭上出示，那么应由治安法院的书记官向被告人宣读其内容，并要求被告人作出答辩。答辩时通常只要求被告人作概括答辩，即只要求被告人表明作认罪答辩还是无罪答辩。被告人的答辩必须是自由、明确作出的，并且通常是亲自答辩。被告人的答辩将决定随后的程序如何进行。法庭有权在宣判前的任何时候允许被告人改变其答辩内容。若被指控的罪行属于“可选择审判方式之罪”，并且被告人不适合对简易审判作同意的决定时，治安法庭可以判定其视为同意。

一般来说，如果被告人作有罪答辩，法庭就可以直接定罪而无须进行听证。1997年至1998年，大约有180万被告人由治安法院处理，而其中大部分指控是被告人作了有罪答辩，而无须付诸审判。1997年，在由CPS提交治安法院的案件中有81%作有罪答辩，7%作无罪答辩，12%进行缺席审判。[①] 在治安法院，被告人作认罪答辩的比例可高达90%。在某些情况下，如在判处社会服务刑之前，负责缓刑的机关有责任提供一份社会调查报告，被告人将有机会对该社会调查报告进行查阅和答辩。此时，案件通常会延期。而如果没有这个报告，法庭将要听取被告人为了减轻刑罚而作的所有辩解。

如果被告人作无罪答辩，那么治安法院应当进行听审，其基本程序和依起诉程序审判的步骤大致相同。治安法院必须审查证据，并据此发现事实，进而裁决被告人是否犯有被指控的罪行。[②] 在被告人作出无罪答辩后，法庭通常应作出延期审理的裁定，以便控辩双方收集证据和合理分配庭审时间。如果控方在案件中未能提供证据，那么治安法院应裁定终结案件并不得对同一罪行再次审理。如果案件在控方举证后被延期审理，那么法庭可以向控方收集新的证据，但必须给予辩方答辩的权利。再次开庭审理时，程序将沿着正常抗辩式诉讼程序进行。如果案件并不特别复杂，控方通常被要求立即举证。另外，治安法官无权在没有审查任何证据的情形下而仅以不公平为理由将案件驳回，除非有不合理的延迟或者由于滥用程序而使被告人不能获得公平审判。

如果辩方认为争议焦点不存在与法律上的认定有关，控方可以就此向审判庭发表意见。法庭接受“无争议焦点可辨”的答辩的，应当释放被告人。治安法官驳回辩方“无争议焦点可辨”的答辩的，无须说明驳回理由，但应当保障辩方请求作证和组织辩护的权利。辩方在法庭辩论结束后可以向法庭作最后陈述。作为例外，如果控方被允许再次发言，那么辩方将有第二次陈述的机会。总之，辩方总是有权最后一个发言。[③]

4. 裁定

在庭审中，治安法官发现被指控的罪行的基本构成要件未得以证明，或者证据在交叉询问后被证明是不可信的情形的，应当裁定终止审理。在庭审之后，治安法官通常退席考虑裁定。在由业余治安法官而非由1名地区法官进行审理的案件中，一般遵循“排除合理怀疑”的证明标准，并实行“少数服从多数”的裁决原则。在英国，治安法官对事实和法律问题都要作出裁决，并且他们可以从书记官那里获得建议。书记官给出的司法建议不应当影响治

---

① DIGEST4——刑事司法体系的信息（伦敦，内政部，1999年）。

② 张彩凤主编：《比较司法制度》，中国人民公安大学出版社2007年版，第84-85页。

③ 程荣斌主编：《外国刑事诉讼法教程》，中国人民大学出版社2002年版，第176页。

安法官判断事实问题，他们有责任就以下问题提供意见，包括：有关法律（包括《欧洲人权公约》和《1998 年人权法》在内）、惯例和程序、刑罚的适用、上级法院的决定或其他规则、适当的裁判格式。此外，书记官还可以就有关裁定的问题提供建议，但该项权力应谨慎行使，以免被认为过度干预裁判。

当治安法官考虑裁定时，严禁其他人干扰，甚至连最简单的对话都要予以禁止，以免被怀疑对裁判的正当性造成影响。治安法官在休庭结束后，将作出有罪或无罪的裁定。裁定必须以看得见的形式在法庭上作出。在被告人有委托人的情况下，法庭也可依据《1983 年精神健康法》第 37 条的规定裁决对被告人实施强制治疗而不作裁判。治安法官无权作出不审理的裁定，除非有滥用程序的情形存在。对于有罪或无罪的裁决，治安法官只需给出一些有限的理由。如果裁定被告人有罪，之后的程序将与被告人认罪后的程序相同；如果被告人被裁定无罪，则其将被释放。

5. 量刑

治安法官的量刑权是受到一定限制的：对于即决犯罪，治安法官的职责不仅要裁定被告人是否有罪，而且要对被告人科处刑罚；对于可由刑事法庭审判的罪行，如果治安法官认为将要判处的刑罚过重，可能超出了自身的量刑权范畴，则可以在判定被告人有罪的情况下，将案件移交刑事法院量刑。此外，治安法官有权在定罪和量刑期间中止审理，以便对被告人进行审查和询问。在宣判前，治安法官将听取报告、先例以及有关减轻责任的辩护，并应当对所判处的监禁刑给出理由。

对于即决犯罪，治安法官可以当庭对任何单一罪行判处最高不超过 6 个月的监禁刑，并根据《1971 年刑事赔偿法》参照损坏财产的价值，判决不超过相关法条规定的最高刑。

而治安法院对适用简易程序的“可选择审判方式之罪”所判处的刑罚则适用如下规定：对《1980 年治安法院法》附录 1 所列举的可选择审判方式之罪进行简易审判的过程中，该犯罪应被判处不超过 6 个月的监禁或者不超过规定总额的罚金或者合并处罚，但下列情况除外：（1）如果刑事法院无权对成年人犯罪的案件进行正式审判定罪，那么，治安法院也无权对上述所列犯罪判处监禁；（2）在对教唆犯实施的“可选择审判方式之罪”的简易定罪过程中，被告人不应被判处比上述提及之简易定罪之罪更重的刑罚；（3）在对预备犯进行的“可选择审判方式之罪”的简易定罪的过程中，被告人不应被判处比对既遂犯的简易定罪更重的刑罚。

对于任何《1980 年治安法院法》附录 1 未列出的由其他相关法规定的

“可选择审判方式之罪”，简易判决所能判处的最高罚金应为1000英镑，但是根据有关规定，通过简易判决可被判处更大数额罚金的犯罪除外。

根据有关法令的规定，当一个犯有“可选择审判方式之罪”而被简易判决的人第一次受到判决时，他应被判处一定数额的最高罚金，而在第二次或以后的判决中被判处不同数额罚金时，不管该项判决是否为第一次、第二次或随后作出，前述规定都应适用。

根据任何书面或口头的法令，对任何“可选择审判方式之罪”，有权通过附属文件对下列可适用简易判决的犯罪所判处的罚金数额予以限制：上述规定不应影响该权力的执行或在执行该权力时施加任何限制；行使上述权力所限定的罚金数额应低于对不受任何适用限制的犯罪进行简易定罪所适用的最高罚金数额。①

对因涉及金额小而进行简易审判的“可选择审判方式之罪”可判处的最高刑罚：依照《1980年治安法院法》第22条第2款的规定，治安法院对一次告发进行简易审判，如果被告人受到简易判决，治安法院无权对他判处3个月以上的监禁或500英镑以上的罚金；对上述犯罪，《1980年治安法院法》第38条规定不应适用。其中，第38条规定：在对一项“可选择审判方式之罪”（不属于上述第33条所排除的犯罪）简易审判的过程中，当一名17岁以上的被告人被判决有罪时，如果法院在获取关于他的品德和行为的信息后认为该被告人应被判处的刑罚超过了该法院适用刑罚的权力，根据《1967年刑事司法法》第56条的规定，治安法院可以在对其羁押或者保释中根据《1973年刑事法院权力法》第42条的规定将其交付刑事法院判刑。②

《2003年英国刑事审判法》对适用简易程序的犯罪的刑罚作了一些调整：第一，改变了对某些即决犯罪的处罚。该法第280条规定：（1）对附件二十五中列举的即决犯罪不得再判处监禁刑。（2）附件二十六（其中包含修改性的规定，即将某些即决犯罪的最高刑期从4个月增加到51个星期）应当有效。（3）本条的规定不影响对本条生效以前实施的犯罪的处罚。

第二，改变了对其他即决犯罪的处罚。该法第281条规定：（1）第2款适用于符合下列情形的任何即决犯罪：（a）相关制定法规定的犯罪；（b）可以判处最长期限为5个月的监禁刑；（c）不属于附件二十五或者附件二十六列举的犯罪。（2）内政大臣可以通过命令修改任何相关制定法，以便：（a）规定对适用本款的即决犯罪不得再判处监禁刑；或者（b）将因该犯罪被定罪的人可以被判处的监禁刑最高刑期增加到51个星期。（3）在内政大臣认为有

① See：*Magistrates' Courts Act* 1980，section 32.

② See：*Magistrates' Courts Act* 1980，section 33.

必要或者适宜的范围内，依据第 2 款发布的命令可以作出补充性、附带性或者间接性规定，包括修改任何相关制定法的规定。（4）第 5 款适用于符合下列情形的任何即决犯罪：（a）相关制定法规定的犯罪；并且（b）可以判处最长期限为 6 个月的监禁刑。（5）根据本款的规定，一个人因本款适用的犯罪被定罪之后应当被判处的最长监禁刑期为 51 个星期（并且，所涉及的相关制定法应当被理解为已经作相应的修改）。（6）下列命令或条款不影响对该命令或者条款（根据案件具体情况）生效以前实施的犯罪的处罚：（a）根据第 2 款发布的命令；或者（b）第 5 款。（7）本条和第 282 条中的“相关制定法”，指下列法律中包括的规定：（a）在本法通过前通过的或者与本法在议会的同一会期通过的法律；或者（b）本法通过以前制定的附属立法。（8）第 7 款中的“附属立法”与《1978 年解释法》规定的含义相同。

第三，增加了适用简易程序的“可选择审判方式之罪”的最长刑期。该法第 282 条规定：（1）在《1980 年治安法院法》第 32 条中，将第 1 款（该法附件一列举的犯罪）中的“不超过 6 个月”替换为“不超过 12 个月”。（2）第 3 款适用于符合下列情形的两可罪：（a）相关制定法规定的犯罪；（b）经简易定罪以后可以判处监禁刑；并且（c）不是《1980 年治安法院法》附件一列举的犯罪。（3）根据本款的规定，对于因本款适用的犯罪被定罪的人可以判处的监禁刑最长期限为 12 个月（并且，所涉及的相关制定法应当被理解为已经作相应的修改）。（4）本条的规定不影响对本条生效以前实施的犯罪的处罚。

6. 救济——对治安法院判决的上诉

对治安法院的裁判进行上诉通常有三种途径：一是向刑事法院上诉；二是以案件报核的方式向高等法院上诉；三是申请高等法院对治安法官的裁判进行司法审查，签发撤销令、强制令或禁止令。其中，第一种途径只能由被治安法院定罪的人使用，而对于治安法院所作的无罪判决，控方律师一般无权向刑事法院提出上诉。对于其他两种途径，无论是辩护方还是检控方都可以使用。

（1）向刑事法院上诉。根据《1980 年治安法院法》第 108 条的规定，作出无罪答辩的被告人被治安法院定罪的，可以向刑事法院就定罪或判刑或者对两者同时提出上诉，作出有罪答辩的被告人可以就判刑向刑事法院上诉。这种上诉一般只有被告人才有权提出，控方只有在极个别的情况下才有权提出上诉。[①] 根据《1982 年刑事法院规则》第 7 条的规定，上诉人必须在治安法院作出判决后 21 日内以书面形式提起上诉。被告人提起上诉只需要指出治

① 程荣斌主编：《外国刑事诉讼法教程》，中国人民大学出版社 2002 年版，第 180 页。

安法院的判决在哪些地方出现了错误，无须经过许可，也不必提出特定的理由。

刑事法院审理案件时，由1名法官与2名至4名治安法官组成合议庭，[①]由治安法官与职业法官一起在刑事法院进行审判，这样可以使他们增加审判经验，增强对法律程序、证据规则和刑法规定的了解，从而对他们在治安法院的审判工作有所帮助，[②] 但凡是参加了治安法院原审的治安法官不得加入上诉合议庭。判决采取“少数服从多数”的表决方式，如果票数相等，主持庭审的法官有第二次投票权。与我国相同，上诉案件的审理采取全面审查原则，不仅要查明案件的事实问题，也要审查案件的法律适用问题。上诉案件庭审的程序基本与治安法院的审理相同，刑事法院可以传唤初审中出庭的证人，也可以传唤新的证人，还可以重新听取控辩双方的法庭辩论。

根据《1981年最高法院法》第48条的规定，刑事法院可以维持、撤销或者变更治安法院判决中的任何部分，可以附具意见发回重审，也可以作出法庭认为适当的其他裁定。刑事法院的二审判决不适用“上诉不加刑”原则，因此，新的判决可以加重原判刑罚，即使仅仅是针对定罪提出的上诉，刑事法院判决也可以加刑，但加重后的判刑不得超过治安法院本来的判刑权限。[③]对刑事法院的判决不服的，上诉人可以继续上诉至上诉法院。

（2）向高等法院上诉。对于经过治安法院初审或刑事法院上诉审的案件，辩方或控方律师如果认为判决“在法律上有错误”或者“超越权限”，可以申请原审法院向高等法院报核该案件以提起上诉。这种“案件报核”的方式不仅适用于治安法院初审的案件，而且适用于经过刑事法院上诉审后的案件，两者的程序基本相同。

《1980年治安法院法》第111条规定，在治安法院的任何诉讼中处于当事人地位的任何人不服治安法院的定罪、判刑、决定或者程序，可以其“在法律上有错误”或者“超越权限”为理由，通过治安法官向高等法院案件报核，就所涉及的法律问题或者管辖权问题以出具意见的方式向高等法院上诉。这种上诉方式被告人或控方律师都可以使用，并且上诉理由必须是认为判决“在法律上有错误”或者“超越权限”，而不是基于事实问题。[④] 上诉人必须明确指出治安法院在适用法律或管辖上存在的错误。[⑤]

---

① 卢永红主编：《国外刑事诉讼法通论》，中国人民公安大学出版社2004年版，第192页。

② 参见中国政法大学刑事法律研究中心：《英国刑事诉讼制度的新发展——赴英考察报告》，载陈光中、江伟主编：《诉讼法论丛》（第2卷），法律出版社1998年版，第350页。

③ Terence Ingman, *The English Legal Process*, Oxford University Press, 2004, p. 173.

④ 王以真主编：《外国刑事诉讼法学》，北京大学出版社2004年版，第114页。

⑤ John Sprack, *Emmins on Criminal Procedure*, Blackstone Press Limited, 2000, p. 449.

申请治安法院“案件报核”分为两个步骤。首先，上诉人必须在无罪或者有罪判决之后 21 日内向治安法院提出案件报核的申请。申请人必须以书面方式指明要求高等法院出具意见的特定法律问题或者管辖权限问题，并将申请书交给相关治安法院的书记官。治安法官在对申请审核后，可以自由决定是否将案件报核。如果决定报核，治安法院应当在接到申请的 11 周内报核；如果决定拒绝案件报核，则必须向申请人出具证明书，告知其申请已被拒绝。[①] 申请人在收到证明书之后可以向高等法院王座法庭申请强制令，强制治安法官案件报核。为了防止申请人中途放弃已经报核的案件而浪费金钱和时间，治安法官也可以对同意案件报核的决定附加条件，即要求上诉人保证“不延迟地进行上诉”，并且向高等法院支付最终可能裁决支付的任何费用。

其次，治安法官同意案件报核后，应出具案件报核的文书并送达上诉人或者他的律师。案件报核的文书只需列明治安法院认定的事实，而不需要提交认定事实的证据，除非上诉人声称没有证据能够使治安法院据以合理地认定某一事实，此种情况下，治安法院案件报核时必须简要地叙述认定事实的证据。案件报核时还必须写明指控案件的性质、当事人对法律问题或管辖权问题的主张及其依据、治安法院的决定以及要求高等法院解决的问题等。案件报核的文书至少由 2 名参与原审的治安法官签名，也可以由书记官代签，然后送达申请人或其律师。申请人必须在 10 日内送交高等法院。上诉人还必须在案件报核书递交高等法院 4 日内向答辩人提供上诉通知书以及案件报核书的复印件。上诉通常要等到送达该项通知 8 日以后才会审理。

案件报核的上诉由高等法院王座法庭审理。合议庭至少由 2 名法官组成，如果 2 名法官的意见不一，以赞成下级法院的法官意见为准而驳回上诉。上诉审采取上诉人与答辩人进行法律辩论的形式，高等法院对已受理的上诉案件仅就法律问题听取双方律师的辩论，辩论完全依据案件陈述书中陈述的事实。如果有利于上诉人的事实在早先的治安法院的审理中并未得到处理的，那么在不需要认定新事实的前提下，法庭可以审理这一问题。[②] 审理终结后，高等法院可以“撤销、维持或者变更”治安法院的裁判，或者附上本院的意见将案件发回治安法院重审，或者作出适当的其他裁判，包括改判有罪判决为无罪判决，或者以有罪判决取代无罪判决并且直接判处适当的刑罚，或者变更原判刑罚等。

---

① S. H. Bailey, et al, *Smith, Bailey & Gunn on the Modern English Legal System*, Sweet & Maxwell Press, 2002, p. 1254.

② 周欣著:《欧美日本刑事诉讼——特色制度与动态研究》，中国人民公安大学出版社 2002 年版，第 36 页。

以案件报核的方式提起的上诉主要是为了推翻治安法院有罪或无罪的判决，而不是为了改变量刑的结果。因此，这种上诉针对的是治安法院作出的判决，不适用于法院在移送起诉或者移送刑事法院量刑方面所存在的错误。但是，根据《1981年最高法院法》的规定，案件报核的上诉不仅适用于治安法院的裁判，而且可以用来对刑事法院针对治安法院裁判的上诉所作出的裁判的救济。在刑事法院没有获得支持的上诉人，无论是被支持还是被驳回上诉的一方，都可以通过案件报核的方式再一次向高等法院提出上诉。上诉的理由同样是刑事法院的裁判或者程序“在法律上有错误”或者“超越权限”，不能涉及事实问题。

申请治安法官案件报核的上诉人不再拥有向刑事法院上诉的权利。因此，上诉人对案件报核的使用一般较为谨慎，对于治安法院裁判不服的一般直接向刑事法院提出上诉，而不申请治安法官进行案件报核。而且刑事法院二审时，可以对原审中涉及的所有事实和法律问题重新审理，还可以提交新的证据。即使刑事法院驳回上诉，上诉人仍然有权通过刑事法院法官“案件报核”的方式向高等法院上诉。因此，无论是从审理内容的实质性方面，还是从救济途径的多样性方面，向刑事法院提起上诉都是上诉人的最优选择。

（三）辩诉交易

英国的另一种快速审理机制，即指辩诉交易。辩诉交易适用于以下两种情况：一种是控方和辩方之间签订一份协议，控方将接受比指控的犯罪更轻的罪名的有罪答辩。虽然控方可以在被告人已作出有罪答辩的情况下，仍在法庭上坚持原指控，并请求将该答辩当作无罪答辩对待，但一般情况下，控方通常会接受有罪答辩。控方在签订该协议之前，应得到法官的同意，法官有权指示控方不得签订该协议。但是同样一般情况下，法官不会反对该协议，因为它会节省正规的陪审团审判的费用，并且还有其他的好处。另一种情况是被告人和控方之间签订一份协议，主要内容为：如果被告人对起诉中的某些指控事项作有罪答辩，那么控方同意对起诉书中的另一些指控事项将不再追究。①

1. 各角色在辩诉交易中的作用

法官在辩诉交易中发挥作用时应当非常谨慎。对法官来说，不能事先表明判刑折扣的内容，即在特定案件中被告人作认罪答辩时将可能给予什么样

① ［英］麦高伟、杰弗里威尔逊主编：《英国刑事司法程序》，姚永吉等译，何家弘审校，法律出版社2003年版，第297页。

的折扣。当控方同意协商时，确实会对被告人有利，但是当法官对辩诉交易发表看法时，被告人答辩的压力也将大大增加。另外，由于在这个阶段对被告人的评价是基于极少的证据材料，因此，法官的作用应限定在对控辩双方达成的协议的审查上。

在辩诉交易中，控方律师对判决没有实质性的影响力。英格兰及威尔士的辩诉交易和美国有所不同。在英国，控方不能寻求法庭给予特定的判决，法官也不能预先告知对有罪答辩给予的可能刑罚。在辩诉交易中，直接承诺针对特定指控给予刑罚期限是不被允许的，但是对准备进入程序的指控进行承诺是被允许的。然而，如果控方已经同意或者默认在交易时针对判刑在被告方与法官之间协调，那么他们就不得反悔且不能以不适当的宽大行为为理由而提起上诉。当然，即使没有公开寻求较长刑期，控方也可以通过在开始时选择指控及审判的方式来影响量刑。①

2. 辩诉交易中的答辩

英国法要求被告人的答辩必须是不含糊其词、不模棱两可的，并且必须由被告人本人自由地作出。模棱两可通常是指被告人以“有罪答辩”或“无罪答辩”以外的方式对指控作出答辩，如在承认有罪的同时对相关事实进行否认。如果答辩是模棱两可的，审判法官必须采取措施使被告人理解指控。如果法官已经对指控解释过而被告人的答辩仍然是含糊或模棱两可的，那么法官就会认定他或她作出了无罪答辩。如果法官依据一个模棱两可的答辩对被告人作出了裁判，那么上诉法院有权撤销定罪和判刑，并将案件发回刑事法院以便被告人对指控重新作出答辩。

如果被告人作无罪答辩，则意味着控方必须将指控犯罪的每个构成要件都证明到“排除合理怀疑”的标准，才能完成证明责任，但是被告人在答辩时已承认的事实除外。这种答辩必须由被告人本人正式作出。它还意味着，一般情况下，控方还必须反驳被告人可能提出的辩护意见。无罪答辩在审判期间经法官允许可以变更。导致改变答辩的理由有很多，可能包括对有罪答辩的判刑折扣结果的认识，以及对坚持无罪答辩将导致不利的审判结果的认识等。如果无罪答辩变更为有罪答辩，且有罪答辩是公开可信的，则法官不必要求陪审团正式对此作出裁定。②

关于有罪答辩，英国法要求有罪答辩必须由被告人亲自作出，而且答辩必须是自愿的。自愿性对答辩的有效性来说具有根本意义，如果被告人的答辩并非出于自愿，那么依据答辩而作出的定罪裁决将在上诉中被撤销。通过

① 齐树洁主编：《英国司法制度》，厦门大学出版社 2007 年版，第 574 页。

② R. v. Poole, in *Criminal Law Review*, 2002, p. 242.

“许诺减刑以换取有罪答辩”或者“威胁审判定罪后加刑”的方式对被告人施以不当压力可能使答辩丧失自愿性。这些诱因可能是因为被告人与律师（或法官）为了避免审判，以及随之而来的花费和结果的不确定性。为此，上诉法院确立了一些指导性原则以避免这些情况下的不当压力。

首先，辩护律师必须完全自由地履行职责。辩护律师为被告人提供的应当是他所能作出的最好的建议，必要时甚至可以是以激烈的言辞提出这些建议。一般情况下，律师会建议被告人如果作有罪答辩可能会使法庭作出较轻的判决。当然，如果被告人没有实施被指控的犯罪行为，辩护律师必须提醒被告人不能作有罪答辩。其次，被告人在充分考虑了辩护律师的建议后，就是否作出有罪答辩必须具有完全的选择自由。再次，律师与法官之间必须有接触的自由。这一点是很重要的，虽然正义应当尽可能在公开的法庭上实现，但是确实存在许多需要交流或讨论的，而其性质又是代表委托人利益的律师不能在公开的法庭上谈论的问题。讨论必须在法官与控辩双方的律师之间举行。如果代表被告人出庭的是一个事务律师，那么只要他要求，法官就应该允许他参与讨论。当然，律师应当只有在觉得真正有必要时，才能要求会见法官，而法官在认为为了公正处理被告人有必要时，必须特别小心地把这些仅仅当作私下交流。最后，法官不应当提及他要使用的刑罚。类似“对有罪答辩将适用一种刑罚，而对无罪答辩之后的定罪裁决将适用更为严厉的刑罚”的声明是不被允许的。这会被当作对被告人施加的不当压力，并因此剥夺他重要的完全的选择自由。但这种情况在法院实践中并不多见，时有发生的是法官会告诉律师，在阅览过证人陈述和被告人的犯罪记录之后，如果被告人作出有罪答辩，他会作出缓刑命令等可能会有助于律师对被告人提出某种建议的刑罚。同时，法官会很小心地不去提及如果被告人作无罪答辩后又被定罪他将如何进行裁判。即使是这样，被告人也完全可能感觉到法官在暗示无罪答辩可能会导致更严厉的刑罚，这对于被告人来讲仍然是一种压力。因此，这也是被禁止的。

该规则唯一的例外是，允许法官告知被告人以下内容：不管被告人答辩有罪还是无罪，刑罚将会或不会以某种形式出现，如缓刑命令、罚金或监禁刑。当然，如果法官和律师讨论过，那么辩护律师应该告知被告人所发生的情况。①

皇家刑事司法委员会承认“辩诉交易”在刑事法院已经成为一种富有生

① 中国政法大学刑事法律研究中心编译：《英国刑事诉讼法（选编）》，中国政法大学出版社2001年版，第57-58页。

机的事实，上诉法院也表态，作出无罪答辩的被告人一般有权得到减刑。[①] 皇家刑事司法委员会也承认“辩诉交易”的存在一般与节省公共开支有关：“量刑折扣的主要原因是为了鼓励那些明知自己有罪的被告人作出有罪答辩，以此节省将在对抗式审判中消耗掉的资源。另一个存在于某些特定类型案件中的次要原因是承认被告人通过有罪答辩分担了证人必须出庭作证的痛苦。”[②]

同时，量刑折扣制度还会使那些无辜的被告人处于一种危险的境地，即由于担心定罪后会受到更严厉的量刑而被诱使作出有罪答辩。有些被告人认为他们很可能会被定罪，而且如果他们在对抗制审判中被判有罪，他们可能将受到监禁刑处罚，但是，如果他们作有罪答辩，则可能会避免这样的量刑。这种危险不可能完全避免。由于量刑折扣的存在，一些无辜的被告人也有可能作出有罪答辩。虽然无辜的被告人可能会面临这种风险，但是量刑折扣制度最终还是被保留下来。事实上，皇家刑事司法委员会提出了一种逐级折扣制度以帮助法庭节约时间和资源。这种逐级制度的实施原则是：认罪越早，折扣越大。

政府并不愿实施这样一种正式的基于制定法的逐级指控递减方案。但是，律师和法官在这方面的实践引起了政府的注意，政府通过规定量刑法院必须考虑有罪答辩作出的时机，把这种注意体现于制定法，进而公开承认了由此作出的量刑折扣。因此，《1994 年刑事审判和公共秩序法》第 48 条规定：曾在此前的程序中或在其他法院对罪行作出有罪答辩，对这样的犯罪人量刑时，法庭应当考虑如下因素：犯罪人表示他愿意作出有罪答辩的程序阶段，以及作出这种表示的具体情形。如果在考虑上述提及的因素之后，法庭对犯罪人科处了较之不考虑这些因素为轻的刑罚，那么，它要在公开的法庭上说明这种情况。

该条以制定法的形式承认了作出有罪答辩的被告人可以得到量刑上减轻的原则。如果被告人一开始就表示要作有罪答辩，那么对他的减刑将是大幅度的。法院还明确了即使在严重案件中作出有罪答辩也能得到这种好处。然而，该法也要求法官把作出答辩表示的具体情形考虑在内。这一条款不仅允许对早期的答辩表示给予优惠，也暗示了在特定情况下可能对犯罪人不给予这种优惠的原则。例如，被告人的有罪答辩是在最后一刻或在审判过程中作出的，或仅仅是由于被告人意识到，控方的证明力度表明对其定罪是不可避免的，因此才作出的有罪答辩。对于这种“策略性”答辩，法院判例认为不

---

① Report，（1993）p. 110.

② Ibid.，at p. 110，para. 41.

应给予任何量刑上的折扣。[①]

被告人可能就部分而非全部指控作出有罪答辩，即他们可能对也许不那么严重的部分指控作出有罪答辩。皇家检察官认为法庭能够作出与犯罪行为的严重性相适应的判决的，应当接受被告人的答辩，不得因其便利而接受有罪答辩。[②]

（四）青少年犯罪案件的特别简易程序

在英国，青少年犯（未满 18 岁）在青少年法庭受审，18 岁至 20 岁的青年犯由普通法庭审判。英国的青少年法庭是专门审判未满 18 岁的未成年人犯罪案件的法庭。根据《1980 年治安法院法》的规定，青少年犯罪案件一律由治安法院的青少年法庭进行审判。但以下情形除外：青少年犯被指控犯有杀人罪；或者青少年犯被指控与成年罪犯共同犯有可诉罪，而治安法院认为将他们移送刑事法院审判更为合适的；或者治安法院认为根据《1933 年儿童和少年法》第 53 条的规定对青少年犯量刑是合适的。

对青少年犯的审判通常应采取简易审判程序。但下列情况除外：（1）他已年满 14 岁并且所犯罪行是《1993 年青少年犯罪法》第 53 条第 2 款规定的犯罪（该条规定，经正式审判，可对被判决犯有特定重罪的青年判处长时间的监禁），同时治安法院认为如果他被发现犯有该罪，根据该款的规定他应被判刑。（2）当他被指控与一个年满 17 岁的人共同实施犯罪而且治安法院认为治安法官有必要将两个人一起交付审判。同时对有上述两种情形之一的案件，如果治安法院认为有充分的证据将被告人交付审判，或者具有《1980 年治安法院法》第 6 条第 2 款规定的不经考虑证据就将被告人交付审判的职权，该治安法院应当把被告人交付审判。

当治安法院因一个不满 17 岁的人被指控与另一已满 17 岁的人共同实施犯罪而将其交付正式审判时，如果其他犯罪的发生与最先提到的犯罪相同或有联系，治安法院也可以因该被告人同时被指控的其他可公诉罪（不论是否与已满 17 岁的人共同实施）而将被告人交付正式审判。[③]

青少年法庭的组成要求非常严格，审判法官是从特别指定的治安法院的治安法官中经过特定程序专门挑选出来的，在从事对青少年犯罪案件的审判之前还要经过一定的培训。每一组审判庭的成员人数不超过 3 人，且其中必须至少有 1 名女性法官。法律对于法庭设置的地点也有严格的规定，青少年

---

① 参见 Hastings [1996] 1 Cr. App. R (S) 167.

② 参见《皇家检察官守则》第 9 条。

③ See: *Magistrates' Courts Act* 1980, section 24.

法庭不得设在1小时前曾经作为或者1小时后将要作为成人法庭的房间里，其目的是创造一个青少年犯能适应的审判环境，至少不能使青少年犯走进法庭有恐惧感。青少年法庭虽然允许媒体代表参加，却不对公众开放。

有关青少年犯罪的审判必须严格遵循青少年犯审判程序的规定进行。青少年法庭的法官在出庭时不戴假发、穿法袍，而是只穿戴同学校老师一样的整洁的服装。青少年法庭的审理是不公开的，对参与庭审的人员也有极为严格的限制，仅限于法庭官员、诉讼双方的当事人和他们的律师、证人。新闻记者或其他人员只有经过特别许可，才可以进入法庭。青少年犯的父母或监护人在审判时必须在场。任何因受控告或因其他理由而被带到法庭的青少年，在诉讼的整个过程中都可以要求其父母或监护人参加。并且在任何阶段，如果法庭认为合适也可以要求他们必须参加。在审判中，青少年犯可以与父母一起坐在面对法庭的椅子上，而审判法官的桌子只能略高于被告人的座位。法官应直呼被告人的姓名，而不宜称呼其为“被告人”。如果青少年犯没有法律代理人，法庭必须允许其父母或监护人，也可以允许其亲属或其他负有责任的人为其提供帮助。新闻媒体在报道青少年犯的案件时不得披露青少年犯的姓名，或其他可能使人们对其身份作出推断的细节，也不得披露涉案的其他未成年人的情况。报纸上更不得刊登青少年犯的照片。对青少年犯的判决绝对不能使用“定罪”和“判决”等字眼，而只能使用“有罪结论”和“根据有罪结论发布的命令”等术语，①并且在宣布对其定罪的判决时法官应尽量采用舒缓的语气。

治安法院在对青少年犯进行简易审判的过程中，如果发现该被告人有罪，那么治安法院可以对其处以不超过200英镑（对不满14岁的被告人，罚金数额为50英镑）的罚金，或者除了《1973年刑事法院权力法》第129条第1款的规定，治安法院如果发现被告人犯有可被判处3个月以下监禁刑的犯罪，也可对他处以其他刑罚。②法庭可以命令被作出有罪结论的青少年犯的父母或监护人支付罚金、赔偿损失和支付诉讼费用。如果向青少年法庭提起的诉讼是申请法庭对指控有罪的青少年犯下达管教命令，则法庭必须将诉讼的一般性质、提起诉讼的根据、所指控的罪行的实质等用通俗易懂的语言通知申请所针对的青少年犯。所有有关被告人的品格、行为和指控罪行的证据都应当在该青少年犯在场时听取。如果法庭确信并支持管教申请，则可以要求其父母或监护人具结保证书，或发布监督、管教、就医及监护命

① 王运生、严军兴著：《英国刑事司法与替刑制度》，中国法制出版社1999年版，第56页。

② See：*Magistrates' Courts Act* 1980，section 24.

令。即使有些罪行是可以起诉的，在一般情况下也不得判处监禁以上的刑罚。[①]

三、英国刑事案件快速处理程序的实践状况

在英国，轻微的犯罪行为占绝大多数。据资料显示，1997 年调查的 100 件犯罪行为当中，只有 3 件被刑事定罪或警告，而在 300 件犯罪行为中，只有 1 件最终受到监禁判决。[②] 当然，这与英国刑事犯罪的门槛较低不无关系。很多在我国属于行政处罚范畴的行为，如交通违法的定额罚金处罚，在英国即被规定为犯罪。因此，在英国，轻微刑事犯罪与重罪之间的比例要明显高于我国，而且轻微刑事犯罪对其审判系统所造成的压力也明显高于重罪所带来的压力。

虽然英国刑事审判以法官和陪审团审理为特征，但是有陪审团参与审理的刑事案件不到 1%。陪审团裁决仅适用于刑事法院审理的较为重大的刑事案件，而审理 98%的刑事案件的治安法院并不使用陪审团。[③] 很长一段时间以来，刑事案件的审判工作一直呈现从高级法院往下转移的趋势，到 20 世纪这一趋势明显加强。随着新型犯罪的出现，治安法官可以在没有陪审团的情况下，通过简易程序单独审理案件，从而保证了大多数案件被交给治安法官审判。由于程序的简便性，以及较高的定罪率，起诉人更愿意把案件送到治安法院审理。这就导致一些严重的案件也被交到治安法官手中，但是倾向于被从轻处理，因为专家和公众认为治安法官只能审理无关紧要的案件。如今，治安法官可以受理严重的交通肇事致死、几乎所有最严重的伤害行为、大多数性犯罪、夜盗罪、欺诈罪、伪造罪、纵火罪、所有毒品犯罪、伪证罪、赌博罪以及大多数枪击行为。

目前，每一位非专业法官审理的案件都要比过去多，只有大约 5%的判决是由专业法官作出的。自 1949 年以来，非专业法官被要求每年至少审理 26 起案件，但他们每年实际审理的案件平均约为 41 起。1948 年，超过 65%的非专业法官审理的案件不超过 26 起，10%的非专业法官压根儿就没有审案。[④] 大约 95%的案件是由治安法院处理的，这是因为大部分简易案件涉及机动车和非机动车犯罪。对比之下，只有小部分刑事案件（5%）由刑事法院审理。

---

① 齐树洁主编：《英国司法制度》，厦门大学出版社 2007 年版，第 555-562 页。

② G. Barclay and C. Tavares, *Digest* 4 (1997), p. 29. 转引自：齐树洁主编：《英国司法制度》，厦门大学出版社 2007 年版，第 462 页。

③ 齐树洁主编：《英国司法制度》，厦门大学出版社 2007 年版，第 159 页。

④ 1946—1948 年关于治安法官的皇家司法委员会报告第 7 页。

1997 年刑事法院审理了约 72%的“可选择审判方式之罪”的案件，因为治安法院以其判刑权力对该类将被定罪的案件是不适当的为理由，已减少了审理该类案件。根据英国统计部门的官方数据，2012 年至 2015 年，英国治安法院审理案件数量情况如表 2-1 所示：

表 2-1 2012—2015 年英国治安法院审理案件数量统计①

年份（年）	可选择审判方式之罪（件）			可起诉罪（件）			简易机动车犯罪（件）			简易非机动车犯罪（件）		
	收案	结案	未结案	收案	结案	未结案	收案	结案	未结案	收案	结案	未结案
2012	255061	253907	68255	28071	27723	4773	353155	359154	108868	446559	453857	100631
2013	376673	370604	74214	37710	37364	5098	457142	474412	91590	569628	578131	92049
2014	386550	382415	78381	36780	36601	5274	523767	497120	118985	581063	576623	96120
2015	353720	360190	71973	34732	34507	5518	553676	555079	120142	581749	576460	101374

依据该统计数据，笔者绘出了英国治安法院近几年各类犯罪收案（见图 2-1）与结案（见图 2-2）的趋势图：

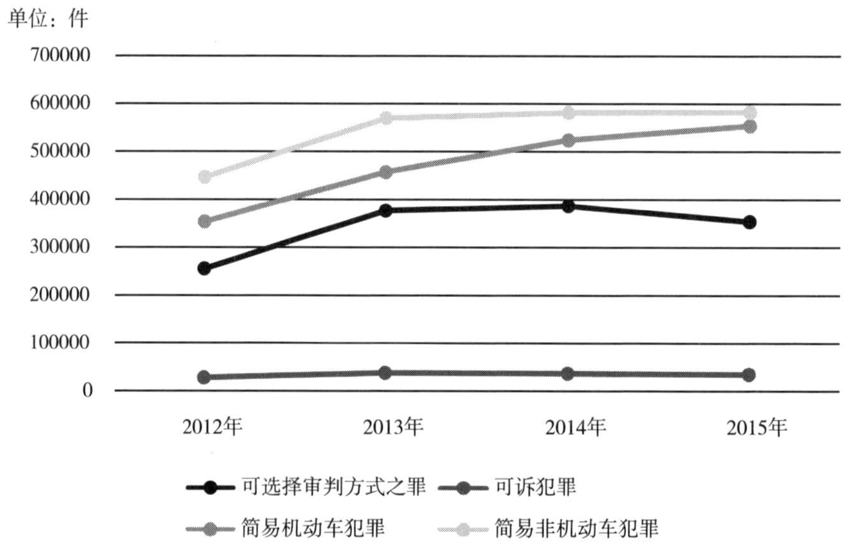

图 2-1 2012—2015 年英国治安法院各类案件收案数量趋势图

① 数据来自：https：//www.gov.uk/government/collections/criminal-court-statistics，最后访问日期：2017 年 1 月 10 日。

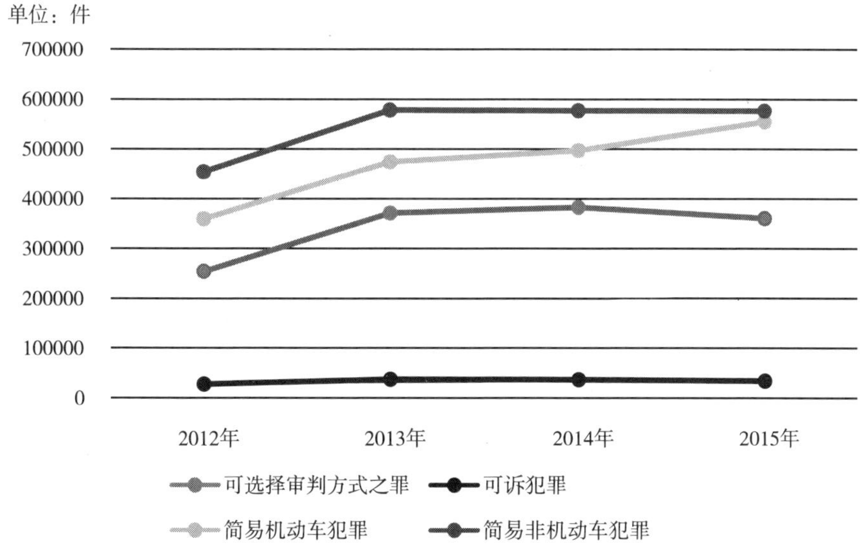

图 2-2　2012—2015 年英国治安法院各类案件结案数量趋势图

数据显示，2012 年至 2015 年，英国治安法院受理的“可起诉罪”的数量没有明显的变化。“可选择审判方式之罪”的数量在 2012 年至 2014 年增速逐渐放缓，至 2015 年时数量出现回落。简易犯罪的数量一直呈现增长趋势，而且其中的“简易机动车犯罪”增速较为明显，这说明近些年英国治安法院受理的较为严重的简易犯罪的数量增长较快，并且已经接近于更为轻微的“简易非机动车犯罪”的数量，英国治安法院受理的简易犯罪的案件构成也在发生变化。

这 4 年间，英国治安法院结案数量的变化趋势与受理案件的变化趋势基本一致，各种类型的犯罪数量之间保持了相同的趋势。这说明英国治安法院在处理案件的水平上保持了稳定的状态，并未受到案件结构变化的影响。而治安法院审判案件的具体有效程度可以参考表 2-2。

表 2-2　2003—2015 年英国治安法院审判的效度①

年份（年）	总数（件）	有效的审判		中断的审判		无效的审判	
		数量（件）	百分比（%）	数量（件）	百分比（%）	数量（件）	百分比（%）
2003	177485	58203	33%	67103	38%	52179	29%
2004	193608	71152	37%	72070	37%	50386	26%
2005	182500	75673	41%	67193	37%	39634	22%
2006	180950	79048	44%	66858	37%	35044	19%
2007	189830	82115	43%	72565	38%	35150	19%
2008	183511	79722	43%	70366	38%	33423	18%
2009	179858	78169	43%	68080	38%	33609	19%
2010	179794	77973	43%	69445	39%	32376	18%
2011	166808	72058	43%	65459	39%	29291	18%
2012	156671	69515	44%	60652	39%	26504	17%
2013	155087	69600	45%	58240	38%	27247	18%
2014	158984	71969	45%	58923	37%	28092	18%
2015	162668	77668	48%	60175	37%	24825	15%

数据显示，2003 年至 2015 年，英国治安法院作出的有效审判数量总体上呈现平稳上升的趋势，由 2003 年的 1/3 的比重上升为接近审判总数的一半；中断的审判数量总体上未发生太大变化，基本维持在 37%-39%；相应地，无效审判的数量呈现较为明显的下降趋势，从 29%下降为约 15%。这组数据总体上说明治安法院的有效审判率在逐渐上升，治安法院的审判能力在持续增长。

对治安法院的考察还可以从审理案件时间的视角进行，2010 年至 2015 年治安法院审理案件的平均时长如表 2-3 所示：

① 数据来自：https：//www.gov.uk/government/collections/criminal-court-statistics，最后访问日期：2017 年 1 月 10 日。

表 2-3　2010—2015 年英国治安法院审理案件的平均时长①

年份（年）	自犯罪行为发生至结案		
	有罪（天）	无罪（天）	无答辩（天）
2010	96. 386	172. 08	166. 77
2011	99. 618	171. 14	173. 53
2012	101. 17	169. 3	181. 09
2013	104. 54	172. 32	175. 73
2014	114. 57	178. 86	171. 54
2015	122. 66	200. 35	175. 88

数据显示，在被告人作出有罪答辩时，英国治安法院审理案件的平均时长介于 96 天到 122 天之间，并且呈现逐渐增长的趋势；而在被告人作无罪答辩时，案件审理的时长要远长于被告人作有罪答辩时，总体上也呈现增长的趋势；在被告人不作答辩的案件中，治安法院审理案件的时间介于 167 天到 181 天之间，与被告人作无罪答辩时的时长大致相当，也长于被告人作有罪答辩时。这说明，被告人作有罪答辩是最能节省审判时间的情形。

此外，根据英国官方统计，刑事法院在 2010 年至 2015 年审理案件的平均时长分别为 391. 18 天、389. 85 天、399. 96 天、403. 67 天、457. 16 天、516. 41 天，远高于治安法院审理案件的平均时长。由此可见，治安法院在节省诉讼时间方面的优势是非常明显的。

四、对英国刑事案件快速处理程序的评价

在刑事案件的审判中，费用是一个重要的问题。英国的刑事案件快速处理程序对于提高诉讼效率、节省司法资源具有十分显著的作用。根据英国皇家刑事司法委员会（1993 年）的报告，在刑事法院审判的每一个案件的平均费用是 13500 英镑，而在治安法院是 1500 英镑。根据 2000 年英国的司法统计，由治安法院受理的可起诉的刑事案件，从起诉到审理完毕平均耗时 108 天。② 因此，既限制进入刑事法院的案件数量，又鼓励被告人作有罪答辩，成为当前英国刑事诉讼程序呼声较高的改革趋势，这样可以节省审判中的巨额费用。

从上述统计数据可见，英国治安法院处理的刑事案件的数量高达 98%，

---

① 数据来自：https：//www. gov. uk/government/collections/criminal-court-statistics，最后访问日期：2017 年 1 月 10 日。

② See *Criminal Statistics*（2001），para. 1. 12.

除与英国的入罪门槛较低有关以外，还与治安法院与刑事法院的分工有关。治安法院不仅可以对在其量刑权之内的适用简易程序的案件进行定罪判刑，还可以对超出其量刑权的案件进行定罪，并只将量刑部分移交刑事法院裁判。因此，由治安法院处理的案件才能占到如此高的比例。由治安法院对一些犯罪先行定罪，再交由刑事法院量刑，可以使案件得到快速的审判，加快处理的进程。

被告人的认罪答辩对于加快刑事诉讼的进程起着非常重要的作用。对于治安法院适用简易程序审理的案件，如果被告人作有罪答辩，治安法院可以直接定罪判刑，无须听审；如果被告人作无罪答辩，治安法院将按照常规程序组织听审。然而，被告人作认罪答辩依赖于良好的法律援助制度，并且要求辩护律师必须完全自由地履行职责。大多数治安法院设立了事务值班律师制，为未委托诉讼代理人的被告人无偿提供法律咨询。但当被告人在审判程序中为自己作无罪辩护时，就没有获得诉讼代理的资格，除非律师认为这是涉及非监禁罪行的性质比较特殊的案件。在警察局和治安法院中获得刑事值班律师的帮助无须通过资历审查、案情审查，也无须承担费用，这就保障了被告人能获得良好的法律援助。英国的辩护律师在认罪答辩对被告人确实有利的情况下，会劝说被告人作认罪答辩，即使是以激烈的言辞提出这些建议。同时，在被告人没有实施被指控的犯罪行为的情况下也应当提醒被告人不能作认罪答辩。

综上所述，较低的入罪门槛、定罪与量刑分开的职责划分、良好的法律援助制度、普遍的认罪答辩等，这些因素综合起来使治安法院得以以简易程序快速处理绝大多数的刑事案件。对于稍微严重的刑事案件，还有辩诉交易制度可以加快处理进程。此外，还有陪审团可以审判最为严重的或者不适用辩诉交易的刑事案件。总体来说，英国的刑事诉讼程序呈现一种较为明显的分层处理的状态，对于加快对刑事案件的处理还是很有效的。

五、结语

英国的刑事案件快速处理程序机制与自身的法院体系密切相关，也与英美法系定罪和量刑程序相互分离的制度相匹配，具有较为鲜明的特点。但是，其制度中有关辩诉协商和被告人答辩的一些规则与做法是与我国的刑事诉讼程序通用的内容。我国的刑事案件快速处理程序要想加快对案件的处理，虽然不能照搬英国的做法，但是也可以吸收英国建立分层处理机制的经验，使简易程序和已经结束试点的速裁程序能够真正负担起审理大量轻微案件的功能。如此，才有望实现程序分流，缓解诉累。

第三章　加拿大刑事案件快速处理机制研究

一、加拿大刑事案件快速处理机制的改革背景

（一）加拿大刑事法对轻重罪行的划分

在加拿大，简易罪行一般被称为简易定罪罪行。简易定罪罪行，是指可以被简易处理的犯罪，无须陪审团审判以及/或者被提起公诉（可公诉罪行需要提起公诉）。简易定罪罪行被认为不如可公诉罪行严重，因为它们通常被处以较短的监禁刑期及较少的罚金。这些罪行既出现在加拿大的联邦法律中，也出现在加拿大各省和地区的立法中。对于属于联邦政府管辖的简易定罪罪行，《加拿大刑事法典》第787条规定，对简易定罪罪行最高可判处6个月的监禁，单处或并处罚金5000加元，法律另有规定的除外。该法典第786条规定，犯罪行为发生6个月之后，被告人将不得按照简易罪行被起诉，除非检察官和被告人均同意。"简易"意味着快速和简单的处理方式。法官在省法院对简易定罪罪行进行审判。审判法院不能被自由选择，并且被告人无权要求陪审团审判。通常，被指控犯有简易定罪罪行的被告人是不受逮捕的，但是他们会被通知在特定的日期和时间出庭。被告人应当在犯罪行为发生后的6个月内被指控，如果超出这个时间，那么该被告人就不能被指控犯有简易定罪罪行。

可公诉罪行，是指只有经过法庭的初步听审程序或者大陪审团审判才能确定是否提起公诉的案件（与简易定罪罪行相对应）。在公诉犯罪的审判中，被告人通常有选择陪审团审判的权利，除非他/她放弃该权利。可公诉罪行是比简易定罪罪行更为严重的罪行。对于可公诉罪行有不止一种处理程序，程序的选择取决于罪行的严重程度。部分可公诉罪行必须由省法院的法官审判，这些罪行是不适用陪审团审判的。一些非常严重的可公诉罪行，如杀人罪，只能通过法官和陪审团进行审判，除非检察总长和被告人均同意无须陪审团参加审理。对其他可公诉罪行，《加拿大刑事法典》赋予了被告人程序的选择权。在这些案件中，被告人可以选择由省法院审判或者由高级法院审判，还是由高级法院和陪审团共同审判。被指控犯有可公诉罪行的被告人必须亲自

出庭，自行辩护或者由律师代为辩护。对于可公诉罪行并无指控时间的限制，意味着在犯罪行为发生之后依然可以对被告人进行指控。

简易定罪罪行与可公诉罪行之间的区别如下：其一，在起诉时间要求上不同。简易定罪罪行要求犯罪嫌疑人必须在犯罪行为发生后的6个月内被起诉犯有简易定罪罪行，但是该时间限制并不普遍适用于《加拿大刑事法典》，因为时效限制由该法典直接规定。可公诉罪行没有起诉时效的限制。例如，在犯罪行为发生20年之后，被告人依然可以被起诉。但是这个规定的例外是叛国罪，《加拿大刑事法典》规定，叛国罪的起诉时效是3年。其二，在逮捕犯罪嫌疑人的令状要求上不同。如果发现犯罪嫌疑人犯有简易定罪罪行，警察可以在没有逮捕令的情况下逮捕犯罪嫌疑人。而根据《加拿大刑事法典》的规定，对于可公诉罪行，警察必须依靠逮捕令才能逮捕犯罪嫌疑人。其三，被告人被指控犯有简易定罪罪行时无须提供指纹，但被告人被要求出庭对可公诉罪行进行答辩时需要提交指纹。其四，对简易定罪罪行的上诉首先由具有管辖权的最高法院审判，对于安大略省高级法院的判决的上诉需要提交至安大略省上诉法院，案件最终可以上诉至加拿大最高法院，但实际上由加拿大最高法院审理的案件非常少。对可公诉罪的上诉需要提交至省上诉法院，对省上诉法院的判决提起的上诉由加拿大最高法院管辖。其五，根据简易定罪程序被定罪的被告人在3年内没有再犯其他罪行的，在3年后将自动获得赦免。而被判处可公诉罪行的被告人在服刑5年后方可申请豁免。此外，简易定罪罪行总是首先由省级法院审判，但也有例外，如简易定罪罪行与可公诉罪行合并审判。

许多罪行既可以作为简易定罪罪行起诉，也可以作为可公诉罪行提起公诉，检察官对此有选择权。这些罪行被称为双重犯罪或混合犯罪。通常，检察官会将较为轻微的案件按照简易定罪罪行进行起诉，但是他们也可以将这些案件作为可公诉罪行进行起诉。例如，在被告人有犯罪记录或犯罪情节较为严重的情况下。法庭程序和可能判处的刑罚会根据刑事犯罪的类别不同而发生变化。

（二）加拿大的法院体系及对轻微罪行的管辖

加拿大作为一个“三权分立”的联邦制国家，实行双重政体体制，即联邦政府和省政府。联邦和各省分别享有宪法赋予的司法权力，法院体系可大致分为相互平行、互不隶属的两部分：联邦法院系统和省法院系统。加拿大的每一个省和领地都有自己的法院，也有全国性的法院。加拿大的法院共有四级，每一级法院都有自己的管辖权：（1）省（领地）法院。它们由省或领地政府设立，负责处理进入司法系统的大多数案件。（2）省（领地）高等法院，它们是根据加拿大《1867 年宪法》第 96 条设立的具有一般或全面管辖权的法院，处理较为严重的犯罪，也审理对省和领地法院判决的上诉。联邦法院与之同级，但负责处理的是由成文法规定由它处理的案件。(3) 省（领地）上诉法院、联邦上诉法院。(4) 加拿大最高法院，它是加拿大的终审法院，处于整个系统的顶端。其中，与轻微犯罪审理相关的审理法院主要有四种。

1. 作为治安法院的省（领地）法院

每一省和领地都有一座省（领地）法院，审理涉及省（领地）法或联邦法的案件。省（领地）法院是加拿大省（领地）法院系统中的最低审级，在大多数省被视为治安法院。它根据各省法律而设立，并由各省政府任命的法官或治安法官组成。省（领地）法院主要负责处理绝大多数刑事案件，它的刑事案件管辖权主要包括：(1) 所有的简易定罪罪行都由省（领地）法院负责审判。(2)《加拿大刑事法典》第 553 条所规定的某些相对轻微的“可公诉罪行”，应当由省（领地）法院管辖。(3) 除《加拿大刑事法典》第 469 条和第 553 条以外的其他“可公诉罪行”，被告人选择由省（领地）法院审理的。根据《加拿大刑事法典》第 554 条的规定，当被告人被控告书指控犯有第 469 条规定以外的可公诉罪行，并且该犯罪不属于省（领地）法院法官按照第 553 条享有绝对管辖权的犯罪，如果被告人选择由省（领地）法院法官审理的，省（领地）法官可以对其审理。(4) 违反省级立法机关相关立法的违规犯罪行为由省（领地）法院负责审判。

在加拿大，实际上所有的刑事案件均先由省（领地）法院预审（在严重刑事犯罪案件中确定是否存在举行正式审判的充分证据的听审），其中绝大部分由其审理并作出裁决。治安法官主要在初步听审中发挥作用，负责受理所有的刑事案件，审查被羁押的被告人的状况，并有权通过保释释放被告人。由于省（领地）法院不设陪审团而是由 2 名以上的法官主持审判，所以对于较为严重的犯罪及被告人选择由高等法院审判庭或由陪审团审理的案件，只能提交上一级法院审理。对这些不能由省（领地）法院审理的刑事案件，省（领地）法院的法官也必须对被告人进行初步听审以判明是否有足够的证据将被告人送上法庭接受审判。

同时，治安法官负责向警察签发逮捕证或搜查证，并通过确认由警官签发的《到庭通知书》或通过传唤确保被告人出席审判。在一些省，治安法官除负责初步听审外，还担任法官的角色，在特定情况下可以审理非经陪审团审理的简易定罪罪行。省（领地）法院法官与治安法官的区别在于省（领地）法院法官除履行该法院对其规定的特有职责外，还享有治安法官的一切权力，因而比治安法官拥有更为广泛的职权。在过去的10多年里，加拿大许多治安法院更名为省（领地）法院，主要由受过专门法律教育的法官组成。[①]

2. 简易定罪罪行的上诉法院——省（领地）高等法院

这些是“固有管辖权”法院，这意味着它们能够审理任何领域的案件，除非成文法对其管辖权给予明确限制。高等法院审理最严重的刑事和民事案件，包括离婚案件和涉及大额金钱的案件（最低额由相关的省或领地规定）。省高等法院的刑事案件管辖权主要包括：（1）《加拿大刑事法典》第469条所规定的“可公诉犯罪”只能由省高等法院负责审判，包括：一些特别严重罪名的既遂、未遂及其共谋犯。例如，叛国罪、恐吓女王罪、威胁国会或立法机关罪、煽动叛乱罪、暴乱罪、海盗罪或海盗行为犯罪、谋杀罪等；重大叛逆罪、叛国罪或谋杀罪的事后从犯；司法官员的贿赂犯罪；违反《反人类罪和战争罪法》第4条至第7条规定的在加拿大境内或境外实施的种族灭绝罪或军事指挥官违反职责罪等。（2）除《加拿大刑事法典》第469条和第553条以外的其他“可公诉犯罪”，被告人选择由省高等法院审理的，被告人在选择由省高等法院审理的同时，可以选择是否需要陪审团。（3）简易定罪罪行的上诉。高等法院的管辖权最初来源于英格兰最早的一批法院，其对政府行为的管辖权以《英国大宪章》为基础。因此，高等法院诉讼程序是直接可以追溯到普通法系统起点的法院诉讼程序的延续。高等法院还充当省（领地）法院的初次上诉法院。高等法院由省和领地管理，但法官由联邦任命并支付薪水。

3. 对上诉法院判决不服的二次上诉法院——省（领地）上诉法院

每一个省和领地都有一座上诉法院。这些法院审理对高等法院和省（领地）法院判决的上诉，包括贸易纠纷、财产纠纷、过失索赔、家庭纠纷、破产以及公司重组。上诉案件通常由3位法官组成的合议庭负责审理。上诉法院也审理涉及个人、政府或政府机构的上诉中提出的宪法性问题。

4. 加拿大最高法院，即简易定罪罪行的最高上诉法院

加拿大联邦最高法院位于司法权力的最高端，是加拿大最高审判机关及全国最高上诉法院。加拿大最高法院只审理它认为具有普遍的重要性和具有全国性意义的案件。这可能意味着案件提出了重要的法律问题，或者法律与事实的混合问题，或者出于其他原因，该问题重要到足以让这个国家的最高级别的法院来审理。它没有初审管辖权，只有上诉管辖权，受理针对所有的省和地区的上诉法院所作裁决提起的上诉，以及对联邦上诉法院所作裁决提

① 卢永红著：《国外刑事诉讼法通论》，中国人民公安大学出版社2006年版，第249页。

起的上诉，它的决定是最终的司法裁决。[①] 在案件到达加拿大最高法院之前，它必须用尽其他各级法院所有的上诉途径。即便如此，在审理案件前，最高法院通常必须给予上诉许可。向最高法院上诉的权利在特定情形下是自动授予的。例如，在刑事案件中如果上诉法院合议庭中的一位法官在法律解释问题上有不同意见，或者提出异议，则不需要上诉许可。如果上诉法院认定某人有罪，而此人在初审时被无罪开释，那么也不需要上诉许可，该人自动享有上诉到最高法院的权利。

二、加拿大刑事案件快速处理机制的运作

加拿大的刑事案件快速处理机制主要包括简易定罪程序和控辩协商（辩诉交易）制度，通过这两个程序处理的刑事案件占全部案件的70%。[②]

（一）简易定罪程序的具体运作

1. 适用该程序的案件范围

《加拿大刑事法典》和其他立法规定中最轻微的犯罪是简易定罪罪行（summary conviction offences）。《加拿大刑事法典》第787条为简易定罪罪行设置的最高处罚标准是不超过6个月的监禁，或者不超过5000加元的罚金，或者同时处以上述两种刑罚。除非法律有不同规定，上述标准适用于刑事法典和其他联邦立法规定的所有简易定罪罪行。但是，《加拿大刑事法典》修正案近年来表现出来的趋势是提高简易定罪罪行的处罚，不过通常为18个月的监禁。这样的例子包括引起肢体伤害或者使用武器的侵犯人身罪（《加拿大刑事法典》第267条），非法引起肢体伤害罪（《加拿大刑事法典》第269条），以及妨害风化罪（《加拿大刑事法典》第271条）。从理论上讲，加拿大议会可以规定不超过5年的监禁刑，同时不触犯《加拿大权利与自由宪章》第11（f）条规定的陪审团审判的权利。[③]

另外，对于双重罪/混合罪（dual/hybrid offences），检察官可以选择通过简易定罪程序（summary conviction），或者通过正式起诉程序进行诉讼。检察官在选择时会考虑多种技巧上的因素，如可公诉罪行可以判处较高的刑罚，被告人先前有定罪记录，或者渴望被告人本人全程出庭，等等。在加拿大，检察官在起诉方面拥有较大的自由裁量权，其结果就是，依据简易定罪程序

---

① 董华：《加拿大司法体系掠影》，载《人民法院报》2002年11月14日。

② 宋远升、闵银龙编著：《最新国外刑事司法制度研究》，东南大学出版社2007年版，第377页。

③ 刘慧：《我国刑事简易程序的变化与作用——以加拿大作为比较样本》，载《北京警察学院学报》2014年第1期。

进行起诉的犯罪范围存在较大的伸缩空间。

2. 案件审理的具体流程

加拿大的简易定罪罪行由省（领地）法院的法官审理，没有陪审团参与。适用简易定罪程序审理的案件，被告人不是必须亲自出庭，可以由其律师或者代理人出庭，但法庭可以要求被告人亲自出庭。必要时，法庭可以签发令状逮捕被告人到庭，并暂缓审理，直到被告人被带至法庭。被告人是法人的，应当由其律师或代理人出庭，如果不出庭的，法庭可以缺席审判。适用简易定罪程序审理的案件，如果被告人出庭，而检察官已有适当通知却未到庭的，法庭可以驳回起诉或者延期审理。

（1）指控。加拿大的刑事诉讼程序一般始于受理告发书。尽管法律规定应当由 2 名或 2 名以上的法官审理案件，但是受理告发书、签发与告发书有关的传票或令状，进行审判前的准备工作等由 1 名法官负责就足够了。告发书必须采用书面形式，应使用普通语言、描述罪行的法律语言和足以使被告人了解被指控罪名的语言。简易定罪罪行案件或者被告人选择由省（领地）法院法官审理的可公诉罪行案件，由省（领地）法院法官直接审理或者另行选择庭审日期，不需要预审，也没有庭前证据展示制度。上述案件通过告发书启动审理程序，无须检察官或者大陪审团提出起诉书。在简易定罪罪行案件中，告发书可以指控一项以上的罪行或一项以上的罪状，但应当分别列出，即每项罪状一般应仅适用于一种罪行，其内容应当包含指控被告人实施某一项特定罪行的陈述。罪状应当包含被指控罪行的足够的详细情况，但是，缺乏详细情况的描述并不会导致罪状无效。告发书中不应为了对被告人判处更重的刑罚而包含任何前科情况。

在向被告人宣读告发书之后，法官应告知被告人："你可以不选择陪审团，也不需要预审，而由省（领地）法院法官审理；你可以选择预审和法官独任审理；你也可以选择预审并由 1 名法官和陪审团组成的法庭审理。如果你现在不作选择，将被视为你已经选择预审和 1 名法官和陪审团组成的法庭审理。你如何选择？"换言之，被告人有以下三种审判方式可以选择：由省（领地）法院法官审理；在预审的前提下，选择由法官在没有陪审团的情况下审理；由法官和陪审团组成的法庭审理。①

法官有一定的自由裁量权决定是否接受告发书、是否继续审理此案。一般来说，接受简易定罪罪行告发书的法官不必听取告发人的陈述和证人证言，其仅在对告发人的可信程度存在疑问或存在其他原因时才会进一步听取陈述

---

① 宋世杰等著：《外国刑事诉讼法比较研究》，中国法制出版社 2006 年版，第 515 页。

和证言。可公诉罪行除可以用告发书的形式提出控诉外，还可由检察官以起诉书的形式提出控诉。即使是用告发书对可公诉罪行提起诉讼，如果法官在初步听审时决定继续审理此案，仍须由检察官递交起诉书才能继续诉讼。无论是简易定罪罪行还是可公诉罪行，法官经初步听审后决定继续审理该案的，将确定开庭日期，由双方出庭应诉，审判程序和之后的上诉程序会因指控的是简易定罪罪行还是可公诉罪行而存在很多重要的区别。

（2）传讯。加拿大同英、美等国一样，在正式的审判开始之前，设有传讯（Arraignment）程序。传讯程序的主要功能在于案件分流，即将没有实质性争议的案件从审判程序中分流出去，直接进入量刑程序。只有控辩双方在事实问题上存在实质性对立的案件，才会进入审判程序。传讯一般有两项任务：一是告知被告人指控的内容；二是要求被告人就指控的罪名作出答辩。

（3）出庭。如果法官已经按照法律规定签发了出庭通知或者已经送达了传票，被告人没有在指定的审判时间和地点出庭，简易定罪法院可以在被告人缺席的情况下，按照被告人已出庭的程序单方面审理并进入判决程序。但是，法庭也可以签发针对被告人的逮捕令，然后决定延期审理，直至依据逮捕令强制被告人出庭。在加拿大，在普通程序中，任何人受到传唤或者收到法官签发的出庭通知后，没有合法理由，没有依照传票或出庭通知中载明的时间与地点到案或者到庭的，此种行为本身就构成可以判处 2 年以下监禁的可公诉罪行或按简易定罪程序处罚的犯罪。[①] 但是，如果是在简易定罪程序中没有按照传票或者出庭通知中指定的时间和地点出庭，则不得对不出庭行为本身启动或继续追诉程序，除非经过总检察长同意。[②] 也就是说，被告人在简易定罪程序中没有合法理由不出庭的，唯一的后果是法庭将在他或她不出庭的情况下正常进入诉讼程序。

适用简易定罪程序审理的案件，被告人到庭，而检察官已有适当通知却未到庭的，简易定罪法院可以驳回起诉，或者宣布休庭。简易定罪法院对检察官、被告人和证人听审后，应当根据案件具体情形对被告人定罪、免除刑事责任或者驳回起诉。对被告人定罪的，则进入量刑程序。

（4）答辩。在加拿大，当法庭初次传讯被追诉人并向其宣读起诉书之后，被追诉人需要对起诉书上的每项指控分别答辩。如果认为起诉书存在表面瑕疵，被告人可以以此为由提出撤销动议（a motion to quash），但只能在作出答辩之前提出。被追诉人可以在撤销动议中宣称法庭没有审理该案的管辖权，或者起诉书在内容上或形式上存在缺陷，或者起诉书表述过于模糊，如果不

① 参见《加拿大刑事法典》第 145 条。

② 参见《加拿大刑事法典》第 803 条第（3）项。

能提供进一步的细节，被告人将无法作出答辩。如果起诉书被法庭认定为有效，那么被告人就要针对指控作出答辩。根据《加拿大刑事法典》第606（4）条，被告人也可以仅对包含在该犯罪之内的犯罪或者其他的犯罪作有罪答辩。还有一些情形，被追诉人可以对某些犯罪作出有罪答辩，以换取检察官撤销或者暂缓对其他犯罪的指控。在上述两种情况下，有罪答辩一般是检察官和辩方律师双方辩诉交易的结果，但并不是所有的有罪答辩都是辩诉交易的结果。

有罪答辩被认为是对构成指控犯罪所必要的基本事实的承认，加拿大的大多数刑事案件是通过被告人作有罪答辩的方式解决的。从理论上讲，有罪答辩意味着放弃了审判权，也意味着放弃了获得无罪判决的机会。但是，法官并不负有接受有罪答辩的义务。法院在接受有罪答辩之前，必须确信被告人的有罪答辩系自愿作出，并且被告人知晓有罪答辩是对指控犯罪基本事实的承认、知晓有罪答辩的性质和结果，并知晓法院不受控辩双方之间的答辩协议的约束。不过，如果法院不能充分调查清楚上述条件是否得到满足，也不会影响有罪答辩的有效性。

法官在接受有罪答辩之后，如果对答辩的有效性存在疑问，法官享有拒绝该有罪答辩的自由裁量权。这种自由裁量权可以在量刑之前的任何时候行使。量刑之后，法官即不再享有拒绝有罪答辩的权力。在法官量刑之前，被告人也可以撤回有罪答辩。但是，这并非绝对的权利，是否允许被告人撤回答辩，属于法官自由裁量的范围。在量刑之后，如果被告人想要寻求撤销有罪答辩，就只能通过上诉途径了。如果被告人作出有罪答辩，法庭就采用“只判不审”的方式，不需要进入庭审程序，不再传唤证人到庭，也不当庭展示证据，更无须辩论，法官可以即刻量刑，或者宣布休庭，另择日期量刑。在审判前或审判中，简易定罪法院可自行裁量休庭，但无论被告人是否被羁押，休庭都不得超过8日，双方当事人或其律师或代理人同意的除外。

如果被告人作出无罪答辩，那么简易定罪法院应当继续审理此案，法庭将传唤所有证人到庭，让控辩双方展开辩论，并且按照《加拿大刑事法典》第18章关于预审的规定采纳控辩双方的证据。①

（5）审判。在按照简易定罪程序进行的审判中，检察官有权亲自实施证明活动，当场对被告人提出指控，被告人有权进行全面的回答及辩护。检察官或被告人可以根据案件情况，亲自或者由律师或代理人代替，对证人进行直接询问或交叉询问。但是，如果被告人可能在简易定罪程序中被判处6个

① 参见《加拿大刑事法典》第801条第（3）项。

月以上监禁，那么被告人不可以不出庭，也不得由代理人代替进行询问和交叉询问，除非被告人是法人，或者该代理人根据该省总督内阁批准的项目得到了授权。在根据简易定罪程序进行的审判中，证人在接受询问之前也应当宣誓。[①] 最后，在经过控辩双方的举证、质证和辩论之后，法官最终判定被告人是否有罪，并对被定罪的被告人判处刑罚。

加拿大并非完全排除非法获得的证据，但是这类证据是否被采纳，一般是根据犯罪的严重程度和违反程序法的程度来决定的。如果是在轻微的犯罪案件中严重违反了程序，则严重违反程序获得的证据将不被采纳；如果在严重的犯罪案件中，违反程序法的行为不是很严重，则一般可以采纳该违法获得的证据。[②]

（6）量刑。在量刑听证开始之前，法院应当给检察官和被告人提供机会，向法院提交包含与量刑有关的事实证据的报告。在对被告人量刑时，法院应当考虑被害人提交的陈述（被害人影响性陈述），包括被害人受到的伤害和遭受的损失。在决定量刑时，法院可以接受庭审中或量刑程序中公开的、已经得到证明的任何信息，以及检察官和被告人已经达成一致的事实描述。量刑听证开始时，控辩双方都可以提出量刑意见，但双方都应当针对自己的量刑意见阐明理由。如果控辩双方对被告人应当判处什么样的刑罚均没有异议，那么法官就直接量刑。如果对被告人应当判处的刑罚存在争议，那么控辩双方就要进行举证和辩论，包括对对方提出的证人进行交叉询问。检察官对被告人存在加重情节或者曾受刑事处罚的前科记录等进行的证明，必须达到“排除合理怀疑”的证明标准。在决定最终的量刑之前，法院应当询问被告人的意见。另外，法院在量刑时，还应当宣布科处的刑罚且说明相应的理由，并将其记录在案。[③]

（7）上诉。对简易定罪罪行案件的上诉包含以下内容：适用简易定罪程序的被告人，可以就定罪、所判处的刑罚、记录或一致同意的事实陈述或者因精神病不宜受审或不负刑事责任的裁决向上诉法院提起上诉；控告人、总检察长或者其代理人可以对停止诉讼程序或驳回起诉的裁定、对被告人所处的刑罚，以及对被告人因精神病不适宜受审或不负刑事责任的裁决提出上诉。经省上诉法院同意，可以将案件涉及的法律问题转移至省上诉法院进行审理。省上诉法院是各省的最高审级，主要通过查阅案件材料，在听取控辩双方辩

① 参见《加拿大刑事法典》第 802 条。

② 卢永红著：《国外刑事诉讼法通论》，中国人民公安大学出版社 2006 年版，第 274 页。

③ 刘慧：《我国刑事简易程序的变化与作用——以加拿大作为比较样本》，载《北京警察学院学报》2014 年第 1 期。

论的基础上作出决定，并不重新审理案件。此外，经加拿大联邦最高法院的同意，对存在法律或管辖争议的简易定罪罪行案件也可以上诉至加拿大联邦最高法院进行裁决。①

在简易定罪程序中，上诉人准备上诉的，应当按照上诉法院规定的方式在规定的时间内提交上诉状，上诉法院或法官可以延长提交上诉状的时间。上诉需要提交三份上诉通知书的复印件。同时，法院书记官应当提交证明，表明已经提出需要提交上诉所需要的记录副本的要求。如果该证明没有被立即提交的，那么必须在上诉通知发出后的 15 日内提交。上诉人按上诉法院规定的方式和期限提交上诉状后，上诉法院的书记员必须通知作出原判决的简易定罪法院，简易定罪法院须将所有与该案有关的资料移送至上诉法院，由上诉法院书记官负责保存。上诉法院将根据上诉的性质向王室法律办公室或者联邦司法部提交上诉通知书的副本。在大多数简易定罪罪行的上诉中，上诉申请与上诉同时由上诉法院的 3 位法官处理。

上诉通知书应当自上级法院法官对上诉作出决定之日起 30 日内被提交。如果提起上诉超过了时限，还应当提交申请延期提交上诉通知的动议。该动议的副本需要向王室提交，并且连同相关证据一并提交至上诉法院。申请人还应提供书面文件解释延迟的原因。上诉人需要准备以下文件：上诉书（向法院提交三份副本）；上诉人的陈述（向法院提交三份副本）；记录（向法院提交三份副本）。所有文件在被提交之前都必须向上诉法院办公室文件备案。

被简易定罪法院定罪并被关押的等待上诉审理的被告人，应继续被关押，受理上诉的法院可以在被告人提交了保证书、具结书等情形下释放被告人。法院发现已被释放的上诉人违反保证，或又犯可公诉罪行的，可签发逮捕证逮捕上诉人。检察官提起上诉的，应当作出保证书或具结书，保证其会亲自或由其代理人到上诉法院出庭。但省总检察长或其代理人提出上诉的，无须提出保证书或具结书。上诉法院自上诉人提交上诉状之日起 30 日内未开始审理上诉的，检察官应当向上诉法院申请确定审理上诉的日期，上诉法院应当在收到该申请后确定审理上诉的日期。

上诉法院在审理上诉案件过程中，有权命令控辩双方提交证据、询问证人、接受新的证据、为被告人指定律师，并可以随时根据需要决定休庭。在案件审理后，上诉法院可以裁定撤销或维持原判决，有权命令执行其定罪或裁定，有权裁定诉讼费用。上诉法院裁定重新审理的，案件应当由原审法院以外的另一简易定罪法院审理，除非上诉法院指定仍由原审简易定罪法院

① 宋世杰等著：《外国刑事诉讼法比较研究》，中国法制出版社 2006 年版，第 501 页。

审理。[①]

3. 加拿大简易定罪程序的特点

通过上述内容，我们可以总结出加拿大简易定罪程序具有以下特点：

其一，关于简易定罪程序的性质。加拿大的简易定罪程序不能与辩诉交易相等同，尽管适用在简易定罪程序中被告人在传讯阶段也可以通过答辩有罪而省略审判直接进入量刑程序，从而为辩诉交易的发生创造了充分的空间。但简易定罪程序不止于此，它还包括被告人答辩无罪之后举行审判的程序，以及之后的上诉程序。因此，简易定罪程序是一种真正的简易审判程序，而不仅仅是规避审判的程序。

其二，简易定罪程序有明确的适用范围。就法典界定的范围来看，简易定罪程序仅适用于可能判处不超过 6 个月监禁，或者 5000 加元罚金，或者两者并用的案件。这就明确限定了简易定罪程序仅适用于较为轻微的案件。

其三，简易定罪案件的审判没有陪审团的参与。在加拿大，对于可公诉罪行，被告人享有陪审团审判的权利。《加拿大刑事法典》第 471 条更有强制陪审团审判的规定："除非法律另有规定，被控以可公诉罪行的被告人应当由一位法官和陪审团组成的法庭进行审理。"然而，在简易定罪案件通常由 1 位职业法官独任审理，没有陪审团参与。

其四，被告人不是必须出庭。在简易定罪程序中，被告人可以由其律师或者代理人出庭。即便法庭要求被告人必须亲自出庭，被告人不出庭的，审判仍可以在被告人不出庭的情况下继续进行。经合法传唤后不出庭的被告人也不承担在可公诉罪行审判中不出庭的被告人同样的刑事责任。

其五，审判程序相对简化和宽松。在传讯阶段答辩无罪的简易定罪案件将进入审判程序，但是，在保障控辩双方基本诉讼权利的基础上，简易定罪案件的审判相对比较简化，适用的规则也更为宽松，基本上参照《加拿大刑事法典》第 18 章与"预审"相关的规则和程序。这与可公诉罪行案件审理过程中适用的严格、烦琐程序形成对照。

（二）控辩协商程序

起初，加拿大的辩诉交易采用的是"plea bargaining"的表述，是指被告人为得到某种许诺的好处而作出有罪答辩的承诺。但人们对辩诉交易的正当性存在诸多争议，反对者认为辩诉交易难以充分保障被告人、被害人以及社会的利益。科恩和杜柏在其研究成果中指出"大多数加拿大人不赞成辩诉交易制度，这可能会降低公众对审判法官以公平适当方式处理案件能力的信任。

① 卢永红著：《国外刑事诉讼法通论》，中国人民公安大学出版社 2006 年版，第 257 页。

但是，如果这种制度的全部解释被提交给公开法庭，那么大多数的这种有害印象就会被消除。提高法官了解程序事实的程度或在程序关键阶段实际有法官出场会比如果没有法官涉及的案件更能够培养公众更大的信任度而且使得结果更易于被接受。"① 因此，对辩诉交易的规范化成为辩诉交易制度发展的必然。1989 年，加拿大法律改革委员会指出，"……我们认为辩诉交易需要公开以确保消除不正当的诱惑，并且其准确性和合适性应被监督，平等对待被告人应被当成一个普遍的目标而且辩诉协议的强制能力应成为规则"。②

后来，人们逐渐不再使用"辩诉交易"一词，而改用更加中立的说法。一方面是因为"交易"一词在司法正义中的使用并不能为人们所接受。另一方面控辩协商在司法实践中的内容也在发生演变，其内容已经不再仅仅是被告人为换取好处而作的有罪答辩，还包括在指控罪名、程序性问题、量刑、关于某一罪名的事实问题等方面的协商内容。于是便出现了如"答辩协商"（plea discussions）、"答辩谈判"（plea negotiations）、"答辩协议"（plea agreements）等表述。③ 虽然有时候法官也会参加控辩协商的活动，但基本上协商都是在检察官和辩护律师、被告人之间进行的。

1. 控辩协商的内容

控辩协商的内容主要分为以下几种：

其一是关于指控罪名的协商。辩护律师可以就下列指控罪名的问题与检察官协商：（1）将某一指控改为较轻的罪名或另一包含罪名。包含罪名是主要罪名的一部分，但缺少主要罪名的某些关键要素。例如，辩护律师可以提出，被告人就强奸罪作有罪答辩，而要求检察官撤销对猥亵罪的指控。（2）撤销或暂缓其他指控。（3）与检察官达成不会继续某项指控的协议。（4）与检察官达成暂缓或撤销对第三方指控的协议。（5）与检察官达成将一系列指控减为某一"合一指控"的协议。（6）与检察官达成协议，暂缓对特定罪名的指控，继续对其他罪名的指控。而被暂缓罪名的有关材料可以作为加重量刑的证据使用。（7）承诺不指控被告人的朋友或家人。

其二是关于程序性问题的协商。辩护律师可以就程序性问题与检察官协商，主要包括以下内容：（1）就对案件提起简易程序还是"可公诉罪行"的起诉问题；（2）如果被告人在公开的法庭上表示放弃审判的权利，则辩护律

① ［加］柯特 T. 格雷弗斯、西蒙 N. 维登-琼斯：《当前刑事诉讼中存在的问题探讨》，载江礼华、杨诚主编：《外国刑事诉讼制度探微》，法律出版社 2000 年版，第 252 页。

② ［加］柯特 T. 格雷弗斯、西蒙 N. 维登-琼斯：《当前刑事诉讼中存在的问题探讨》，载江礼华、杨诚主编：《外国刑事诉讼制度探微》，法律出版社 2000 年版，第 250 页。

③ Law Reform Commission of Canada, Criminal Procedure: Control of the Press (Working Paper No. 15), Ottawa, Information Canada, 1975, p. 45.

师应当与检察官协商在某一特定日期处理该案件；（3）将案件从某一司法管辖区移送至另外的司法管辖区。

其三是关于事实的协商。主要包括：（1）承诺不“主动提供”伤害被告的信息；（2）承诺不提及可能被法官解释成为加重因素的犯罪情况。[①]

其四是关于量刑的协商。量刑问题与检察官协商既是辩护律师维护被告人权利的重要手段，也是控辩协商的主要内容，包括：（1）辩护律师可以与检察官就其提出的对某一罪行处以何种刑罚或某一范围内的量刑建议进行协商；（2）与检察官作出如何量刑的协议；（3）要求检察官作出不会反对某一辩护律师提出的量刑建议的承诺；（4）要求检察官承诺不会向法官请求额外的惩罚措施，如禁酒令或财产没收令等；（5）要求检察官承诺不会在法庭上请求科以被告人更重的刑罚等；（6）承诺不上诉反对审判作出的判决；（7）承诺在有关监禁、地点、处罚方式等方面作出建议；（8）承诺安排由特定法官判决。[②]

2. 控辩协商程序的特点

加拿大的控辩协商程序有以下五个方面的特点：（1）控辩协商只是一种被广泛应用的刑事政策，并没有任何成文法或判例法对其明文规定。（2）控辩协商的内容和形式十分宽泛与灵活。辩护人和检察官一般在法庭外协商，但即使在庭审过程中他们也可以请求法官给予时间协商。就协商内容而言，控方主要包括减少指控罪名数量、减轻指控罪名、提出从轻处罚的量刑建议以及以简易定罪罪行程序代替重罪（可公诉罪行）程序等；而辩方则主要是作出有罪答辩，即承认有罪。（3）协商主体是控方（检察官）和辩方（被告方），通过辩诉律师经过一次或多次的协商达成协议，控辩协商达成的协议必须完整地记录在卷。（4）在大多数情况下，法官将依据协商达成的协议作出最终判决，除非其认为该协议不是被告人自由意志的表示。[③]（5）通过控辩协商获得的利益，在审判过程中，控方可以通过被告人承认有罪而免去证明责任，进而减少败诉风险；辩方可以通过控辩协商，减少犯罪指控或者获得较轻处罚或者获得以简易定罪罪行程序审理。可以说，控辩协商的本质是控辩双方通过协商对自己的实体权利和程序权利进行处分。[④]

---

① ［加］柯特 T. 格雷弗斯、西蒙 N. 维登-琼斯：《当前刑事诉讼中存在的问题探讨》，载江礼华、杨诚主编：《外国刑事诉讼制度探微》，法律出版社 2000 年版，第 238 页。

② ［加］柯特 T. 格雷弗斯、西蒙 N. 维登-琼斯：《当前刑事诉讼中存在的问题探讨》，载江礼华、杨诚主编：《外国刑事诉讼制度探微》，法律出版社 2000 年版，第 252 页。

③ 杨江波：《加拿大的认罪协商制度及对我国的借鉴》，载《检察日报》2008 年 12 月 22 日。

④ 金晓慧：《加拿大刑事司法相关制度对我国的启示》，载《山西省政法管理干部学院学报》，2013 年第 1 期。

加拿大的控辩协商要求建立在公平、公开原则的基础上，同时要符合公共利益。公平原则是指已经达成控辩协商的协议除与公共利益相冲突，且经过当地首席检察官批准可以不履行外，检察官都应履行。公开原则是指在控辩协商中，检察官应当征求案件相关人员的意见，特别是侦查人员和被害方的意见。

3. 控辩协商中被告人的律师帮助权

加拿大对控辩协商持比较宽容的态度，无论是关于定罪还是量刑的控辩协商都可以公开进行，并且受到鼓励。被告人越早作出有罪答辩，其越可能被判处较轻的刑罚。但是，被告人的律师在进行控辩协商时必须在场，否则将侵犯其获得律师帮助权。①

在加拿大，被告人的律师帮助权通过私人律师、法律援助和值班律师等制度得以实现。加拿大的法律援助制度主要适用于以下情形：经济困难并且有可能被判处监禁刑的被告人；被告人的精神状况或者身体的缺陷可能会影响诉讼的公正性。大多数面临刑事指控的被告人不满足上述条件，因此无法得到由专门律师提供的无偿的法律援助。

与法律援助制度需要严格的适用条件不同，值班律师的法律帮助并无门槛。值班律师的主要工作是接待来访的被告人家属，到位于该法院的被告人候审场所会见被告人，提供法律服务。一般来说，当天可能出席法庭的被告人都应当接受值班律师的会见。被告人申请保释的，值班律师需要与被告人提供的每一个可能的保证人联系。在法院开庭期间，值班律师要出席法庭，代表被告人的利益为被告人争取保释，要求证据展示，与检察官进行辩诉交易等。在地方法院，大多数被告人是由值班律师代为辩护的，聘请私人律师非常少见，因此，每位值班律师平均每天要代理十几位被告人。

具体而言，值班律师的职能主要有以下几种：

（1）申请程序延期。在加拿大，被告人在第一次出席法庭后，一般会被给予2-4周聘请律师，或者申请法律援助。如果在给定的时间内未能完成聘任律师或者申请法律援助的程序，则值班律师应当向法庭汇报不能完成程序的原因。一般情况下，法庭会决定延长该程序的期间。即使被告人聘请了私人律师，该律师也可以要求值班律师提供一些帮助，如在不能按时到庭的情况下由值班律师向法官请求暂缓处理案件等。因此，在实践中，通常是辩护律师给值班律师办公室打电话或者发传真，要求值班律师代为出席法庭，申请延期。

① 宋英辉、孙长永、朴宗根等著：《外国刑事诉讼法》，北京大学出版社2011年版，第127页。

（2）参与程序分流。一般来说，值班律师能够参与的是提起指控后的程序分流（采用其他的非刑事的手段解决刑事纠纷），是否进行程序分流的决定权在于检察官。但是，如果值班律师认为某案件适宜进行程序分流，也可以向检察官提出建议。值班律师在这个过程中的作用主要是向被告人解释程序分流的具体含义和程序、被告人在此过程中需要履行的义务、对被告人产生的影响以及可供被告人选择的事项。

（3）参与保释听审。值班律师重要的职责之一是出席法庭要求法官对被告人适用保释，或者尽早释放被告人。在加拿大，审前羁押 1 日折抵刑期 2 日，如果法庭拒绝被告人的保释申请，那么，被告人在审前阶段被关押的时间很可能会大于其最终被判处的刑期。因此，值班律师非常重视保释的听审程序。值班律师必须会见被告人，联系可能的保证人，查阅警察的案件概要和被告人的犯罪记录。值班律师还必须代表被告人出席被告人的保释听审，与检察官就是否准许保释的问题进行协商和讨论，承担保释听审义务的值班律师还应当就是否作出有罪答辩向被告人提出建议，并就此与检察官协商。必要时，值班律师还需要与其他社会团体联系。例如，在被告人不能提供保证人的情况下，帮其联系保释项目办公室，寻求保释项目办公室的帮助，并说服其担任被告人的保证人。

（4）进行辩诉交易。在法庭上代理并帮助被告人作有罪答辩是值班律师的另一项重要职责。值班律师在认为被告人有罪的情况下，通常会建议被告人尽早作有罪答辩，以帮助被告人得到最有利的处理结果。未被羁押的成年被告人，只有在对其审查经济状况后才能获得此项帮助，但是值班律师对于青少年以及被羁押的成年人提供辩诉交易方面的服务则是无条件的，只要被告人要求，值班律师就应当为其提供帮助。在被告人答辩有罪后，值班律师还应当就量刑问题发表意见，维护被告人的权益。值班律师应当充分考虑各种可能的量刑情形，并向法庭充分反映对被告人科以某种刑罚所可能导致的问题。通常情况下，值班律师并不参与正式的庭审活动。与美国类似，在加拿大，真正进入庭审程序的案件很少，绝大部分案件是通过被告人作有罪答辩的方式解决的。实质上，值班律师人少案多的现状也使值班律师根本没有足够的时间和精力为正式审判的被告人提供服务。①

在加拿大的法院内设有值班律师办公室，门前会有显著的标识和宣传材料。值班律师办公室应当向当事人说明以下情况：值班律师都是专职的律师；值班律师可以提供法律咨询并协助被告人出席法庭；值班律师提供的法律帮

① 宋英辉、孙长永、朴宗根等著：《外国刑事诉讼法》，北京大学出版社 2011 年版，第 134-135 页。

助服务是免费的；值班律师办公室一般设在法院或者法院附近。在加拿大，对于无论受到何种指控的任何被告人，不管其经济状况、身体情况如何，都有权利得到免费的值班律师的帮助。正是这种完善的、免费的律师帮助制度，才为被告人的认罪答辩提供了有力的权益保障，进而为保障刑事案件快速处理程序的顺利进行提供了条件。

三、加拿大刑事案件快速处理机制的实践情况

（一）加拿大的刑事案件处理概况

在加拿大，通过正式审判处理的刑事案件占极少数。根据加拿大的官方统计数据，以安大略省为例，在 2015 年 10 月至 2016 年 9 月，安大略省共收案 219021 件，被处理的案件数为 206004 件，其中通过审判方式解决的案件仅有 9358 件，占被处理案件的 4.50%，其余案件均以其他方式得以解决（见表 3-1）。其中，在审前得以处理的案件有 178060 件，占被处理案件的 86.00%，由此可见，绝大多数案件在审前即得以解决。这其中又包括在审前撤回起诉的案件 83490 件，审前认罪协商的案件 86939 件，在审前以其他方式得以处理的案件 7631 件。进入审判阶段但未经审判处理的案件共 18586 件，占全部被处理案件的 9%，这其中又包括在审判阶段撤回起诉的案件 9343 件，在审判阶段认罪协商的案件 9048 件，在审判阶段以其他方式得以解决的案件 195 件。在审前和审判阶段通过认罪协商得以处理的案件共 95987 件，占全部被处理案件的 46.60%，而审前的认罪协商又占到 90.60%（见表 3-2）。可见，绝大多数的认罪协商发生在审前阶段。此外，在无法庭令状的案件中，案件处理的平均天数为 140 天，案件处理的平均出庭次数为 7 次。

表 3-1　2015.10—2016.9 安大略省刑事案件的处理概况

收案（件）	案件处理（件）	案件处理的平均天数（无法庭令状的案件）（件）	案件处理的平均出庭次数（无法庭令状的案件）（次）	通过审判处理的案件（件）	审判的比例
219021	206004	140	7	9358	4.50%

表 3-2 2015. 10—2016. 9 安大略省刑事案件的处理方式

审前得以处理的案件				进入审判阶段未经审判处理的案件			
总数（件）	审前撤回起诉的案件（件）	审前认罪协商的案件（件）	审前以其他方式解决的案件（件）	总数（件）	审判阶段撤回起诉的案件（件）	审判阶段认罪协商的案件（件）	其他方式解决的案件（件）
178060	83490	86939	7631	18586	9343	9048	195

（二）加拿大控辩协商的实践情况

1. 控辩协商的实践概况

在实践中，加拿大倾向于使用“解决方案的讨论”来指代控辩协商。在加拿大，所有的案件都需要接受法定的司法预审，检察官和辩护律师需要同预审法官见面。预审法官不同于审判法官，预审法官是没有资格做审判法官的。在会议上，将讨论审判中的问题，并决定审判需要多长时间。此外，预审法官可以就相关问题发表观点，尽力精简案件，并努力将精力集中于真正需要听证的事项上。在此过程中，许多法官也会对指控的解决方案进行讨论。而对于法官在此过程中究竟应当走多远的问题，加拿大的司法系统内也有不同的观点。

一般来说，司法预审讨论是由法院规定的表格、程序和实践备忘录构成的。尽管其中存在不同意见，但经验表明，与律师讨论解决问题的方案可以得到较为合适的符合司法利益的结果。在某些司法管辖区，鼓励审前法官表达坦诚和直言不讳的意见。一个满意的解决方案通常是通过测试每一方的立场和底线而达成的。需要强调的是，法官不能单纯因为追求效率而鼓励被告人作认罪答辩和/或特定的量刑。相反，量刑必须与案情相匹配。但是，很多因素发挥着作用。比如，在一个案件中，被告人有宪法上的依据来排除检方的证据，那么，在这种情况下的有罪答辩意味着罪犯有重大的悔改意愿。检方面临证据被排除的可能，就会同意对被告人判处较轻量刑的答辩，这是基于公认的减轻因素而得出的适当的量刑折扣。在其他情况下，认罪和商定的量刑服务于其他利益，如避免弱势的受害者在法庭上作证而遭受额外创伤。

在许多解决方案的讨论中，辩护律师会同意向法院提交一个合意。法官在拒绝对经验丰富的律师提出的有关量刑的合意之前需要进行测试，只有在法官认为拟判处的量刑过分宽大或使司法行为受到损害时，才可以拒绝该合意。只有在这种特殊情况下，法官才有权“跳过”提交的合意，而对被告人判处高于辩护律师认可的量刑。当然，在没有司法参与者担任裁判员的情况下，同样可以讨论解决方案。有时，在司法预审讨论前，辩护律师已经通过独立的讨论达成了协议。

2. 对控辩协商程序的保障

程序的保障，是指在控辩协商中是否有程序保障被告人的权益，以及诉讼过程中起诉的完整性的问题。在加拿大的一些地区，如安大略省，辩护律师遵守规范的程序，并在会议前填写表格以表明他们对相关问题的立场。这些表格通过甄别经常出现在刑事案件中的事项帮助构筑会议的内容，它们也促使辩护律师在审前即对整个案件有所思考。当然，保障措施也包括对辩护律师和控方施加的道德义务。辩护律师有义务以被告人的权益为出发点提出一个解决方案的提议，辩护律师为被告人作有罪答辩的，有明确的条件限制。而控方有义务与案件的受害者和/或调查官员就提交的解决方案进行讨论，但这并不代表控方就受此限制。相反，控方作为公正的代表，必须独立决定解决方案是否符合公众利益。

3. 公众对控辩协商程序的争议

加拿大关于控辩协商的基础性文件之一是检察总长顾问委员会于 1993 年发布的关于指控的筛选、披露和解决方案讨论的报告。报告指出了一些不受约束的控辩协商所存在的缺点：控辩协商的缺点包括它的秘密性；控辩协商绕过了审判中中立的法官所提供的程序性保护，阻碍了被胁迫的认罪或其他不道德行为的被发现；辩护律师倾向于采取过分苛刻的战术立场以获得在协商中的有利地位；控辩协商的结果与罪行或罪犯的情况几乎没有关系，因为控辩协商是一种制度，在这种制度中“当事人讨价还价的能力和技巧比案件的真相更重要”。最终，很多文献中对控辩协商的反对意见建立在协商和公正是两种不同思维的假设之上，“正义不应当是，也不应当被视为可以在谈判桌上购买的东西”。自 1993 年以来，解决方案的讨论变得越来越结构化，这解决了上述许多问题。例如，虽然讨论是私下进行的，但法官通常会在有罪答辩的案件中将这些讨论的实质内容记录在案。法官的存在关乎司法行为的完整性，他的存在遵守了应当有客观的裁判的承诺。

4. 辩护律师视角下的控辩协商程序

过去，一些辩护律师不愿提供司法预审需要他们提供的信息。据说，辩方在审判前无须披露其战略。现在，大多数辩护律师同意该程序（控辩协商）只有在他们愿意为被告人辩论的情况下才能奏效。人们认识到，这种披露往往有利于被告人的利益，因为辩方立场的力量可能最终说服官方重新考虑解决的方案。也就是说，认罪协商的潜在胁迫效应是一个令人关切的问题。在加拿大，这种关切正在逐渐上升，因为《加拿大刑法》和其他联邦法规中引入了新的强制性最低刑罚。

波默朗斯法官认为：认罪协商和强制性最低刑罚可能创造一种强制性环境，即鼓励那些没有犯罪的人进行错误的认罪。这可能发生在官方要求对较轻罪行进行认罪，但某罪犯并未达到最低刑罚的情况下。认罪后的量刑与在定罪时保证的量刑之间的差异可能会产生不健康的诱因，即如果一个人在被定罪时面临最低5年的刑期，那么在对较轻的罪行认罪时会被建议判处12个月的刑期。可悲的是，加拿大就有无辜者对严重犯罪作认罪答辩的案件，直到后来才被赦免。困难的一部分在于，控方作为诉讼的一方可以控制起诉书上所列的指控，以及在有罪答辩中的指控。强制性最低刑罚制度的效力不仅是要消除司法机关的自由裁量权，而且是要将这种自由裁量权下放给检察机关。通过认罪解决方案的讨论，控方有权决定罪犯是否应当受到法定的最低限度的限制。以起诉方式推进的程序可能意味着罪犯在定罪之后将面临最少1年的徒刑，而不是最少90天的刑期。

控方是否愿意接受对较轻犯罪的认罪将产生深远的影响。控方在认罪解决方案的讨论中具有巨大的讨价还价能力，以及重大的战术优势。这并不是说起诉裁量权是一件坏事。相反，它是刑事司法系统的必要组成部分，并且恰当地行使会促进公平和正义。检察官是一名准司法官员，受与该角色有关的特殊义务和职责的约束，并且法律推定检察官在行使裁量权时将履行这些职责。控方有裁量权并不是问题，而控方如果是唯一有裁量权的人才是问题。控方通过起诉最低刑罚的裁量权限制司法的裁量权。

在考虑到罪行和罪犯的所有情况后，诉讼的一方当事人可以在法庭外进行的认罪讨论中确定一个适当的刑罚。如果某一罪行要求最低刑罚，则法官就不能作为最终的裁决者。在R. 诉Nur案件中，加拿大最高法院驳回了对火器犯罪的强制性最低刑罚，对当检察官拥有完全意义上的裁量权时的困难进行了评论：这导致一种关切，即授予检察官手中这么多权力会危及刑事诉讼程序的公正。它给了检察官在控辩协商中的一个王牌，导致与被告人权力的不平衡，并为被告提出几乎不可抗拒的激励，即对一个较短的刑期进行认罪以避免较长的强制性的最低监禁刑期。认罪是减轻刑罚的因素之一，这是被告人有悔改之意的证据，并且经常会导致减轻被告人的刑罚。越早认罪，刑罚减轻得越多。另外，如果存在一个强制性的最低刑罚，这将消除大部分法官对有罪答辩判决的裁量权。在某些情况下，认罪的动机实际上会消失，因为认罪后的量刑与审判后的量刑并无太大区别。因此，我们不能忽视在这种情况下可能发生的错误定罪的可能性的增加。

5. 控辩协商对加拿大刑事诉讼的必要性

控辩协商对于案件类型的适用并无限制，它可以适用于任何案件，包括对谋杀的起诉。控辩协商作为加拿大刑事诉讼程序的一个组成部分，已经在加拿大被广泛接受。虽然当下精确的数字很难找到，但似乎大多数刑事诉讼是通过认罪来解决的。同样，各省之间有所差异。有统计数据证明有罪答辩比审判更为盛行，但是，我们无从得知这些案件在多大程度上是正式的解决方式讨论的产物。鉴于司法制度的需求，解决方案的讨论对加拿大来说当然十分重要。该制度有利于建立减少刑事审判数量的机制，但这种福利的程度将取决于管辖权和司法工作量的压力，对某些地方来说这是必要的。尽管如此，解决方案的讨论也是实现正义的一种机制。当法官作为客观的一方主持这些讨论时，他其实对当事人进行了“实质性审查”。对案件的讨论可以帮助辩护律师理解他们的立场。这反过来可以得出一个详细的、深思熟虑的重新评估。它的目标不仅是实现效率，而是以更有效的方式实现正义。

6. 控辩协商的改革趋势

在马丁委员会的报告中，委员会认为，控方和辩护律师有义务在审前适当的时候进行碰面以解决问题。委员会还认为，控方和辩护律师有义务负责任地尽早采取行动安排会议并回应旨在解决刑事案件的倡议。这将减少对法庭时间的需求，并确保法院的时间安排得到有效利用。但是在实践中并不总是遵守这项建议，案件仍然常常在法庭上被解决。在理想状态下，律师参加司法预审以准备就所有问题进行讨论。预审在审判日期之前充分进行，以便如果案件得到解决，可以有时间重新安排另一个审判。在某些法域，律师在没有进行有意义的司法预审之前并不能获知明确的审判日期。

在加拿大，如果案件未被在合理的时间内审理，则为了《宪章》第 11（b）条的目的，则必须被挂起。2012 年，《加拿大刑事法典》的新条款规定，管理大型审判和制定规则的“案件管理法官”也可以参与审判，即使有不同的审判法官。这被视为箭袋中的一个额外箭头，用于管理困难且耗时较长的案例。在某些情况下，这种管理会使案件更早地得到解决。①

四、对加拿大刑事案件快速处理机制的若干评价

（一）加拿大与英国刑事案件快速处理机制的差异

虽然加拿大的刑事司法制度保留了浓重的英国刑事司法制度的色彩和特

① Carol A. Brook，Hon. Justice Bruno Fiannaca，Hon. Judge David Harvey，Paul Marcus：*A Comparative Look at Plea Bargaining in Australia，Canada，England，New Zealand，and the United States.*

征，但是二者之间仍然有较为明显的差别。通过这两个国家相似的司法制度的对比，我们或多或少可以总结出加拿大刑事案件快速处理机制的优劣及改进方向。英加两国刑事案件快速处理机制的区别主要体现在以下两个方面。

首先，程序的选择与分流机制不同。《加拿大刑事法典》中并没有直接规定被告人对于审判程序的选择权，而是规定了被告人对管辖法院和法庭组成方式的选择权。被告人在被指控犯有《加拿大刑事法典》第469条规定以外的可公诉罪行，并且该犯罪不属于省（领地）法院法官按照第553条享有绝对管辖权的犯罪时，如果选择由省（领地）法院法官审理的，省（领地）法院可以对其审理。另外，被告人可以在选择管辖法院的同时对审理方式作出选择，即被告人有三种审判方式可以选择（不经预审和陪审团审判而由法官独任审判；经过预审，由法官在没有陪审团参与的情况下审判；经过预审，由法官和陪审团共同审判）之一审判。

在英国，英国的刑事犯罪分为“简易定罪罪行”“可公诉罪行”和“可选择审判方式之罪”，三种犯罪分类适用何种程序有较为详细的分流规则。其中，“简易定罪罪行”适用简易程序审判，“可公诉罪行”适用正式审判程序审判，而“可选择审判方式之罪”可以由被告人选择和法庭审查决定适用的审判程序。一个特定的“可选择审判方式之罪”在犯罪倾向于适用“简易审判程序”的问题上，被告人享有最终决定权；而在犯罪倾向于适用“正式审判”的问题上，治安法院拥有最终的决定权。换言之，被告人的同意是适用简易审判程序的必要条件，未经被告人同意则不能适用简易程序；法院审查是适用正式审判程序的充分条件，如果法院认为刑事犯罪适宜用正式审判程序审判的，就应当适用正式审判程序审判。

除犯罪存在一个或多个加重情节，或者案件超出了治安法院的裁判权（一个治安法院一般最高可判处6个月监禁和/或5000英镑的罚金）以外，一般来说，“可选择审判方式之罪”应适用简易审判。治安法院应当询问被告人是否同意适用简易审判，如果被告人同意简易审判，治安法院应当适用简易审判；如果被告人不同意简易审判，治安法院应当行使预审职能对告发进行调查。如果治安法院认为某项犯罪更适宜由刑事法院正式审判的，应当告知被告人，即该治安法院已经决定，由陪审团对被告人审判更为适宜，并且应当行使预审职能对告发进行调查。

从简易程序的选择方式与逻辑上看，英国的程序分流机制比加拿大更加清晰和完善。一方面，法院适用简易程序审理必须征得被告人的同意，保障了在适用简易程序有可能对被告人权利造成一定折损的情况下被告人的自愿性；另一方面，法院认为案件不适宜简易程序审理的，可以决定采用正式审判程序，这就保障了在复杂案件中，被告人的权利能够得到充分保障，案件事实能够充分查清。此外，加拿大的检察官在起诉时对审判程序的选择拥有较大的自由裁量权，依据简易定罪程序起诉的犯罪的范围也存在较大的伸缩空间。而英国的检察官对程序的选择权要明显小于加拿大，程序的选择主要是通过被告人和法院来完成的。

其次，简易程序的上诉途径与方式不同。在加拿大，对于通过简易程序审判的案件有三种救济方式：对省（领地）法院的初审案件的上诉一般由省（领地）高等法院负责；对案件涉及的法律问题也可以由省上诉法院审理，但必须经其同意；简易定罪罪行案件中存在法律或管辖争议的，也可以上诉至加拿大联邦最高法院，但同样也需经其同意。这三种救济方式一般按照层级顺序予以适用。

在英国，对简易程序的裁判进行上诉也有三种途径：一是向刑事法院上诉；二是以案件报核的方式向高等法院上诉；三是申请高等法院对治安法院的裁判签发撤销令、强制令或禁止令。但与加拿大不同的是，以案件报核的方式向高等法院提起上诉不仅是“对上诉裁判再次上诉”的途径，还是“越级上诉”的途径，即这种上诉方式不仅适用于对刑事法院就治安法院的裁判所作出的上诉裁判不服的情形，还适用于对治安法院作出的裁判直接上诉的情形。但是，与直接向治安法院的上一级法院刑事法院提起上诉“只需要指出治安法院的判决在哪些地方出现了错误，而不必提出特定的理由”不同的是，以案件报核的方式向高等法院提起上诉必须是认为判决“在法律上有错误”或者“超越权限”，而不是基于事实问题，并且上诉人必须明确指出原审法院在管辖或适用法律上存在的错误。此外，鉴于刑事法院二审时的审查范围较大，不仅可以对原审中所涉及的法律问题审查，还可以对事实问题审理，并可以提交新的证据；同时，由于向刑事法院上诉比直接申请治安法官以“案件报核”的方式上诉多了一条救济途径（申请治安法官“案件报核”的上诉人不再拥有向刑事法院上诉的权利，而在刑事法院没有获得支持的上诉人，还可以通过“案件报核”的方式再一次向高等法院提出上诉），因此，上诉人对治安法院裁判不服的一般会选择直接向刑事法院提出上诉，而不申请治安法官“案件报核”。

总体来说，《加拿大刑事法典》对轻重犯罪的划分以及管辖法院、相应程序的选择问题主要采取列举式的规定方式，即直接规定某种犯罪为简易定罪罪行或可公诉罪行，没有一个统一的量刑或者犯罪类型的标准，不如英国规定得更为详细和明确，在一定程度上拖慢了诉讼效率。因此，笔者认为，进一步明确轻重犯罪的界限，以及程序选择和适用的条件是加拿大刑事案件快速处理机制改革的首要任务。

（二）简易审判与正式审判的优劣

在 2010 年规则修正案和加拿大最高法院对“Hryniak vs Mauldin”案作出裁决之前，简易审判和正式审判代表着两种态度。但是，目前这两种态度正在融合，扩大简易审判的权利并且降低简易审判的门槛使简易裁决得以扩充和多样化，简易审判被认为是司法案件管理的入口。同时，正式审判的捍卫者也呼吁法官和律师使正式审判更加灵活，拒绝“一刀切”的审判方式。尽管简易审判比正式审判花费要少，但是诉讼当事人和司法程序并未得到相应的回报。假设简易审判有 50%的机会取得成功，并且只花费 2 万美元，但是任何一个花费 4 万美元甚至更少的正式审判却会带来一个更好的最终裁定。所以，简易审判的结果的不确定性引发人们的疑问：如果花两周的司法时间却可能不会对案件作出最终裁决，那么这对于司法系统有何裨益呢？

此外，正式审判的优点还在于，即便一方当事人在正式审判中获得了对其不利的裁决结果，他们也知道有机会直接向法官陈述他们的观点，并且在法官面前对另一方当事人的证人进行询问和质证。有时候败诉的当事人会说“无论如何，我为我被听审而感到高兴”。但是，在简易审判中败诉的当事人却无法获得这种安慰。

关于简易审判是否真正节约资源的问题，学者们也有疑问。有学者认为，虽然简易审判在法庭上花费的时间比正式审判要少，但是不能忽视法官在法庭外花费的阅读宣誓书和交叉询问笔录的时间。法官必须阅读整个笔录，正如审判法官必须听取和阅读他面前所有的证据一样。因此，虽然辩护律师可能会将简易审判耗费的 2 天当作法官所花费的时间，但实际上，法官通常需要花费 2 周甚至更长的时间去准备、听审、考虑和决定这一简易审判的动议。

在审判时间上，为期 1 天的简易审判有可能会延长 7-8 个月，而一个两周以内的正式审判会在 6-8 周内完成。所以，有法院指出，简易审判并不总是更快速和节省资源的。在多达 30 多个全天简易审判的动议中，法官提议提前审判的日期时，只有一例案件的当事人表示同意。有种诉讼文化倾向于选择具有延迟和不确定性的审判时间较长的简易审判而不选择更为可取和确定的正式审判，这种诉讼文化中存在某种根本性的错误，必须予以修正。

辩护律师和当事人更倾向于选择简易审判而不是正式审判，这是基于诉讼风险的考虑。当事人在简易审判中败诉并不等于输掉了案件，但是在正式审判中，输掉了审判就等于输掉了案件。因此，当事人认为选择简易审判没有风险，而正式审判有这种风险。

五、结语

建立分层的“多元化诉讼程序”是我国当前刑事诉讼程序改革的方向和趋势，虽然，加拿大刑事案件快速处理机制与我国司法程序运行的环境不同，也不如英国刑事案件快速处理机制更加完善，但仍然对我国具有启示意义。尤其是我国刑事案件速裁程序的试点已经结束，到了对试点进行评估和反思的阶段，加拿大刑事案件快速处理机制一些通行的规则和做法，如被告人认罪制度、值班律师制度等这些可以普遍适用于不同司法环境下的制度，都可以被引入我国刑事诉讼程序中，助力我国的刑事“诉讼程序多元化”道路的建设。

第四章　澳大利亚刑事案件快速处理程序机制研究

一、澳大利亚刑事案件快速处理程序演变的背景

（一）澳大利亚刑法关于轻罪（简易审判罪）历史演变

澳大利亚联邦位于南太平洋和印度洋之间，总面积为 770 万平方公里，由新南威尔士、维多利亚、昆士兰、西澳大利亚、南澳大利亚、塔斯马尼亚六州和北领地、首都特区两个区组成，是英联邦成员。从法律传统上看，澳大利亚属于典型的普通法国家，其法律制度是在英国普通法基础上成长起来的，当年土著人留下的司法制度和传统很少，伴随英国入侵，普通法也随之而入。这就意味着，法官通过成百上千个当事人在普通法法庭上审判个案的积累，经过多年发展后形成相对完备的规则体系、法律原则和法律程序，这样长期发展，形成了社会中重要的普通法渊源。当然，经过 200 多年的演变，澳大利亚司法制度包括刑事司法制度，越来越摆脱其传统的殖民色彩，在一个相对封闭的环境中，逐步发展成熟了自己的刑事司法体系，这就是所谓的司法本土化，于是既有了英美普通法的共性，包括判例制度，又有澳大利亚本土的特色。需要指出的是，作为联邦制国家，同美国一样，澳大利亚司法制度一个典型特征是“双轨制”，即存在联邦和州两套相互独立、平行运行的司法制度，各州司法制度在与联邦保持一致的同时，显示出各自特色，在刑事法律方面，也同样如此。

在遵循英国普通法和制定法基础上，早在澳大利亚联邦成立前的 1889 年，昆士兰州就制定了澳洲第一部刑法典；1900 年，新南威尔士州也制定了刑事法令；1913 年，西澳大利亚州制定了刑法典汇编；1953 年，南澳大利亚州制定了刑事统一法；1958 年，维多利亚州也制定了刑事法令。在联邦层面，早在 1914 年，就出台了联邦刑事法令。从而在联邦和州两个层面上构建了完备的刑事实体法体系。

由于受英国等普通法影响，澳大利亚犯罪分类标准也明显带有英国特征。1787 年，英王特许令授予澳大利亚总督根据英格兰法审判和惩罚叛国罪、严

重刑事犯罪以及轻微刑事犯罪。这项授权导致澳大利亚早期对刑法分类标准的全面继受，即将犯罪分为叛逆罪、重罪和轻罪。这样分类的标准是依据犯罪对社会的危害程度来划分的，在刑法典上的直接体现是法定刑不同。叛逆罪最严重、重罪次之、轻罪最轻。普通法上的重罪主要包括杀人罪、强奸罪、盗窃罪、夜盗罪、抢劫罪、纵火罪等；轻罪包括伪证罪、共谋罪、诽谤罪等。当然，所谓的重罪与轻罪只是为了理解和适用上方便，任何一个罪名都不是非此即彼关系，很多时候会有交叉。更重要的是，由于重罪和轻罪很难有一个具体标准，于是，时至今日，除新南威尔士州和南澳大利亚州仍然沿用英国这种传统分类方法外，联邦和其他州对犯罪分类进行了改革。

1981 年，维多利亚州根据英国 1977 年通过的《刑事法令》，制定《刑事犯罪分类法令》，对犯罪分类标准重新划分，将重罪和轻罪予以合并称为应予起诉罪，同时创制简易审判罪①。应予起诉罪和简易审判罪的划分标准，更侧重于程序法的分类，当刑事案件进入诉讼程序，这一标准体现得更明确。所谓的应予起诉罪，是指进入审判程序的刑事案件先经过治安法院法官审理后，再由陪审团和法官审理，而简易审判罪只需治安法院审理即可。二者的划分标准仍然是犯罪对社会的危害程度，严重的归为应予起诉罪，较轻的、社会危害性较小的划归简易审判罪。当然，尽管彼此联系，但应予起诉罪不完全等同于重罪，简易审判罪也不完全等同于轻罪。目前，除新南威尔士州和南澳大利亚州外，澳大利亚联邦和其他各州均采用应予起诉罪和简易审判罪二分法，这是非常典型的按照程序分类的方法。

需要指出的是，尽管联邦和大多数州在法定分类上没有重罪和轻罪之分，但在司法实践中仍然存在重罪、轻罪和轻微罪的概念。这正如我国犯罪分类标准，法定上有自然人犯罪与单位犯罪、身份犯罪与非身份犯罪、亲告罪与非亲告罪之分，而在犯罪理论上也存在重罪与轻罪之分，一般把法定刑分为 3 年以上有期徒刑、无期徒刑、死刑称为重罪，其他称为轻罪。就刑罚而言，我们国家所谓的轻罪要比普通国家所谓轻罪，要重得多。当然，正如前面所言，我们国家重罪与轻罪的分类只是理论上的分类，而非法定分类，与刑事诉讼程序，如是否适用简易程序的指引或者意义一样，也仅是影响而已。

（二）澳大利亚刑法关于轻微罪的历史演变

澳大利亚从本源上讲属于普通法系国家，与美国和英国一样，它们对犯罪定义与大陆法系国家包括中国有很大不同，凡是行为本身具备发展客观要件（犯罪行为）和主观要件（犯罪心理），都有可能被指控犯罪。也就是说，

① http：//www. supremecourt. vic. gov. au；http：//www. justice. vic. gov. au.

在刑事法领域，澳大利亚实行的是一元化的犯罪模式，只要符合主客观要件，都被纳入刑法处理范围。这与我们国家实行二元化犯罪模式有很大不同（刑事犯罪与治安管理处罚并存）。于是，在中国有很多行为，如扬言（注意这里仅仅是扬言）实施放火、爆炸等扰乱公共秩序，结伙斗殴、拦截他人，强拿硬要或者损坏公私财物等行为，没有纳入刑法范畴，而在澳大利亚，这些行为很有可能触犯刑法，会被纳入刑法调整范围。

某种程度上讲，澳大利亚所谓的轻微刑事犯罪甚至比我们国家《治安管理处罚法》规定的范围更宽。例如，公然酗酒、乱放烟花爆竹和滥用激光灯、乱涂乱画破坏财产和污损神社或古迹、游荡、非法按门铃、侵入校舍、乞讨、流浪、焚烧国旗、未成年人文身及诱惑卖淫、不雅暴露以及用手机非法照相和未经他人授权而非法摄影，身穿冒犯性的 T 恤衫，使用攻击性语言，在公共场所或学校持刀，超速行车、违章停车等危险驾驶行为，违反在押条例，涉及小剂量毒品等，都被纳入刑法调整范围。这其中很多行为，在我国只是违反伦理道德，甚至不属于《治安管理处罚法》的调整范围。

例如，南澳大利亚州刑法规定，如果有人在没有合理解释的情况下按别人家门铃或敲门；开启关闭的农场大门后不将其关闭，或将关闭的农场大门开启后不将其关闭；在没有获得邀请的情况下擅自参加派对；在未获许可的情况下，在大楼、建筑墙上以及铺设好的道路上张贴广告；为喝醉酒的人文身或进行其他任何身体改造；如果有人声称他们有占卜或灵媒的超能力，但被证实是假的，且获得服务的人也相信其造假；以“不予追究”为奖励，刊登布告请求归还原物；非法屠杀、伤害或偷窃信鸽等行为，都将被认为是犯罪并受到相应法律追究。正是由于在澳大利亚的刑事犯罪门槛不是很高，导致刑事案件数量居高不下，轻微刑事犯罪比比皆是。从公布数字来看，澳大利亚 2006 年至 2007 年，平均每天有 25901 人犯罪，这其中绝大多数属于轻微刑事犯罪。因此，在澳大利亚，简易程序罪和轻微罪占了犯罪绝大多数。

（三）澳大利亚简易审判罪和轻微刑事案件犯罪率与刑事案件快速处理程序之间的关系

简易审判罪和轻微刑事案件仅就实体而言，对这些犯罪如何处理，就涉及刑事司法或者刑事程序法方面问题，即法院、检察机关和律师三者之间的相互关系，当然也包括犯罪嫌疑人、被告人和被害人等。澳大利亚联邦法院系统设立高等法院，其下设联邦法院、家庭法院、联邦治安法院。州法院系统设州最高法院、中级法院和地方法院。此外还设有小权利索赔法庭，所有州和特区都设有和解法庭。为了提高诉讼效率，对于一些具有一定专业性的案件，澳大利亚设立了特种法庭，如专门法庭、商事法庭、遗嘱检验法庭、衡平法庭、儿童法庭。澳大利亚对法官的任职资格和要求都很高，具有律师资格的律师在执业 5 年之后才有成为法官的机会。不同级别法院的法官其称呼不尽相同，其任职资格也不尽相同。澳大利亚联邦及各州都设有独立的检察署，澳大利亚检察署隶属于政府，受司法部长的领导，但实际上检察署是独立的公诉机关，只有与检察长协商之后司法部长才有权对检察署进行指导、发布指示。检察署的主要职能是就联邦警察局以及政府委员会提交的案件决定是否提起公诉，如果决定提起公诉则公正地执行公诉职能，在上诉审中则执行上诉职能及其相关程序。检察署不按照法院的级别设立，与法院不存在一一对应关系，各检察署之间也无隶属关系，根据案件的性质及严重程度，它既可向治安法院提起公诉，也可向最高法院提起公诉。检察署的内部组织结构一般为：1 名检察长、1 名副检察长，有些检察署还设有助理检察长，检察长负责整个检察署的工作。内部分设有专门负责向高等法院、治安法院等各级法院起诉案件的部门，检察官则分属于这些部门，此外还设有民事部门以及法院援助部门。检察长的任职资格要求只能是被澳大利亚某一州所认同的执业律师，且执业在 5 年以上，年龄超过 65 岁的人或在其任期内将超过 65 岁的人不能成为检察长。检察长由司法部长任命，其每届任期不超过 7 年。检察官属于为国家服务的律师，其资格的取得与辩护律师相同。在澳大利亚，广义的律师包括事务律师、辩护律师和检察官，法官、律师和检察官三种职业之间具有可流动性。成为一名律师的前提是必须接受 4 年的法学专业教育，并获得法学学士学位。如果想成为一名事务律师，应先在专门的法律学校学习 3 个月，然后再实习 6 个月，事务律师处理的事务范围很广泛，但他一般不出庭，当其客户有涉及需出庭的刑事案件时，则由事务律师雇佣辩护律师出庭，由事务律师与辩护律师双方签订协议。澳大利亚轻罪处理程序涉及法院、检察署与律师之间的协调配合，虽然这仅仅是在程序上，但对轻罪快速公正处理起到重要作用。

总的来说，澳大利亚刑事诉讼可分为三个阶段，由警察或其他政府部门负责发现和调查犯罪事实以及收集证据，由检察官决定是否提起公诉，最后由法院作出裁判。在长期历史演变和司法发展过程中，澳大利亚刑事诉讼在程序上已经构建了一套层层过滤机构，在某种程度上减少了最终进入法院审判的案件数量。

第一个层面是警察的过滤作用（轻微犯罪的非诉程序），警察是澳大利亚联邦和各州政府一个重要组成部门，负责社会治安和刑事案件的调查取证，通过侦查及时查清案件事实，享有广泛侦查权，包括进入权、搜查及扣押权、逮捕权。同时，大多数社会危害性不大的案件，在侦查终结后，警察享有独立案件处置权，对于轻微刑事案件，警察有权决定是否移交检察机关提起公诉。比如，在澳大利亚某些州，把妨碍婚礼视为犯罪，即在别人婚礼上，某人采取不当方式，反对这对新人结合，将被视为妨碍婚礼结合罪予以处罚。类似这样的案件，警察一般会当场处置。虽然被认为是犯罪，由于实在过于轻微，可以不进入刑事诉讼程序。

第二个层面是检察官的过滤作用。在澳大利亚，检察官同样享有较大的自由裁量权，对警察移交到检察机关的案件，通过审查，如果符合一定条件，可以作不起诉处理。一般情况是，就案件本身而言，虽然案件事实已经查清，证据足够充分，已经达到提起公诉程度，如果有其他合理因素，检察官可以酌定不起诉。在实践中，这些因素主要包括：犯罪是否仅是一些鸡毛蒜皮的小事，仅仅是法律上认为的犯罪；是否有从轻减轻犯罪情节；被指控人以及相关证人和被害人年龄、智力状况、身体状况、心理健康状况以及其他特殊因素；被指控人生活经历及其背景；对公共秩序和社会公序良俗影响；其触犯的法律是否已经失效或者含糊不清；如何提起诉讼是否引起新的不正义等。对于这些因素，法律并没用作出明确规定（我们国家有所谓法定不起诉），办案检察官可以根据案件具体情况，综合考量上述因素，作出是否起诉的决定。在程序上，办案检察官作出不起诉决定，必须报检察长同意，并以所在检察署名义对外公布。同时，检察署在作出不起诉决定之前，还必须与案件调查部门包括警察局或其他部门协商，当然协商程度取决于案件的性质和案件复杂程度，即使案件侦查部门不同意作不起诉处理，检察署只要认为条件充分，仍然可以作出不起诉处理。为充分展示客观公正，检察署在作出不起诉决定之前，一般会就案件情况组织听证会，由检察官、辩护方和治安法官参加，进行充分沟通。当然，如果案件利害关系人不同意检察署的不起诉决定，可以自行向法官提起诉讼。检察官在决定案件是否起诉时，不受任何外界干扰。

通过警察和检察官对刑事案件两次过滤，一部分案件在刑事诉讼进行中被消化和自动处理，已经减轻了法庭审判刑事案件压力。不过，仅有这些程序上的过滤机制还不够，并不能完全减轻最后一道程序压力。特别是，由于澳大利亚殖民历史，刑事司法制度移植和延续了普通法司法体系中的陪审团制度。该制度的耗资耗时和诉讼资源的有限性决定了不可能使全部犯罪都进入陪审团庭审。如何区别犯罪轻重、罪犯人身危险性大小，以设置不同诉讼程序对案件审理进行科学的繁简分流、合理配置司法资源，以及在简化诉讼程序中避免对嫌疑人合法权益的侵害就成为澳大利亚刑事司法演进过程中一个重大课题。于是，在澳大利亚每一次司法改革中，如何减少诉讼成本，减少法院压力，就成为一个长期主题。于是，构建除警察和检察官程序过滤机制之外完备的案件快速办理程序体系逐渐被提上日程。

（四）法官、检察官、律师和社会公众对刑事案件快速处理程序机制改革的态度或者倾向

构建轻微刑事案件快速处理机制是世界刑事司法领域的通行做法，早在16世纪的英国已经出现，后被其他许多国家仿效。[①] 第二次世界大战以后，西方各国面临严重的犯罪率上升问题，而刑事诉讼程序又相对比较烦琐，诉讼效率不高，使案件大量积压，为摆脱这种困境，西方国家不得不广泛、大量采用轻微刑事案件快速处理程序，具有代表性的包括辩诉交易程序、处刑命令程序、简易程序等。很多国家在刑事诉讼法典中增设了快速处理程序，并呈现多样化趋势。比如，1988年《意大利刑事诉讼法典》增设了直接审判、迅速审判等区别于一般简易程序的轻微刑事案件的快速处理程序。据统计，英国按照快速处理程序审理的案件占整个刑事诉讼案件97%以上。应当说，构建轻微刑事案件快速处理机制是刑事诉讼程序发展的一大趋势，澳大利亚也不例外。

总体上讲，不管是法官、检察官或者律师以及社会公众对刑事案件快速处理机制持肯定态度。事实上，每一个人都承认，用诉讼方式解决问题争端其成本确实太高，刑事诉讼程序往往过于烦琐和缓慢。特别是，当前澳大利亚也在推进法院改革，一个很重要的原因就是通过法院解决争端的案件成本高、效率低。比如，在澳大利亚，检察官代表国家对一些严重违法犯罪活动提起公诉，根据《检察长指导原则》的有关规定，检察官在审查警察侦查终结后移送过来的案件时，首先要考虑以下几方面要求或者因素：提供的证据是否足以证明犯罪；是否有合理理由对犯罪嫌疑人或者被告人定罪；是否存在其他符合公共利益的自由裁量等因素可以不起诉。对于检察官而言，面对日益增加的刑事案件，他们不可能对每一个刑事案件都用同样标准进行审查，工作量是一方面，更重要的是影响诉讼效率。事实上，澳大利亚检察官对大量轻微刑事案件由警察局通过轻微犯罪非诉处理程序或者由警察局直接起诉至法院的快速处理方式一直持支持态度，至少能够让他们有足够时间和精力处理比较复杂的刑事案件。另外，在澳大利亚，法官主要来自律师[②]，而且可以通过法庭委员会以保证律师出庭更具有效率和实质性意义，法官与律师作为同一职业共同体，具有大致相同的价值观念和职业信仰，在具体业务工作中可以相互理解、彼此尊重，共同促进司法公正，乃至实现社会公平正义。

① 陈卫东主编：《刑事诉讼法学研究》，中国人民大学出版社2008年版，第561页。

② 黄斌：《澳大利亚提高司法效率的启示》，载《人民法院报》2010年12月29日，第8版。

因此，他们对刑事案件快速处理程序上的立场和态度基本保持一致，很少存在分歧。

二、澳大利亚刑事案件快速处理程序的类型、内容和特点

澳大利亚案件快速处理程序是建立在案件繁简分流、有序衔接基础之上，既保证案件质量，又提高诉讼效率，还可以节约司法成本。澳大利亚快速处理程序通常包括轻微犯罪的非诉程序、简易程序、交付审判程序等几种类型。值得说明的是，澳大利亚刑事案件快速处理机制，虽然大多数针对轻微刑事案件和简易程序罪案件，但不限于此，在普通程序中也存在大量案件程序性分流和快速办理程序或机制。

（一）轻微犯罪的非诉程序

在澳大利亚，面对多发、易发、高发的轻微刑事犯罪，通常的做法是不进入刑事诉讼程序，即一般不起诉，由执法警察在行为人认罪前提下，运用自由裁量权，进行即时处罚；如果案件有些复杂，被告人不认罪，可以由执法警察直接起诉至地区法院，无须检察官的参与和介入，当然这里的前提仍然是轻微刑事犯罪，如打扰邻居休息等。在这种情况下，地区法官在审理轻微刑事案件时，无须检察官在场，也不需要陪审团参与，只需独任法官审判即可，程序也可大大简化，省去质证、交叉讯问等烦琐环节。从澳大利亚司法实践来看，在大多数情况下，对轻微刑事犯罪，都是由警察在调查与处置时当场作出的处罚决定，因为这类刑事案件刑罚较轻，一般不涉及公民人身自由，多数是警告（告诫）、罚款、良好行为的保释令、社区服务令、分期服务令、家庭监禁、电子监控等。只要行为人认罪、愿意接受处罚，且犯罪事实清楚，社会危害性不大，警察依据职权，根据相应法律，直接作出处罚，不需要将这些轻微刑事犯罪起诉至法院，不必走烦琐的刑事司法程序。有关资料显示，在新南威尔士州，至少有60%的轻微刑事犯罪以类似非诉程序处理[①]，社会各界反映较好，学界也给予很高评价。特别是，经过经年累月的探索，这类程序已经相对比较完备。当然，对警察权的限制和滥用，防止这类案件中的不公事实发生是另外一个方面的问题。

轻微犯罪的非司法程序处理的最大好处在于实现了轻微刑事犯罪的快速处理，最大限度地避免了大量刑事案件进入刑事诉讼程序，涌入法院。轻微犯罪的非司法程序一方面减少了法官工作量，让法官有足够时间和精力处理相对较为复杂的案件，特别是重罪案件也就是应予起诉案件；另一方面大大

---

① http：//nswca. jc. nsw. gov. au/home. php.

节约了司法资源，降低了司法成本，好钢要用在刀刃上，毕竟任何一个国家的司法资源都是稀缺资源，即使在发达国家，法官队伍也不可能无限膨胀和扩大。而且轻微刑事犯罪的非司法程序，由于时间较短，可以使诉讼当事人尽快从诉讼程序中解脱处理，对于恢复正常社会关系意义重大。不过，有一些轻微刑事犯罪，视情节轻重和被告人认罪态度，可以转入简易程序审理。

（二）简易程序

如前所述，在刑事实体法上，澳大利亚将犯罪分为应予起诉罪和简易审判罪。与之相对应，在程序法上，澳大利亚刑事诉讼法典将刑事程序划分为普通程序和简易程序，与刑事实体法相对应。应予起诉罪对应普通程序，但也可能适用简易程序。澳大利亚简易程序由依法任命的治安法官独任审理，治安法官有权决定适用的法律和采用的证据规则，以及争议的事实与证据，并最终进行定罪量刑。

沿用英美法系传统，澳大利亚大部分州设立了警察公诉人制度与法庭建议程序配套适用，即对于轻罪和轻微刑事案件，由警察局里所谓公诉人直接起诉至法院审理，这里的公诉人不是检察机关的公诉人，但承担的职责有很多相似之处。澳大利亚警察局一般设有检控官，负责轻微刑事案件起诉，在这样审判程序中，每个案件平均处理时间为6-30分钟。在澳大利亚，尽管警察具有较大处罚权，对很多轻微犯罪可以通过非诉程序现场处理，但这些都是轻微刑事案件，在很多国家也许不是犯罪，而在澳大利亚，大量轻罪必须提交法院进行当场质证。根据维多利亚警察局有关数据显示，全州每天向法官提交的案件平均为600多件。由警察局直接起诉轻微刑事案件，既减少了当事人的负担和诉累，也减轻了检察机关处理公诉案件的压力和对公诉案件的精力投入，大量轻微刑事案件在警察环节就可得到消化。另外，澳大利亚税收机关对于违反税法的当事人，也有权向法院直接提起公诉，这比移送检察机关提起公诉更简便直接，并且能够提高诉讼效率。不过，若违反税法的指控比较严重，而被告又拒不承认，则此类案件就要移送检察机关提起公诉，这一制度设计其实仍然是为了提高诉讼效率。

简易程序审理案件范围一般为：一是根据法律及其他相关规定应当适用简易程序审理的案件，如新南威尔士州1986年刑事程序规定，简易程序罪只能用简易程序审理①，有些州的规定可能没有这样绝对。二是就法定刑而言，适用简易程序审理，最高法定刑一般低于2年的监禁刑。三是从诉讼时效上讲，适用简易程序审理案件追诉实效一般不超过6个月，如果超过这一时间

① 5. New South wales Department of Justice：http：//www. justice. nsw. gov. au/ .

节点，一般应当转入普通程序进行审理。

与普通程序相比，简易程序有以下几个特征：一是看是否交由陪审团审判。普通程序一般由陪审团审理，陪审团负责事实认定，法官负责法律适用，如果陪审团认定被告人有罪，法官还负责对被告人根据犯罪事实和情节量刑。简易程序由治安法官直接审理，直接定罪量刑。陪审团审判一般需要耗费很长时间，费时费力，这是简易审判与普通审判的最大区别，也是“简易”的核心要义，也是重罪与轻罪在审判程序上的不同之处。二是在审判程序方面，普通程序必须开庭审理，而简易程序可以开庭，也可以不开庭，视情况而定，程序参与都有程序选择权。就简易程序而言，根据被告人是否认罪或者作有罪答辩，决定是否开庭。如果被告人作有罪答辩，独任法官可以直接判决，减少开庭审理环节；如果被告人不作有罪答辩，则需要开庭审理。如果选择开庭，起诉方必须在开庭前的3周内将被告人的犯罪证据提交至法庭，此时，被告人还可以考虑是否作有罪答辩，如果选择有罪答辩，法官也可以直接判决。另外，在这一阶段，被告人可以自行收集证据，以供法庭上进行辩护。三是在量刑程序方面，由于适用简易程序审理案件事实清楚简单，被告人一般会选择有罪答辩，争议焦点主要集中在量刑环节。因此，对于简易程序法官来说，他们主要集中精力在量刑环节，他们需要对被告人所犯罪行、年龄、品格、教育背景、精神状况等情况进行综合考量，科处适当刑罚，这是一个综合判断，量刑是否适当也考验一个治安法官的综合素质。四是在审理期限方面，根据有关法律的规定，适用简易程序审理刑事案件，要求全部诉讼程序必须在6个月内完成。

另外，虽然应予起诉罪一般需要进入普通程序审理，但也有例外。在澳大利亚普通诉讼程序又分为可选择的普通程序和绝对的普通程序，对于后者，诉讼双方都没有程序选择权，必须按照法定的普通诉讼程序审理。事实上，这些都是重罪，即使没有法律的硬性规定，也很少有可能选择简易程序。对于可选择普通程序，公诉方（检察官）可以根据犯罪人犯罪情况，按照法定程序，对部分案件，可以转入简易程序审理。具体程序为：检察官受理案件后，经过审查和综合判断，认为罪行的严重程度和犯罪人的人身危险性并不能被判处2年以上的监禁，此时检察官有权决定适用简易程序起诉该案件至地方法院。此种情形除由检察官取代警察指控官的角色外，其他程序与警察指控的简易程序并无二致。这相当于是对适用普通程序审理刑事案件的再次分流，目的仍然是提高诉讼效率，节约司法资源。

（三）交付审判程序

交付审判程序也有人把它翻译为预审程序，是指由治安法官主持的预先听审，主要作用是通过预先听审，判断和决定性质较为严重的刑事案件是否提交上级法院或者陪审团审判。交付审判程序也是对普通刑事程序的分流，主要针对的是应予起诉犯罪，即必须由法官和陪审团共同审理犯罪。例如，谋杀、抢劫、强奸、爆炸、危害国家安全等严重刑事犯罪。其目的是初步判断起诉案件的事实是否清楚、证据是否有力，是否足以将刑事案件移交法庭予以审判。另外，在这个环节，犯罪嫌疑人拥有选择是否要陪审团参与审判的权利，即犯罪嫌疑人可以提出由 1 名法官庭审，并放弃陪审团庭审的权利。不过，为了保护犯罪嫌疑人、被告人合法权益，他们可以提出，但是否同意的决定权在起诉方，即检察官。如果起诉方同意被告人的申请，则案件会被分流至法官审理，而不必组织陪审团审理。

澳大利亚交付审判程序实质上是对普通刑事程序的一次过滤，其作用在于将不符合审判条件的案件拒之审判大门之外，以最大限度保证起诉质量。另外，这一制度设计不仅可以提高审判质量，防止冤错案件发生，更重要的是可以提高诉讼效率，在正式进入审判程序之前，通过法定程序，先行消化部分案件，让真正进入审判程序的案件，严格程序，不走过场，达到公正与效率的有机统一。

（四）被告人认罪条件下的辩诉交易程序

辩诉交易也称为辩诉协商，是指刑事被告人作出有罪答辩以换取检察官较轻的罪名或者数项指控中的一项或几项的某种让步，通常是在获得较轻判决或者撤销其他指控的情况下，检察官与刑事被告人之间经过协商达成的协议，辩诉交易的前提是刑事被告人自愿认罪，是否承认自己所犯罪行，是这一程序的关键，主要目的是应对日益增加的高犯罪率、刑事案件大量积压以及普通程序的烦琐、时间长，以最大可能提高诉讼效率、节约司法资源。事实上，在澳大利亚刑事司法领域，被告人认罪条件的辩诉交易程序作为案件简化分流重要方式，一直贯穿刑事诉讼全过程，包括从警察刚刚决定指控到被庭审认定有罪之前，其中任何一个环节，都可以自愿认罪。就辩诉交易范围而言，除谋杀罪外，其他刑事犯罪被指控者都可以与检察官协商。

与其他国家辩诉交易相比，澳大利亚有自己的特点：一是设立鼓励犯罪嫌疑人自愿认罪的制度和程序，最直接的鼓励是量刑上的折减，澳大利亚有关法律规定，凡是在地方法院预审之前能够认罪的，一般可以得到 25%的量刑折减。而预审之后正式庭审开始之前认罪一般会得到 12.5%的量刑折减。这项折减和协助警方、忏悔表现等其他量刑折减相累计最高可达 70%。认罪后在量刑上给予一定范围的优惠，是辩诉交易制度的一个最大特点，即所谓协商性司法。二是制定一些特定的程序，以保证辩诉交易程序能贯彻刑事诉讼程序始终，在刑事诉讼程序任何一个环节都可以提出。例如，在警方抓捕犯罪嫌疑人之后就要询问其是否愿意认罪。再如，在正式庭审之前交付审判程序中，法官必须告知被指控人认罪的利害关系，对于不认罪而进入陪审团庭审的人，在组成陪审团之前法官还会再次征求一次犯罪嫌疑人是否认罪。随着庭审进行、证据出示的增加，如果犯罪嫌疑人逐渐认为自己可能被定罪的概率很大，他还可以随时有权决定认罪从而获取量刑折减的可能，当然越晚认罪，量刑上的优惠就越少。三是充分保障被害人参与权，被害人参与辩诉交易并非仅仅在于对案件中的附带民事赔偿问题发表意见，也包括有权对其他刑事问题发表意见，被害人毕竟是犯罪行为的受害者，虽然与公诉方立场一致，可公诉方毕竟代表不了被害人，公诉方有自己相对独立的立场，充分听取被害人意见，其实是对被害人合法权益的保护。同时，被害人参与辩诉交易对于防止其他交易主体的不适当行为具有重要监督作用，最终增加辩诉交易公正性。四是充分保障律师参与权，为防止指控方对处于弱势一方被指控人进行强迫或者变相压力和欺骗，澳大利亚一般把律师参与辩诉交易作为必要条件，有些州甚至明确规定，如果没有律师参与，拒绝进行辩诉交易，即使进行辩诉交易，也面临程序不合法的危险。五是辩诉交易需要法官正式审查和审判，由于辩诉交易的主要目的是提高诉讼效率，因此，法官在法官审判主要以形式审查为主，同时当面讯问被告人，达成辩诉交易协定是否为自愿，指控方是否存在威胁、欺骗和利诱因素。同时，法官会对达成辩诉交易协议进行实质性审查，主要内容包括对案件事实、证据和法律问题进行独立再判断，如果不同意辩诉交易中的量刑建议，有权提出自己的意见，供法庭参考。六是由法官确认辩诉交易效力，由于辩诉交易是在控辩双方自愿基础上达成协议，为保障诉讼效率，在澳大利亚通行做法是禁止上诉，既然是自愿或者说是自由意志的表达，就应当承担并接受这一个后果。

三、对澳大利亚刑事案件快速处理程序实践状况的观察

通过对澳大利亚刑事案件快速处理机制的考察，总体而言，这一机制体现了英美法系捍卫自由和公平的价值传统与追求，对澳大利亚司法制度特别是对刑事诉讼制度的发展完善意义重大。

一是实现了案件的繁简分流，提高了诉讼效率，节约了司法资源。通过各种刑事案件快速处理程序对刑事案件加以分流，真正进入普通程序的刑事案件不到10%，大大提高了诉讼效率。

二是程序虽然简化，但没有忽视对刑事被告人的保护。就一般理解，由于审判程序简化，被告人权益可能会受到冲击，多少有些以效率换取公正之

嫌疑。事实并非如此，在大多数刑事案件处理中，澳大利亚尽管采用了不同快速处理机制，诉讼效率提高了，但程序保障，特别是对被告人合法权益的保护标准并没有降低，有时甚至更严。诉讼程序简化、诉讼时间缩短，并不意味着对被告人合法权益的削弱。作为普通法系国家，在澳大利亚，程序意识已经深入司法各个环节，程序意识优先于实体权利在刑事案件快速处理机制也同样得到彰显。也就是说，公民在没有经过法定程序处理前不能判定为犯罪，犯罪嫌疑人有权知道自己所犯罪行及其证明这一罪行的相关证据。因此，无论选择何种诉讼程序，被告人都享有澳大利亚联邦宪法规定的被告人的各种权益，如沉默权，尽管这些权利大多数在重罪中才用到。同时，根据刑事案件快速处理机制的特点，也赋予了被告人其他相关权益，如告知权、认罪听证权等。这些权利，对于轻微刑事犯罪被告人而言，可以足够保证他们在快速处理程序中，行使刑事实体和程序上实质性抗辩权，进而更好地维护自己的合法权益。

这里要重点提到的是，为真正保护被追诉人的合法权益，澳大利亚在刑事案件快速处理程序中，建立了完备的律师在场制度和法律援助制度。在他们看来，任何方式的审判，即使案件再清楚，程序再简单，如果没有律师参与，被告人诉讼权利将无法得到保障。于是，案件一旦进入刑事诉讼程序，特别是在交付审判程序中，地方法官或者治安法官在开庭前，首先就会讯问被追诉人是否聘有律师，如果被追诉人回答未聘请律师或者由于经济条件限制请不起律师，交付审判程序中的法官会让其向当地法律援助中心申请法律援助。交付审判程序也只能等到被追诉人律师到场后才能进行。这一做法的实际意义，即程序性价值在于快速处理机制多少会忽略被追诉人的程序性权利，如对于有些省略程序，当事人由于受到各方面限制，可能一时无法理解，如果有律师并且律师在场，被追诉人程序性权利可以得到保障，进而促进实体公正。

三是促进了第一次警察讯问时同步录音录像制度发展。适用快速处理机制处理案件，虽然大多数案件事实简单，证据充分，但也不排除被追诉人翻供的可能。被追诉人一旦拒不认罪或者翻供，或者以警察执法不规范、不合法，或者以非法证据进行抗辩，警察将很被动，简易程序将变得不“简易”，快速程序也将变得不“快速”。于是在实践中，警察在第一次讯问被追诉人时要求全程同步录音录像，一方面可以保障被讯问人的合法权益；另一方面可以为警察执法无过错、无不当进行辩护。事实上，在澳大利亚警察局很多警察受到过投诉和举报，举报他们过度执法，实行同步录音录像制度后，这类现象少了许多。目前，这一制度在整个澳大利亚都得以推行，对提升整个警察执法素质起到很重要的作用。

当然，任何制度都在不断发展完善过程中，澳大利亚刑事案件快速处理程序也会受到质疑，也需要进一步完善。目前存在的问题有以下几点：

一是还没有形成完备的刑事案件快速处理程序体系，影响制度整体功能发挥。因受英国普通法影响，澳大利亚刑事司法制度中，判例、习惯与制定法并存，虽然在程序法上有警察、检察官把关过滤机制，后来又先后建立了轻微刑事犯罪的非诉程序、简易程序、交付审判程序、被告人自愿认罪的辩诉交易程序等多种快速处理程序，但在适用上还存在交叉之处，程序之间的衔接有时不太有效，需要进一步协调完善、构建系统科学地发挥整体效应的快速程序处理体系。

二是刑事案件快速处理程序对被害人权益的保护问题。进入 21 世纪以来，刑事案件中被害人合法权益保护问题越来越受到重视，各国刑事诉讼法越来越关注和强调被害人诉讼地位和诉讼权益。澳大利亚作为传统意义上的英美法系国家，历来重视对被告人合法权益的保护，而对被害人合法权益的保护相对较少。在刑事司法演变过程中，澳大利亚对被害人保护方面进行了不少变革，并取得了积极成效①。包括：其一，建立征求被害人意见制度，在刑事诉讼不同阶段，是否保释、监禁、起诉被告人，是否接受被告人认罪等，均需征求被害人意见，并书面记录在案。其二，建立未成年人特殊保护制度，对涉及未成年人的犯罪，很多情况下，未成年人被害人可以不出庭，以保护未成年人身心健康。其三，建立被害人意见陈述制度，在量刑前，被害人可以书面向法官或检察官陈述自己心理或生理所受到的伤害，以供法官量刑时参考。其四，建立被害人法律援助制度，为被害人提供法律服务。此外，澳大利亚还为被害人提供完备的社会保障体系。不过，这些对被害人合法权益保护制度和措施主要是针对普通程序而言，在刑事案件快速处理程序中，为了提高诉讼效率，对这些制度往往重视不够，被害人合法权益也或多或少受到忽视。

三是关于刑事案件快速处理程序中的证据问题。不管是轻微犯罪的非诉程序、简易程序，还是交付审判程序、被告人认罪条件下的辩诉交易程序都涉及刑事证据问题。2008 年 11 月，澳大利亚国会通过《2008 年证据修正法》，澳大利亚从此进入了证据法一体化趋势，新的证据法在《1995 年澳大利亚证据法》的基础上作了相应的修正（《1995 年证据法》是按照审判活动

① 贺振华：《澳大利亚刑事被害人权益保护制度对我国刑事司法改革的启示》，载《郑州大学学报》（哲学社会科学版）2005 年第 5 期。

中通常出现的证据事项的顺序组织，立法技术娴熟，法条清晰可读[①])，具体包括如下规则：其一，关联性规则，指证据必须与待证的案件事实具有关联性才可以被采纳。该规则是贯穿整个证据规则体系的一项基本原则，其意义在于确定一项证据在经过法律推理的考察后，是否可确认其具有足够的证明价值，值得作为证据予以接受。其二，可采性规则，指证据必须具备法律规定的要件，可用于证明案件的待证事实，方可采纳。该规定亦属证据规则体系的一项基本原则。其意义在于排除不具有证明价值或者价值较小，或者虽有价值但违反其他法律、政策要求的证据，以此来推行实体法和其他程序法的要求。其三，排除规则，指对于以非法方法取得的证据，包括以刑讯逼供手段取得的口供和非法搜查扣押取得的实物证据等，均应予以排除。该规则意在限制、防止国家滥用权力，保护公民个人权利不受侵犯，体现了强调程序公正的价值观。其四，传闻证据规则，指对于证人通过转述原始证人的陈述而作出的证言，一般应予以排除，但法律另有规定的除外，该规则的设立理由主要是：第一，传闻证据有误传危险，其内容的真实性值得怀疑；第二，传闻证据的内容未经原始陈述者的宣誓，也无法对其进行交叉询问，因此是不可靠的。其五，特权证据规则，指证人虽能提供与待证事实间具有关联性的证言，但该证人基于特定的身份关系（如配偶）、免予自证其罪的权利、保守公务、业务及职业秘密的要求而有权拒绝提供证言。该规则的设立主要是基于政策性的考虑，目的在于保护特定的社会关系或利益，这类关系和利益比起提高特定法律纠纷中事实认定的准确性，具有更大的社会价值。其六，意见证据规则，指对于证人根据其感知的事实作出的推断性证言，一般不得采纳，除非法律另有规定，该规则的内在机理在于，普通证人的意见与待证事实之间不具有关联性，对查明案件事实并没有意义，将此类证据排除在外可以保障裁判者独立地对案件事实作出判断。其七，最佳证据规则，指在证明书证内容的真实性时，必须提供书面材料的原件，除非原件被证明已经灭失才能提供副件。其八，司法认知规则，又称"审判上的知悉"，是指对于某些特定的事项或命题，无须经过正式证明既可确认其真实性。该规则的设立主旨在于节省证明的时间、人力和费用，以提高诉讼效益。其九，品格证据规则，指对于证明某些诉讼参与人的品格或品格特性的证据应视情况决定是否予以采纳，对于品格本身就是犯罪、主张和辩护的要件之一的，原则上可以采用；而对用于推断某人在特定情况下的行为与其品格的一致性的品格证据，原则上不可采用，但法律另有规定的除外。其十，强制提供证据规则，

① 王进喜：《澳大利亚〈1995 年证据法〉的立法技术及对普通法的变革》，载《比较法研究》2013 年第 3 期。

指当事人可以通过法院命令要求对方当事人、案外人提供其掌握的与案件有关的证据，对于拒绝提供者，法院可采取一定的强制措施。该规则的目的在于强化当事人的取证能力，以保障当事人的合法权益及诉讼的顺利进行。简单刑事案件快速处理程序首要价值在于程序从简，提高诉讼效率，但问题在于程序从简，并不意味着证明标准的降低，很多人对此提出质疑。

在澳大利亚刑事案件审判中，是否适用快速处理程序的一个重要前提条件是刑事被告人是否认罪，而证据在其中起着关键性作用。也就是说，即使被告人认罪，即使案件非常简单，但证据的标准不能降低，否则，当事人诉讼权利将得不到保障，这也是通行观点。事实上，实践中由于案件快速处理需要，特别是对一些轻微刑事案件，警察在证据收集、固定和使用方面，与较为严重刑事犯罪比较起来，客观上降低许多，这也是快速处理程序遭到批评重要原因之一。例如，在沉默权方面，沉默权是普通法中刑事被告人的一项重要权利，即任何人都享有不被强迫回答问题的权利。在重罪中，刑事被告人在接受警察讯问时，包括在法庭上，无疑都享有沉默权。但在简单和轻微刑事案件中，被指控人如果享有与重罪同样和等同的沉默权，在证据采集及使用方面就会遇到无法回避的问题。制度层面与制度适用层面将形成一种张力。再如，在非法证据排除方面，从历史和发展眼光来看，澳大利亚非法证据排除规则更趋于理性和现实，澳大利亚没有规定不公正和不正当行为作为非法证据排除的决定条件，同时明确了非法证据排除的禁止性规定。同样，在刑事案件快速处理程序中如何落实非法证据排除规则，也存在不少批判。因为在轻微刑事案件中，警察执法规范化问题，包括执法随意、粗暴在客观上确实存在，一些地区还不在少数。又如，关于证人出庭作证问题，在澳大利亚，按照有关规定，刑事案件如果涉及证人，证人必须出庭作证，但在轻罪和轻微刑事案件中，往往贯彻得不那么严格和彻底，有时受到质疑和挑战。当然，关于刑事案件简易程序证明标准问题，在各国都存在一定范围的争论，有学者认为，如果将快速处理程序证明标准与普通程序证明标准保持一致，即排除合理怀疑，那么多少有违快速处理程序的诉讼价值以及制度设计的初衷，也违背了快速处理程序的效率优先原则。

关于快速处理程序有一个思考视角值得重视，当前很多学者把普通程序与快速处理程序或简易程序视为刑事审判模式的两种形态。把普通程序视为对抗性司法诉讼形态，把被告人自愿认罪、案件比较简单的轻微刑事犯罪视为合作性司法，认为后者的双方的对抗明显减弱，而且在一些关键、实质性问题上控辩双方已经基本达成一致意见。如果承认刑事审判这两种形态，在证据问题特别是证明标准上，就应当考虑构建与这两种形态相适应的差异化证据体系，包括证明标准问题。与此同时，较之追求最低限度公正标准的普通程序来说，简易程序更加强调控辩双方的主体性、参与性，而就现代证据制度发展来看，证据规则设置都基本以对抗性为前提条件，而在快速处理程序中，如果控辩双方一旦达成协调，不管是定罪还是量刑，对抗性这一前提条件不存在，至少是减弱，如果证据制度的设置无视这一变化，硬性设置与普通程序无差异的证据规则，就会背离快速处理程序这一直接动因。

在证据方面另一个问题是关于证据排除规则的自由裁量权在刑事案件快速处理程序中的应用问题。《1995 年澳大利亚证据法》第 135 条规定，如果证据的证明价值将会为下列危险所严重超过，则法院可以拒绝采纳该证据：(1) 该证据可能给一方当事人造成不公平的损害；(2) 该证据具有误导性或迷惑性；(3) 该证据可能导致或者造成不合理的时间耗费。还有非法证据排除问题，《1995 年澳大利亚证据法》第 138 条规定，不当或者非法取得的证据不得被采纳，除非采纳这些证据的可取性大于其不可取性。澳大利亚法律改革委员会认为，在处理非法和不当取得证据问题上，自由裁量方法似乎是最恰当的方法，这个领域相互冲突的关切，以及情况的复杂多变，使这样的方法成为必须。当然，澳大利亚证据法也对法官自由裁量权进行了限定，包括该证据的证明价值，在刑事诉讼程序中的重要性，不当行为或者违法的严重性，该不当行为或者违法行为的主观过错及程度（是故意或者是过失导致），该不当行为或者违法行为是否违反《公民权利和政治权利国际公约》所认可的人的权利等。同样的问题在于，不管是证据排除规则，还是非法证据排除规则，主要针对的是普通程序，对于刑事案件快速处理程序而言，在多大程度上发挥作用，或者说不被忽视，一直受到学界包括实物界质疑。如何把证据法中一些特殊规则，不折不扣地贯彻到刑事案件所有诉讼程序中，其实也值得思考。

四是关于刑事案件快速处理程序中的错案问题。错案在重罪案件和轻罪案件中都会出现，只不过在重罪案件中，特别是在死刑案件中影响力更大，更受到社会特别是新闻媒体的关注，对整个司法制度及司法程序的负面冲击更大，但这并不意味着在轻微刑事案件中不存在错案问题。相反，由于刑事案件快速处理程序中更加追求诉讼效率，自觉不自觉地忽略甚至省略一些似乎不太重要的诉讼环节，错案其实也在所难免，如果控制把关不严，甚至会大大增加错案发生的概率，进而影响刑事案件快速处理程序的公信力，以及公众对该程序的接受程度。例如，造成错案部分原因来自警方或者检方的不当行为[①]。警方的不当行为，主要指曲解证人证言以符合自己关于案件的事实构想，刑讯逼供，无视或者故意破坏对被告人至关重要的无罪证据等；检方的不当行为主要指，未开示证据，尤其是那些对被告人有利的无罪证据等。当然，警方与检方的不当行为，在大多数情况下，并非出于他们的故意，而主要是受先入为主的内心偏见影响，而这种偏见在轻微刑事案件中似乎表象更加强烈。正是从这种意义上说，在刑事案件快速处理程序中如何防止错误案件发生，也是一个值得思考的话题。

四、关于澳大利亚刑事案件快速处理程序的反思

公平正义是人类的期盼，更是法治的灵魂。诉讼程序公正是司法公正的重要组成部分，也是最低要求和标准，或者说是司法公正的底线，如果做不到程序公正，实体公正很难得到保障，也就谈不上提高司法权威和司法公信力，更谈不上回应人民期盼，刑事诉讼程序由于涉及人的生命与自由，显得更为重要。另外，提高诉讼效率、减少诉讼拖延和案件积压，确保诉讼本身在尽可能短的时间内结束，即效率问题也是公正司法的重要内容。诉讼效率或者司法效率，虽然不能与公正等同，放在同一个价值层面思考，但却不可或缺，并越来越显得重要。因此，刑事诉讼第一审程序体系设计以及相关配套制度衔接要紧紧围绕公正与效率进行，在保证诉讼公正的前提下，适当提高诉讼效率。特别是对于不同的一审程序，如普通程序，一切制度设计重在保障诉讼公正；轻微犯罪的非诉程序、简易程序、交付审判程序、辩诉交易程序适当考虑诉讼效率，制度安排要以效率为出发点，从而形成多层次、多元化的程序结构体系。当然，公正与效率，如同线段的两个端点，刑事诉讼一审的普通程序和轻微犯罪的非诉程序、简易程序、交付审判程序、辩诉交易程序，只能在两个端点之间选择一个恰当的平衡点，而不是也不可能是选择两个端点的任何一点。也就是说，普通程序不只是追求公正而忽略效率，轻微犯罪的非诉程序、简易程序、交付审判程序、辩诉交易程序也不是追求效率而忽视公正，只是侧重点不同而已。构建完备的刑事诉讼一审体系，最重要的是在公正与效率之间找到平衡，而这种平衡一定要被普通公众接受。

作为普通法系国家重要成员，澳大利亚刑事审判的重要阶段在法庭环节，庭审在查明事实、认定证据、保护诉讼权、公正裁判中发挥决定性作用。这就带来一个问题，是不是所有案件，都要使用这样烦琐的司法程序

---

① 朱梦妮：《澳大利亚刑事错案的原因》，载《人民法院报》2013 年 7 月 12 日，第 5 版。

完成，答案当然是否定的。面对多种多样的刑事案件，必须建立多元化的刑事一审程序体系与之相适应，区别案件的争议性与严重性，以及对法益的损害程度，以不同程序对待不同案件，进而推进案件繁简分流，优化诉讼资源配置，在实现司法公正的同时，诉讼效率也得到兼顾。公正与效率如同刑事诉讼制度的“两条腿”，烦琐与复杂的普通刑事案件审判程序可以解决公正问题，但不能就此打住，或者不能把所有的焦点都聚集于此，一条腿走路肯定不行，因为根本无法走远。澳大利亚在建立完善的普通诉讼程序的同时，相对完善的简单案件快速处理机制，促进案件繁简分流，也是为了在公正前提下提高诉讼效率，从效率角度切入，完善第一审诉讼程序，通过节省简短案件耗费的资源，将优势资源集中于复杂案件处理，实现多元化诉讼格局，即“两条腿走路”。

构建以普通程序为主，以刑事案件快速处理程序为辅的普通案件一审程序应当注意把握以下几点，或者说从澳大利亚刑事诉讼程序中得到如下启发：一是在价值取向上，强调公正与效率并重和公正基础上的效率，但具体到程序选择，应该有所侧重和区别对待。对于普通一审程序，由于适用对象主要是相对较为复杂的疑难案件或者有重大争议性案件，公正无疑放在第一位，程序的正当性、完整性、公开性以及救济性必须协调统一，而且严格实行证据裁判规则，诉讼成本较高应当被视为理所当然，但这一程序不能适用于所有刑事案件，事实上只是所有刑事案件中很小一部分。对于简易程序，尽可能充分考虑并突出诉讼效率，这是因为对于大部分轻微刑事案件，对社会秩序与社会关系造成的损坏与影响不是太大，对被害人也不会造成永久伤害，修复和弥补比较容易，适用简易程序快速办理。二是在基本原则上，突出简便易行，有较强的可操作性。基层司法人员面临巨大的诉讼压力，构建多元化的程序体系，目的是给他们减轻诉讼负担，而不是让他们在程序选择上花费太多的时间。三是在分类标准上，不仅考虑到案件性质包括量刑差别、复杂程度、难易程度、争议程度，而且考虑到被告人的认罪态度。四是在体系构建上，要体现差异化和层层递进，以及相互衔接，构建由普通程序、轻微犯罪的非诉程序、简易程序、交付审判程序、辩诉交易程序等相互协调的一审程序体系。

第五章　德国刑事案件快速处理程序机制研究

《德国刑事诉讼法》自其颁布生效起就规定了刑事案件快速处理机制，并经 1994 年颁布的《犯罪预防法》对该机制作了进一步修改和完善。相较于我国在这方面的探索而言，德国刑事诉讼法以具体条文的形式将刑事案件快速处理程序明确化，并根据各联邦州的具体情况在实践中发挥了应有的作用。基于这样的原因以及出于为我国刑事诉讼快速处理机制探求合理模式的目的，本章着眼于德国刑事案件快速处理机制，从德国刑事案件快速处理机制改革的背景、德国刑事案件快速处理的程序和类型以及特点、德国刑事案件快速处理程序的实践状况和对此机制的相关评论等方面逐一展开论述。

一、德国刑事案件快速处理程序机制的改革

德国快速处理程序机制是一个完整的制度设计，在行政程序上、刑事诉讼程序上以及警察法等法典上都有具体规定。目的在于在保障不违背民主、法治的宪法原则的基础上，尽可能提高效率以更好地服务和保障公民权益。在此，笔者重点着墨于德国刑事案件快速程序处理机制。

（一）德国刑法关于轻罪和非轻罪规定的历史演变

德国各部刑法典中都有关于罪的分类的规定，根据各历史背景的不同有三分法和两分法。德国第一部刑法，即《加洛林纳法典》中规定了“重罪”和“轻罪”的分类，这种分类对刑事处罚起着至关重要的作用，并根据罪的轻重分别处以生命罚、身体罚和名誉罚以及罚金、有期徒刑的处罚。德国 1871 年的《帝国刑法典》中将罪划分为“重罪”“轻罪”和“违法”，此种分类同样对刑罚的处罚起主要作用。德国现行刑法典中关于罪的分类规定在第 12 条。《德国刑法典》第 12 条规定：（1）重罪是指最低处以 1 年自由刑罚或者超过 1 年自由刑罚的违法犯罪行为。（2）轻罪是指最低处以短期自由刑罚或者罚金的违法犯罪行为。（3）刑法总则的加重或者减轻情节以及分则中规定的加重或减轻情形不对罪的分类产生影响。德国现行刑法典对罪的分类是按照被苛责的法定刑罚来划分的，原则上法定刑 1 年以下的均为轻罪，超过 1 年自由刑罚的犯罪行为均为非轻罪，即重罪。

德国现行刑法典中关于罪的划分的规定对刑罚、刑事诉讼法以及警察法都具有提纲挈领的实践指导意义。譬如，警察应当根据轻罪与犯罪的分类，在执行职责的全过程必须遵守比例原则。在重罪案件中采取比轻罪案件更为严格和苛刻的警力措施是不言而喻的。在警察实施鸣枪措施的情形，轻罪与重罪的分类也起重要作用。德国警察法规定各州都必须对允许使用鸣枪措施的特定情形作出规定。根据各州执行警察法办法的规定，只有紧急情况下且为阻止犯罪嫌疑人的犯罪行为而确有必要采取鸣枪措施时，才允许实施鸣枪行为。在刑事案件快速处理程序机制的规定中，虽然《德国刑事诉讼法》第417条没有明确载明"轻罪"，但根据法的体系解释原则，"处以法定自由刑罚不超过一年"（轻罪）是适用此快速处理程序的条件之一。由此可见，罪的分类对刑事诉讼法起着重要作用，尤其对规范诉讼程序和执行诉讼程序起着重要指导作用。

（二）德国刑事案件快速处理程序机制改革的背景

德国刑事案件快速处理程序由来已久，修订之前规定在《德国刑事诉讼法典》的第212条至第212b条。1994年颁布的《预防犯罪法》重新定义了刑事案件快速处理程序机制，并促进了《刑事诉讼法》对该制度的修改和完善，修订后规定在第417条至第420条。从立法背景来看，立法者修改此项法律制度的初衷是提高刑事案件快速处理程序的运用频率和接受程度，以法律的确定力督促检察官、法官和警察重视并积极使用该程序。从修法目的来看，直接目的是提高程序效率，减轻检察官、法官和警察的积案压力。

《德国刑事诉讼法典》修改此项制度之前，在法院系统适用刑事案件快速处理程序的案件大约占总案件的4%。只有在被告人临时被逮捕或者以调查为目的而被拘禁的情形下，原则上才可以在实践中适用刑事案件快速处理程序。而通过这项法律修改，立法者力图扩大刑事案件快速处理程序的适用范围并且致力于减轻刑事法院系统和检察院的办案压力。[①]由德国《预防犯罪法》重新定义的刑事案件快速处理程序保留了旧法将此项制度仅仅限制在不通过中间程序（调查程序）的规定，也即从报案直接到案件审理而不对案件实施调查程序；还通过尽可能缩短证据法庭调查程序将刑事案件快速处理程序的适用范围延伸到法庭审理程序中[②]。换句话说，修改后的刑事案件快速处理程序

---

① Beschleunigtes Verfahren und Entlastung der Ermittelungsbehörden und des Gerichts sind keineswegs gleichbedeutend. Die Durchführung des beschleunigten Verfahrens kann im Gegenteil zu einer zusätzlich Belastung führen oder die Arbeit nur unter den Beteiligten verlagern. （Beispiel：Die Staatsanwaltschaft erspart sich den Strafbefehlantrag，dafür muss das Geticht ein Urteil absetzen）.

② S. Gesetzbegr. （o. Fn5），S. 34.

的适用范围不仅存在于法庭审理之前的程序，还可以适用于法庭审理中。

与我国目前探索刑事案件快速处理程序的背景不同，德国刑事案件快速处理程序的改革背景和原因较为单纯，旨在完善并加强适用在《德国刑事诉讼法》中已经生效的刑事诉讼快速处理程序，而并非仅仅为了解决刑事案件积案多、审理案件压力大等问题。

（三）司法职业人员对刑事案件快速处理程序的立场

德国刑事案件快速处理程序修改完善后，在各州的实践情况不尽相同。适用频率较高和法律效果较好的地区主要集中在原属于东德的各州。然而萨尔州和巴伐利亚州等原属于西德的各州，对这项法律程序的适用极为谨慎。

诸多检察官、法官、律师和法学家们对这项制度的立场分立尤其极端。持赞同观点的司法职业人员认为应当继续扩大适用范围，甚至扩大到适用案件简单、证据清楚且被处以最低法定刑 2 年以下的案件。持反对观点的司法职业人员对此采取相对否定的态度，认为不经调查程序甚至在审理程序中的精简涉嫌侵犯被告人诉讼权利且有违反对《德国基本法》第 20 条第 1 款规定的法治原则的嫌疑。更为甚者，谢拂勒教授作为对德国刑事案件快速审理程序研究最为广泛和深入的研究人员，在不同时期、不同情况下对这项制度也有完全相左的立场。总而言之，各个领域的司法人员的立场都围绕“刑事案件快速处理程序应当在不违背法治原则下追寻诉讼效率，并且不得侵犯被告人以及其他当事人的诉讼权利和人权”的问题而展开。

针对德国案件快速处理程序的实践情况和社会效果，举两例予以说明。

德国刑事案件快速处理程序在波茨坦初级法院的适用被媒体人评价为“从案发地点直接到法院”①。当地初级法院院长比勒费得这样描述刑事案件快速处理程序：“首先，警察应当提前领会刑事案件快速处理程序的精髓并了解其优缺点。当办案警察在办案过程中可以当场判断该快速处理程序能够适用于调查程序时，他可以以口头方式远程告知检察机关并询问波茨坦初级法院对这个案件相应的法庭审理程序；并且在向被告人送达书面传票时，可以同时传唤被告人到初级法院应诉。只有在完成上述程序后，调查程序才被移送到检察机关。并且只有在检察机关的调查程序中，才可以书面向初级法院申请适用刑事案件快速处理程序。从程序的角度来讲，该程序排除了整个监督控制机制的效力。”②

艾森许腾施塔特城初级法院涉嫌“过分适用刑事案件快速处理程序”③，

---

① Berliner Morgenpost vom 3. Februar 1998.

② Ernst aaO，S. 193.

③ Artkämper in Wolf（Hrsg.），Kriminalität im Grenzgebiet，Bd. 3，2000，S. 167.

甚至被媒体人评论为在该城初级法院适用刑事案件快速处理程序过程中法官只是档案记录员。艾森许腾施塔特市警察机关和法院机关在适用刑事案件快速处理程序中，排除了检察机关的实质参与和监督。当办案警察根据法院注明的适用快速处理程序前提条件的说明而判断并认可案件适用快速处理程序，而不是根据检察机关的说明时，警察机关会直接将案件调查结论材料移送至法院。在这种情况下，检察机关不被告知案件调查结论也不能直接参与对调查结论的论证，并且被排除了对案件是否符合起诉的条件或者申请适用快速处理程序的条件的监督力。也就是说，法院直接审理案件事实并且事后通过检察机关传真发送的申请书对程序予以补正。这种适用刑事案件快速处理程序的行为引起了司法各界人士的关注。勃兰登堡州的司法部发言人这样回应："这种对刑事案件快速处理程序的实际适用是合法的，也不违反刑事诉讼法的规定。甚至可以说，这正是穷尽此项制度作用的做法，而且也符合立法目的。"①然而，媒体人士评论称，这项制度在该市的实际适用使法官仅仅起到邮差的作用，只是将案件结果从警察机关传递到公民和社会并予以公开。媒体人士还指出，这项制度设计是有漏洞的并且有不遵守法律、不尊重法治健康发展的嫌疑。在法兰克福（奥德河畔）举办的法律研讨会上，检察官认为从检察机关的监督作用来看，艾森许腾施塔特市的做法以及该市初级法院院长对此制度的立场是"让人不寒而栗的"，并且认为，"十分钟之前是警察办案人员或者检察机关办案人员的讯问，十分之后就是法院对相同问题的再度审问"的做法是"荒谬""可笑""让人难以理解的"②。显而易见，检察官的观点也从反面说明，他并没有从正面看到刑事案件快速处理程序的积极价值。

除此之外，也有专家学者对该制度给予肯定性评价。谢拂勒教授认为，刑事案件快速处理程序机制缓解了检察机关和法院的办案压力，且该程序根据其预设的预防作用被认为在防止司法机关和监察机关滥用程序权力中起到正面作用。

谢拂勒教授与沃尔夫教授和库拿教授在关于刑事案件快速处理程序实施情况的讨论中集中反映了德国专家学者对该程序的担忧、肯定以及进一步完善的建议。他们的讨论如下：

在讨论会开始之初，库拿教授提出的问题是"除了在实施刑事案件快速处理程序情况的报告中总结的问题，这种快速处理程序的具体实施还存在哪

① Siehe auch Ruppert in Wolf（Hrsg.），Kriminalität im Grenzgebiete，Bd. 3. S. 168f；Scheffler NJ 1999，116.

② Ruppert in Wolf（Hrsg.），Kriminalität im Grenzgebiet，Bd. 3，S. 169（Siehe auch S. 177 f）；Markischen Oderzeitung vom 26. November 1998.

些障碍”。

对库拿教授的问题，谢拂勒教授认为刑事案件快速处理程序的实施障碍是多层面的。首先，便是空间问题（案件的发生和处理机关空间距离大）和没有专门针对快速处理程序设计的司法部门的组织准备问题。其次，法官对适用刑事案件快速处理程序的意愿也是一个问题。根据刑事案件快速处理程序，法官须在7日内作出判决并实施送达，该程序的时间紧迫感使法官不倾向于适用刑事案件快速处理程序。还有一个显然存在的问题就是立即或者在短时间内实施法庭审理程序，使法官和检察官不能做到完全掌握案件事实。以上所述障碍是法官在适用刑事案件快速处理程序中遇到的突出困难，此外检察官也有类似问题。

库拿教授肯定了谢拂勒教授的观点并进一步阐述，德国刑事案件快速处理程序的设计可能与美国在这方面的探索和较好的实施情况有关。在一些美国小城市或者较大城市的所谓的中心法庭有刑事案件快速处理程序的制度设计和组织安排，该程序的实施要求在24小时内集中检察机关、法院和社工服务机构处理案件，并且在此24小时内安排办案场所。对此，德国立法者有明显的倾向性。库拿教授进一步强调说，为了完善德国刑事案件快速处理程序的实施必须保障相关机构的设置和职能的配置。紧接着，库拿教授以德国特里尔市为例说明了为刑事案件快速处理程序提供组织保障的必要性。特里尔市因其毗邻法国，使这个仅有10万人口的小城市每年有350万人次的客流，因而“轻微刑事案件”频发。为此，特里尔市初级法院设置了由法官和检察官组成的新组织机构，并且保障法官和检察官每日有12小时的在职待命时间。同时，当地律师协会为保障维护辩护人权利也作了调整，随时准备为辩护人提供服务。初级法院的这种新组织机构为顺利快速解决发生在特里尔市的“轻微刑事案件”提供了基本保障。

谢拂勒教授对库拿教授的观点持怀疑态度。谢拂勒教授认为，当司法人员越来越强调对刑事案件快速处理程序提供组织保障的必要性时，反而更应当反思这种制度以及组织设置是否违背法治原则。因为刑事案件快速处理程序不仅是快速处理刑事案件，还应当保障被告人辩护和保护自身权益的时间与能力。否则，新组织机构的设置和专门化有可能弱化被告人的辩护权利的行使。谢拂勒教授尤其强调，立法者立法时应当将被告人或者刑事案件犯罪嫌疑人对适用该程序的认可作为必要条件之一。然而《德国刑事诉讼法》第417条未作这样的规定。出于保障程序符合法治原则的要求，无论刑事案件快速处理程序在实践中发挥怎样的作用，法律都应当规定被告人对适用该程序的认可。

库拿教授不认同谢拂勒教授对刑事案件快速处理程序的机构保障提出的合法性怀疑。他认为，谢拂勒教授对这方面的担忧只是理论上的怀疑，而且实践中当事人几乎对适用刑事案件快速处理程序都持肯定态度。库拿教授指出，刑事程序的“合法性价值”是相对价值，且与所要处理的问题紧密相连。案件的复杂程度直接决定了当事人程序权利的保障程度。这一点尤其体现在刑事案件快速处理程序中。对刑事案件当事人而言，案件事实越简单，则复杂耗时的程序就显得越多余。因此，刑事程序应当与所要解决的案件情况相适应。

沃尔夫教授赞同谢拂勒教授对刑事案件快速处理程序应当保障不违背合法性原则的观点，同时也赞同库拿教授的为刑事案件快速处理程序提供组织机构保障的态度。

二、德国刑事案件快速处理程序

(一)《德国刑事诉讼法》在第417条至第420条对刑事案件快速处理程序作了明确规定

为了便于论述，现将这些法条翻译如下：

第417条 适用条件

在刑事诉讼中，当案件事实简单或者证据清楚便于立即适用快速处理程序时，检察官可以以书面或者口头的形式向刑事法官申请适用快速处理程序审理案件。

第418条 法庭审判程序的实施

(1) 当检察机关申请适用快速处理程序时，法院应当立即或者在短时间内通过主审判程序审理案件，而不必作出启动法庭审判程序的决定。法院收到检察机关申请至启动法庭审判程序的期间不得超过6周。

(2) 当被告人不愿意出席审判庭或者前往法院时，才可以传唤被告人。传唤时间是24小时。

(3) 刑事案件快速处理程序不需要递交书面起诉状。在不递交案件书面起诉状的情形下，启动法庭审判程序时可以口头提出起诉并将此情形登记在庭审记录中。第418a条相应适用。

(4) 当被告人可能被处以最低自由刑罚6个月，对尚无辩护人的被告人适用刑事案件快速处理程序的情形，初级法院在审理案件时应当为被告人提供辩护人。

第419条 法庭判决；刑罚

(1) 当对案件事实的处理适用此程序时，刑事法官和陪审员有权决定接受适用此程序的申请。适用此程序处理的案件不得处以一年以上的自由刑罚或者劳动教养处罚。允许吊销驾驶执照。

（2）自法庭审理程序至判决作出之前，可以拒绝以刑事案件快速处理程序作判决。不得对此决定提起诉讼。

（3）当拒绝以刑事案件快速处理程序作出判决，被告人有足够犯罪嫌疑时，则法庭可决定启动法庭审判程序。既不以该程序处理案件也不启动法庭审判程序时，不得再重新递交起诉状。

第 420 条　证据的采纳

（1）对证人、专业鉴定人或者共同犯罪被告人的询问，允许通过宣读之前对其询问的记录或者记录其书面表达的文书替代。

（2）当不存在第 256 条规定的前提条件时，则政府机关或者其他机关关于其职务履行行为、调查行为和所得结论的说明以及对其所属工作人员的说明也允许在法庭上宣读。

（3）按照第 1 款和第 2 款的程序行为需要被告人、辩护人和检察官以及在法庭审理程序中出现的人员的同意。

（4）本条在不违反第 244 条第 2 款的规定下，确定了刑事法官在刑事案件快速处理程序中证据采纳的范围。

（二）对德国刑事案件快速处理程序相关法条的分析

1. 组织准备

无论在检察机关还是在初级法院，刑事案件快速处理程序的适用都要求特别的组织准备。检察机关根据其职务部门的特点应当适应此种组织准备，并且该组织准备还应当不妨碍检察机关系统内部的人员自由交流。同理，在有一名以上刑事法官处理刑事案件的法院系统内也同样需要有对案件进行分流的具体规定，以厘清哪些案件应当适用刑事案件快速处理程序。同时，对案件进行分流的具体规定不得违背《德国基本法》第 101 条第 1 款规定的法定法官的宪法原则和不得有例外法庭的原则。[①] 因为必须在组织上尽可能保障在每个法院工作日都预留法官，保障《德国刑事诉讼法》第 418 条第 1 款关于“立即或者短时间”的规定按照刑事案件快速处理程序通过法庭审理程序审理案件。除此之外，必须对以下情形的案件职权管辖作出规定：根据《德国刑事诉讼法》第 419 条第 2 款，虽然检察机关向法院申请刑事案件快速处理程序，但是法院对此案件作出拒绝决定的情形；或者由刑事案件快速处理

① Vgl. insbes. Zur Organisation Bielerfeld, DRiz 1998, 429; AV MdJBE Bbg. v. 19. 11. 1989 (JMBl S. 138, 142 zu III.).

程序转化为普通程序的情形。这种组织准备在法院适用刑事案件快速处理程序过渡阶段是异常困难的，尤其体现在规律性适用快速处理程序之前刑事法官应当提前规划一个月的开庭日期；此外，刑事法官还应当规划以普通程序审理刑事案件的开庭日期。在较大的法院做这样的安排是没有障碍的，但是在较小的法院尤其是刑事法官较少的法院相对比较困难。

2. 法庭审判程序的羁押

当不存在《德国刑事诉讼法》第 127 条第 1 款规定的暂时拘留条件或者根据该法第 112 条规定的逮捕令允许条件，且当以刑事案件快速处理程序可以不迟延地作出判决，或者根据特定案件事实不逮捕当事人或者嫌疑人的，其有可能拒不到庭参加法庭审判程序时，可以逮捕实行违法行为的当事人或者嫌疑人。该法庭审判程序的羁押是以刑事案件快速处理程序的法庭审判程序的辅助措施，且专门针对根据《德国刑事诉讼法》第 127b 条第 1 款受嫌疑的社会关系不稳定的当事人或者嫌疑人，否则此类当事人或者嫌疑人可能逃脱参加确定的法庭审判。然而这样的规定在实践中主要是针对外国人和没有固定住所的人。此外，关于此规定还值得探讨的是，法庭审判程序的羁押是否为无法定逮捕理由的重大犯罪案件提供了进行刑事案件程序的可能性。①为了避免采取法庭审判程序的羁押措施，在讯问违法当事人后立即启动根据《德国刑事诉讼法》第 418 条第 2 款的规定在讯问违法当事人后立即启动刑事案件快速处理程序相对而言是可取的。

3. 刑事案件快速处理程序的申请和决定

（1）刑事案件快速处理程序的申请。根据《德国刑事诉讼法》第 417 条第 1 款的规定，刑事案件快速处理程序由检察官以口头或者书面形式向刑事法官或者审判员申请。这种启动刑事案件快速处理程序的方式坚持了法院被动性的原则并且维护了检察机关在处理刑事案件中传统的职能和作用。根据《德国刑事诉讼法》第 418 条第 3 款的规定，检察机关对快速处理程序的申请不需要递交起诉状，但是相较普通程序的这种缺失以这样的方式得到平衡，检察机关有权根据《德国刑事诉讼法》第 200 条第 1 款规定的起诉状要求和《德国刑事诉讼法》第 418 条第 1 款规定的对案件主要事实在笔录中的相应记录，在法庭审判程序开始以口头形式提出起诉。在以快速处理程序处理的大量案件中的当事人或者被告人中，无论其是否有简单的人际关系，甚至无论

---

① Vgl. nur zur „ bereitstellungsschaft “ Hartenbach，ZRP 1997，227；Herzog，StV 1997，215；Scheffler，NJW 1994，2191，2192；kritisch auch HK-Lemke（Heidelberg Komm. zur StPO，2. Aufl. 1999），§ 127b Rn 4；Stintzing/Hecker，NStZ 1997，569ff.；Kleinkneckt/Meyer-Großner（K/M），Komm. zur StPO，44. Aufl. 1999，§ 127b Rn. 3.

其是否处于法庭审理程序羁押中，都应当建议检察机关优先以书面形式向法院递交起诉状。这样对于案件当事人或者被告人而言，书面起诉状以尽可能少的费用负担实现了与普通程序一样的机会平等。在审理中的被告人，尤其是处于特殊例外情形以刑事案件快速处理程序审理中的被告人（包括处于法庭审理程序羁押中的被告人），在其有白纸黑字的起诉状时，可以更好地陈述其作出并由其负责的违法行为事实，因此其可以实现有力的抗辩。检察机关在刑事案件快速处理程序中的起诉状也应当遵循法律对刑事案件起诉状的法定要求，被告人或者其他当事人有权获得起诉状复印件。

在刑事案件快速处理程序中，警察机关将调查结论和由此形成的书面材料首先移交到对案件有管辖权的刑事法庭，在该案件事实被认为适用刑事案件快速处理程序时，应毫不迟延地确定法庭审理日期，最后向检察机关报告法庭审理日期。虽然这样的处理程序没有得到司法各界的积极响应，但是也必须承认该程序并不阻碍检察机关传统职能和作用的发挥，检察机关据此在法庭中能够对抗被告人及其辩护人，其根据职权仍需负责向法庭陈述案件事实和递交相关证据。按照这样的理解，该程序并没有违反《德国基本法》第20条规定的法治国家的原则，因为检察机关在审判程序中仍然处于主导地位，在法庭上没有检察机关的书面或者口头起诉，法官不得对案件进行裁判或者判决。然而从苛刻的角度来看，这种越过检察机关的程序并不是最好的程序选择，应当主要通过书面文件更好且更快地协调程序的进程。

（2）案件事实简单或者证据清楚。案件事实简单是指对于案件被告人以及其他案件参与人而言案件事实清楚、一目了然①，且不难以清楚地予以解释说明②。另外，在违法或犯罪行为人自首的案件中也不一定符合案件事实简单的情形。从这个角度来讲，当有必要对嫌疑人或者被告人进行具体而准确的调查时，即使在案件事实简单的情形下也不适用刑事案件快速处理程序。然而在违法或者行为人自首、证据清楚的情形下，也应当适用刑事案件快速处理程序。证据清楚适用刑事案件快速处理程序的情形也适用于存在确切的证据资料证明行为人有罪的案件。③然而也必须指出，当案件事实简单和证据清楚在一定意义上重叠交叉时，适用刑事案件快速处理程序是正当的。当简单的案件事实只能用一个存疑的证据予以解释时，此类案件不适用刑事案件快速处理程序，而应立即进行法庭审理。即使在案件证据清楚的情况下，对复杂的案件事实也很少适用刑事案件快速处理程序。这背后的法律原理是不言

---

① K/M-Großner, § 127 b Rn 3.

② K/M-Großner, § 417 Rn 15.

③ K/M-Großner, § 417 Rn 16.

而喻的，那就是当适用刑事案件快速处理程序可能侵犯到被告人或者嫌疑人的辩护权和防卫权时，则不得适用该程序。

（3）立即进行法庭审理。对刑事案件快速处理程序而言，被一致认为有决定性意义的一点是法庭审理程序可以用比传统程序明显少的时间完成。[①]也就是说，根据《德国刑事诉讼法》第 418 条第 1 款的规定，在检察机关向法院提出刑事案件快速处理程序后，应当立即或者在短时间内进行法庭审理。因此，在适用刑事案件快速处理程序中，讨论法院业务能力和业务状况的理论争议在实践中是没有意义的，譬如因法院业务能力较差或者业务状况复杂而不适应刑事案件快速处理程序。所有的初级法院，无论其大小都应当在尊重法定的原则下满足刑事案件快速处理程序需要的法定条件要求提供组织、尤其是人员保障。有理由相信立法者的出发点是，有职责的法院对符合刑事案件快速处理程序的案件可以并且能够以该程序审判。为此，法院院长有责任，创造性地创设相关组织机构以实现案件立即或者在短时间内得以审判。此外，必要时可以在法院系统内灵活调动人员。正如刑事法官在刑事附带民事案件中同时负责审判附带的民事诉讼部分，也可以在必要时调动有能力审理刑事案件的民事法官通过刑事案件快速处理程序审理案件。当案件事实简单或者证据清楚足以适用刑事案件快速处理程序，且达到《德国刑事诉讼法》第 419 条第 1 款规定的法定限定处罚范围时，法院应当按照检察机关的申请以快速处理程序审理案件。

（4）刑事案件快速处理程序被拒绝的情形。刑事案件快速处理程序可能由于各种原因被拒绝。不适用刑事案件快速处理程序的情形是由此程序本身的性质和特点决定的，如案件事实不简单、证据不清楚、不可能在短时间内进行法庭审理、缺少足够违法或犯罪嫌疑。因违法或者犯罪行为或被告人个人原因也可能不适用刑事案件快速处理程序。在以上情形中，法庭怀疑不能在短时间内对案件事实得出正确的结论。当案件存在足够的违法或者犯罪嫌疑，且适用刑事案件快速处理程序的申请被拒绝时，则根据《德国刑事诉讼法》第 419 条第 3 款的规定启动法庭审理程序，就这一点来讲，法院院长应当为此类程序的转化安排案件分配计划。根据《德国刑事诉讼法》第 419 条第 2 款的规定，在判决作出之前均可以作出不以刑事案件快速处理程序审理案件的决定。

当刑事案件快速处理程序被拒绝，且也没有启动法庭审理程序时，则根据《德国刑事诉讼法》第 419 条第 3 款的规定产生相应法律后果。在检察机

① Vgl. OlG Düsseldorf，NStZ 1997，613 mit Anm. Rastke.

关案件材料被退回之后，其可以根据《德国刑事诉讼法》第 170 条第 2 款、第 153 条的规定启动程序。检察机关同样可以向法院递交上诉状以启动法庭审理程序。那么程序将按照传统程序进行。对适用刑事案件快速处理程序拒绝决定和此程序的适用决定均不得提起诉讼。

（5）法定受限刑罚范围。根据《德国刑事诉讼法》第 419 条第 1 款的规定，超过自由刑罚一年以上的或者被处以教养处罚的情形不得适用刑事案件快速处理程序。这意味着，立法者以此确定了适用刑事案件快速处理程序的界限。审理数罪并罚的案件不得适用刑事案件快速处理程序，也不得对法定自由刑超过一年的案件按照刑事案件快速处理程序审理。数罪并罚的案件应当转化为普通程序进行审理。另外，根据《德国刑事诉讼法》第 419 条第 1 款的规定可以按照刑事案件快速处理程序吊销驾驶执照，也可以对被告人或者嫌疑人处于相对不严苛的禁止驾驶的附加刑。[①]

4. 法庭审理

（1）确定法庭审理开庭日。根据《德国刑事诉讼法》第 418 条第 1 款的规定，被告人在场的情况下可以以刑事案件快速处理程序立即进行法庭审理；被告人不在场的情况下应当在短时间内进行法庭审理。按照立法者的目的，自检察机关递交书面上诉状或者口头提出起诉到法庭审理程序开庭日不得超过 2 周；也就是说，期间在 2 周以内是恰当的。2 周的期间不意味着在最短的期限内审理案件；而是指从确定主审判开庭日的意义上来看，2 周是检察机关和法院不承担迟延责任的期间。也就是说，这为各个刑事案件责任机关充分利用 14 天提供了可能性，其因此有机会为法庭审理的顺利采取必要准备措施。然而，为了提高被告人的抗辩地位而超过 2 周期间时，在现有的法律规范范围内也是可行的。根据《德国刑事诉讼法》第 127 条第 2 款的规定，自逮捕后超过 1 周的开庭日需要特别进行案件审查。因此法官在刑事案件快速处理程序中，在暂时羁押被告人的情形下确定开庭日的期限原则上不超过 1 周。

在刑事案件快速处理程序中，根据《德国刑事诉讼法》第 417 条和第 418 条第 2 款的规定不递交书面上诉状，且根据《德国刑事诉讼法》第 418 条第 1 款的规定不需要正式受理书的情况下，当被告人不自愿参加法庭审理或者经传唤拒不到庭的，则有必要在遵守 24 小时传讯期间的基础上传讯被告人。在此情形下，根据《德国刑事诉讼法》第 418 条第 2 款的规定应当向被告人通知被指控的犯罪行为。因此，被告人可以清楚地知道，关于其何时、何地以

① Hk-Krehl，§419 Rn 2.

及作了何种违法犯罪行为的被指控事实。虽然法律中并没有对被告人是否有权知晓证据材料作明确规定，但是类比适用《德国刑事诉讼法》第200条第1款，被告人对此有权知晓。这样，被告人可以清楚地了解到其所处的诉讼阶段，而且同时被告人也能有针对性地辩护被指控内容。

（2）起诉状和辩护。根据《德国刑事诉讼法》第418条第3款的规定，从立法者的角度来看，刑事案件快速处理程序中的书面起诉状处于不重要地位。此外，在关于刑事案件快速处理程序的立法尚处于讨论阶段时，对于以此程序处理的可能被施以自由刑罚的案件，立法者意图放弃为被告人指定义务辩护人。这在学术界引起很大争议和反对，迫于此争议，立法者作了妥协。根据《德国刑事诉讼法》第418条第4款的规定，对可能被处以6个月以上自由刑罚的案件，在刑事案件快速处理程序中应当为被告人指定辩护人。即使在检察机关向法院申请刑事案件快速处理程序之前就可以要求为被告人指定辩护人；然而对指定辩护人的要求最晚和快速处理程序的申请同时发生。然而在实践中，根据刑事处罚的力度不同，因刑事案件快速处理程序的特点，当事人或者被告人更希望对所有的刑罚都可以不指定辩护人。对这种情况，应当同样在短时间内询问被告人，让其选择是否启用辩护人抗辩。然而实践中这样的规定并没有太大的意义，因为大部分刑事案件快速处理程序中的被告人或者嫌疑人都不认识律师，不能指定辩护人。

关于被告人可能被处以6个月以上自由刑罚的决定，取决于法庭的预测；法庭不必一定满足检察机关为被告人指定辩护人的要求。当法庭不存在客观案件事实足以支持其预测的超过6个月以上的自由刑罚时，法庭可以拒绝检察机关的这一要求。当被告人于庭审日在其委托的辩护人陪同下应诉时，根据《德国刑事诉讼法》第143条的规定当然地撤回根据法庭程序指派的辩护人。

虽然根据法律的规定，被告人的指定辩护人应当出席法庭审理程序，但是根据程序公正内涵的要求，指定辩护人至少应当在开庭之前与被告人取得联系，协商并且是不受法院和检察机关影响地协商庭审辩护的方式和方法。因此，刑事案件快速处理程序应当为被告人与辩护人之间关于辩护的协商预留时间。而且，即使被告人在庭审时或者法庭审理合议阶段才提出不需要指定辩护律师的情形，也应当为其预留时间。

从理论上讲被告人可能对法院存有不信任，即法院可能指定对其适用刑事案件快速处理程序有利的辩护人。然而笔者认为，这种怀疑和不信任是多余的。因为即使对以普通程序审理案件的情形，也不能排除这种嫌疑。也就是说，这种怀疑可能普遍存在于各类审判程序中，并不是通过不适用刑事案件快速处理程序就可以避免的。但这种对法官在刑事案件快速处理程序中指定辩护人可能影响公正判决的不信任至少说明了一点，即刑事案件快速处理程序的着眼点是快速，目的是审判而且是公正审判。因为，从法庭的角度来看，无论是适用刑事案件快速处理程序，还是按照普通程序审理案件、指定辩护人以及宣判无罪等各个环节，其目的都是使法官在自由心证原则下能够公正地处理个案。根据法律规定，辩护人作为无罪推定原则的保障，在刑事快速处理程序中是独立、平等的司法机关。这也是为什么在刑事案件中，辩护人突破了为委托人服务的原则，不一定必须维护被告人的利益。此外，当辩护人认为在短时间内按照刑事案件快速处理程序不能完全保障被告人的辩护权时，其可以对该程序提出异议或者提出立即中止适用该程序的申请。

（3）法庭审理程序的中止和继续。理论界的主流观点认为，根据刑事案件快速处理程序的属性原则上对以此程序处理的案件不适用审判程序的中止和继续。但是这种观点，既不能在法律中得到印证，也不能通过立法者在立法过程中的相关论证获得支持。即使不从保护被告人人权的角度来看，也没有合理理由在此程序中排除适用程序的中止和继续。当为解决案件障碍时，各种方法和程序都可以适用。更没有合理理由认为，在排除了案件障碍（如以刑事案件快速处理程序审理中需要询问证人）之后不可以继续以该程序审理案件。因此，在以该程序审理中需要中止程序时，检察机关不必再一次提出刑事案件快速处理程序的申请以启动法庭审理程序，法院也不必终止审理程序。如果不允许在刑事案件快速处理程序中适用程序的中止和继续，那就背离了快速处理程序中“快速”的含义，也违反了《德国刑事诉讼法》第420 条规定的刑事案件快速处理程序的内在正当性要求。当为了排除案件障碍而中止审理程序时，也并不会违背刑事案件快速处理程序 14 天的期限，甚至即使根据特殊情况适当延迟一定时间也是合理的。

（4）转化为普通程序的辩护。以刑事案件快速处理程序处理的案件可以通过直接向法庭起诉以启动法庭审理程序的方式或者以法院退回检察机关申请以快速处理程序审理的上诉状的方式转化为普通审理程序。但是，根据《德国刑事诉讼法》第 418 条第 4 款的明确规定，法院在适用刑事案件快速处理程序的案件中仅为可能被处以法定自由刑罚 6 个月以上的被告人指定辩护人，因此在上述情况下根据《德国刑事诉讼法》第 140 条第 1 款的规定，指定辩护人对转化为普通程序的案件不再有效。理论界并不认同这种观点，并且认为由快速处理程序转化为普通程序的情形对被告人而言是不易理解和不易辩护的，根据对《德国刑事诉讼法》第 140 条第 2 款中“严重犯罪行为或者因案件和法律状况的复杂性”的扩大解释，指定辩护人应当对被转化为以普通程序处理的案件继续有效。在对适用刑事案件快速处理程序提出异议的情况下，可以被处以的刑罚对此争议不起决定作用，而且对需要较长时间进行证据质证的大部分案件也不存在这种争议。

除此之外，学者也赞同扩大适用《德国刑事诉讼法》第 140 条第 2 款规定的观点，也就是说指定辩护律师也应当对按照刑事案件快速处理程序判决而上诉的案件有效。此结论不是由指定辩护人的目的和意义以及由刑事案件快速处理程序转化为普通程序的特殊性决定的，而是因为上诉程序也应当遵守刑事快速处理程序的相关规定，以便有利于案件处理的一贯性。

（5）证据采纳。刑事案件快速处理程序审理中的证据采纳规定在《德国刑事诉讼法》第 420 条。尤其要强调的是，无论是对该条法规的解释还是对刑事案件快速处理程序的其他规定都不得违背第 420 条的规定。第 420 条在刑事案件快速处理程序的审理中简化了证据质证的过程，而这也是最饱受非议的一点，甚至被部分学者称为“法规的困境”“举证权的腐蚀”。而且，在实践中也必须认识到，第 420 条的规定确实存在法律风险，刑事法官在刑事案件快速处理程序审理中很难认可这种程序的正当性、合法性和合宪性。更有甚者，对刑事案件快速处理程序颇有研究的谢拂勒教授还以此类比纳粹时期不符合法治和人权原则的法条。

《德国刑事诉讼法》第 420 条第 1 款规定，允许通过宣读之前由证人、专家鉴定人和共同被告人签名的询问笔录来代替在审理中直接对其进行询问，在不违背《德国刑事诉讼法》第 256 条规定的前提下同样允许通过宣读政府机关的声明代替法庭询问。另外，即使在被告人、辩护人和检察官均出庭参加庭审的情况下，对第 420 条规定的证据采纳程序的适用也不需要经过他们的同意。

5. 法律救济

根据《德国刑事诉讼法》第 419 条的规定，无论是以刑事案件处理程序处理案件的决定还是对该程序的拒绝，均不得起诉。

根据主流观点，上诉程序中可以审理是否适合适用刑事案件快速处理程序的问题。因为没有其他合理理由可以说明不得在上诉程序中审议该问题。相反，刑事案件快速处理程序的特殊性和快速性决定了应当通过两级审理程序对适用此程序的正当性进行审查。另外，刑事案件快速处理程序的期限也是被审理的对象。

对超过刑事案件快速处理程序的刑罚适用界限而不应适用该程序但实际中仍适用的情形，主流观点认为，上诉法庭可以以上诉普通审理程序根据其对案件事实的调查和法律适用的理解，在不遵守《德国刑事诉讼法》第 419

条第 1 款的规定下作出准确的判决。对此观点的质疑是不可信的，因为在上诉审理程序中不再适用刑事案件快速处理程序，而是普通审理程序。当不存在对刑事案件快速处理程序的申请时，则启动普通审理程序。

对是否适合适用刑事案件快速处理程序的争议允许适用再审程序。主流观点认为，为了程序的正当在再审程序中可以违反《德国刑事诉讼法》第 419 条第 1 款的规定。

（三）处罚令与刑事案件快速处理程序对青少年案件的适用

1. 处罚令

处罚令是刑事诉讼程序中最快速的程序，规定在《德国刑事诉讼法》第 407 条。第 407 条第 1 款规定：在轻罪案件中，检察机关可以向刑事法官或者有职权的审判员以书面形式申请，在不经审判程序下通过书面处罚令确定违法行为的法律后果。当检察机关根据调查结论认为案件不必要经过审判程序时，则提出处罚令申请。处罚令申请应当针对特定法律后果。允许起诉处罚令。通过对上述法条的分析，可以得出以下结论：（1）同刑事案件快速处理程序一样，处罚令适用于轻罪案件。不同的是，关于处罚令规定的法条即第 407 条中明确规定处罚令适用于轻罪案件，且载有“轻罪”（Vergehen）字眼；但在刑事案件快速处理程序的规定中没有明确规定此程序适用于轻罪，仅仅以可能处以的最低自由刑罚划分适用范围，这说明了原则上刑事案件快速处理程序适用于轻罪案件，但不囿于轻罪案件。（2）处罚令的最大特点是不经审判程序，而仅通过检察机关向法院申请处罚令。这也是处罚令之所以是最快速的刑事案件处理程序的原因。与此相比，刑事快速处理程序机制对处理期限的快速作了明确规定，还规定了简化法庭审判程序的规定。之所以有这样的不同，究其原因就是处罚令原则上针对的是资格吊销、罚金等非人身处罚，而刑事案件快速处理程序针对的是需要被处以自由刑罚的轻罪案件。出于在刑事诉讼程序中对人权的尊重和保护，尽管同样是轻罪、事实简单和证据清楚的情形，对非人身刑罚案件优先适用处罚令，对处以 1 年以下自由刑罚的案件优先适用刑事案件快速处理程序。

2. 刑事案件快速处理程序对青少年案件的适用

根据德国少年法庭的相关规定，与处罚令不适用于青少年案件一样，刑事案件快速处理程序同样不适用于青少年案件。青少年刑事案件审理的特殊性要求法庭在审理过程中应特别尊重和保护青少年的程序利益。因此，虽然一系列缩短程序时间以提高青少年案件审理效率的举措处于探索中，但立法者对刑事案件快速处理程序在青少年案件中适用的态度仍然是谨慎的。

（四）德国刑事案件快速处理程序机制的特点

1. 效力所及范围大

德国刑事案件快速处理程序的效力不仅及于从案件受理到案件审理之前的阶段，还及于案件的审理程序。这就要求警察机关、检察机关和法院都应当遵守刑事案件快速处理程序的规定。检察机关在受理案件之后，可以直接向法院申请该程序。为保障案件在 2 周内审结的期限，可以允许检察机关口头向法院起诉，也可以允许法院不作出书面受理决定。法庭在审理活动中可以简化证据质证的过程。

2. 适用的案件明确

根据《德国刑事诉讼法》第 417 条的规定，刑事案件快速处理程序适用于案件事实简单、证据清楚的案件，一般适用于被告人可能被处以 1 年以下自由刑罚的案件。这与刑事处罚令的适用范围不同，虽然刑事案件快速处理程序同样适用于“轻罪”案件。但是以刑事处罚令处理的案件不需要法庭庭审程序，而刑事案件快速处理程序必须要经过法庭庭审程序进行判决。而且，刑事处罚令不得适用于被处于自由刑罚的案件。此外，青少年刑事案件和累犯案件也不得适用刑事案件快速处理程序。

3. 各司法部门办案灵活

在实践中，适用刑事案件快速处理程序的被告人多数为没有固定住所的人或者外国人。在当事人不符合拘留、逮捕的法定条件时，如果不及时高效地对案件进行审理将有可能使案件得不到处理。因此，要求警察机关、检察机关和法院加强合作，灵活办案，促进轻微刑事案件高效率地审结。

4. 结案期限为 2 周

案件从受理到审理的结案期限为 2 周，警察机关、检察机关和法院均应当遵守。为保障刑事案件快速处理程序的适用，在实践中应当加强警察机关、检察机关和法院之间的合作。而且，也必须适时调整各司法机关内部的工作模式和流程，提高办案效率。

5. 保障被告人的辩护权

刑事案件快速处理程序应当保障被告人的辩护权。虽然该程序的审理程序也被简化，但不得妨碍被告人辩护权的行使。被告人仍有聘请辩护律师或者自行辩护的权利。即使在庭审程序简化了证据质证，也不得剥夺被告人的最后陈述权。当被告人需要辩护人又没有聘请辩护人时，检察机关应当向法院为其申请指定辩护律师，法院可以依职权为其指定辩护律师，也可以应检察机关的申请为其指定辩护律师。

6. 不必征求被告人对适用该程序的同意

对刑事快速处理程序的适用,《德国刑事诉讼法》规定,警察和检察机关有权向法院申请适用刑事案件快速处理程序,法院可以作出接受该申请或者拒绝的决定。也就是说,是否启动适用该程序的权力在公权力机关。被告人无权申请以该程序审理案件,而且警察和检察机关在申请该程序以及法院在同意申请时也不必征求被告人的同意。此外,被告人无权对是否适用刑事案件快速处理程序的决定提出上诉。

三、德国刑事案件快速处理程序机制的实践状况

(一) 刑事案件快速处理程序的实践状况

从本书第一部分的论述中可以知道,《德国刑事诉讼法》从其生效之日就规定了刑事案件快速处理程序。经《1994 年预防犯罪法》的修改形成了新的刑事案件快速处理程序制度。立法者的目的是提高该程序的实践意义,督促警察、检察机关和法院适用刑事案件快速处理程序。

而自 1994 年之后,实践中对该程序的适用也没有辜负立法者的期望。德国适用刑事案件快速处理程序的状况如下:1995 年至 18519 件;1996 年至 21725 件;1997 年至 29172 件;1998 年至 39605 件;1999 年之后案件数量处于或增或减的状况。可以看出成绩是显著的,从 1995 年到 1998 年处理案件的数量翻了一番多。而之所以出现 1999 年之后不再增加是因为法学家们开始重视并思考刑事案件快速处理程序的合法性和正当性,大部分学者持否定态度。但是刑事案件快速处理程序受到被告人的广泛认同。被告人对以该程序判决案件的上诉率仅为 10%,也就是说收到了良好的法律效果和社会效果。对被告人而言,快速处理程序不仅大大节约了时间、提高了审理效率,还减轻了被告人的应诉负担。与普通审理程序一样,应当向被告人告知适用刑事案件快速处理程序的决定。在刑事案件快速处理程序中,被告人不需要陈述案件,只需要在结束抗辩之后总结陈词。此外,根据刑事案件快速处理程序审理案件的特点,更有利于被告人和检察机关集中焦点,就"罪与非罪""刑罚轻重"等关键问题展开有效对抗,从而节省司法资源。

在石勒苏益格-荷尔斯泰因州司法部 2003 年关于刑事案件快速处理程序的适用情况的报告①中,详细阐述了该程序在石勒苏益格-荷尔斯泰因州的适用情况并分析了原因,给出了进一步完善的建议。报告指出,刑事案件快速

---

① 该报告是以本州适用刑事案件快速处理程序已审结的案件档案材料和对警察、检察官和法官的采访为基础作出的。

处理程序在石勒苏益格-荷尔斯泰因州的适用相对联邦其他州较少，而且该程序对处理期限为 2 周的规定也不能在规定时间中得到严格遵守。此外，为了加大刑事案件快速处理程序在石勒苏益格-荷尔斯泰因州的适用，吸收其他州适用此程序的经验，应当在警察机关、检察机关和法院之间实现跨部门合作并设置相应组织；同时，各机关内部也应当调整工作流程和方式以适应刑事案件快速处理程序的适用。

尤其需要指出的是，该报告还将本州对该程序的适用情况同班贝格地区的适用情况作了对比分析，结论是对刑事案件快速处理程序的适用不会导致刑事处罚令适用的减少。

从报告提供的数据中虽然不能直接得出对刑事案件快速处理程序适用情况的结论。但是同班贝格地区适用情况的对比分析，对这个问题的研究很有意义。班贝格地区检察院对适用刑事案件快速处理程序的态度是，为提高刑事案件快速处理程序的接受程度和加强该程序的适用，应当大力优化程序进程。然而对程序进程的优化很大程度上取决于警察机关、检察机关和法院之间的合作以及各机关内部部门工作模式的改良。石勒苏益格-荷尔斯泰因州的警察、检察官和法官在采访中的态度也证明了这一点。他们还特别强调，适用刑事案件快速处理程序应当加强警察机关、检察机关和法院的跨部门合作，包括应当设立由三个部门人员共同组成的机构。虽然多数受访者都明确指出了这个问题，但是实践中并没有关于由公、检、法三部门组成机构的经验。

显而易见，刑事案件快速处理程序应当首先服务于轻微刑事案件的处理，并且对该类刑事案件的处理必须以法庭庭审为条件。报告还指出，优化程序进程不仅可以加大适用刑事案件快速处理程序还可以带来经济效益。该程序在大城市的适用比在小城市和农村地区的适用更为有效，因为大城市轻微刑事案件的发生频率高，警察机关、检察机关和法院的距离较短、交通更方便。因此，该文件认为在基尔市等大城市应当加大各司法部门的合作，以促进刑事案件快速处理程序的适用，从而节省司法开支、提高经济效益。在该程序的适用中，可以减少羁押被告人，并且通过及时审理案件作出公正判决来减少案件的上诉率。还有无可争议的一点就是案件通过刑事案件快速处理程序的及时审结可以起到预防再犯罪的作用。①

报告中的数据显示，目前警察机关、检察机关和法院的内部工作流程不能与刑事案件快速处理程序的适用相一致。对案件实质部分的审查应当由检察官和法官处理，其他部分可以由行政人员负责。刑事案件快速处理程序的

① Vgl. hierzu auch die Ausführungen von Dury, Das beschleunigte Verfahren- eine Bestandsaufnahme, Deutsche Richterzeitung 2001, S. 207ff.

“快速”效力及于案件受理、文书送达和开庭日的确定等环节。因此，刑事案件快速处理程序需要各机关内部工作流程的优化，以便检察官和法官可以集中精力处理案件实质问题。

报告最后指出，只有当警察机关、检察机关和法院通力合作以及它们内部的工作职能得到保障和优化，才能真正实现刑事案件快速处理程序中立即或者短时间审理案件的可能。而且，由于目前影响刑事案件快速处理程序的障碍还存在，因此应当限制适用该程序处理个案。

综上所述，德国刑事案件快速处理程序的实践经验主要如下：虽然对警察机关、检察机关和法院在适用该程序的工作方式上提出了加强合作的要求和挑战，但是可以实现“高效”的程序价值；被告人对适用刑事案件快速处理程序处理案件的接受程序较高，当被告人实施了轻微刑事案件的违法行为之后可以直接被询问、审判和处罚时，其对审理结果的信服程度要高于一定期限之后的决定；因刑事案件快速处理程序高效处理的原则，可以使法律效果及时得到体现，也可以在很大程度上防止犯罪嫌疑人再犯罪和犯罪结果的扩大化；对受害人而言，越能快速处理案件被告人越能使其感受到公平和正义；对社会而言，能尽快恢复被犯罪嫌疑人破坏的社会秩序。

（二）刑事案件快速处理程序的争议焦点

目前，学者对刑事案件快速处理程序的争议焦点主要是：实践中是否有扩大适用刑事案件快速处理程序的嫌疑；刑事案件处理程序中辩护人的地位；刑事案件快速处理程序申请被拒绝的情形等。但归根到底讨论的是价值问题，那就是法治原则和程序正当原则同刑事案件快速处理程序的效率原则谁优先的问题，而且主流观点对刑事案件快速处理程序机制持保守态度，因此争议的焦点是刑事案件快速处理程序的适用是否违背了法治国家原则。

适用刑事案件快速处理程序的风险在于可能影响对案件事实真实性的追求，以及在抗辩权利受到限制的审理程序中可能侵犯被告人和其他诉讼参与人的辩护权和人身权。但是刑事案件快速处理程序又有其自身优越性，如期限短、诉讼负担不重、审判及时、节省人力物力财力等优势。因此，在具体运用此程序处理刑事案件的活动中，规范灵活地适用此程序，既要遵守法治国家的原则，尤其是充分保障被告人的抗辩权利，又要保障积极适用该程序以快速解决争议维护法律和社会秩序。

德国本杰明律师对波茨坦初级法院的一则判决的评论，集中说明了刑事案件快速处理程序适用应当兼顾程序正当和法治原则的问题。该评论以波茨坦初级法院于2000年1月28日作出的裁定为基础。案件事实如下：被告人在明知酗酒的情况下故意开车上路。被警察查处后，被告人承认其酗酒的事实、承认其开车上路的事实，但否认其开的车为重型卡车。警察在向法院申请后，适用刑事案件快速处理程序审理此案。当案件移交至法院后，法庭在庭审中认为，当事人对“重型卡车”的否定不符合对案件事实的承认，故而不符合适用刑事案件快速处理程序的条件。法院遂作出，将案件转入普通程序继续审理的决定，裁定被告人承担之前无效的刑事案件快速处理程序中审理程序的诉讼费用和律师费。裁定作出后，被告人上诉，请求不承担以刑事案件快速处理程序审理的诉讼费用和律师费，应由检察机关承担。

本杰明律师指出，该案件虽然不直接针对刑事案件快速处理程序，但是反映了该程序在具体实践过程中遇到的问题。首先，《德国刑事诉讼法》第417条并未规定“当事人承认案件事实”为适用该程序的法定条件，因此法庭作出转入普通程序且不适用刑事案件快速处理程序的决定是违法的。其次，当案件处于既符合适用刑事案件快速程序也可以适用普通程序时，应当倾向于优先适用刑事案件快速处理程序。

笔者认为，如库拿教授对程序正义价值为相对价值的论述所言，正当程序的适用也应当遵循比例原则。根据比例原则的内涵，比例原则是目的与手段的平衡，要求目的的合法性，手段的必要性、适当性和恰当性。刑事案件快速处理程序的探索和适用正是遵守比例原则的体现。适用刑事案件快速处理程序的目的是高效且合法地处理轻微刑事案件。又因轻微刑事案件事实简单、证据清楚的特点应当适用与其相应的刑事程序。根据《德国刑事诉讼法》的规定，以刑事案件快速处理程序处理的案件为事实简单、证据清楚的案件，这保障了将该程序的适用限制在轻微刑事案件范围内。同时案件从报案到审理结束的期限为2周，保障了处理案件的及时高效。而且警察机关、检察机关和法院可灵活合作，以保障处理案件的高效率。综上所述，德国刑事案件快速处理程序符合比例原则手段的必要性、适当性和恰当性。否则，对轻微刑事案件而言，过重的程序负担有可能阻碍司法公正，不利于案件的及时解决。

（三）刑事案件快速处理程序的发展趋势

尽管理论上学者们对刑事案件快速处理程序的态度不容乐观，然而就德国目前堪忧的治安状况和不断攀升的犯罪率现状来看，刑事案件快速处理程序的适用率势必会不断提高。而且，部分州对刑事案件快速处理程序法规的调整也印证了这一点。法兰克福（奥德河畔）市检察院发言人称应当将刑事案件快速处理程序扩大适用于青少年违法案件，个别州还申请将刑事案件快速处理程序的适用范围扩大到被处以自由刑罚2年以下的案件。

尤其是难民危机以来，德国甚至欧洲都面临着严重的治安危机和恐怖袭击危机。刑事案件爆发式增加，给各司法机关带来了前所未有的压力。为了维护和救济社会治安秩序，审时度势地使用刑事案件快速处理程序是理智和必要的选择。因此，在德国刑事快速处理程序的适用率一定会增加。

这也在德国北威州政府于 2016 年 1 月 14 日颁布的《为立即保护内部安全和加强民族融合的州政府一揽子措施》[①] 中得到印证。该文件颁布的背景是 2016 年跨年夜发生在科隆市火车总站的大规模轻微性侵案件。因警方行动迟缓等原因未能及时处理案件并控制案件的再发生。该文件第 1 条规定，在司法系统内设立专门机关以帮助科隆事件受害人报案、协助处理案件。第 5 条规定，大力加强刑事案件快速处理程序的适用，尤其在大城市。第 9 条规定，大力促进警察机关和司法机关的信息交流，以尽快审理审结此类刑事案件。这是目前在德国州政府文件中首次提出“大力加强”适用刑事案件快速处理程序，并且大规模适用于同类刑事案件。随着社会新问题的出现，人们对刑事案件的高效处理也提出了要求，如科隆事件，因其受侵害人数众多、社会影响大，从而使在刑事程序中效率价值处于突出地位。

在 2017 年 2 月 7 日《西德意志报》的标题为“北威州扩大适用刑事案件快速处理程序”一文中，杜伊斯堡检察官明确表达了将加大使用刑事案件快速处理程序的趋势。事发案件极具轰动性，一位来自伊斯兰国家的外国人在脸书账号上宣布将实施爆炸，一天之后他被送上法庭。经法庭审理被处以 6 个月自由刑罚并不得缓刑。以此案件为例，北威州警察和司法部继续加大适用刑事案件快速处理程序。2017 年年初，北威州的其他法院也已经表达，将继续“立即实现处罚”。在盖尔森基兴、格拉德贝克和波特罗普也将扩大适用刑事案件快速处理程序。而且，对没有固定住所的犯罪嫌疑人，在主审判程序之前应当毫不迟延对其逮捕以完成案件调查。这样可以保障被告人出现在法庭审理现场。

杜伊斯堡市在 2016 年的 185000 件刑事案件中，共有 1900 件案件是按照刑事案件快速处理程序审理结案的。特别需要说明的是，据北威州司法部数据显示，杜伊斯堡市在北威州刑事案件快速处理程序适用数量的排名中名列前茅。这也意味着，2017 年杜伊斯堡市在案件符合刑事案件快速处理程序的法定构成要件时，将会使更多的刑事案件按照该程序审理结案。

杜塞尔多夫市法官发言人称，自 1997 年开始该市就已经开始对商店盗窃案件和其他一些轻微刑事案件在调查程序中适用刑事案件快速处理程序，仅在 2016 年该市就以刑事案件快速处理程序调查了 700 件轻微刑事案件，审理

① 该文件分为四部分共十五条。此四部分为：帮助受害人以及不间断地进行刑事调查、加强内部安全、规范避难程序、立即加快民族融合。

了250件。艾森市2016年以刑事案件快速处理程序审理了190件轻微刑事案件。杜塞尔多夫市法官发言人还特别强调，2017年将会进一步加大刑事案件快速处理程序的适用量。

因此，就目前德国的社会治安状况和难民危机等挑战，刑事案件快速处理程序的使用率一定会大幅度提高。

在上述内容中，分别从不同的角度阐述了德国刑事案件快速处理机制。德国刑事案件快速处理程序的特点及其实践情况给我国在这方面探索的启示如下：可以通过对适用此程序的案件特点的描述或者按照可能被处以的刑罚来划分适用范围，即可以将适用刑事案件快速处理程序的案件类型描述为“事实简单”和“证据清楚”，也可以根据我国刑罚实践状况按照可能被处以的自由刑罚来划分适用范围，建议在探索适用阶段限定在“可能被处以一年以下自由刑罚”的案件范围内，还可以参考德国兼顾二者的做法；可以对刑事案件快速处理程序中审理程序的简化作出规定，但应当明确具体的规定，且仅限定在对部分基本无争议的证据材料的质证范围内。真正做到既集中案件焦点，又保障当事人诉讼权益和人身权利；根据我国处理刑事案件的时间规律，合理规定以刑事案件快速处理程序处理案件的期限；为保障被告人的人身权益和诉讼权利，不得限制被告人辩护权的行使，不得弱化法庭庭审的对抗性；总结德国的实践经验，应当前瞻性地加强公安机关、检察机关和法院在适用刑事案件快速处理程序上的合作，既可以探索设置由三部门人员组成的专门机关，也可以探索促进各个机关内部职能行使的专门化和高效率；以科隆事件为例，对大规模同类轻微刑事案件，应当加大适用力度。

从上述分析中不难看出，法律制度虽然应当保有其法的特点、法的传统和法的原则，但是任何法律制度都必须根植于其所依赖的社会基础，并最终以解决争议和维护自由、平等、人权、秩序等价值为目的。因此，可以以《德国刑事诉讼法》为鉴，努力探求我国刑事案件快速处理程序机制的理论意义和实践意义，为实现司法公正奠定坚实的理论保障。

第六章　法国刑事简易裁判机制研究

一、法国刑事简易裁判机制形成演变的背景

在过去的20年，法国刑事案件的处理方式发生了巨大变化：传统刑事诉讼的应用已经大幅度下降，应用更多的则是更快得出判决结果的刑事案件快速处理机制。目前，只有5%-7%的刑事诉讼案件确实有必要通过传统的刑事诉讼程序解决。很明显在进行刑事诉讼时，相较于过程冗长的传统刑事诉讼程序，当事人更倾向于选择过程较短、裁决较快的刑事案件快速处理机制。

刑事诉讼快速处理机制意图解决两个方面的问题：第一，刑事诉讼程序目的在于针对犯罪行为作出更加系统、全面的刑事判决结果，但是受法院受理案件能力的限制，对某些案件将处以不予受理的决定或者部分案件无法得到及时处理。然而刑事判决的这种不全面性，产生了某些犯罪行为免于处罚的现象，与刑事诉讼法律保护公民安全不受侵犯的根本目的背道而驰。第二，刑事诉讼程序的另一目的在于保证司法机关在合理期间内采取行动，一方面可以及时惩治犯罪保护受害人，另一方面能处置罪犯从而预防再次犯罪。

传统刑事诉讼程序包括以下三种：直接传唤程序，轻罪法院的传统诉讼程序，根据检察院或者刑事诉讼当事人的请求，由法警至少在庭审前10天向刑事诉讼被告发出传票；笔录传唤程序，自当事人起诉之日起，检察官在10天到2个月内通知刑事诉讼被告参加庭审，还有立即到庭程序，“现行犯”诉讼程序的延伸，其目的在于处理紧急情况和会对公共秩序产生巨大损害的情形；刑事调查官传唤程序，由1986年9月9日第861019号法令创制，其目的在于减少缺席审判的情况，该程序通过由刑事调查官发放传唤令的方式，确保刑事被告知晓庭审日期，以增加其出席参加庭审的可能性。

传统刑事诉讼程序自身进行了以下两个方面的发展：

第一，从1999年6月23日第99515号法令开始，检察院施行起诉替代措施，又被称为“第三种途径”，它区别于《法国刑事诉讼法典》第41条第1款规定的简单措施（法律教育，公民，强制医疗）和由2004年3月9日法令规定的刑事罚金制度（由检察官提出针对承认犯罪的刑事被告人处以其他形

式的处罚，通常是罚金，经过法官同意后实施）的第三种措施。

第二，在发展作为“第三种途径”的起诉替代措施的同时，立法者还从以下三个方面丰富了刑事诉讼模式。第一个方面：扩大立即到庭程序的适用范围，可适用于处以10年有期徒刑的刑事犯罪。第二个方面：为了更好地解决在侵权诉讼中的集体诉讼问题，尤其是醉酒驾驶问题，立法者通过2002年9月9日第20021138号法令创制了“轻罪法令”用以解决该问题。第三个方面：通过2004年3月9日第2004204号法令决定实施“庭前认罪答辩制度”，有学者也称为“辩诉交易制度”，它赋予了检察院在刑事被告人认罪之后对其所适用的刑事处罚提出建议的权利，一旦该建议得到其他当事人的同意，并且得到管辖法院院长的认可或者被授权法官的认可就能加以适用。

这些新的程序在过去10年中得到了显著的发展。在1993年到2003年检察院受理的所有案件中，向预审法官提起诉讼的案件和采取直接传唤程序的案件数量有所下降，分别从10.3%下降到6.6%，从43.8%下降到19.6%。而适用刑事调查官传唤程序和笔录传唤程序的案件数量有所上升，从21.7%上升到47.4%，立即出庭程序的适用案件则一直稳定在8%左右。

二、法国刑事简易裁判的类型、内容和特点

在法国的刑事诉讼程序中存在四种不同程度的简易刑事程序，分别是立即到庭程序、刑事和解、刑事法令和庭前认罪答辩程序，这四种简易程序的起点不同，审判流程也不尽相同。

（一）立即到庭程序

1. 内容

根据《法国刑事诉讼法典》第393条等条款的规定，立即到庭程序适用于可能被判处2年以上有期徒刑的犯罪嫌疑人（可能被判处6个月以上有期徒刑的现行犯），其中不包括未成年人犯、政治犯、言论犯或者其他特别法中规定的犯罪。要求原告诉讼理由充分，并且案件已被司法机关受理。

虽然在最初时其只适用于现行犯罪，但是在2002年9月9日颁布的法律之后，立即到庭程序的适用范围扩大到可能被判处10年有期徒刑的犯罪（原规定为7年）和可能被判处6个月的现行犯（原规定为1年）。

在司法实践中，适用范围的扩大使自此以后可以通过该程序来审理更多类型的犯罪：毒品交易犯罪甚至其他跨国境的大宗毒品交易犯罪，放火破坏汽车犯罪，抢夺罪等。与此同时，检察院也对某些犯罪行为进行了重新评价，使其能够符合立即到庭程序的适用范围。

2. 特点

司法机关适用立即到庭程序的目的，均出于及时快速处理简单但是严重破坏公共秩序的犯罪的需要。

其适用范围很广，最主要的有暴力抢夺、醉酒驾驶累犯行为、人身伤害犯罪（其中包括家庭暴力）。此外，还有非法运输武器、现行毒品交易等行为。部分司法机关同样会用该程序处理过失杀人罪、强奸罪等案件的诉讼。某些律师认为该程序虽然简单，但是仍有能力解决一些情节严重、案情复杂的案件。

原则上，适用范围扩大后，通过立即到庭程序可以判处刑事被告 10 年有期徒刑，甚至针对累犯，其判处的刑罚可能更高。但是，现实情况并非如此。适用范围的扩大，并不意味着针对适用此程序审判的罪犯的刑罚加重。因此，很难见到大于 3 年有期徒刑的判决，最常见的判决是 3-6 个月的有期徒刑，但是在性侵犯犯罪和人身侵犯类犯罪中会更高些。

（二）刑事和解程序

根据 1999 年 6 月 23 日通过的第 99515 号法案，通过刑事和解制度，检察官可以向承认犯罪事实的罪犯作出放弃对其部分违法事实指控的承诺。该法案是法国在庭前认罪答辩制度出现之前，第一次引入刑事司法认罪制度。

如果说这是一个诉讼替代程序，这种新的诉讼参加模式与其他简单诉讼模式不同，在某些条件下，它包含刑事处罚的内容。刑事和解制度针对罪犯规定了相应的刑罚处罚，排除了刑事监禁的适用。

由于刑事和解制度在司法实践中应用的复杂性，很多司法机关在适用初期都对其作出了保留。立法者针对这种情况，对该项制度作出了改良，鼓励司法机关适用这项制度。对该制度的改善规定在 2002 年 9 月 9 日的司法方针和规划法案中，此后又通过 2004 年 3 月 9 日的法案对该项制度进行了完善。自此，刑事和解制度在法国司法格局中拥有了自己的位置。

据统计，在 2002 年通过刑事司法和解制度解决的案件大约有 13800 起，2004 年大约有 28600 起（相当于法院受理案件总量的 5.4%），相较于 2001 年的 3500 件，2 年之内刑事司法和解制度取得了巨大的发展。在巴黎，2005 年公布的司法机关工作计划显示，要每个月适用刑事和解制度解决 100 件案件。在土伦，每个月至少有 20 起案件通过刑事和解制度解决。在阿雅克肖，通过刑事和解制度解决的案件数量由 2003 年的 13 件上升到了 2004 年的 251 件。

虽然刑事和解制度的创设是为了减轻重罪案件庭审的压力，但是它不仅仅起到了减轻诉讼压力的作用，还通过针对之前不被追究的轻微轻罪行为作出了系统并具有威慑力的处理，从而改善了刑事司法审判的质量。

1. 内容

刑事和解制度适用于程度轻微，可能发展成严重犯罪的发生在城市的轻罪行为。只有检察院有权力决定适用刑事和解程序。在其作出是否适用该项程序的决定是应考虑一下两个方面的条件：犯罪行为的性质和罪犯本身的条件。

自1999年起，2002年9月9日的法案和2004年3月9日的法案，丰富并且简化了可以通过刑事和解制度解决的刑事犯罪行为清单。2005年8月2日第2005882号法案再次扩大了刑事和解制度的适用范围。

刑事和解制度适用于法定刑为判处罚金或者判处5年以下有期徒刑的轻罪行为，不包括未成年人犯罪行为、言论犯罪行为、过失杀人行为和政治犯罪行为。

在司法实践中，刑事和解制度主要适用于解决发生在城市中的情节轻微、危害不大的轻罪案件。例如，侵犯财产案件（2004年南特大审法院50%的刑事和解程序适用的案件均为侵犯财产类案件），轻微损害、对公共秩序危害不大的暴动，恶意电话骚扰，使用或者交易毒品，非法携带或持有枪支弹药，使用盗窃支票或者信用卡的行为，信用卡诈骗等。

在大多数检察院（南特和兰斯检察院除外）处理案件时，针对家庭纠纷很少适用刑事和解制度，尽管属于其适用范围。一些法官指出，这是因为刑事和解程序中并没有给予被害人充分的权利与地位。

2002年刑事条例颁布施行后，检察院针对无被害人的道路交通轻罪案件（低于0. 17mg/1L酒精含量的酒后驾车行为、无证驾驶、驾驶无交通强制保险车辆等案件）的处理政策发生了巨大转变。越来越多的检察院，尤其是南特、博比尼、拉瓦勒的检察院，决定在该类案件中排除刑事和解制度的适用，反之根据犯罪行为的危害程度决定适用刑事条例或者庭前认罪答辩程序。然而，一些地区的司法机关如尼姆（Nîme）、土伦、兰斯、格拉斯针对此类案件仍大量适用刑事和解程序。

某些地区的检察院在共和国检察官的倡导下，致力于利用刑事和解程序解决危害性不大、一般都会免于处罚或者没有规定处罚方式的轻罪行为。2005年4月，兰斯适用刑事和解程序解决未履行向商业法庭申报年税义务的案件。在拉瓦勒，检察院将刑事和解程序用于解决技术性诉讼，如《法国竞争法》规定的轻罪行为或者《法国消费者保护法》规定的轻罪行为。

这些司法实践经验应该得到鼓励，司法部应该鼓励检察院以创新、开放的方式适用刑事和解程序。

2. 特点

刑事和解程序是为轻罪罪犯重新融入社会设立的程序。法律并不禁止针对同一个罪犯多次适用刑事和解程序。

刑事和解程序优先适用于初次犯罪的轻罪罪犯。许多法官均认为这项程序专门针对那些初次犯罪的罪犯，适用刑事和解程序可以减轻其社会压力，同时减少公开审判带给他们的损害。

但是在司法实践中仍然存在一些细微的差别。例如，兰斯检察院在适用该项程序时强调实用主义，具体问题具体分析，并没有规定哪些案件必须适用刑事和解程序。

另外，罪犯的个人情况也是检察院在决定是否适用该程序时考虑的条件之一。针对没有固定居所的罪犯，检察院不会作出不适用刑事和解程序的决定。通常情况下检察院无法得知罪犯的居住情况，相关信息由警察局向其提供。

刑事和解程序是由检察院主导的程序。刑事和解程序需要通过完成一系列复杂的步骤和遵守许多形式要求来实现。因此，需要通过检察院将该程序应用到法国刑事司法实践当中。现在大部分刑事和解程序都由检察官代表来完成，因为法律授予检察官代表对该程序完整的管辖权（从刑事和解程序启动到该程序终结）。对刑事和解程序启动时间和地点的选择，检察官拥有自主选择权。

自2002年起，共和国检察官可以在司法警察工作人员的协助下针对被拘留人员启动刑事和解程序。但是似乎这项规定并没有得到广泛应用。许多律师对这项措施提出了质疑，考虑到犯罪嫌疑人在被拘留期间的内心脆弱性，允许对其适用和解程序某种程度上就意味着对其施加认罪压力。

在某些司法机关中，如兰斯和拉瓦勒，刑事和解程序在警察局司法警察进行案件调查时启动。在这种情况下，检察官代表只介入刑事和解程序的执行。

大部分司法机关会在刑事和解程序启动之后通知当事人进行谈话。司法警察只充当中间人的角色，其任务只是通知当事人谈话的时间地点。这种通知方式在司法实践中一般不会产生问题，因为大部分当事人都会在相应时间出席谈话。

对刑事和解程序执行地点的选择上，法律授予了检察官极大的自由选择权。可以在法院或者其他任何地点（如市政府等）。刑事和解程序大多数情况下在法院执行。许多共和国检察官表达了他们对保证司法机构象征性目标的担忧。许多被问及观点的律师也表示了相应的担心。另外，像前面提到的，大多数检察院、法院并没有相应的途径联系到相关人员，但是司法程序的进行又需要案卷材料中的信息。某些地区的司法机关，如兰斯和南特，更倾向于在案件司法程序进行的地点执行刑事和解程序。在极少数的情况下，如在土伦或里昂，刑事和解程序在近民法院执行。然而，这种情况并非真正意义上的自由选择，事实上只是由于当地没有其他法院机构。

刑事和解程序中很重要的一个环节就是犯罪嫌疑人和检察官代表之间的谈话。刑事和解程序的谈话需要犯罪嫌疑人（可申请律师陪同）和一名检察官代表出席。如果共和国检察官或者检察院法官本人可以出席，其不可以没有时间为由拒绝出席。在司法实践中，谈话的任务通常由检察院制定的人员进行，通常情况下是检察官代表，极少数情况下是司法警察或者检察官指定的中间人。

由检察院制定的第三人来启动刑事和解程序并不会影响共和国检察官在程序中的优先权的行使。事实上，这些司法机构外部人员的任务，仅仅在于把检察院针对其犯罪行为不会启动刑事诉讼程序的决定告知犯罪嫌疑人。如果处罚决定不相适应，由这些被授权的司法机构外部人员告知共和国检察官，共和国检察官必须重新审查他作出的处罚决定。在任何情况下，共和国检察官都拥有独立自主的决定权。另外，为了规范检察官代表在刑事和解程序中的行为，检察官还会定期举行指导会议。

通过谈话者传达的通知书规定了一个期间，用来在个人听证会上听取犯罪嫌疑人陈述，这个听证会对司法机关的负责人作出决定具有重大意义。在进行谈话时，必须征得利害关系人的同意。法律授权检察官代表要监督利害关系人作出的同意谈话的意思表示自由、明确。犯罪嫌疑人没有权利与检察院就启动的刑事和解程序进行协商，但是他有权利决定是否“加入”这个刑事和解程序。

同意决定将被记载在检察官的调查报告书当中，由利害关系人签名，并向利害关系人发放该调查报告书副本。利害关系人有 10 天时间来决定接受还是拒绝启动刑事和解制度（规定在法国刑事诉讼法典第 R153339 中）。许多检察官对此期间的设置提出了质疑，他们认为这期间将会使进行中的刑事和解程序僵化、停滞不前。但是，在司法实践中，此期间很少被执行。在大多数情况下，在处罚通知下达的同时，利害关系人就作出了同意启动程序的决定。

如果利害关系人拒绝启动刑事和解程序，程序将被中止。检察官将启动刑事诉讼程序，案件将被移送到传统的轻罪法庭。有许多检察官认为，从这个角度看，一旦利害关系人拒绝启动刑事和解程序将会导致大量案件延迟处理。然而，这个启动意见在极少数情况下会被被告人拒绝。在兰斯、尼姆和土伦，被拒绝的情况是微乎其微的（只有1%左右的案件中，被告会拒绝启动刑事和解程序），甚至在一些城市的司法机关中，出现较多的被拒绝的情况，如在南特，其比例也在可接受的范围内（一般为15%-25%）。大多数被拒绝的程序是由于其规定的刑罚过重。

据调查显示，大多数被告人乐于接受执行刑事和解程序。总体来讲，首先，能免于被提起刑事诉讼程序是刑事和解程序对被告人的巨大诱惑。其次，刑事和解程序同时也拥有一项不可否认的内在优势：使被告人免于承受司法裁判不公正的风险。再次，也使被告人免于忍受等待司法判决的焦虑和压力。最后，检察官代表提供的解释的质量也决定了这项程序能否被被告人接受。

针对刑事和解程序中可以提出的措施，2002 年 9 月 2 日和 2004 年 3 月 9 日通过的法案增加了刑事和解程序中可以采取的刑事处罚措施。共和国检察官可以在《法国刑事诉讼法典》第 41 条第 2 款中规定的处罚措施中自由选择适用，也可以选择同时适用多种刑事处罚措施。

大多数情况下，检察官向被告人提出的处罚措施是处以罚金（单处或并处罚金）。处罚金额不得超过 3750 €，罚金的意义在于向国家支付金钱以补偿社会公共秩序因被告人的行为所遭受的损失。罚金可以通过国家发行的税务邮票、银行支票或者现金形式缴纳。其他适用较多的处罚措施包括吊销驾驶证、吊销捕猎证、没收违法作案工具、社区劳动，或者社区服务、公民教育、社区实习等。针对最后一项处罚措施，兰斯地区有丰富的司法实践经验。事实上，兰斯检察院增加了大量的实习活动，其目的在于使司法决定被更好地接受，使被告人更好地融入社会。例如，检察院会针对一些轻微刑事罪犯提出进行传统的道路实习，或者针对那些没有认识其对子女富有教育义务的父母提出家教实习。由被告人承担该实习所需支出的费用（如道路实习 250 €，公民实习 180 €）。兰斯共和国检察官就该项规定解释道：这些所需支付的费用都与被告人的工资水平相适应，家教实习是例外，其费用为 600 €，会由政府来承担一部分。这种措施应该被推广到更多的检察院中。

（三）刑事法令

1. 内容

在司法实践中，刑事法令多用于处理道路交通犯罪，不同于庭前答辩认罪程序，这项制度一经颁布就取得了成功。这项制度创建于 2003 年，在大部分司法机构中得到了广泛的适用。2004 年，大约 13%的案件通过刑事法令的方式解决。

其针对的犯罪行为主要包括：无证驾驶；初次且没有造成严重后果的酒驾；吸毒后驾驶等。刑事法令要求犯罪嫌疑人为成年人，此外，刑事法令要求行为人的行为造成了受害人的损害。通常情况下，刑事法令在法官和检察官协商之后实施。

2. 特点

检察官是刑事法令程序的决定主体，其在决定是否适用刑事法令程序时会考虑以下两个标准：首先，被告人被指控的犯罪行为要确实成立，并且要求只有简单的犯罪能适用该程序。其次，要求犯罪嫌疑人有足够的支付赔偿能力。在司法实践中，针对被告人的支付赔偿能力的要求不尽相同。例如，巴黎大审法院指出，在司法调查过程中，要求司法警察收集轻罪行为人的赔偿支付能力的相关证明。但是里昂法院则认为，收集到的相关赔偿支付能力的证据具有简单性和风险性，没有实际参考价值。

在实际操作中，由共和国检察官向法官书面提交刑事法令，在此法令中，检察官将写明主刑罚，大多数情况下是罚金刑和附带刑罚（大多数情况下是吊销驾驶执照）。由于刑事法令适用对象的特定性，所作出的往往都是相似的刑罚措施，但是在某些案件中，共和国检察官仍然享有作出具体的刑罚措施的自主决定权。例如，在博比尼、拉瓦勒，检察官都会根据轻罪行为人的收入情况决定罚金的具体数额。

共和国检察官提交刑事法令后，由法官对该项法令进行审查，在查阅卷宗之后，将会针对该案件颁布一个决定，决定同意检察官刑事法令中决定的刑罚或者驳回检察官的决定。尽管在刑事法令程序中没有庭审程序，但是案件仍然会经过完整的法律审判。在法官审查卷宗时如果发现犯罪嫌疑人的行为有可能被判处徒刑以上刑罚，有权利把案件退回检察院要求其重新审查。但是在司法实践中，案件退回检察院重新审查的情况极少发生。

（四）庭前认罪制度

庭前认罪答辩程序，源自辩诉交易，是由 2004 年 3 月 9 日法案确定的具有创新性的原则。

1. 内容

事实上，在此程序中，共和国检察官向承认其犯罪行为的被告人承诺给予其相应的刑罚，一旦争端利害关系人都同意该项刑罚的处理，将由法院院长批准并且颁布这项刑罚处罚决定。

该程序建立在以下基础上：庭前认罪将会使案件的解决更加经济、快捷，至少在极其简单的案件中，将省去传统的轻罪案件庭审程序。法院就可以将节省下来的时间用于处理更加复杂、敏感的案件。除了这项实践，庭前认罪答辩程序将司法实践引向了纠问式的模式而非对抗式。

然而庭前认罪程序源自英美法系的辩诉交易。但是两者之间有一个很大的区别，就是美国法官可以在进行辩诉交易的时候，宣布放弃针对某项重要罪行的指控或者不追究某项轻微罪行，但是这种原则并不适用于庭前认罪程序。被告人应当首先承认其所犯罪行，而且只有共和国检察官才能针对其行为向其提出量刑建议。

因此，庭前认罪程序是刑事和解制度在时间上的延伸，实现了刑事和解制度没能够完成的任务。事实上，刑事和解制度是一项避免进入诉讼程序的制度，而且在这个过程中作出的决定没有强制执行力，也排除一切监禁刑罚。但是，庭前认罪程序是一项诉讼程序，同时也可能作出监禁刑的判决，其判决一经作出即具有强制执行力。

2. 特点

庭前认罪答辩程序有以下两个特点：首先，庭前认罪答辩程序的适用相较于刑事和解制度更加广泛。数据显示 2004 年适用庭前认罪答辩程序解决的案件达到 14600 件，其中有 12000 件犯罪嫌疑人和检察院就刑罚处理达成一致，庭前认罪答辩程序的成功率高达 85%。其次，庭前认罪答辩程序的基础是检察官、法官和律师的协商一致，在此程序中，要求三方进行对话磋商。

大多数情况下，检察院、法院和辩护律师三方能就案件处理达成协商一致，在某些地区，三方之间的对话是通过其他方式实现的，如在尼姆的司法实践中，该对话通过召开刑事讨论会的形式实现，法院和检察院将主持召开针对该项案件的研讨会。许多法官表示，庭前认罪答辩程序的实施往往会考验法院和检察院之间的关系。

如今，庭前认罪答辩程序的适用范围是有局限性的。根据《法国刑事诉讼法典》第 495-7 条的规定，刑事庭前认罪程序的适用范围包括：可能处以 5 年以下有期徒刑的刑罚，不包括未满 18 岁未成年的轻罪、言论犯罪、过失杀人、政治犯罪和其他特别法规定的犯罪行为。

庭前认罪答辩程序在今天多数用于酒后驾驶，无证驾驶的轻罪行为。此类纠纷，事实清楚，毫无疑问，在这种类型的诉讼中，案件事实清楚，容易核查。另外，庭前认罪答辩程序还同样适用于侵犯财产权利的犯罪行为，甚至侵犯人身权利的犯罪行为。但是针对存在受害人的案件中，法院针对是否适用庭前认罪答辩程序的态度是迟疑的。

有些大审法院（博比尼、尼姆等）明确规定了针对有具体受害人的案件不适用庭前认罪答辩程序。某些大审法院承认针对盗窃罪犯实施庭前认罪答辩程序，但是仅限于受害人是法人而非自然人的案件。

三、法国刑事案件简易裁判机制实践情况

（一）立即到庭程序

立即到庭程序在长期司法实践中受到了大量的批判，其中包括以下几个方面。

首先，庭前认罪答辩程序使得案件调查变得草率，法律工作者谴责立即到庭程序为了尽快得出审判结果，使得调查变得紧张、草率，没有厘清案件头绪就草草结束调查。我们发现由于案件实时处理的发展和案件调查的开支和时间问题，警察机关和检察机关对于案件的调查活动越来越少。这项异议主要体现在贩卖毒品案件当中。例如，在法国机场乘客因贩毒被捕，一般会通过国际法院之间的权利移转确定最后有管辖权的法院，但是在实施了立即到庭程序后，管辖权的确定就会被忽略。

其次，庭前认罪答辩程序会扰乱司法程序，这是从司法机关的规模角度进行分析得出的结论。在较小的司法机关中，立即到庭的案件通常会涉及传统的庭审，会有延迟的现象，有时候还会出现庭审过程长达 22 小时的现象，这会给刑事诉讼参与人带来很大的压力和紧张情绪。

该程序还会导致来自预审法院的案件堆积。在接近案件审理期间截止日期时，通常情况下在案件发生两年之后，会发生一次严重的案件堆积现象。因此，土伦的大审法院必须暂时从外借调法官来解决堆积的案件。但是，这种现象的产生是相对的。在那些只有单一审判庭的司法机关，每年都会有大约 40 件立即到庭程序审理的案件，大约每周 1 件，针对那些有 3-4 个审判庭的司法机关，每年会受理这样的案件 150-250 件，大约每周 3 件。在那些较大的重要司法机关中，立即到庭程序处理的案件比例达到 8%左右，并且这个比例在长达几年里维持稳定平衡。然而，确实也有些司法机关会因为实行立即到庭程序处理案件而使得案件严重堆积，如雷恩法院的案件受理量从 2001 年到 2003 年增加了 90%。

该程序也在一定程度上给警察系统和宪兵系统带来了麻烦。通常由于检察院待处理的案件积压和交通困难等问题，犯罪嫌疑人很难按时到庭。在巴黎，只允许羁押犯罪嫌疑人 14-18 小时，除此之外不得再延长羁押时间。该程序还因没有足够时间进行调查、不够尊重人权而受到批判。

但是与此同时，立即到庭程序也具有不可否认的优势，与其弊端相比，该程序拥有更多先进的优势。通过立即到庭程序审理的案件能够快速审结，立即到庭制度会使得庭审变得异常迅速，因为刑事被告会在原告提起诉讼当天或者 72 小时之后到达司法机关参加庭审。

这是一个评价不一的程序，不同的法官在执行过程中有不同的评价。博比尼的法官认为，检察机关可以引导更多的案件通过该程序解决。目前，通过该程序解决的纠纷已经占到他们受理案件总量的1/3。他们声称不仅针对有期徒刑刑罚，还针对缓刑刑罚，他们都会优先选择立即到庭程序进行处理（事实上，诉讼程序的快速性能够在一定程度上避免累犯的发生，并且保证补偿被害人所受到的损失）。

其在司法实践中的具体优点包括：立即到庭程序具有实时处理案件的性能。事实上，检察官需要通过与刑事审判官员核对具体问题，来确定其所处理的案件已经被受理，从而避免后续的管辖权移转或由法官提出的信息补充等问题。然而针对性犯罪、重大毒品交易犯罪，以及过失致人死亡罪采取立即到庭程序，受到了很多人的批判。但是，法官要求补充信息或者把案件移交给检察官要求开展新的调查情形也是很少见的。

另外，案件的管辖权移转只能在不影响庭审的前提下进行。可进行管辖权移转的案件范围由司法部进行规定，但是各个司法机关更加倾向于同意移转复杂案件（包括家庭暴力案件）。巴黎每周进行管辖权移转的案件可以达到15-20例。只要案件没有受理，具备以下两种原因就可以进行管辖权移转：一是对刑事被告人的调查还没有准备好；二是专业鉴定没有很好的进行。特别是针对性犯罪，在作出判决之前需要对刑事被告人的精神状况进行鉴定。如果某些司法机关想在被告人被警方拘留期间进行该项鉴定，就会出现由于专家资源紧缺而无法进行鉴定的情况。

但是在司法实践中，立即到庭程序的适用由于其自身的局限性也遇到了一系列的困难。首要困难来自受害者。根据法律，法官有权在受害人没有被通知到庭参加庭审的情况下推迟案件审理。事实上，受害人可能由于伤病，或根本没有时间来评估他的伤势而无法到庭。事实上，该快速程序的特点优势也体现在：不给受害人时间作精神或者身体上的准备来参加庭审。

在庭审中受害人的出席率是可变的，有很多受害人由于害怕家人、朋友遭到报复而拒绝出庭。事实上，性侵犯和过失致人死亡犯罪很多被认为是对人心理造成伤害的犯罪。在实践中，公民利益的引用是多方面的，尤其是在受伤（包括挑战社会组织评估的伤害和后遗症）或当受害者不用律师的情况下，使请求损害和利益明显降低下的司法管辖区的法律所赋予的金额。

（二）刑事和解程序

一旦经被告人同意启动刑事和解程序，案件就会被转交给法院有决策权的法官进行确认。如果有决策权的法官不同意执行该程序，程序将终止。有决策权的法官有权审问犯罪嫌疑人以及询问被害人。从2002年起，经利害关系人申请，法官有权选择接受或者拒绝审问犯罪嫌疑人或者询问被害人的申请。这项规定使得许多律师和社团组织认为没有合理保护被害人的合法权益。在司法实践中，这种情况鲜有出现。

法官只能通过行政法令的形式决定启动或者拒绝启动刑事和解程序，他没有权力改变提交给他的刑事和解程序的内容。并且其所作的决定不能被上诉。

有决策权的法官指出鲜有作出拒绝启动刑事和解程序的情况。根据司法部提供的数据显示，法官针对检察官提出的程序启动申请在2001—2003年，同意启动的案件有25127件，拒绝启动的案件只有844件。

法官作出拒绝启动程序的决定，在大多数情况下是由于程序中提出的刑事处罚措施与犯罪行为严重程度不相符合。一是提出的刑罚措施超过犯罪行为应受的处罚程度，二是与被害人所受损失程度相比，提出的处罚措施过轻。

法官和检察官对案件的商讨保证了法官同意程序启动的案件比例的上升。当地刑事司法政策促成的检察官和法官的合意成就了刑事和解程序的成功。法官和检察官的对话可以通过各种不同形式展开。在某些法院（如格拉斯和土伦的法院），检察官与法官之间的合意通过制定处罚措施表格的方式保证。兰斯大审法院就广泛适用这种方式。

一些法院并不接受这种协商规定刑事处罚措施的做法，但是他们支持法官和检察官就案件卷宗交换意见。在南特，每年法官和检察官、检察官代表都要举行一次会议，总结可以针对被告人提出的处罚措施，分析被法官拒绝启动程序的案件。这样的会议使得检察官可以在审判机关的建议下针对以后的案件提出更加准确的处罚措施。

在绝大多数司法机关中，由检察官代表负责保证刑事处罚的执行，除了一些无偿的工作需要劳教机构介入。一些法院如尼姆市法院，还作出了相应保留，授予书记员秘书权利来执行处罚措施。如果处罚措施没有被执行，将会被提起公诉。这一程序被规定在2004年3月9日法案中。但是，处罚措施的执行恰恰是为了消灭公诉的进行。

2002年9月9日，法律规定刑事和解程序应该登记在1号司法公报上（只有法官有权查阅）。2004年3月9日法案规定，针对性犯罪行为人进行的刑事和解程序还应该规定在国民文集中。适用这些措施的行政法令（2005年5月30日第2005627号法令）在被通过3年之后才实行。这个漫长的等候期让很多相关执行人员颇为担忧。书记员工会组织代表曾经着重强调过这项法令的延迟实施具有较大的消极影响。

首先，这是一个兼顾公平与效率的程序，有效地预防性处罚的个性化。

刑事和解程序的特质在于强调刑事处罚的个性化适用。由于刑事和解制度可以作出的刑事处罚措施种类的多样化，导致其最后的决定具有较大检察官个人裁量的成分在里面。除了可提出的刑事处罚措施的多样性，许多司法机关针对每项轻罪行为规定了相应的可判处刑事处罚措施，以保障所作出的刑事司法决定适应于被告人的身份和被告人对社会公共秩序的侵犯严重程度。

其次，在某些法院中，财产状况和犯罪行为人的个人情况也会影响刑事和解程序最终作出的判决决定。例如，在南特，检察官代理人会对被告人的家庭状况、社会状况、职业情况进行调查。根据这些调查结果，考虑综合情况，他会向检察院提交针对案件所作出的刑事处罚判决决定。

再次，在提出刑事和解程序通知书时，在某些司法机关中检察官代表可以针对一些问题不作出判决，从而避免在刑事和解判决作出的时候主观判断失误。在兰斯和巴黎，检察官代表有权力在无法作出与被告人个人情况相符合的处罚判决的时候，去咨询检察官请求解释他所遇到的问题（如罚金金额超出被告人的收入）。在博比尼，检察官代表经常向法官咨询其所作出的处罚决定是否具有可执行性。

所有法官和检察官代表对刑事和解程序的执行结果都很满意。决定执行成功率达 70%-90%，这样的比率远远高于其他刑事程序的执行成功率。另外，极少数的刑事和解程序当事人会重新要求法院进行诉讼程序。在南特，向公共机构实际支付的罚金总额 2004 年上涨到 22695 €（总应收缴罚金数额为 34680 €，执行成功率高达 70%，远远高于其他刑事程序的执行成功率（一般低于 30%）。无法执行刑事处罚，大多数是无法收缴罚金的情况，主要由于被告人的财政状况不允许或者当事人对案件执行的漠不关心。事实上，2004 年 3 月 9 日法案规定，受害人可以通过向法院申请禁止令的方式要求犯罪行为人向其支付侵权损害赔偿。

又次，刑事和解程序的执行期间特别短。对刑事和解程序案件的处理（从第一次谈话日期起算到案件终结之日为止）一般都短于 6 个月。因此立法者致力于快速处理刑事案件的立法目的通过该程序在某种程度上实现了。对于该程序的成功，检察官代表的贡献是决定性的。在预先谈话和接下来的执行约会中，处罚决定中规定的处罚措施都需要由检察官代表对被执行人进行合理、详尽的解释。如果被执行人不遵守处罚决定，大多数检察官代表会通过挂号信或者电话联系被告人，催促其执行处罚决定。

最后，刑事和解程序在刑事处罚措施执行上规定了一些灵活性的措施。例如，可以允许被执行人在一年内分期缴纳罚金，或者改变吊销执照的决定等。在南特，通过刑事和解程序解决的案件中大约一半的处罚决定都会产生一定的改变。但是这些处罚决定的改变受到一定的限制，其目的在于保持这些处罚措施的警惕作用。现在，少于 750 € 的罚金只能通过国家税务邮票缴纳。然而，许多司法机构希望扩大支票和银行卡缴纳罚金的适用，从而获得更快速的执行。在博比尼大审法院，国家财务人员同意设立必要的信息技术设施来方便人们在法院内部通过银行卡支付罚金。这个实践见证了司法实务的发展，但是这个措施是建立在检察院和国家财务人员的合意基础上的。有许多司法机关设立相应设施的请求被国家财务部拒绝。因此，罚金支付形式的改变是众望所归。

但是在刑事和解程序的实施过程中存在一些措施中固有的问题。例如，受害者的身份仍然过于模糊。法律规定，损害赔偿是刑事和解程序（composition pénale）中不可缺少的一部分，它要求检察官在确定犯罪行为人之后要求其赔偿受害人损失（侵权损害赔偿的修复方式往往是通过向受害人支付一笔钱），侵权损害赔偿的支付期限不得超过 6 个月，该程序中侵权损害赔偿的实际执行率高达 80%-90%。

此外，2004 年 3 月 9 日法案规定，受害人可以通过向法院申请禁止令的方式要求犯罪行为人向其支付侵权损害赔偿。此外，认为自己没有得到合理赔偿的受害人可以要求轻罪法院就其民事赔偿部分作出重新判决。但是这种请求重新裁决的方式在司法实践中很少被应用。法院作出的是否通过检察官的处罚决定的法令也会告知受害人。

受害人可以在任何时候，通过直接就犯罪行为提起刑事诉讼或者到基层法院就民事部分提起民事诉讼的方式终止刑事和解程序。

尽管有这些制度的保障，还是有很多司法机关认为，受害人的利益在刑事和解程序中没有得到有效的保护。一方面，受害人在刑事和解程序各个步骤中的地位没有得到明确确认，他并不是程序意义上的当事人。另一方面，没有规定在受害人被告知犯罪人的命运的条件，往往取决于研究者的尽职调查。此外，对于侵权损害赔偿数额的确定是一项困难的任务，尤其是在受害人向法院主张高额侵权损害赔偿的时候。正如法国国家受害者帮助和协调机构（INAVEM）的院长 JeanLuc Domenech 所说，侵权损害赔偿的数额在司法实践中应该控制在合理范围内，也就是说不能超过其所支付的保证金的数额。在现行法中，如何确定侵权损害赔偿的合理数额尚未出现详细规定。兰斯大审法院的法官称，这样就会产生侵权行为人和受害人之间就侵权损害赔偿数额进行讨价还价，交易的风险使争端规避进行刑事和解程序。

刑事和解程序在各个法院的司法实践不尽相同。一些司法机构，如南特法院，就主张在犯罪嫌疑人和受害人之间建立系统的对话机制，作为刑事和解机制的会见程序。在阿雅克肖市，受害人可能会被检察官代表多次传唤（尤其是在确定侵权损害赔偿数额程序之前，还有在刑事和解程序会谈程序中）。

其他的检察院倾向于限制对受害人适用刑事和解程序，甚至有的检察院排除适用该程序（如里昂和阿雅克肖）。另外，在兰斯，有受害人的案件会适用刑事和解程序来解决，但其条件是其所受到的损害不能超过法律预先规定的上限。在拉瓦勒，只要受害人受到了损害，就排除适用刑事和解程序，检察院认为计算确定侵权损害赔偿的数额并不是他们的职责所在。在尼姆还有土伦，刑事和解程序主要适用于一些受害人是机构（如集体组织、大型商场）的案件，对于该类受害者，他们遭受的损害多数是物质上的损害而非精神上的。其主要任务在于明确受害人的状态，有助于帮助司法机构更好地处理受害人的相关事务，使其解决方案更加符合立法者的立法目的。对受害人状态的评估模式、受害人状态与刑事和解程序实施的关系，还有侵权损害赔偿的规则都有待将来的立法对其进行细化。在刑事和解程序中，律师的利益仍是轻微的。大部分律师已经参加到了刑事和解程序中来，但是这项程序似乎仍然没有找到它的抗辩地位。除一些极少数的例外，像土伦律师会系统性地参加到刑事和解程序的实践中来。但是，在某些司法机构中，该项程序的适用率也有大幅度提高。

有许多因素可以解释这种状况。一方面，一些参与过刑事和解程序的律师代表认为，该程序并没有充分有效地实现调查从而协助律师的工作。这项调查的具体时间段也并没有确定。不同的司法管辖区的司法实践不尽相同。这项调查权利有时会被标记在传唤书中，有时会在调查阶段口头进行，又或者最晚会在刑事和解会见阶段进行该项调查。另一方面，有人指出，在刑事和解程序中律师并没有进行辩护而是满足于对程序内容的细化与补充，还有律师指出在简化程序中他们的角色受到了限制，他们对简化程序并非十分感兴趣。但是，一些律师尤其是法国律师公会和刑事律师联合会的律师，就希望能争取得到刑事和解程序中的标准化地位，他们认为，纠纷相关信息的缺失常常使他们没有办法实际评价刑事和解程序的益处。

并不强制要求律师出席显示出该程序对案件审理的便捷性的重视，同时该程序也希望能最大限度地保护被告人的抗辩权，尽可能地扩大该程序的适用范围。在此范围内，就更需要明确在哪些条件下律师有权力进行调查。另外，也可能出现在刑事和解程序启动前被告人就行使抗辩权的可能。

刑事和解程序在适用中具有强烈的不协调性。尽管近期立法者尽力想将该程序设计得更加适用于检察院，但是刑事和解程序的适用仍然存在强烈的不协调性。一些司法管辖区，如普瓦提埃（Poitiers）的上诉法庭就积极提倡适用刑事和解程序。

但是该程序目前仍然无法得到普遍推广。许多大审法院，如布鲁瓦（Blois）、卡昂（Caen）、卡斯特（Castres）或者坎培尔（Quimper）大审法院在大多数案件中不会适用刑事和解程序，由于并没有司法部的实时调查，并没有相关确实数据。一些检察院并不会用到这项程序，因此，博比尼（Bobigny）的检察院，建立了其他一些得出刑事判决的方式，甚至在刑事和解程序中插入一个延长审判期限的程序。其他一些检察院，如南特（Nanterre）或者里昂（Lyon）检察院认为这项程序太复杂，并不想在司法实践中启动该项程序。重点在于承认某些特殊情况下，该程序触及了某些限制。因此，在卡宴（Cayenne），一个前任共和国检察官 Anne Kayanakis 女士就指出，当地的环境条件要求其排除该程序的适用。她解释道，刑事和解程序要求纠纷相关人之间对话和参与，这使得罪犯的教育程度会影响该程序的有效适用（由于当地有些是不识字的，有些并非法语母语者）。

然而，为了保证公民在法律面前的平等地位，司法部倾向于鼓励不适用刑事和解程序的司法机关适用符合他们各自需要的程序。这些协调法官和诉讼参与者之间关系进行的努力证明了：只要立法者的意愿和动力一直都在，那么他们所追求的目标终将达到。

（三）刑事法令

刑事法令程序实施的第一步是通知，通知是犯罪嫌疑人和司法机关之间唯一的“接触点”。共和国检察官在刑事法令中作出刑罚建议时，并没有提审犯罪嫌疑人。不同于刑事和解，刑事法令并不要求犯罪嫌疑人就其被指控的事实作出承认。这也是刑事法令程序法律上有缺陷的地方。

通常司法机关会用以下两种方式通知犯罪嫌疑人：一是有回执的挂号信，二是刑事法令。直到 2004 年 9 月法案之前，有回执的挂号信是唯一的通知方式。然而，由于在实践中遇到的困难，挂号信通知的方式使用得越来越少了。一方面，通过挂号信通知加重了法院书记员的负担，需要实时监控程序的运行。南特检察院指出，这种情况导致出现了一个悖论：刑事法令的执行期通常情况下都大于 8 个月，但是该项程序应尽快执行。另一方面，这种通知方式在适应性和效率方面也产生了问题。通常情况下，经济方面遇到困难的犯罪嫌疑人，会恐惧收到债权人信件，就会拒绝接受所有信件，因而大多数情况下，挂号信并没有实际通知到犯罪嫌疑人。或者由于司法机关没有准确有效的犯罪嫌疑人相关信息，这就会导致信件被寄到错误的地址，犯罪嫌疑人因此也没有得到通知。

如果信件没有被接收，检察院会要求执法机构或者宪兵派员执行通知。这就加重了程序负担，同时也并没能确实保证对犯罪嫌疑人的通知，尤其在通信地址错误的情况下。面对这些问题，很多检察院放弃了使用挂号信通知的方式。但是巴黎大审法院至今仍然使用挂号信的方式进行通知。

针对挂号信通知的方式存在的问题，2004 年 3 月 9 日通过的法案授予共和国检察官和其他有权力的检察院人员通知犯罪嫌疑人刑事法令的权力。这种新的通知方法在大多数司法机构中得以适用。

这种新的通知方式有以下两个方面的不同：首先，某些检察院规定了共和国检察官和检察官委托的人或者书记员，通过约见当事人的方式告知刑事法令相关内容。例如，在博比尼，司法警察会通知犯罪嫌疑人到检察院跟检察官谈话，由检察官向其告知刑事法令。谈话在审判室进行，检察官要着正装。

总结司法实践后发现，越来越多的检察院使用这种新的通知方式，确保程序的正确进行，但是与此同时也应该维持传统挂号信的通知方式。

针对刑事法令，犯罪嫌疑人可以提出抗辩。犯罪嫌疑人有权对刑事法令提出抗辩，一旦其提出抗辩，案件将会被转交到轻罪法庭，依照传统刑事诉讼程序进行审判。许多法官认为这项犯罪嫌疑人的抗辩权利是被审判人的正当程序权利的保障，被审判人有权利拒绝接受简易程序审判，申请开展传统诉讼程序。被审判人可以在通知送达之日起 45 日内提出抗辩，对于期间起算时间的确定，通过挂号信方式送达的通知，根据《法国刑事诉讼法典》第 R41-1 条，从挂号信寄出之日起算。

但是在司法实践中，对刑事法令的抗辩鲜有发生，有些检察官解释道，目前存在的抗辩多数是出于延长程序期限的目的，而非确实的抗辩。许多律师也承认他们在处理案件时会建议当事人提出抗辩，以便给他们提供更多的时间研究案件。就目前情况来看，一旦将来刑事法令确定的刑罚重于传统刑事诉讼程序可能判处的刑罚时，抗辩案件的数量将会有所增加。

刑事法令程序的最后一步是执行，但是在司法实践中其执行比例微薄。有检察官指出，如果能实现犯罪嫌疑人在法院当场缴纳罚金，有可能会大幅度提高刑事法令的执行比例。

（四）庭前答辩认罪制度

庭前答辩认罪制度通过传唤案件相关人员，进行谈话从而达成庭前答辩认罪的结果。《法国刑事诉讼法典》第 495-7 条规定，庭前答辩认罪制度适用于被共和国检察官受理的案件的犯罪嫌疑人，但是不包括由预审法官移交到轻罪法院的案件的被告（《法国刑事诉讼法典》第495-15条）。

针对这些犯罪嫌疑人，共和国检察官可以依职权直接启动实施庭前答辩认罪制度或者可以依照相关人或者其律师申请，实行庭前答辩认罪制度。

根据《法国刑事诉讼法典》第495-8条的规定，共和国检察官在决定实施庭前答辩认罪制度后，首先要再次查阅卷宗，听取犯罪嫌疑人及其辩护律师意见。之后由共和国检察官提出刑罚建议，犯罪嫌疑人及其辩护律师有10天的时间商讨后决定是否接受。

不同于刑事和解中的规定，庭前答辩认罪制度中作出的刑罚可以是徒刑，但是如果对犯罪嫌疑人处徒刑，需要满足以下两个条件：不得处以1年以上徒刑，提出的刑罚也不能超过其应受刑罚的一半。

四、对法国刑事简易裁判机制的反思

简易审判程序的实施是司法制度的创新和改良，某种程度上改变了法官和检察官的地位，法官的任务不再是审判，而是审核和确认。检察官的职责也从提起公诉变为作出决定。

检察官在作出判决方面起着越来越大的作用。正如Jean-Louis Nadal先生所说“审判权力正逐步进行转移，检察官具有了部分审判的权利”。这种发展有以下两个方面的原因：一方面，刑事判决的多样性使得检察院的角色更加多样化，事实上，刑事诉讼程序的选择往往能带来不同的刑事判决结果；另一方面，检察官直接参与作出刑事判决。这种职能上的转变直接要求司法从业人员具有较高的专业能力和职业严谨性，国家司法学院似乎已经意识到这点，加强了对司法人员专业知识的培训与考查。

刑事快速裁决程序在法国所面临的诸多挑战是必然的。但大体而言，这些挑战和困难都是可以克服的。仅就法国而言，大部分学者还是持乐观态度，而较好的践行效果也为刑事快速裁决程序的进一步发展提供了持续助力。

第七章　俄罗斯刑事快速处理程序研究

《俄罗斯联邦刑事诉讼法典》是一部向资本主义转型过渡的年轻的刑事诉讼法典，1991 年 12 月苏联解体后，俄罗斯联邦先是采用修订和增补的方式继续沿用了原有的大部分法律，其中包括刑事诉讼法，但是在 1993 年 12 月 12 日俄罗斯联邦颁布全新的《俄罗斯联邦宪法》后，各主要部门法很快便陆续出台了。然而，《俄罗斯联邦刑事诉讼法典》却费尽周折。1994 年，由总统办公厅法制处组建的司法改革小组提出的总则草案受到广泛质疑，如草案规定，不提供证言的证人可以被拘留 60 天，① 不出庭的律师可以被拘留 2 天；2001 年 7 月 20 日，早在 4 年前就通过了国家杜马一读的刑事诉讼法草案才再次通过二读，之后又被总统要求重新恢复二读。直到 2001 年 11 月 22 日，俄罗斯联邦国家杜马才最终通过新的《俄罗斯联邦刑事诉讼法典》，2001 年 12 月 5 日，俄罗斯联邦联邦委员会批准了该法典，2001 年 12 月 18 日，俄罗斯联邦总统普京签署了第 174 号联邦法律，《俄罗斯联邦刑事诉讼法典》于 2002 年 7 月 1 日正式生效。

现行《俄罗斯联邦刑事诉讼法典》共分为六个部分，十九编，五十七章，475 条。作为一部制定于 21 世纪并不断修订的非常年轻的刑事诉讼法典，《俄罗斯联邦刑事诉讼法典》试图融合本国传统的法律制度、社会习惯、人文精神与外国的立法经验、国际人权准则以及西方对原社会主义国家法治道路的幻想为一体。这部新刑事诉讼法典的制定花费了较其他同期法典更多的时间、人力、财力，确认了人权为最高价值理念的宪法精神。法典广泛采用了两大法系有关刑事诉讼的理念，参考了欧盟标准，吸收了有关刑事诉讼的国际通行的条约条款和公认的法律原则，如两造诉讼、刑事诉讼私权化、陪审制等。法典对刑事诉讼参与人的各项诉讼权利进一步予以明确，同时采取措施保障其履行义务，近年来法典配合刑法不断推进轻刑化、自由化、刑罚可选择化改革。

法典中吸收借鉴的诸多刑事诉讼程序的理念和原则往往是其本国法学专

① 类似规定目前也出现在我国《刑事诉讼法修正案（草案）》一审稿第 187 条中。

家以寻求人权保障与护法机关①追究犯罪之间利益平衡所进行的长期的学术争论的结果，其过程必然充满了博弈，如俄罗斯刑事诉讼的私权化就尚未如两造诉讼一样为所有的法律人所接受，他们担心扩大刑事诉讼私权化的范围会抹杀整个沙俄和苏联时期刑事诉讼的有益经验，使得俄罗斯的刑诉程序失去个性，因此很多学者明确反对刑诉私权化。

关于《俄罗斯联邦刑事诉讼法典》的修订特点，还有两点需要说明：一是其法典修订有相当部分属于技术、校订性质，如由于2010年年底至2011年年初俄罗斯联邦组建了新的俄联邦侦查委员会代替之前的俄罗斯联邦检察院侦查委员会，法典便就此进行了大量的更名。二是法典的修订越发趋于理性，不再是激进的，部分修改还带有回归俄罗斯传统刑事诉讼制度的迹象，如2007年6月5日第87号联邦法律的施行，就导致俄罗斯联邦检察长领导审前侦查的权力被基本取消，其对于整个刑事诉讼审前程序的领导职权只限于在调查这种简易审前调查形式中，相应地，俄罗斯联邦刑事诉讼结构因此发生了重大变革，在大部分刑事案件立案到移送检察院批准起诉书阶段，检察机关作为追诉机关的角色已经淡化，检察长趋于中立的地位使案件在审前侦查阶段就具备了对抗制的基础，从而构成了法院和检察院在侦查阶段对侦查权的双重监督，加强了俄罗斯联邦检察长的监督职能。

但是，最为引人注目的当属俄罗斯联邦刑事诉讼中设立的各类特别程序的改革问题。可以说俄罗斯近几十年来的刑事诉讼程序改革，最大的亮点就是构建了以正当法律程序为主、快速处理程序为辅的刑事司法体系。一方面，“二战”后全球人权保障运动日益高涨，加强犯罪嫌疑人、被告人的权利保障逐渐成为各国刑事司法改革的主流，一场刑事诉讼的正当程序革命势在必行；另一方面，“程序拖沓、积案沉重”的刑事诉讼迫切需要进行以诉权为主导的程序改革，通过合理分配司法资源，加快诉讼效率，以维持正当程序的有效运行，否则会成为其司法资源不能承受之重，最终使得正当程序也不再正当，因为“迟来的正义非正义”。俄罗斯快速处理程序包括在刑事被告人同意对他提出的指控时作出法院判决的特别程序和签订审前合作协议时作出法院判决的特别程序。

一、刑事被告人同意对他提出指控时作出法院判决的特别程序

在被告人认罪的情况下作出法院判决的特别程序并没有规定在《俄罗斯联邦刑事诉讼法典》第四部分——刑事诉讼的特别程序之中，而是被放到第

① 俄罗斯的护法机关主要是指：侦查机关、检察机关和法院。

三部分——法院诉讼程序中关于法庭调查、法庭辩论、最后陈述、判决的规定之后，这是因为立法者考虑到这一特别程序并不像未成年人刑事案件特别诉讼程序或适用强制医疗特别诉讼程序那样，是贯穿整个刑事诉讼进程的程序设置，它只是对审理程序的简化，只是对审判阶段的特别设置。整体来看，专门规定这一特别程序的条文数量并不多，只有四条；目前对它们所进行的修订次数也不多，只有2003年7月4日第92条联邦法律对其中两条进行了修改。当然，根据2010年12月29日第433号联邦法律，2013年1月1日会对其中一些条文进行重新修订。

被告人认罪下的特别审理程序之所以出现在《俄罗斯联邦刑事诉讼法典》之中，从国外的因素来看，是由于诸如西班牙、意大利等一些西欧国家相继引入类似的简易诉讼交易程序，从国内的因素看，是由于其近年来在刑事诉讼中不断推行的两造诉讼原则以及对刑事诉讼私权化元素的广泛吸收。2003年7月4日第92条联邦法律在此影响下进一步拓宽了被告人认罪下的特别审理程序的适用范围，从轻罪案件和中等严重犯罪案件扩大到严重犯罪，即在刑事案件中，如果《俄罗斯联邦刑法典》对该犯罪规定的刑罚为不超过10年剥夺自由，并且在国家公诉人或自诉人同意的情况下，被告人就有权同意对他提出的指控并申请不经过法庭审理直接作出判决。对于法院，如果能够证明以下情况，即有权不按普通程序进行法庭审理而直接作出刑事判决：被告人意识到他所提出的申请的性质和后果；申请的提出是自愿的并向辩护人进行过咨询。如果上述条件中的任何一项未能得到遵守，则法院必须按照普通程序进行法庭审理，同时，如果此时国家公诉人或自诉人或被害人中任意一方表示反对被告人提出的上述申请，则刑事案件同样必须转为普通程序审理。

在刑事案件侦查终结后的被告人及其辩护人开始了解侦查员向他们提交刑事案件材料的阶段，或在庭前听证阶段，被告人有权同意对他提出的指控并提出不经法庭审理即作出刑事判决的申请，但必须在其辩护人在场的情况下提出，如果受审人本人、他的法定代理人没有聘请辩护人，其他人也没有根据他们的委托聘请辩护人，则法院在这种情况下应保证辩护人参加刑事案件。

在受审人同意对他提出的指控而申请不经法庭审理即对他的案件作出刑事判决时，审判庭开庭的程序应遵循普通程序关于法庭审理的一般规则进行，审判庭预备程序、控辩双方的辩论和受审人的最后陈述，以及判决都应依照普通程序进行。同时，在审判庭开庭时，受审人和他的辩护人必须到庭；审理受审人关于不经法庭审理即作出刑事判决的申请时，首先由国家公诉人叙述向受审人提出的指控，而在自诉案件中，则由自诉人叙述指控；法官应询问受审人是否明白对他的指控，是否同意指控，是否坚持自己不经法庭审理即作出刑事判决的申请，提出这一申请是否自愿和是否向辩护人进行过咨询，是否意识到不经法庭审理即作出刑事判决的后果；同样，在被害人参加法庭审理的情况下，法官亦应查明被害人对受审人申请的态度，但由于被害人不是必须到庭参加审判，因此他对于上述申请的态度可以由法官通过书面申请的形式进行确认。只有在满足上述所有条件的情况下，法官才可以不按普通程序对所收集到的刑事案件证据进行评价，在这种情况下，可以审查与受审人身份有关的情况及减轻和加重刑罚的情节。

可见，对被告人认罪下的特别审理程序，立法者采取了非常慎重的态度，对控辩双方当事人，尤其是被告人的各项权利进行了近乎烦琐的程序性规定。如果受审人、国家公诉人或自诉人、被害人反对不经法庭审理即作出刑事判决，法官应立即作出终止特别法庭审理程序和按普通程序审理刑事案件的裁决，而且，法官也有权主动地作出这种裁决。

如果法官得出结论认为受审人所同意的指控根据充分，已经被刑事案件中收集到的证据所证实，则法官作出有罪判决并对受审人处刑，刑罚不得超过所实施犯罪法定最重刑种最高刑期或数额的2/3。有罪判决书的叙事和理由部分应该包括：描述受审人所同意的被指控实施的犯罪行为，法庭关于不经法庭审理即作出刑事判决的条件已经得到遵守的结论，但被告人认罪下的特别审理程序的刑事判决书不需要反映法官对证据的分析和评定。

在宣布刑事判决后，法官应向控辩双方说明对尚未生效的法院裁判的上诉和抗诉的权利和程序，但是控辩双方不得以刑事判决书中所述的法院结论不符合第一审法院或第一上诉审法院所认定的刑事案件事实情节为由按照第一上诉程序或第二上诉程序提出上诉和抗诉。

《俄罗斯联邦刑事诉讼法》规定的在刑事被告人同意对他提出的指控时作出法院判决的特别程序以简化的审判方式解决轻罪、中等严重的犯罪以及重罪案件，实现了较为快速高效的司法审判，同时减轻了受审人的诉累。在谢勒久可夫教授对119名法官、130名检察机关工作人员以及94名律师进行的关于该特别程序的问卷调查中，对于“是否认可该特别程序”的问题，就有98%的法官、100%的检察机关工作人员以及85%的律师表示肯定；对于“该程序是否能够保障辩护权”的问题，则有84%的法官、94%的检察机关工作人员，以及77%的律师表示肯定；对于“该程序相比一般程序是否会给受审人带来更轻的刑罚”的问题，有76%的法官、89%的检察机关工作人员以及85%的律师表示肯定；对于“公诉人在同意被告人关于特别程序申请是否有必要附加诸如要求受审人偿付诉讼费用的条件”的问题，有26%的法官、

55%的检察机关工作人员以及9%的律师表示肯定。[①]

虽然该程序被称为“在刑事被告人同意对他提出的指控时不经法庭审理即对刑事案件作出判决的特别程序”，但俄罗斯联邦宪法法院顾问斯密诺夫教授认为，这一特别审判程序仍然进行了法庭审理，只是采用了一种简化的方式，法院在适用这一程序时省略了一般程序中的法庭调查，不进行证据审查，但审判庭的其他部分还是必须依照刑事诉讼法关于“法庭审理的一般条件、审判庭的预备部分、控辩双方的辩论和受审人的最后陈述以及作出刑事判决”的规范进行。[②] 我们认为，法庭调查处于法庭审理的核心地位，对证据和事实的认定起着关键作用，是审判程序的标志性步骤，因此省略这一步骤的法庭审理程序确实很难被称为诉讼意义上的法庭审理。

二、签订审前合作协议时作出法院判决的特别程序

2009 年 7 月 14 日，俄罗斯联邦第 3 任总统梅德韦捷夫签署的《关于修订〈俄罗斯联邦刑法典〉和〈俄罗斯联邦刑事诉讼法典〉》的 2009 年 6 月 29 日第 141 号联邦法律正式生效，俄罗斯联邦刑事诉讼法引入了全新的法庭审理特别程序——签订审前合作协议时作出法院判决的特别程序，这一程序针对俄罗斯当前日益严重的有组织犯罪，设立了着眼于整个案件的特别侦查、审判程序，如果犯罪嫌疑人或刑事被告人只是以提供其个人参与犯罪活动的信息对侦查活动予以协助，则不适用本程序。但我们认为，这一新的特别程序体现出裁判方一定程度的追诉倾向，另外在相关立法行文中也存在一些纰漏。

犯罪嫌疑人或刑事被告人以及他的辩护人通过侦查员向检察长提交签订审前合作协议的申请，申请由犯罪嫌疑人或刑事被告人以书面形式提出，辩护人必须在申请上签字。如果犯罪嫌疑人或刑事被告人本人、他的法定代理人没有聘请辩护人，其他人也没有根据犯罪嫌疑人或刑事被告人的委托聘请辩护人，则侦查员在这种情况下应保证辩护人参加刑事案件。嫌疑人或被告人有权在自开始刑事追究之时起至侦查宣告结束期间提出签订审前合作协议的申请，在该申请中，嫌疑人或被告人应指出为了协助侦查，他将在揭露和调查犯罪、揭发和追究其他共同犯罪人以及起获赃物方面实施哪些行为。

侦查员自收到该申请之后的 3 日内，要么将该申请连同经侦查机关首长同意作出的向检察长提出与嫌疑人或被告人签订审前合作协议的决定一起送交检察长，并说明理由，或者作出拒绝关于签订申请合作协议申请的决定。

---

① ［俄］谢勒久可夫 C. B.：《速决审判》，法律出版社 2006 年版，第 90-91 页。

② ［俄］斯密诺夫 A. B.：《俄罗斯联邦刑事诉讼法典解释》（第 5 版），大道出版社 2009 年版，第 744 页。

犯罪嫌疑人或刑事被告人以及他的辩护人可以对侦查员作出的关于拒绝签订申请合作协议申请的决定向侦查机关首长提出申诉。

检察长在收到签订审前合作协议申请，以及侦查员关于向检察长提出与犯罪嫌疑人或刑事被告人签订审前合作协议的决定之时起的 3 日内，对其进行审议，根据审议的结果，检察长应作出以下决定之一：满足签订审前合作协议的申请；驳回关于签订审前合作协议的申请。侦查员、犯罪嫌疑人或刑事被告人及其辩护人可以对驳回关于签订申请合作协议的申请的决定向上级检察长提出申诉。

检察长在作出满足关于签订审前合作协议的申请的决定后，应邀请侦查员、犯罪嫌疑人或刑事被告人及其辩护人在他们的参与下，由检察长制定审前合作协议。审前合作协议中应说明：协议制作的日期和地点；签订协议的控方检察机关公职人员；签订协议的辩方犯罪嫌疑人或刑事被告人的姓名、父称、出生日期和出生地；对犯罪进行描述并指出实施犯罪的时间、地点等应在刑事案件诉讼中证明的情况；《俄罗斯联邦刑法典》对该犯罪规定责任的条、款、项；犯罪嫌疑人或刑事被告人在履行审前合作协议中规定的义务时将会实施的行为；在犯罪嫌疑人或刑事被告人遵守审前合作协议规定的条件并履行其规定的义务时，可以对犯罪嫌疑人或刑事被告人适用的减轻情节和刑事法律条款。检察长、犯罪嫌疑人或刑事被告人及其辩护人应在审前合作协议上签字。

在犯罪嫌疑人或刑事被告人与检察长签订审前合作协议的情况下，侦查员有权从原刑事案件中分出一个刑事案件单独办理，在该案件程序中：关于签订审前合作协议的申请，侦查员关于向检察长提起与犯罪嫌疑人或刑事被告人签订审前合作协议的申请的决定，检察长所作的满足关于签订审前合作协议的决定，以及审前合作协议应一并归入刑事案卷之中；当签订审前合作协议的犯罪嫌疑人或刑事被告人及其近亲属、亲属和亲近的人的安全受到威胁时，侦查员应作出将关于签订审前合作协议的申请，侦查员关于向检察长提起与犯罪嫌疑人或刑事被告人签订审前合作协议的申请决定，检察长所作的满足关于签订审前合作协议的决定以及审前合作协议封入信封保管的决定；侦查终结后刑事案件应移送检察长批准起诉书，并由检察长作出对该案件适用法庭审判和裁判的特别程序的报告，报告中应当说明：被告人在揭露和调查犯罪、揭发和追究其他共同犯罪人以及起获赃物方面协助侦查的性质和范围；在揭露和调查犯罪、揭发和追究其他共同犯罪人以及起获赃物上与被告人合作的意义；与被告人合作所发现的犯罪、提起的刑事案件；刑事被告人及其近亲属、亲属和亲近的人，因被告人与控方合作而受到的人身安全威胁的程度。检察长还应该在报告中证明被告人在履行其所签审前合作协议所规定的义务时所陈述信息的全面性和真实性。报告的副本应送交被告人和他的辩护人，对此他们有权提出自己的意见。

检察长应在自被告人了解报告之日起的3日内向法院移送刑事案件和报告，并向法院证明：被告人在揭露和调查犯罪、揭发和追究其他共同犯罪人以及起获赃物方面对侦查的积极协助；审前合作协议的签订是自愿的并且有辩护人的参与。如果向法院确认上述条件得到遵守，则对签订了审前合作协议的被告人的刑事案件适用法庭审判和裁判的特别程序，否则，则应作出按照一般程序进行法庭审理的决定。

签订审前合作协议时的法庭审理和判决程序应参照在刑事被告人同意对他提出的指控时作出法院判决的特别程序中的法庭审理和判决程序进行。审判庭开庭时，受审人和他的辩护人必须到庭，审判庭首先由国家公诉人叙述向受审人提出的指控，然后由国家公诉人对受审人协助侦查的行为予以证明，并且向法庭说明其具体表现，同时必须审查：受审人在揭露和调查犯罪、揭发和追究其他共同犯罪人以及起获赃物方面协助侦查的性质和范围；在揭露和调查犯罪、揭发和追究其他共同犯罪人以及起获赃物上与受审人合作的意义；与受审人合作所发现的犯罪、提起的刑事案件；受审人及其近亲属、亲属和亲近的人，因受审人与控方合作而受到的人身安全威胁的程度；受审人个人的身份情况，减轻和加重刑罚的情节等。

在证实受审人遵守了审前合作协议所规定的所有条件并履行了其所有义务之后，法官应参考《俄罗斯联邦刑法典》第62条①第2款、第4款的规定作出有罪判决，并对受审人处刑。根据法院的裁量，考虑《俄罗斯联邦刑法典》第64条②、第73条③和第80-1条④的规定，受审人可以被判处比法定刑更轻的刑罚、缓刑或被免除刑罚。有罪判决书的叙事和理由部分应该包括：受审人所同意的被指控实施的犯罪行为的描述；法庭关于受审人遵守审前合作协议所规定的条件并履行了其义务的结论。宣布刑事判决后，控辩双方有权依照一般程序对判决提出上诉和抗诉。对此，在刑事被告人同意对他提出的指控时作出法院判决的上诉规定与签订审前合作协议时作出法院判决时的上诉规定中的限制条件理应一致，即都不得以刑事判决中叙述的法院结论不符合第一审法院或第一上诉审法院所认定的案件事实情节为由提出上诉和抗

---

① 《俄罗斯联邦刑法典》第62条，即“在有减轻情节情况处刑”。

② 《俄罗斯联邦刑法典》第64条，即“判处比法定刑更轻的刑罚”。

③ 《俄罗斯联邦刑法典》第73条，即“缓刑”。

④ 《俄罗斯联邦刑法典》第80-1条，即“因情况改变而免除刑罚”。

诉，因为两种法庭审理特别程序都不进行法庭调查，米哈伊洛夫斯卡娅教授判断，也许因为签订审前合作协议时作出法院判决的特别程序所针对的犯罪都比较严重，所以立法者决定在此不对自由上诉原则的适用作任何限制。①

综上不难看出，俄罗斯刑事诉讼法所规定的快速处理程序分别适用于不同案件的不同阶段，它们对侦查、预审、审判进行了不同程度的简化，但对于大多数刑事案件而言，不能同时简化上述所有程序，这是保障被告人辩护权利的基本要求。作为一种美式认罪特别程序，美国辩诉交易自产生之日起，就伴随广泛而激烈的争议。然而随着时间的推移，该程序在美国逐渐推广开来，并最终获得法律上的确认。现在，这种特别程序又以不同方式在其他国家推广开来，如《德国刑事诉讼法》第 407 条确立了处罚令程序，《意大利刑事诉讼法典》第 444 条至第 448 条规定了依当事人要求适用刑罚程序（我国学者称之为“意大利式辩诉交易”）。《俄罗斯联邦刑事诉讼法典》第 314 条至第 317 条专门规定了被告人认罪特别程序。其立法者希望通过被告人认罪而省却普通庭审抗辩程序，其节省司法资源、提高诉讼效率的意图是十分明确的。在实践层面，俄罗斯快速处理程序的效果非常显著。近年来约一半以上刑事案件均采用特别程序进行审理。以上事实说明，由于被告人认罪而使得诉讼程序得以简化的快速处理程序具有很强的生命力。其生命力的关键在于快速处理程序兼顾效率与公正，尊重诉讼规律。从前述分析中可以看出，以提高诉讼效率为目的而建构的被告人认罪特别程序并未忘却兼顾公正，这表现在被告人的程序参与性、法官中立性、裁判的“事实基础”、相应的制度配套以及法官必要的司法审查等。在尊重诉讼规律方面，着重追求诉讼效率，这本身就是诉讼规律的体现，因为一个没有效率或未平衡公正与效率的程序，本身就很难说是公正的。俄罗斯快速处理程序的建构并非立法者或司法者凭空臆想的，而是基于被告人认罪以及这种认罪能省却普通庭审程序的现实可能性。普通庭审程序的核心环节是庭审质证抗辩，而庭审质证抗辩的前提是控辩双方对指控犯罪事实的争议。如果控辩双方对指控犯罪事实已无争议，庭审质证抗辩程序的简省不仅必要，而且可能。另外，司法实践表明，在许多案件中被告人作有罪答辩是一种客观事实。俄罗斯结合刑事司法改革，在刑事诉讼立法中考虑了其他相关制度的配套建构。这些配套诉讼制度包括前述当事人主义、沉默权、非法证据排除、证据展示及比较完善的律师制度等。俄罗斯快速处理程序更注重对刑事被告人申请的自愿性、证据的审查，并且法官参与到辩诉交易的审查中，对被告人的诉权进行了进一步的保障，相应

① ［俄］巴什卡塔夫 Л. Н. 等：《俄罗斯联邦刑事诉讼法典解释》（第 7 版），大道出版社 2010 年版，第 581 页。

制度的配套为该程序的运行提供了保障。被告人认罪特别程序作为一种与刑事普通程序相对应且独立的刑事特别程序，应由国家基本立法主体通过基本法律的形式予以规范。俄罗斯是由俄罗斯国家杜马在《俄罗斯联邦刑事诉讼法典》中加以规范的。这种做法既保证了法治统一，又保证了被告人认罪特别程序应有的法律地位和权威。当然，俄罗斯快速处理程序在制度层面还存在一些缺陷，如立法中个别概念模糊不明确、对相关诉讼参与人的权利保护缺乏可操作性等，但我们可借鉴俄罗斯快速处理程序中的优点完善我国的速裁程序。我国在对速裁程序进行全面推进时，在借鉴俄罗斯快速处理程序合理内核的基础上，同时应注意到该制度的缺陷和不足，使我国速裁程序在实践运行中提高诉讼效率的同时，也能确保案件的质量和司法公正。此外，由于我国刑事诉讼审判程序在实质上仍然主要局限于书面审理，因而审判阶段对司法资源的耗费比例并不是很大，因此研究相关新型混合制国家关于审前程序的分流经验或许对我国目前的分流程序改革有着更大的现实意义。

第八章　意大利刑事速裁程序研究

一、立法背景及改革的演变历程

（一）立法背景

意大利作为传统的大陆法系国家，刑事诉讼程序具有典型的职权式特征。整体而言，意大利刑事诉讼程序的建立是以被告人为中心，给予犯罪嫌疑人、被告人充分的权利保护。刑事诉讼程序十分注重在法庭上对证据形式的对质，在正式庭审环节，所有证据都需要经过一一交叉对质，以此确保证据的客观性和真实性，但这又导致刑事诉讼程序往往需要耗费很长的时间。同时，犯罪嫌疑人或被告人因拥有了充分的权利保障，如法律赋予被告人面对程序行进中出现的诸多新情况，都有权提出请求，重新开始某一阶段的刑事诉讼环节。在一定程度上更是加剧了刑事诉讼进程推进缓慢的状况，使得衡量司法公正标准之一的及时性难免受到影响，难以得到保证。因此，1988 年意大利颁布新的刑事诉讼法典，为解决司法实践中面临上述困境，在《意大利刑事诉讼法典》第六编规定了特别程序，区别于普通刑事诉讼程序，刑事特别程序正是立法者从节约司法资源、合理加快刑事诉讼程序等多方面因素考虑，出台了五种特别刑事诉讼程序。五种特别刑事诉讼程序分别是简易审判（giudizio abbreviato）、依当事人的请求适用刑罚（pattegiamento），即辩诉交易、快速审判（giudizio direttissimo）、立即审判（giudizio immediato）及处罚令程序（procedimento per decreto）。

立法者制定特别刑事程序的目的显然是节约司法资源，适度分流刑事案件，以形成一套独立的处理机制，让特定种类或是被告人认罪的刑事案件通过特别程序，相对快速地得到处理。从广义上而言，特别刑事程序应属于刑事快速裁决程序，因为这些特别程序或是省略了初步庭审环节，或是省略了正式庭审环节。无疑，适用特别程序的目的明确，那就是加快刑事诉讼程序的进程。但意大利立法者之所以制定了五种不尽相同的刑事特别程序，正是为了在适用对象和适用条件上作出明确区分，针对实践中不同的案件情况，不同适用对象以适用不同的特别程序，从而对应省略了某一部分的刑事程序环节，形成了颇具特色的特别刑事程序体系。而自 1988 年《意大利刑事诉讼法典》颁布几十年来，这五种特别刑事诉讼程序又分别历经了多次立法修订，度过了一次次或根本性、或小幅度的法律改革。

国际普遍立法上，刑事快速裁决程序多适用于轻微刑事案件，被告人认罪并且案件事实清楚、证据充分。而意大利的特别程序则不仅局限于上述特征和范围，不同类型的刑事特别程序，可适用于不同刑事诉讼阶段，并且具有不同的范围和对象，形成了一整个拥有阶层性、分类性特征的特别刑事诉讼体系，其区别于普通刑事诉讼体系，但两个体系之间又紧密联系，是颇具意大利特色的刑事快速裁决程序体系。另外，从加快刑事诉讼程序进程的角度来看，在《意大利刑事诉讼法典》中除了第六编所规定的特别程序之外，还有一项在《意大利刑法典》中规定的制度，即保证金（oblazione）制度，适用保证金制度能够在刑事诉讼中省略正式的庭审环节，它同样在意大利司法界和理论界都被认为是分流刑事案件的一种办法。

（二）改革原因及相关评价

自 1988 年《意大利刑事诉讼法典》颁布之后，特别程序在司法实践中一直无法达到立法者所期待的效果，对特别刑事程序进行改革的呼声随着司法实践的推进不断增高，究其主要原因，首先，特别程序设置的适用条件烦琐，导致司法适用率不高。1999 年，意大利政府出台的 Carotti 法案（第 479 号法律）是一个在总体上涉及特别程序的立法修订，着重解决的也正是特别程序司法适用率不高的问题。法案是在总结了司法实践问题的基础上而推出的，内容十分具有针对性，简化了特别程序的启动条件，同时，法案还进一步加大了适用特别程序所给予被告人的处罚优惠措施。在此之前，适用特别程序对被告人的处罚优惠不明显，不能够刺激被告人自愿提出适用特别程序的请求，这也是阻碍特别程序适用的一个重要因素。通过立法修订，一方面加大了对被告人的处罚优惠，促使更多的被告人在符合特别程序适用条件时提出适用的要求，提高特别程序司法适用率；另一方面在一些专门针对轻罪适用的特别程序中，加大减轻处罚措施的力度，使得符合条件的犯罪人免于受监禁刑，既节约了司法资源又能避免犯罪人在狱中发生交叉感染的问题。可以说，法案出台后，使得特别程序司法适用率不高的问题得到了有效解决。

其次，谈及意大利的立法改革，当然无法忽视宪法法院的地位和作用。意大利宪法法院通过判例形式从法理上对涉及特别程序的法条作出审定，判定法条实质是否违宪，是否有违反公正司法、公平司法的精神。尤其在近些年，意大利宪法进行了一次强调刑事诉讼“正当程序”的重要改革，通过改革给刑事诉讼程序确立了五大基本原则，即程序法定、控辩对峙、地位平等、法官中立和保障合理期限。

正如特别程序中简易审判程序在1999年和2001年进行的两次立法改革，通过改革提高了简易审判程序的使用率，明确了适用简易审判对被告人的优惠措施。从程序结构上来看，简易程序的改革与意大利宪法的“正当程序”改革保持了同一步调。“正当程序”强调的是在普通刑事诉讼程序中给予被告人及其他诉讼当事人充分的权利保障，通过集体法官合议制对重罪进行审判，绝对排除非法所得证据在法庭上的使用。证据都应当在法庭通过双方公开质证，以确保其真实有效，这样的诉讼程序无疑是对被告人权益的全面保障，但此诉讼体系唯一未能解决的问题即完成诉讼的合理时间。那么，立法者在此就对特别刑事程序也进行了相应的改革和修订，以简易审判程序为例，适用简易审判程序从公正程序的角度看，首先确认的是被告人的同意，只有被告人主动自愿的表意才能够作为适用简易审判的前提条件。尽管简易审判程序放弃了正式庭审，放弃了所有证据材料在公开庭审中的质证，只采用单一法官对涉及重罪的被告人进行审理，但带来的是快速便捷的刑事诉讼过程，又在一定程度上加大了被告人的协商权利，以减轻所处刑罚。正是简易审判程序所放弃的程序性要求，给予了被告人更大的选择动力，通过法官的公平裁量进行简易审判，完成诉讼。

最后，意大利特别刑事程序除在刑事诉讼法典规定之外，还在刑法典和一些特殊立法中都有涉及。这就使得在立法层面，实体法和程序法衔接紧密，而针对某些特殊情形所出台的特殊立法，进一步补充了刑事诉讼法典没有涉及的具体问题，完善了特别程序的适用范围。实现了在司法实践层面部门法之间相互配合协调，更有助于提高特别程序的实践运用效果。

从特别刑事诉讼程序整体系统来讲，立法修订体现出以下几点共同的特征。第一，改革目的多是更加便捷地推动特别程序在刑事司法中的运用。第二，改革从立法技术性角度出发，如简化适用特别程序的审批规定。第三，改革进一步明确对适用特别程序被告人或犯罪人的利益保护，加大了适用特别程序对被告人减轻处罚的力度。需要注意的是，虽然《意大利刑事诉讼法典》是以专章形式规定了特别程序，但实践中，五种特别程序加之《意大利刑法典》规定的保证金制度，都有着各自的适用条件、适用范围和适用对象。因此从立法改革这一点来看，除了1999年第479号法律囊括了五种特别程序的修订，在过去几十年，特别程序所经历的立法改革更多是从单一程序角度出发，针对各自的适用条件和适用对象，分别经过了多次立法修订与改革，改革中具体对特别程序所修订的内容和影响将在本章下部分单独介绍各个特别程序时再逐一谈及。

总体而言，特别程序在当今意大利司法实践中发挥着十分重要的作用，以立法修订进一步完善了特别程序规定，形成了一个整体较为完整又在单一程序中各具特色的特别程序体系，并且与普通刑事诉讼程序形成了相互协调、相互配合补充的大体系，推动意大利刑事诉讼系统日臻完备。

二、意大利刑事速裁程序的类型及特征

（一）简易审判（Giudizio abbreviato）

简易审判规定于《意大利刑事诉讼法典》第 438 条至第 443 条。它是指由被告人提出请求，经法官同意，法官在初步庭审作出结论之时就宣布判决结果，而不再进行正式庭审，法官对适用这一特别程序的被告人可减少本应处刑罚的 1/3。

作为特别刑事程序中的第一项制度，它的设立具有大刀阔斧的改革精神，首先从意大利刑事诉讼程序角度来看，普通刑事程序包括初期侦查、初步庭审及正式庭审，简易审判程序省略了普通刑事诉讼程序的核心环节——正式庭审，法官须在正式庭审开庭之前作出裁决结束案件，从而快速完成刑事诉讼。简易审判在适用对象上没有作出明确限制，使犯有重罪和数罪的被告人都可能提出适用简易审判的请求，这无疑也是一项颇为大胆的立法设计。下文就将从简易审判程序的适用条件、适用对象、诉讼当事人地位等多方面对其进行深入介绍和分析。

1988 年《意大利刑事诉讼法典》颁布，简易审判程序就作为一项特别刑事诉讼程序规定于此，但在当时简易审判程序的适用条件是被告人先请求，经检察官同意以及法官经过对材料文书中被告人行为的审查从而判定是否能够启动简易审判。简易审判程序在当时并不能绝对避免法庭正式庭审环节，只是把简易程序作为可能替代正式庭审的一种可能性，而启动替代正式庭审的可能性则需要检察官的同意[①]。由此可见，依据 1988 年《意大利刑事诉讼法典》规定，启动简易程序，法官同意仅仅是前提之一，若没有检察官批准，仍无法适用简易审判程序。这样的规定使得启动简易审判程序并不是一件相对简单的决定，只有检察官和法官都予以同意才能够适用，这无疑在司法实践中会大大降低简易程序的适用率。1999 年意大利第 479 号法律通过 Carotti 法案，其中专门对特别刑事程序立法规定作出修订。总体来说，此项法案涉及简易审判程序的修订，进一步简化了简易程序，删除了检察官同意和法官对材料文书中被告人行为审查的两项规定，以便在司法实践中更加便捷地予

① Paolo TONINI：Manuale di procedura penale，Dodicesima edizione，Giuffre editore，2011，p. 718.

以适用。同时，减轻适用简易审判程序被告人的刑罚，从而鼓励更多的被告人提出适用简易程序的请求。法案规定，法官对适用简易审判程序的被告人，在有处罚的情形下，减轻 1/3 的刑罚，判处无期徒刑的则减为 30 年有期徒刑，依据《意大利刑法典》判处白天隔离的无期徒刑①，则减为无期徒刑。加大对被告人处罚优惠措施的原因在于，一方面将减轻刑罚作为鼓励措施以刺激被告人提出请求适用简易审判程序，另一方面被告人主动要求简易审判程序，放弃在正式庭审中的辩护权，被认为是一定程度的悔罪，从而换取相应的减轻刑罚。

简易审判程序适用对象的范围十分广泛，换言之，法条并没有明确规定某一类或是某一刑期之内的被告人才可适用简易审判程序，同时法律规定还显示，简易审判程序的适用甚至包括可能被判处无期徒刑的被告人。如此一来，体现了意大利立法者制定简易审判程序的目的，并不只是限于某一类轻罪的适用，对重罪或是同时犯有数罪的被告人同样可以适用特别刑事程序，只要被告人提出请求，法官予以同意则可以进行。在这种不限于轻罪或是只有被告人坦白的情形时，就能适用简易审判程序的立法，可以称为意大利特殊刑事诉讼程序的一大特色，也反映了意大利立法者从最大限度节约司法资源的角度出发，没有在适用对象上作出过多限制。同时，简易审判程序作为特别刑事诉讼程序，所省略的是正式庭审环节，也是意大利普通刑事诉讼程序中最为耗时的环节，从而极大地缓解了对重罪刑事诉讼程序过于拖沓的情形。换言之，简易审判程序也可以将初步庭审当成一种过滤器，通过初步庭审法官的审查，判定案件是否有进入正式庭审的必要，是否能通过特别程序完成诉讼过程。

简易审判程序的适用前提条件是被告人提出请求。依据意大利现行法律规定，被告人也是唯一有权提出适用简易审判程序的诉讼主体，而被告人的请求同时是适用简易审判程序的唯一前提。从学理上可将被告人提出的请求分为两大类情形：一类称为附条件请求，另一类则可称为无条件请求。附条件请求需要以一定的证据为基础；无条件请求是指在初步庭审阶段提出请求，法官根据检察官提交的司法文书判决，直接作出判决。被告人提出请求的时间，依据《意大利刑事诉讼法典》第 438 条的规定，要求被告人在初步庭审讨论和负责初步庭审法官向被告人了解情况这两个环节作出结论之前，提出

① 参见《意大利刑法典》第 72 条：在行为人同时犯有数个可能被判处无期徒刑和有期监禁刑的情形时，对罪犯适用无期徒刑时，同时实行 6 个月至 3 年的白天隔离。数罪中一项犯罪可能被判处无期徒刑且其他一项或数项犯罪可能导致总刑期超过 5 年有期徒刑，适用无期徒刑并实行 2 个月至 18 个月的白天隔离。

适用简易审判程序的请求，被告人通过书面或口头方式都可以提出这一请求。

其一，被告人无条件提出请求的情形。无条件提出请求是指在初步庭审得出结论前，被告人提出适用简易审判程序的请求，由法官通过裁决形式发布简易审判令。意大利学理界之所以称之为无条件请求，是因为在此情形下适用简易审判程序，被告人作为主体具有唯一的合法性审查要求，而没有对证据材料的其他要求。进行简易审判，法官不再进行公开庭审，转而在法院合议室内进行审理，但如果案件涉及多名被告人，所有被告人都提出简易审判请求，法官也可以进行公开庭审。法官可以直接根据初步庭审的结论作出裁决。例外性情形是，法官在初步庭审阶段出于裁判目的主动调查证据材料以及检察官变更起诉罪名。审理结束时，法官通过对检察官提交的司法文书、证据材料及初步庭审的结论进行公平审理后认为能够作出裁决，直接宣判结果；若法官认为还无法通过上述材料作出判决结果，可要求诉讼当事方再次提交结论，并作出判决。如果被告人在初步庭审形成结论之前就提出无条件适用简易审判的请求，检察官有权对此判定证据材料是否足够，并要求进行进一步侦查，提出相反证据。

其二，被告人附条件提出请求的情形。相对于被告人在初步庭审得出结论前提出简易审判的无条件情形，有条件请求是出现了被告人为裁决目的要求进行补充举证，以此作为结束诉讼的条件。法官在此情形下应当履行两种审查义务：第一，判定补充举证对裁决的必要性，如何判定补充举证的必要性？经意大利最高法院全院会审作出解释，即补充举证的材料对裁决而言是具有补充性而不是可替代的，这种补充证据在客观性和真实性上使得所有事实证据材料变得完整，从而能够达到刑事诉讼法典对证明对象的要求。第二，衡量补充举证与简易审判程序司法经济性之间的关系。如果被告人补充举证的请求既达到一定必要性又不影响简易审判程序的司法经济性时，法官则可以继续进行简易审判程序。简易审判程序的司法经济性是十分重要的，适用特别刑事程序就是为了能够节约司法资源，如果补充举证违背了这一要求，显然不符合适用特别程序的目的。

法官同意被告人进行补充举证，检察官则可以对此进行补充收集相反证据，并要求法庭接受新证据。被告人的请求若被法官拒绝，在初步庭审得出结论之前，仍可以再次提出补充举证的请求。被告人在初步庭审阶段提出附条件适用简易审判程序请求被法官驳回，尽管依照法条规定，应当启动普通诉讼程序，但在宣布正式庭审开庭之前，被告人仍有权再次提出适用简易审判程序的请求。这时由正式庭审法官负责审查检察官提供的司法文书和证据材料，并判定证据材料是否具备有效性、补充证据是否达到客观必要性，如果达到上述要求，正式庭审法官即可宣布在正式庭审阶段转为适用简易审判程序。如果出现法官对补充举证没有达到必要性的判断错误或是非法判定情形时，未能适用简易审判程序的被告人则可以享有一定程度的减轻刑罚。同样，若正式庭审法官审查后再次拒绝被告人的请求，但在庭审结束时发现存在应当进行简易审判的合法理由时，则也应当减轻被告人刑罚。而被告人补充举证的要求也被认为是被告人拥有对证据材料客观性、补充性进行协商的辩护权。

检察官提出新指控的情形。面对检察官提出的新指控，被告人有权要求适用普通程序对新的指控进行审判。对于被告人提出的这个请求，法官可以给予被告人及其辩护人不超过 10 天的准备期，并暂缓审理。10 天期限届满，法官再根据被告人或其辩护人的选择，对新指控继续进行简易审判程序或普通程序。可见，立法者在特别程序中给予了被告人十分确切及充分的权利保障，在特别程序进行过程中，被告人每面对一种新情况时，法律都确保其拥有充分的时间进行准备，以能够最大限度地确保自身权益。那么，被告人的选择又可将暂缓程序分为两种情形，适用简易审判程序或普通程序。①被告人选择普通程序，法官首先宣布撤销简易审判的裁决，并再次确定初步庭审的时间或是继续进行初步庭审。进入普通程序后，法官在此之前调取证据材料的效力不受影响。被告人一旦选择普通程序，则不能在随后进行的普通诉讼过程中再次提出适用简易审判程序的请求。②被告人仍然选择简易审判程序。诉讼则继续按照简易审判程序进行，而针对新指控提出的控告，被告人和检察官都可以分别收集新的证据，并要求法庭采纳。

辩护律师在简易审判程序中的作用。辩护律师包括被告人和其他诉讼当事方的辩护律师。辩护律师在简易审判程序中的作用十分重要，依据现行法典规定，在初期侦查阶段，辩护方有权收集有利于被告方或是代理方的证据材料，并提交至初步庭审法官的文书室。提交至文书室后，检察官和辩护方还可以进行会谈，确定是否需要进一步收集证据材料，并向法庭提出进一步收集证据的请求。初步庭审开始后，法官正是根据控辩双方证据材料的结论，进而作出判决。不难看出，在简易审判程序中，辩护人权利具有相当广泛的行使空间。首先，辩护人拥有充分调取证据材料的权利，所有检方在初期侦查阶段收集的证据材料，辩护方都能进行查阅并复印副本。其次，辩护人在初期侦查阶段也能够就收集证据材料的问题与检方沟通，发表意见，若控辩双方认为有进一步收集证据的需要，则再次进行补充证据的收集工作。

简易审判程序中民事当事人的地位，取决于民事当事人是否接受简易审判程序，区分为两种情形。一是民事当事人不接受简易审判程序，意味着民事当事人将不能再参与诉讼，刑事判决的效果也不能及于民事审判和民事当事人，这也是与其他刑事特别程序的不同之处。对此，民事当事人可以选择向民事法庭法官提出诉讼请求，以专门进行相关的民事诉讼。二是民事当事人表示接受简易审判程序，这种表示方式可以通过明示也允许只是默示表示同意，那么，简易审判程序判决也同样将对民事当事人产生效果。需要注意的是，民事当事人的权利在简易审判程序中受到相应限制，民事当事人的权利仅限于法官出于审判目的进一步调取必要材料时，民事当事人可以提交相关材料，但却不能提交不利于被告人的材料，在简易审判程序中，只有检察官有权向法庭提交不利于被告人的证据材料。

适用简易审判程序对上诉权利的限制。1988 年《意大利刑事诉讼法典》颁布后，针对简易审判上诉权利的规定，意大利立法者作了数次立法修订，主要体现在对简易审判程序上诉权的限制。依照现行法条规定，上诉权利的行使依有罪判决和无罪判决两种不同情形而作出区分。一是对有罪判决的上诉。尽管是特别刑事诉讼程序，但同样要遵循刑事诉讼法典中的总体规定，即被告人不得对仅判处财产刑或是罚款的有罪判决提出上诉，因此，简易审判程序中被告人不得对仅判处罚款的有罪判决提出上诉。对于检察官而言，只有在改变起诉罪名时才有权提出上诉，如检察官针对被告人以杀人罪提出起诉，适用简易审判程序后，检察官为提出上诉而改变起诉罪名为“超意图杀人”①，这样通过改变起诉罪名的行为是被允许的。尽管对被告人和检察官的上诉权都作出了一定限制，但宪法法院仍然作为最后的救济手段，对简易审判程序的有罪判决都可以提交至宪法法院。二是对无罪判决的上诉。检察官在任何情形下都能对无罪判决提出上诉。面对无罪判决，被告人也无权提出上诉，除非被告人提出不受处罚的判决是非法、不合理性的。除此之外，上诉都遵循《意大利刑事诉讼法典》规定的普通上诉程序，上诉在法官合议室进行，不举行公开庭审。

值得注意的一个现象是，简易审判程序对证据规则的特殊规定，使得其在科技信息化社会中，适用率进一步提高。在近些年意大利司法实践中，相对于其他类型的刑事诉讼案件，简易审判程序在涉及科技化证据类的案件中适用率明显上升。这在很大程度上是因为这些科技化证据具有无法重复性，对于犯罪现场的侦查也只能在当时进行。选择简易审判程序，极大地降低了将证据提交至法庭进行公开质证的必要性，因为侦查行为中所获得的证据能够直接在初步庭审中得到法庭认可。无论是被告人、检控方还是法官都愿意

① 根据《意大利刑法典》第 584 条规定，超意图杀人是指采用旨在实施殴打（第 581 条）、人身伤害（第 582 条）某一犯罪的行为，造成一人死亡。

选择适用简易审判程序，依靠证据规则的特殊规定，方便提交并审查证据，结束案件。

综上所述，简易审判程序的主要特征可以概括为以下几点。首先，它省略了意大利刑事诉讼程序的正式庭审环节。适用简易审判，除非出现了法条规定的其他情况，则直接在初步庭审中完成刑事诉讼程序，这就意味着排除了正式庭审的法庭审理阶段，控辩双方不再对证据在法庭上进行质证，法官仅仅依靠检察官在初期侦查中获得证据所形成的司法文书作出裁决。对此，有学者认为，简易审判程序是模仿英美法系刑事速裁程序而建立的审判制度，因为在简易审判程序没有法庭宣誓，只通过法官法庭审理阶段的调查就宣判案件，并减轻被告人一定程度的刑罚[①]。其次，简易审判程序只要被告人提出请求，法官审查同意，即可适用。法条没有对启动简易审判程序附加苛刻的审查条件，体现了立法者追求更大程序适用简易审判程序的目的，以更为便捷地推动实践运用。最后，意大利简易审判程序作为刑事特别程序中颇具特色的一点，是简易审判程序在适用对象上没有明确的限制。简单来说，简易程序并不绝对排斥犯有重罪、数罪的犯罪人和被告人的适用，包括共同案件涉及多名被告人的情形也能够适用。总体而言，简易审判程序不限制被告人的对象范围又在刑事诉讼程序环节中省略了最为耗时的正式庭审环节，它打破了其他刑事快速裁决程序对前提要件——被告人认罪这一规定，并且也不限制被告人所犯罪行的种类和程度，力求最大限度地适用于同意进行特别刑事程序的被告人，将被告人的主观意愿放在了十分重要的位置上，展现了意大利以被告人利益为核心而建立的刑事诉讼体系，是一项十分具有特色的刑事特别程序。

（二）依当事人请求适用刑罚（Pattegiamento）

《意大利刑事诉讼法典》第444条至第448条规定了依当事人请求适用刑罚这一特别刑事程序，它又称为意大利式辩诉交易制度，法条涉及了辩诉交易制度的适用条件、适用范围、辩诉交易适用的效力及法官处置权等内容。

简单来说，意大利式辩诉交易制度是指若被告人与检察官直接达成辩诉交易合意，法官直接判断行为是否构成犯罪以及检察官与被告人合意刑期的适当性，即根据侦查材料及辩护方材料，不再对证据进行审理，也不再进行法庭辩论，只在正式庭审中直接作出判决，以适用辩诉交易中确定的刑罚或其他附带性处罚措施。有学者认为，适用辩诉交易，被告人十分清楚其所面

① http://www.studiocataldi.it/news_giuridiche_asp/news_giuridica_15287.asp，最后访问日期：2016年6月6日。

临的刑罚，通过自动放弃在法庭辩论中的法定辩护权，以与检察官达成合意，从而确定一定种类和时期的刑罚。从社会预防效果的角度而言，较为迅速地对犯罪行为处以相对轻的刑罚，相比于通过长时间的刑事诉讼过程，而最终判处一个或更为严厉的刑罚，更加能够起到普遍预防的社会效果①。

辩诉交易制度堪为英美法系刑事诉讼程序的标志之一，1988 年意大利首次将辩诉交易规定正式法典化，编入刑事诉讼法典，这对秉承大陆法系传统的意大利而言，标志着刑事诉讼进入了一个全新的诉讼模式时代。但回顾意大利刑事法律的历史脉络，却不能否认类似制度曾在意大利法律史上的存在。综观 1988 年新刑事诉讼法典出台之前的意大利刑事法律体系，还是能够找到类似于辩诉交易的印迹，意大利在 1981 年 11 月 24 日出台了第 689 号法案。其中第 77 条至第 85 条，涉及了不可上诉，在审讯阶段之前由被告人或是检察官明确表示出妥协的意愿。这些条款虽没有以辩诉交易为名，但在实际内容上却有辩诉交易之实，能够认为是在整体刑事法律体系中插入了一个独立却又与其他刑事法律规定相协调的程序，可视为对当时刑事诉讼程序进行了一定的扩大化处理。回顾历史，我们能发现尽管意大利作为大陆法系的典型代表国家，但在历史长河的演变中，整体刑事法律中仍有些许突破传统法律文化的条文，或多或少地发挥着自身的作用。

1988 年辩诉交易制度出台后，1990 年意大利宪法法院就曾两次作出判决②，分别认定《意大利刑事诉讼法》原第 444 条违宪。其一，第 444 条第 2 款违反了《意大利宪法》第 27 条第 3 款，该款规定对被判刑人不可处以非人道刑罚，且所判刑罚应当有再教育性，而依据《意大利刑事诉讼法》原第 444 条第 2 款，在缺乏公开庭审的情形下，直接适用辩诉交易中达成的监禁刑期，有违宪法之精神。其二，宪法法院认为刑事诉讼法官作出辩诉交易的判决涉及民事诉讼中的赔偿内容，显然侵犯了对民事诉讼的裁判进程，刑事诉讼中达成的辩诉交易导致民事诉讼中被告人无法对赔偿数额再提出异议，违反了《意大利宪法》第 24 条第 2 款中“辩护权在任何诉讼审级、诉讼程序中都是不可侵犯的”这一规定。因此，面对宪法法院的判决以及辩诉交易制度在司法实践中遇到的其他问题，立法者一方面对刑事诉讼法中辩诉交易相关条款进行了修订，另一方面，2003 年通过了扩大化辩诉交易制度，进一步扩充了辩诉交易的适用范围，这又不得不导致刑事诉讼法与宪法原则渐行渐远。扩大化辩诉交易的性质，违背了宪法对刑事诉讼程序司法公正、证据规则原则性规定。对此有学者提出，适用扩大化辩诉交易，虽然可能缺乏被告人犯

① Paolo TONINI：Manuale di procedura penale，Dodicesima edizione，Giuffre editore，2011，p. 731.

② Sentenza 313 del 1990，Corte Cassazione.

罪的适当证据，却能够达到排除被告人无罪的标准。

事实上，辩诉交易制度1988年出台后，在意大利实践初期并未获得立法者所期望的结果。使用该程序审理的案件，占总案件的比例低至8%。理论界和司法界认为该程序适用案件范围过小限制了案件的使用率。扩大该程序的适用范围，减少适用障碍成为法律修改的重点①。因此，在2003年6月12日意大利出台了第134号法案，以对辩诉交易制度进行修订，为更大范围地在司法实践中适用辩诉交易制度。

意大利学界普遍认为扩大化的辩诉交易是一种新的司法模式，有别于刑事诉讼法典最初设计的辩诉交易制度。这就使意大利刑事诉讼法典中形成了两种辩诉交易模式：一种称为传统制度，另一种则是协商制度。两种辩诉制度同时存在、互不矛盾。新辩诉交易制度在环节设计各方面都有别于原先的辩诉交易制度，从主体到适用范围都作出了改变。通过新型辩诉交易制度，即协商性辩诉交易，意味着这一刑事案件不再适用普通刑事诉讼程序，其追求的诉讼结果也发生了变化，甚至可以说接受辩诉交易并不绝对表示被告人有罪，而达成辩诉交易也不是通过普通刑事诉讼程序中遵循的“了解案件”，而是依靠检察官与被告人共同行使“权利”所达成的诉讼结果。②

立法通过扩大化辩诉交易的修订后，意大利学界与司法界对此修订出现了不同意见。有学者认为，扩大辩诉交易案件的范围，使得法律规定与立法目的相去甚远，现行法条对可适用辩诉交易的刑期作了过于程式化的限制，将导致司法实践中对刑期进行简单的堆砌，从而可能判处20年以上有期徒刑的重罪或是其他严重罪行，原本应通过普通刑事诉讼程序审理，现在却同样可以接受辩诉交易③。而在司法界，罗马地区法院在2003年作出的判例中表示修订后的辩诉交易使得刑法与刑事诉讼法之间的关系更为和谐一致，有利于推动辩诉交易，也进一步扩大了司法裁判权④。

有关传统辩诉交易制度与扩大化辩诉交易制度之间的区别，下文将作一个简明的比较：

1）传统辩诉交易。传统辩诉交易制度即《意大利刑事诉讼法典》第445条第1款所指，被告人与检察官对刑期达成的合意应是在单处或者与财产刑并处的刑罚不超过2年的情况。传统辩诉交易对适用主体和客体都没有明确限制，至少从理论层面来看，其对象能够包括犯重罪的被告，甚至是有组织

① 陈超：《意大利刑事特别程序研究》，西南政法大学2009年博士学位论文。

② Paolo Ferrua：il “giusto processo”（terza edizione），Zanichelli Bologna，2012，p. 26.

③ Peroni，La nuova fisionomia del patteggiamento，in DI CHIARA，Il processo penale，p. 374.

④ Trib. Roma 30-6-03，D e giust. 03，f . 29，16.

犯罪、恐怖主义犯罪人员，以及《意大利刑法典》第 99 条第 4 款规定的倾向犯、累犯。

被告通过与检察官的合意达成辩诉交易。第一，当事人在提出要求时可以使其效力依赖于对缓刑的适用。这意味着若被告人还犯有其他罪行，则无法提出辩诉交易的要求。第二，法官对被告人与检察官之间达成的合意无权进行任何改变，包括增加内容，法官在此的职能只限于执行被告与检察官的合意。第三，辩诉交易效力不包括诉讼费用、附加刑和保安处分。第四，如果被告人在 5 年内没有再犯辩诉交易中的重罪或 2 年内没有再犯相同违警罪，则所有的刑事后果都将消除。

2）扩大化辩诉交易。为《意大利刑事诉讼法典》第 444 条第 1 款所规定之范围，被告人和检察官合意适用替代性刑罚或减轻 1/3 的财产刑，或者适用监禁刑，只要根据具体情节并在减少 1/3 刑罚后该监禁刑不超过单处或与财产刑并处的 5 年有期徒刑或拘役。

第一，扩大化辩诉交易排除了部分特殊犯罪种类，针对《意大利刑事诉讼法典》第 51 条第 3 款-4 规定的恐怖主义犯罪，团伙性质为实施刑法典中第 473 条伪造、变造或使用智力作品或工业产品标识犯罪、第 474 条引入和买卖带有假标记产品犯罪，《意大利刑法典》第 600 条-2（未成年人卖淫），第 600 条-3 第 1 款、第 2 款、第 3 款和第 5 款（未成年人的色情活动），第 600 条-4 第 2 款（持有色情材料数额巨大），第 600 条-4 第 1 款（涉及制造或销售淫秽物品行为），第 600 条-5（利用未成年人卖淫的旅游动议），第 609 条-2（性暴力）、第 609 条-3（性暴力的法定加重情节），第 609 条-4（对未成年人实施性行为）和第 609 条-8（团伙性暴力），如果上述涉及犯罪所判监禁刑单处或者与财产刑并处超过 2 年，则不能适用扩大化辩诉交易。第二，将几种特殊犯罪人排除之外，即依据《意大利刑法典》第 99 条第 4 款被宣布为职业犯、倾向犯及累犯的人员，如果监禁刑单处或者与财产刑并处超过 2 年，则不能适用扩大化辩诉交易。《意大利刑事诉讼法典》针对特殊种类犯罪以及特殊犯罪人的修订，体现了宽严相济刑事政策的运用，对特殊犯罪人进行立法的特殊处理，以防一些重罪犯罪人或是特殊犯罪人利用辩诉交易，不适当地减轻刑期，引发司法不公。第三，依据条款中所规定的最高有期徒刑，这能够适用辩诉交易的罪行范围有了大幅度的扩大，在减少 1/3 刑期后最终不超过 5 年有期徒刑的规定，这意味着最高可能被判处大约 11 年有期徒刑的罪行，都会被纳入扩大辩诉交易的范围。结合意大利刑法典来看，扩大化辩诉交易的适用范围包括了部分严重犯罪，如蓄意谋杀、武装抢劫、挪用公款及贪污。第四，适用扩大化辩诉交易最终不能导致刑事后果消除的法律效力。

综上所述，尽管两种辩诉交易模式的适用范围有较大不同，但其程序规则和适用效力仍然是相同的。辩诉交易的内容包括监禁刑、并处或单处财产刑，检察官与被告人都可以就量刑的种类与数量进行协商，但是不能通过协商而改变所诉罪名。

启动辩诉交易的时间在意大利刑事诉讼程序中还是具有相当大的弹性的，其启动方式也比较多样化，可以是由被告人与检察官达成合意；或一方单独提出，经过一定期限后，另一方没有反对后适用；还可以由法官在一定情形下直接启动辩诉交易。辩诉交易如此灵活化地适用，不加以更多的时间与程序上的限制，能够最大限度体现出特别刑事程序的设立目的，一方面能有效地节约司法资源；另一方面适用辩诉交易不需要遵循过分烦琐的程序性规定，在适用上也能够更加便捷，推动在司法实践中的运用，避免出现设置虚化的现象。

辩诉交易中数诉参与方地位：

(1) 被告人。

辩诉交易制度作为意大利刑事诉讼中的一种特别程序，赋予了被告人和检察官对量刑进行协商的权利，通过量刑协商，可能获得减少 1/3 刑期的量刑优惠。被告人对启动辩诉交易起到了基础性且决定性的作用。即使被告人在初步庭审阶段在未能与检察官达成辩诉合意或被法官驳回，仍可以在一审庭审（正式庭审）开始前再次提出进行辩诉交易的要求，但依据法条规定，被告人再次提出辩诉交易的请求只允许向之前驳回请求的法官提出，通过被告人同意启动辩诉交易。一方面，被告人作为当事人充分参与辩诉交易协商过程，而获得量刑上的优惠；另一方面，达成辩诉交易，也意味着被告人必须放弃行使辩护权，不再进行正式庭审，从而达到司法的经济性目的。

辩护权的保障，依据法条规定，只有被告人和检察官具有启动辩诉交易的权利，辩护律师只能拥有支持进行辩诉交易的权利，而不具有决定权，在进行辩诉交易的情形下，律师可以自初期侦查阶段即介入案件，维护被告人的辩护权利，与检察官沟通协商刑期。有意大利学者认为，虽然从形式上看被告人是进行辩诉交易的主体，但在实践中，往往是辩护律师与检察官真正参与商讨并决定最终刑期，相比普通刑事诉讼程序，无疑是极大地扩大了辩护律师职能权限的范围①。《意大利刑事诉讼法典》第 446 条第 3 款规定了进行辩诉交易的被告人有权获得辩护律师的帮助，辩护权的行使空间在此情形

① Paolo Ferrua：il “giusto processo”（terza edizione），Zanichelli Bologna，2012，p. 27.

下就显得异常重要，辩护律师与检察官达成的合意将直接决定被告人最终接受的刑期。尽管依据法条规定，辩护律师看似为被告人最终决定接受辩诉交易起辅助作用，但是在实际操作中往往不尽其然，能否获得辩护律师的帮助对辩诉交易的结果有很大的影响。但法律条款并没有作出明文规定，明确对进行辩诉交易的被告人给予指派辩护律师的帮助。

（2）检察官。

相比其他适用辩诉交易制度的国家，如美国或欧洲其他大陆国家，意大利检察官在辩诉交易制度中的职权相对有限，检察官对启动辩诉交易没有绝对决定权，若出现被告人要求进行辩诉交易、检察官反对的情形，则检察官必须说明理由。提交理由后，若法官认为检察官提出的理由不合法，仍有权宣布进行辩诉交易；若法官在庭审中提出辩诉交易，检察官不同意，则可以对法官适用辩诉交易的动议提出上诉。

与被告人达成辩诉交易，并不代表检察官完全了放弃收集证据的权力，检察官仍然负有收集被告人无罪证据的职责，不能因为被告人提出适用辩诉交易的要求，就不再收集证据，同时检方收集的证据还将提交于法庭，只是适用了不同的证明标准，这将在下文论述。

对于司法实践中可能出现的被告人与检察官多种撤销或更改辩诉交易要求的问题，意大利通过判例形式以解决不同时间段提出的撤销或更改辩诉交易问题。第一，双方作为辩诉交易的当事方，都被允许在提出辩诉交易请求后，但另一方没有表示同意之前，可撤回或更改辩诉交易的请求。第二，《意大利刑事诉讼法典》第 447 条第 3 款规定了撤销权的例外，在一方当事人提出辩诉交易要求时，法官会为另一方当事人表示同意或不同意规定一个期限。在上述期限届满前，不允许撤销或者变更此要求。第三，第 447 条第 3 款规定法定期限之后，依据第 446 条提出辩诉交易请求时间之规定，即初期侦查提出结论之前，提出辩诉交易请求方仍有权撤销或改变辩诉交易，但此时的撤销或改变已附加了一个条件，即须获得对方当事人的同意。第四，若辩诉交易已经通过法官审查，在法官正式作出辩诉交易判决前，双方当事人仍具有撤销或更改辩诉交易的权利①。而从意大利司法案例的发展趋势来看，实践中越发倾向性地认为，一旦当事双方达成了辩诉交易的合意，则此合意对双方当事人都具有同等法律约束力，一方或双方撤销辩诉交易的行为不具有法律效力②。第五，如果是被告人提出的辩诉交易要求，合意达成后，进入法庭

① C27-9-94, Magliulo, A. n. proc. pen 95, 479.

② C27-6-12, Bernardini, 254058; C4-6-09, Bevilacqua, C. pen. 10, 3148, nota Bono; C17-12-08, Quintano, 244139.

阶段，在没有获得检察方同意的情形下，被告人无权撤销要求。第六，在进行辩诉交易协商的过程中，若检察方发现了之前没有收集到的证据材料，导致被告方不具有辩诉交易的法定资格，尽管此时双方已经达成合意，但只要法官还没有作出判决，检察方仍可以撤销辩诉交易①。

关于被告人更改辩诉交易的请求，允许被告人在初期侦查得出结论之前，提出更改辩诉交易内容的请求。但也有司法判例认定，被告人只有在完全否认了之前辩诉交易内容的基础上才可以提出新的辩诉交易②。但从司法判例的新发展趋势来看，被告人更改辩诉交易的时间点应为第 448 条第 1 款中所规定的第二个期限，即第一审庭审开始之前③。

最后，检察官的权限还包括与被告人就罚金刑进行协商的权力，罚金刑的适用显然更能起到弥补因犯罪造成的损失的作用，更好地发挥恢复司法的效用。

（3）法官。

辩诉交易实际是对大陆法系传统刑事诉讼构造的冲击，将刑事诉讼的主角从检察官或辩护律师变为了被告人，法官的职能则由审理整个案件的事实转向对辩诉交易的审查。法官对辩诉交易进行审查，首先应排除是否存在无罪的条件，其次审查是否符合辩诉交易的条件。进行辩诉交易审查，法官也不能违反这两项权力行使的前后顺序。从另一个角度来看，法官对辩诉交易的审查，并不单纯依赖被告人口供，还需要通过审查控方所提供的证据排除被告人无罪的情形，只是在辩诉交易情形下，对被告人犯罪证据的审查不需要达到普通刑事案件中排除合理怀疑的标准。

法官审查辩诉交易合意并不只是审查材料的真实性，还应着重审查辩诉交易的合法性。同时，法官需审查被告人与检察官之间对刑期的合意是否有转变为对罪行合意的现象。法官对被告人同意辩诉交易意愿的了解，是通过法官与被告人单独谈话的方式进行核实，这一过程中检察官与辩护律师都不允许参与其中。如果通过与被告人的谈话，法官发现不符合辩诉交易的规定，即被告人没有达成辩诉交易的意愿，如果经核实的确被告人没有此意愿，则法官应直接宣布辩诉交易无效，不再进行特别刑事诉讼程序，转由普通刑事诉讼程序。

法官对辩诉交易刑期的考虑当然应结合刑法规定，即《意大利刑法典》

① C11-3-08, Dal Maso, 240803.

② C19-1-10, Lazhar, 247361; C 28-5-09, Fontana, C, pen. 10, 3940.

③ Corte Costituzionale, Ordinanza, n. 426/2001.

第 133 条，其审查应确保能实现司法公平，即审查是否实现了量刑适当[1]。正如前文所言，在协商性辩诉交易的推动下，被告人同意进行辩诉交易并不绝对意味着其承认犯罪，那么，如果被告人在辩诉交易中对罪行作出坦白，并不能获得绝对减轻刑罚的效果，能否酌情量刑则由法官结合案情自由裁量[2]。另外，从意大利整个法律体系来看，辩诉交易的内容并不仅限于刑事法律方面，还涵括了一些行政处罚。例如，意大利在 2006 年 2 月 21 日颁布的第 102 号法案，涉及修订了《道路交通法》第 222 条第 2 款-2，规定行为人在交通肇事造成死亡时，应吊销 4 年的驾驶执照，但若达成辩诉交易，则可降低至最高 3 年的吊销执照期。因此，法官对辩诉交易的审查不仅限于刑事处罚方面，还包括附带行政处罚，同样须审查当事双方是否具有对某一行政事项达成合意的权利，处以行政处罚的具体内容法官可以根据相关行政规定，在其范围内进行自由裁量，但须说明处以行政处罚的理由[3]。但法官并不拥有对辩诉交易刑事诉讼中附带的民事诉讼相关赔偿裁判的权力。

意大利辩诉交易还具有一个特点，即法官认为符合辩诉交易的条件，便可以在其他特别刑事诉讼程序中直接适用辩诉交易。正如《意大利刑事诉讼法典》第 448 条规定，在已经适用了其他特别刑事诉讼程序的情形下，如法官认为可以适用辩诉交易，则可以直接适用，以进一步加快刑事诉讼进程。

在辩诉交易的审查中，法官即使认为检方证据没有达到排除合理怀疑的要求，仍应按照《意大利刑事诉讼法典》第 444 条第 2 款规定，进行辩诉交易的特殊刑事程序。这意味着只要检方提供了最基本的犯罪证据，尽管没有达到完全排除合理怀疑的证明标准，法官就不能作出拒绝辩诉交易的裁定，但是，法官负有职责说明为什么在证据没有达到排除合理怀疑标准的情形下，能够进行辩诉交易[4]。法官审查辩诉交易的合理理由，以及排除被告人存在不可罚性的原因，依据《意大利刑事诉讼法典》第 129 条，是否存在事实不成立，被告人未实施有关行为，行为不构成犯罪或者不被法律视为犯罪，或被告人是否根据《意大利刑法典》第 131-2 条的规定不应受到处罚，或者犯罪是否已经消灭或者缺乏追诉条件的情形。关于使用证据范围的问题，尽管缺乏现行明文规定，但意大利最高法院作出裁定，法官在辩诉交易的审查中，

① Giovanni Conso, Giulio Illuminati: Commentario breve di codice procedura penale 2015, CEDAM, P2023.

② (Cass. 1028/2001; Cass. 9760/1998).

③ Corte di Cassazione, Sezione 4 penale, Sentenza 2 settembre 2013, n. 35839.

④ Cassazione Corte Sezioni Unite, sentenza n. 17289/2006.

除了辩诉交易中的证据材料，不允许再使用当事人所提供的其他证据①。

根据《意大利刑事诉讼法典》中的相关规定，一旦适用了辩诉交易这一特别的刑事诉讼程序，当事人不再拥有上诉权利，检察官也不能对判决结果提出抗诉。适用辩诉交易不再设置上诉权，符合辩诉交易中追求司法经济性的目的，若仍有上诉程序可以进行，则难以实现节约司法资源的目的。另外，辩诉交易是建立在被告人与检察官之间的合意基础之上，通过充分的协商最终达成的合意，也体现了被告人的主观意愿，这也是设计辩诉交易不具有上诉程序的一个重要原因。除此之外，唯一能够接受辩诉交易上诉请求的是意大利最高法院，最高法院负责对案件适用辩诉交易的合法性进行审查，即被告人提出无罪或检察方提出辩诉交易缺乏合理动议，辩诉交易属于不可接受的情形，在此情形下，最高法院的对辩诉交易的审查包括事实和程序内容，最终裁决上诉于最高法院的辩诉交易是否属于“不可接受”的情形。

（三）快速审判（Giudizio direttissimo）

快速审判规定《意大利刑事诉讼法典》第 449 条至第 452 条，适用快速审判的标准并不依据犯罪人所犯罪行的种类，是否重罪或违警罪，取决于行为人的客观状态，即快速审判专门适用于现行犯罪或被告人坦白的情形。如果犯罪人现行犯罪被当场逮捕，检察官认为可以提出公诉，或是在讯问阶段中被告人作出坦白，就属于快速审判的适用范围。快速审判程序区别于普通刑事诉讼程序，在检察官逮捕犯罪行为人之后直接进入法庭审讯阶段，省略了初期侦查和初步庭审，能够极大地加快刑事诉讼进程。法官是依据检察官提交的司法档案，即检察官在侦查工作中获得的文书和证据材料，进行案件的审理。

从快速审判的适用标准能够看出，快速审判是针对现行犯罪和被告人坦白的情形，首先，被告人在犯罪现场被直接抓获，对于审判机构而言，显然比在其他情形下抓获行为人拥有更多的直接证据，较容易进行审判，推进审理进程。其次，从刑事诉讼程序角度看，讯问阶段中被告人还是没有受到刑事强制措施的约束，其能够坦白，也是在一定程度上节约了司法资源。总体来说，从证据角度，适用快速审判程序的案件收集证据较容易，往往不需要检方耗费太多时间就能够收集到符合证明标准的证据，因此不再设置初期侦查环节。根据《意大利刑事诉讼法典》规定，一般案件初期侦查的时间为 1

① Angelo Buscema：Patteggiamento della pena elemento di prova per il giudice tributario E´ legittimo l´accertamento che recupera a tassazione i proventi，omessi，derivanti da attività illecite，援引自判例：Cass. 8787/1999。

年，最长可持续 18 个月，涉及团伙、恐怖主义等刑法典规定的一些特殊案件，初期侦查期限则可延长至 2 年。快速审判程序作为特别刑事诉讼程序，对于符合证据要求的案件，不再要求进行初期侦查环节，极大地加快了刑事诉讼的进程。

2008 年的第 125 号法案对快速审判程序作出了修订。通过修订，将快速审判程序的适用情形主要分为三类，即两种必须适用快速审判的情形和一种可适用快速审判的情形。

第一，犯罪行为人现行犯罪被当场逮捕，或是当场逮捕的行为已被认可，检察官必须在 30 日内，将行为人交付法庭启动快速审判程序，当场逮捕时可以对犯罪行为人采取有效的人身预防措施。但是，除非上述两种情形严重影响侦查活动，否则不提交至快速审判。严重影响侦查活动情形，如有组织团伙犯罪情形，当场抓获一名有组织犯罪成员，直接逮捕提交审判必定会影响对其他组织成员犯罪活动的侦查和抓获，则不进行快速审判。

第二，犯罪行为人在讯问阶段有坦白行为，也属于检察官必须提交至快速审判的范畴。意大利司法界认为，行为人在讯问阶段所作坦白构成了法庭定罪量刑的主要证据支撑，既避免犯罪结果的进一步恶化也节约了司法资源[①]。被告人处于自由状态后，须在 30 日内到庭接受审判。

第三，检察官可选择进行快速审判的情形则是犯罪行为人现行犯罪被当场逮捕后，检察官的逮捕行为没有得到认可。在此情形下，未被认可的逮捕行为并不绝对意味着排除快速审判程序，检察官仍然可以选择快速审判程序，同时，法条对在这种情形中检察官选择适用快速审判程序附加了一个条件，即被告人的同意。

另外，在快速审判案件与其他案件发生牵连时，依据法条规定，允许将快速审判案件与其他须适用普通刑事诉讼程序的案件分开审理，但若出现分开审理将严重影响其他案件侦查时，则优先适用普通刑事诉讼程序。特别程序的出台是为了节约司法资源，合理加快诉讼进程，其作为一种补充和保障手段，在符合一定条件时适用特别程序。能够起到较好的司法效果，但是若因适用特别程序影响了正常诉讼程序的进行，则不但没有实现立法目的，反而给司法公正带来了负面效应。因此，法典也作出了明文规定，案件发生牵连时只有在不对其他案件侦查产生严重影响时，才能够适用。

适用快速审判程序，意味着检察官的逮捕行为被认可，可直接将行为人交付至法庭进行审理。进入法庭审理后，法官拥有审查决定是否适用快速审

① Paolo TONINI: Manuale di procedura penale, Dodicesima edizione, Giuffre editore, 2011, p. 755.

判的权力，若法官发现不符合快速审判条件时，通过裁决形式驳回快速审判要求，这时被告人有权选择变更刑事诉讼程序，被告人可以选择申请转化程序，依当事人请求适用刑罚程序（辩诉交易）或是简易程序。法官若经审查，案件符合快速审判的条件，那么可以直接进行法庭审理。但依据法条规定，被告人在此阶段中还拥有一项权利，即可以要求在不超过10日的期限进行辩护准备，若被告人作出此选择，法官须宣布暂停法庭审讯，直到10日的期限届满再重新开庭。

由此可见，检察官的逮捕行为是启动快速审判程序的伊始，检察官可决定将当场逮捕的犯罪行为人之后，即处于逮捕状态或是预防性羁押措施中，检察官须直接对其提出控告并提交至法庭，若行为人处于自由状态或是没有被采取预防性羁押措施，则由检察官传唤其在3日内到庭接受审判。

虽然快速审判程序省略了初期侦查和初步庭审环节，但相比于其他特别刑事诉讼程序，快速审判程序在法庭审讯阶段与普通刑事诉讼程序最为相近。但快速审判程序的特殊之处仍在于加快法庭审理进行，这主要体现在以下两点：第一，被告人处在羁押状态中，交付法庭时，检察官可以通过口头形式告诉被告人所被指控的罪行，而不再必须通过书面形式告知；第二，对于其他诉讼参与人，如被害人和证人，则只需通过口头传唤到庭，不需要通过发布书面文件通知其到庭。可见，意大利立法者设计的快速审判程序，不仅从程序整体方面作出改变，省略了普通刑事程序所包含的初期侦查和初步庭审环节，还考虑到刑事诉讼程序中一些细小之处的要求，免去某些告知事项的纸质文件要求，允许通过口头通知的方式，考虑到了程序各个方面和各个角度，足以体现立法者的细致考量，以便达到更为快捷地进行刑事诉讼程序的最终目的。

除刑事诉讼法典的规定之外，还有一些特殊立法涉及了快速审判程序。但是，意大利针对快速审判的特殊立法，都规定了绝对排除快速审判适用情形，这些特殊立法主要是针对爆炸物、有组织犯罪及种族犯罪等行为性质较为恶劣且严重危及社会公共安全的事项。现行特殊立法共有三项，包括1992年出台的第356号“涉及武器和爆炸物”法案；1993年第205号“有关种族、民族和宗教歧视”法案第6条第5款规定的严重犯罪行为，即使在上述特殊立法事项中，检察官需要进行特殊侦查或是特别刑事程序，也必须通过普通刑事程序进行。最新的特殊立法是2007年颁布的第41号法律“预防及打击与足球比赛相关暴力活动的紧急措施”，其规定在球场内放置危险物并作出侵犯性行为，或是持有人工烟花，以及针对人或物或与体育活动相关的暴力行为，若必须对上述行为进行特殊调查，则排除适用快速审判。

（四）立即审判（Giudizio immediato）

立即审判程序规定于《意大利刑事诉讼法典》第453条至第458条，作为特别程序，它最为鲜明的特征就是省略了初步庭审环节，将案件的诉讼过程从初期侦查直接过渡至正式庭审。从刑事诉讼权利角度看，立即审判程序是以牺牲法官在初步庭审环节中的审查权力为基础，制定的特别刑事诉讼程序。

这种特别程序制度实质上源于英美法系，最早规定于1791年美国宪法的第五修正案，大陆法系引入立即审判这一制度则可以追溯至法国大革命时期，法国立法者在宪法中正式确定了立即审判①。初步庭审环节实际上是从保护被告人的人权角度出发而制定的，作为嫌疑人涉嫌刑事诉讼案件在法庭上接受公开审理，无疑会给那些通过审判却最终认定无罪之人，在其后的正常社会生活带来诸多负面影响。为避免被告人不必要的痛苦，意大利在其刑事诉讼体系中设计出了初步庭审环节，而这同样是大陆法系所共同具有的特性，即由职业司法人员或宣誓人员组成进行审判人员初步庭审，以减少刑事诉讼案件前期的过度曝光。那么，立即审判制度作为特别程序，省略了这一以保护被告人利益为核心的程度环节是否会对被告人权益带来影响呢？适用立即审判制度，能够在保护被告人权益和节约司法资源之间找到一个最佳平衡点吗？下文对立即审判制度作深入介绍，将一一展现意大利立法者为能够在立即审判制度中实现加快刑事诉讼进程的同时却又有效保护被告人权益，而精心设计出的程序规定。

回到《意大利刑事诉讼法典》中的立即审判制度，意大利立法者在立即审判制度之下又规定了两种不同条件下适用立即审判的情形，这两种条件分别对应了英美法系和大陆法系各自的程序特点。这两种不同条件分别是指检察官和被告人提出请求启动立即审判程序，同样，《意大利刑事诉讼法典》对检察官和被告人请求适用立即审判程序也规定了不同的审查程序和要件。总体来说，立即审判的适用主要是以检察官所掌握的证据是否清楚、是否能够达到符合初步庭审的要求为标准。

第一，被告人提出请求的情形。对被告人提出适用立即审判请求的审查流程及处理程序，在1988年《意大利刑事诉讼法典》颁布之初即规定于法典之中，具有浓郁的大陆法系典型特征。被告人请求适用立即审判程序，意味着被告人主动放弃参加初步庭审的权利，但被告人的放弃不影响辩护人获取

① Paolo TONINI：Manuale di procedura penale，Dodicesima edizione，Giuffre editore，2011，p. 748. 援引自：Art. 9，cap.，V，Cost. 3 settembre 1791。

调查文书材料副本的权利。

被告人适用立即审判程序的请求应在初步庭审开庭 3 日前提出，并将这一请求交至司法文书室，同时通知检察官和被害人。被告人提出这一请求，法官须直接发布立即审判令。需要注意的是，被告人请求适用立即审判同时放弃了请求进行简易审判和依当事人要求适用刑罚的权利。与检察官要求适用立即审判的不同之处在于，被告人请求立即审判的案件并不需要具备证据清楚充分这一要件。

第二，检察官提出要求的情形。相比被告人提出请求，由检察官提出立即审判要求的审查流程和诉讼程序更具英美法系的特点，之所以说检察官提出适用立即审判程序的案件程序更加具有英美法系特征，是因为在此程序中，审查法官摒弃了大陆法系法官审理案件的一个基础性原则——对抗原则，而只在单方面听取检察官意见后就作出决定。

检察官通过公诉人办公室向负责初步庭审法官的文书室提交请求，并移交相关材料的卷宗，包括已完成侦查工作的文书、在负责初期侦查法官面前完成的笔录、犯罪物证及与犯罪相关的物品。检察官提出立即审判要求并不需要听取辩护人的意见，并且与普通刑事诉讼程序不同，法典也省去了检察官应当通知被调查人初期侦查终结的义务。

检察官提出适用立即审判要求的规定，经意大利在 2008 年通过第 92 号“关于社会公共安全”的立法性规定作出了修订。法律修订后，检察官必须提出适用立即审判要求的案件，可根据被告人是否处于人身羁押状态的不同情形，再具体分为两种类别，即检察官已经收集到清晰的证据或已对被告人采取人身羁押措施。但当检察官提出适用立即审判要求面临严重影响案件侦查的问题时，无论检察官依据哪种方式提出请求，都构成了阻碍适用立即审判程序的条件，立即审判程序作为特别刑事诉讼程序，其存在和适用就是为了加快刑事诉讼进程，相比普通刑事诉讼程序所需耗费的时间更短，如果检察官侦查案件时遇到严重影响案件侦查的情况，显然是因为案件情况较为复杂，要达到重现法律事实比较困难，无法掌握清楚的证据，以较短的时间侦破案件。特别是有组织团伙犯罪案件，整个案件的侦查活动都需要秘密进行，检察官在只掌握一名有组织团伙犯罪成员的犯罪证据时，就要求提出立即审判，无疑会给整个案件的侦破带来毁灭性的影响。

其一，检察官提出适用要求的传统方式是指检察官已收集到清楚的证据。遵循传统方式，检察官提出要求需要满足三个条件。首先，对清楚的证据这一概念的界定，清楚的证据从理论上讲，代表基本证据要件都符合要求，能够提起公诉。意大利司法界普遍认为，清楚的证据应当是达到使初步庭审失去作用的标准，因为证据确实有效，使初步庭审法官缺乏所需要审理的内容[①]。简言之，检察官已经收集到足以对被告人提出公诉的合法证据。其次，针对行为人人身状态的规定，包括两种情形，对证据清楚的行为人进行侦查讯问，以及依据《意大利刑事诉讼法典》第375条规定的要求作为被调查人接受调查，只要没有合法的阻碍理由且被调查人不是处于下落不明状态。最后，检察官须在登记犯罪消息后的90日之内，向负责初期侦查的法官文书室提交适用立即审判的要求。总而言之，在传统方式中，检察官已经掌握清楚证据是提出立即审判请求的核心要求，即检察官掌握了足以归罪于行为人并提出公诉的证据，并且这些证据都已达到初步庭审法官的审查要求，就能够向法庭提出适用立即审判程序的请求。

其二，检察官已对行为人采取人身羁押措施。这是2008年通过法律修订新增的一种检察官必须提出立即审判要求的方式。在已经采取人身羁押措施的情形下，检察官适用立即审判程序无疑会进一步加快刑事诉讼进程，此外，在采取人身羁押措施时直接提出立即审判请求，也是为了避免发生超过人身羁押时限的问题。

事实上，检察官对行为人采取人身羁押措施标志着检察官已经掌握了更为充分和清楚的证据，此时的证据标准也已经超过初步庭审法官审查认为可以启动诉讼的要求，而且达到了提起公诉的要求。正因如此，意大利立法者考虑到检察官掌握达到公诉标准证据的标准较高，应当给予其相应合理的时间以能够完成侦查行为，所以检察官对行为人采取人身羁押措施的期限是从开始执行之日起算，而不是登记犯罪消息之日。

检察官在这种方式下提出立即审判要求须符合以下条件：一是行为人已被羁押，包括被羁押于监所、居住地或是收容场所，当然，行为人被采取措施的罪行应是检察官提出立即审判要求所诉罪行。二是行为人被采取强制措施的种类及其期限应当与法典中规定所涉罪行相符合。三是执行羁押措施的180日内，检察官应当提出适用立即审判的要求。意大利司法界普遍认为，超过180日检察官仍未提出适用立即审判要求时，并不导致检察官的行为绝对无效，违反法条对期限的强制规定并不会对检察官启动刑事诉讼程序和随后参与刑事诉讼的权力产生影响，违反此项期限规定只是单纯的违规行为，并不代表检察官行为无效。[②] 四是法官驳回检察官要求：法官主要以行为人行为的严重性为判断标准，如果法官经审查认为严重犯罪嫌疑不成立导致撤销预

---

① Cass., sez. Ⅲ, 17 aprile 2001, Cornejo Pedroza, in CED, n. 218674 e in Cass. pen., 2002, p. 1762.

② Paolo TONINI: Manuale di procedura penale, Dodicesima edizione, Giuffre editore, 2011, p. 752.

防性羁押措施的裁定或是无效，那么法官则驳回检察官的要求。因此，在立即审判程序中，对行为人所采取羁押的强度和期限都是非常重要的，如果强度和期限过高或过低，与犯罪行为程度不相符，都可能导致检察官提出立即审判请求无法得到法官的同意。

立即审判程序中法官的作用。法官在立即审判中的作用主要有以下几点：第一，送达立即审判令15日内，负责初步庭审的法官审查由检察官移交而来的文书材料和相关卷宗材料决定是否适用立即审判程序。法官以发布命令的形式适用立即审判程序。第二，庭审法官负责立即审判中法庭的正式庭审阶段。正式庭审法官确定立即审判令时间后，应至少在确定审判之日的30日之前，通知检察官并同时告知被告人和被害人。第三，在送达立即审判令时，庭审法官还应当告知被告人拥有提出适用简易审判或是依当事人请求处罚这两项特别程序的权利。第四，虽然立即审判属于特别程序，但同样应遵循刑事诉讼法典中司法连续性规定，因此庭审法官发布立即审判令不能与初步庭审法官认定的证据材料相违背。

被告人在收到立即审判令通知15日内，可以向负责初步庭审的法官提出适用简易审判和依当事人请求处罚这两项特别程序的请求，若请求被驳回，在正式庭审开庭之前，被告人还能够向负责正式庭审的法官再次提出此请求。不难发现，尽管立即审判是一项特别刑事诉讼程序，立法目的是加快刑事诉讼进程，但意大利立法者在设计特别程序的规定时，仍十分注重保障被告人的权益，不仅保证了被告人充分的告知权，还给予其多种选择权利以及相应的救济途径，确保被告人的权益不因追求司法经济性而受到影响，实现了节约司法资源与保障被告人利益之间的平衡。

立即审判程序的其他相关问题。①立即审判程序案件与普通诉讼程序案件发生牵连的情形，法典对此与快速审判程序作出了相同的规定，即发生牵连的案件若能够分离，则分别适用特别程序和普通程序；若严重影响其他案件侦查，则都应遵循普通刑事诉讼程序。②立即审判的平等适用问题，《意大利刑事诉讼法典》的法条中并没有涉及青少年被告人的规定，从而导致青少年被告人未能拥有立即审判的权利，针对有青少年被告人就此诉求诉至宪法法院，意大利宪法法院判定此条有违宪法精神①，应给予青少年被告人同等提出立即审判请求的权利。

（五）处罚令程序（Procedimento per decreto）

处罚令程序规定于《意大利刑事诉讼法典》第459条至第464条，属于

① http：//www. cortecostituzionale. it/documenti/interventi_ presidente/Dati_ 2015. pdf，最后访问日期：2016年6月5日。

《意大利刑事诉讼法典》五种特别刑事诉讼程序的最后一项。处罚令程序的适用意味着在刑事诉讼程序中既删减了初步庭审环节，也省略了正式庭审环节，相对于其他大陆法系国家的处罚令程序，意大利的处罚令程序具有自身鲜明的特征。

与其他几项特别程序相同，1999 年第 479 号法案也对处罚令程序作出了根本性修订，如加大对适用处罚令程序被告人减轻刑罚的力度，删减适用处罚令程序的审批条件。2014 年，立法者又对处罚令程序新增了一款内容，即第 464-2 条至第 464-9 条，所规定的是通过交付考验而中止处罚令程序。

处罚令程序的适用条件有以下几点：①适用于公诉案件，或是告诉才处理的案件，以及在告诉才处理案件当中，告诉人没有明确提出反对的情形。②只能适用于财产刑，包括可替代为财产刑的监禁刑。③在被指控犯罪者名字记录于犯罪消息登记处之日起，6 个月内检察官可向负责初期侦查法官提出适用处罚令的请求，同时向其说明适用处罚令程序的理由以及处罚程度，并移送卷宗材料。④被指控犯罪者必须排除适用人身保安处分的情形。⑤处罚令程序并不对民事案件和行政案件当事人产生效力，即处罚令程序的效力仅限于刑事诉讼之中。

相对于其他几项特别刑事诉讼程序，在处罚令程序中检察官的地位更为重要，检察官是唯一拥有启动处罚令程序权力的诉讼当事方。值得注意的是，适用处罚令程序的决定权则仍然属于法官权力，但决定是否适用处罚令程序的法官并不是负责初期侦查的法官，而是庭审法官。庭审法官通过对案卷材料的审查，判定是否适用处罚令程序。若法官作出拒绝适用的决定，则转而进入普通刑事诉讼程序。若法官接受处罚令的请求，即发布处罚令，处罚令中须明确对被指控人所处的具体罚金刑，并且法官所作出的罚金刑应当依照检察官所请求的标准，法官无权修改或是自己单独处以罚金刑。

处罚令程序的适用后果。处罚令对被告人而言同样有较大的吸引力，依据法条规定，被告人同意刑事诉讼案件适用处罚令程序，则意味着相对于所应处的最低刑罚，其减少了一半刑罚，并且除没收之外，法官不能再处以其他附属刑罚。同时，处罚令所处的罚金并不包括刑事诉讼程序所需的费用，此项费用仍然需要由被告人另外支付。而处罚令程序也不必然带来罪行消灭的后果，只有被告人在 5 年内不再犯重罪或是在 2 年内不再犯同一类型的违警罪，在期限达到之后才能完全消除刑事犯罪的后果，这也意味着若被告人再次犯罪，仍可以适用缓刑。但是处罚令的效果仅限于案件的刑事部分，换言之，处罚令内容包括案件的诉讼费用，应处附加刑以及不对民事和行政审判发生效力，“一事不再理”原则对处罚令程序也仅限于刑事审判部分。

对处罚令提出异议的相关问题。第一，提出异议的时间，应在处罚令送达 15 日内，被告人以及承担财产刑民事责任人都有权提出异议，此条规定使被告人拥有充分的准备时间，足以提出异议。第二，被告人提出异议的后果，法庭发布处罚令后，当事人可以提出异议，并可以向法庭提出转换刑事诉讼程序的要求，依照立即审判、简易程序或是依当事人的请求适用刑罚，转为进行相应其他的特别刑事诉讼程序。特别程序之间能互相转换，使法庭拒绝进行处罚令程序时，不必转为普通刑事诉讼程序，被告人仍有权请求其他的特别刑事程序，这样的立法设计能够反映出立法者对特别程序的重视，在一次未能进行的情形下，还能再次赋予被告人二次机会，转为其他特别程序，充分发挥特别程序之间的互补和联合作用，有效实现节约司法的目的。若法官裁定不接受异议，则下令直接执行处罚令的内容。第三，对异议的上诉，法官裁定异议不可接受后，被告人仍可向意大利最高法院提出上诉，作为最后的法律救济方式。但需要注意的是，处罚令本身具有不可撤销性，虽然被告人具有对处罚令提出异议的权利，但若没有在规定期限内行使这一权利，处罚令是不可撤销的，直接具有执行力，被告人也不能再上诉至最高法院。

2014 年第 67 号法案新增的特别程序是“通过交付考验而终止程序”，对于符合一定条件的被告人，暂时不提交审判，并通过赔偿、和解的方式给予改过自新的机会，免除处罚。法条对此设置了一定的期限，即交付考验的中止期限，具体期限根据被告人应处罪行确定，若被告人所犯罪行应处监禁刑，交付考验中止期不超过 2 年；若被告人所犯罪行应处财产刑，中止期不超过 1 年。

如果被告人在此期限内表现良好，法官则直接宣告其犯罪消灭，不再留有犯罪后果。这样的规定给予了被告人更多的机会，消灭犯罪后果也是最大限度避免可能因一时犯罪行为给被告人带来终生后果。中止程序的执行更为注重被告人及其家庭，乃至社区在内的整个社会团体力量，不再将被告人划为单独群体，而是在入狱前就先考虑帮助其回归社会。这一回归过程不仅依靠司法强制作用，而且动员了更为广泛的社会资源，从生活环境、工作环境等方面考虑如何有利于犯罪人回归社会，又能够进一步避免因留有犯罪后果对日后社会生活的影响。

交付考验的核心内容在于被告人须与法庭协商，被告人提交或由法庭制作一份狱外生活计划书，计划书的内容包括：①明确被告人及其家庭核心成员参与方式，被告人回归社会的生活环境；②对被告人行为的要求，以及针对所犯罪行应承担的特别义务，赔偿犯罪损失，补救措施等，还包括进行公益性活动或当志愿者的要求；③推动与被害人和解。

交付考验的请求由被告人在初期侦查阶段向法官提出，法官收到这一请求后转告检察官，并要求在5日内表示是否同意。①检察官同意，用书面形式说明相关理由。法官可以直接作出裁决也可以在合议室开庭进行审理，并通知被告人和被害人开庭时间。法官依据刑法典的相关规定判断被告人计划书的可行性以及其是否具有再次犯罪的可能性。通过审理，法官若认为还须对计划书进行增补和修订，经被告人同意后，再次修订计划书。②检察官若不同意，须列明理由。在正式庭审开庭之前，被告人仍可以再次提出请求。

中止考验期满之后，法官对被告人行为进行评价，若认为取得积极效果，以判决形式宣告犯罪消灭；若法官认为被告人的考验是负面效果，则以裁定形式重新开始诉讼过程。

（六）保证金制度（Oblazione）

保证金制度又称“善行保证金”，隶属于意大利刑罚中的保安处分，它是指通过违警犯罪人缴纳一定数额的保证金，直接用刑罚方式代替刑事诉讼过程，最终达到绝对消灭犯罪后果的目的。这一制度虽然没有规定在《意大利刑事诉讼法典》特别程序这一章节中，但从刑事快速裁决程序的角度来看，保证金制度同样达到了快速处理及分流刑事案件的目的。

保证金制度最初规定于意大利现行刑法典，即1889年的《意大利刑法典》中。在此之后，保证金制度也经历了一系列的立法修订。最初法条规定，在法庭审理开始之前，对于只需处以罚金且不超过2000里拉的违警犯罪，违警犯罪人可以提出自愿通过缴纳保证金的请求，从而实现消灭犯罪[①]。之后，立法者在1945年对法条作出修订，并在1981年新增了第162-2条。现行保证金制度依据法条规定可分为两大类：一类是只能处以罚款的违警罪（第162条）；另一类为可以处其他刑罚的违警罪（第162-2条）。立法者作出这两种区别，是根据违警犯罪人所犯罪行的轻重不同而制定的。考虑到只处以罚款的违警犯罪人的社会危害性更小，罪行也相对更轻，适用保证金制度更为便捷。而可以处其他刑罚的违警罪，显然还包括了那些可能会被判处监禁刑的违警犯罪人，其危险程度更高，能否适用保证金，从而完全消灭其犯罪后果对法官和社会来说，都更具挑战性。因此，在这一类适用中，法官具有驳回违警犯罪人所提出适用保证金请求的权力，并且对这一类违警犯罪人适用保证金的规定也更为严格，所处罚保证金的数额也相对更高。如此区别性的规定也符合刑法中罪责刑相一致的原则，对于罪行更为严重、人身危险度更高

① Marcello Gallo：Diritto Penale Italiano，appunti di parte generale，volume Ⅱ，Giappichelli，2015，p. 260.

的违警犯罪人，处以更高数额的保证金，一是对犯罪行为的弥补，二是更能发挥刑罚的威慑力。

在法庭调查过程中，若检察官又发现了审判令事实之外的其他罪行，并且这一罪行不属于上级法官所属管辖范围，在此情形下，被告人是否还有权提出适用保证金？对此，意大利宪法法院在1995年12月29日通过第530号判决作出明确认定，被告人面对检察官变更起诉事实时，仍有权提出适用保证金制度，并且这是被告人所享有的绝对权利，而不是可选择性的权利[①]。

下文将对保证金制度进行深入介绍。第一，保证金制度的适用对象非常明确，只能是某些类型的违警罪。立法者认为对某些社会危害性并不十分严重的违警犯罪人，相对于刑事惩罚，更重要的应该是弥补因为犯罪造成的损害和社会关系，因此，缴纳保证金正好能满足这一目的的实现[②]。从违警犯罪人的角度来看，缴纳保证金不仅免去了复杂的刑事诉讼程序，还能使违警犯罪人免于牢狱，避免犯轻微罪行的违警犯罪人在狱中受到“交叉感染”。考虑到保证金制度规定了一定期限，而这个期限与《意大利刑法典》中追诉时效期限的规定[③]不尽相同，有学者认为，尽管缴纳保证金的数额相对于可能所处以刑罚的罚金刑数额更高，并且也高于刑法典中对时效的规定，但其是作为刑法犯罪追诉时效的一个例外。一方面，正是通过这种对量刑情节的调节，实现对犯罪人个体处罚平衡且与整个刑罚体系相协调；另一方面，善行保证金具有司法宽恕的精髓，犯罪人在缴纳一定数额保证金且一定期限内不再犯罪，就能消灭犯罪后果[④]，因此，能够作为刑法典处罚规定的例外。

第二，违警犯罪人提出保证金请求的时间。犯罪人应在初期侦查阶段提出请求，法官收到请求后，经审查有权驳回违警犯罪人提出适用保证金的请求，从而将案件转为普通刑事诉讼程序进行，但违警犯罪人在初次庭审法庭辩论的结束阶段仍有权利再次提出适用保证金的请求。

第三，违警犯罪人应当是自愿缴纳保证金，而适用保证金对于违警犯罪人而言也十分有利。缴纳保证金并在一定期限内不再犯罪，将绝对消灭犯罪后果，就此能十分明确地看出，立法者当初制定保证金制度的目的正是通过

① http：//juriswiki. it/provvedimenti/sentenza-corte-costituzionale-530-1995-it，最后访问日期：2015年6月8日。

② Marcello Gallo：Diritto Penale Italiano，appunti di parte generale，Volume Ⅱ，Giappichelli，2015，p. 259.

③ 参见《意大利刑法典》第157条：犯罪时效的规定。

④ Marcello Gallo：Diritto Penale Italiano，appunti di parte generale，Volume Ⅱ，Giappichelli，2015，p. 264；同时意大利最高院全院会审的判例显示，认可保证金制度所规定的时效期限，能够作为犯罪追诉时效的例外，不限于犯罪追诉时效所设置的时间期限，Sezioni Unite，29 maggio 1992，n. 7090。

缴纳一定数额的金钱从而实现消灭犯罪。而这点也是保证金制度区别于刑事诉讼法典特别程序之处，特别程序只是通过相对特殊的刑事诉讼程序更为快速地推动刑事程序的进程，但保证金制度除了能够加快刑事诉讼程序进程之外，还能够直接在刑事实体法上产生效果，即消灭犯罪。可以说，保证金制度是一种实现了刑事实体法与刑事程序法相结合的特殊制度，既能够加快刑事诉讼进程，又能够起到消灭犯罪的后果，这也是一种结合了实体和程序法制度的犯罪人辩诉交易制度。

第四，保证金的数额是依据违警罪罪行所应判处的罚金刑确定的，以保证金替代罚金刑，不再留有刑事处罚的档案，使违警犯罪人不会留有刑事处罚的记录，对其之后的社会生活不会带来负面影响。

第五，保证金制度程序中检察官角色。在违警犯罪人向法官提出保证金适用请求后，法官须听取检察官的意见，由此可见，虽然适用保证金的决定权在法官之手，但检察官意见的作用同样不可忽视，检察官的意见也是法官裁定的重要考量因素之一。

第六，保证金制度中法官权力运用还涉及以下几个具体问题。其一，法官通过裁决形式以判定是否接受违警犯罪人提出的请求。若法官考虑到罪行严重，不适用保证金，则驳回请求。其二，法官在保证金制度中的作用与角色也不尽于此，正如上文所述，保证金与《意大利刑法典》中其他规定发生了一定冲突，那么，法官应如何把握对违警犯罪人的考量，处以多少数额的保证金，都属于法官的自由裁量，可以说，在保证金制度的运用中，法官被赋予了更大空间的自由裁量权。当然，这种自由裁量权的扩大也不是毫无限制，而应依据《意大利刑法典》第 162-2 条规定，保证金选择性适用时法官应遵循《意大利刑法典》第 133 条对犯罪严重程度的规定，以判定违警犯罪人的罪行严重程度和所处刑罚。其三，确定连续犯保证金数额的问题。违警连续犯罪人并不被排除在保证金的适用范围之外，但考虑到连续犯具有多次犯罪情节，其保证金数额显然应当高于其他普通违警犯罪人，因此，针对违警连续犯罪人保证金数额的问题，意大利最高法院数次判例都无一例外地保持了同一观点，即保证金数额的设定应以《意大利刑法典》第 81 条①对连续犯规定的刑罚为标准，对违警连续犯罪人处以单一违警罪行 3 倍数额的保证

① 参见《意大利刑法典》第 81 条第 1 款：对于以单一的作为或者不作为触犯不同的法律条款或者实施违反同一法律的数项侵害行为的人，按照对最严重的侵害行为本应科处的刑罚处罚，并且可在 3 倍的幅度内增加刑罚。

金，同时不能超过刑法典中各处刑条款所应遵循的最高限度①。

三、司法实践情况

司法实践数据是了解程序制度实际运用效果的最好方式之一，通过实践数据能够清楚某一制度的适用情况，也由此给立法者提供帮助，研究如何更为合理地修订法律，提高司法适用效果。本章以意大利北部 Trieste 上诉法院近些年的统计数据作为一个相对参考值，在数据的选取上一是考虑到时间的跨度性，以近几年的数据为主要参考值；二是结合了特别程序的改革时间，以更好地认识特别程序在意大利司法实践中地位和作用的变化趋势（见表 8-1 至 8-10）。

Trieste 位于意大利北部，是全国第五大城市。Trieste 上诉法院是 Fruili-Venezia Giulia 自治区中唯一的上诉法院，这一自治区在意大利的经济水平相对较高，人均收入水平超过全国平均线，属意大利较发达地区。Trieste 上诉法院从地域管辖上共包括 4 个法院：Gorizia 法院、Pordenone 法院、Trieste 法院、Udine 法院。

表 8-1　2004 年 7 月 1 日至 2005 年 6 月 30 日②集体法官审判制审结案件数

程序类别	数量（件）
普通程序	137
快速审判	2
普通程序中进行辩诉交易	22
快速审判中进行辩诉交易	2
立即审判中进行辩诉交易	8
立即审判	10
普通程序转为简易审判	2
快速审判转为简易审判	2

① Cass. Ⅲ, 3 dicembre 1999, n. 13850; Cass. Ⅰ, 25 novembre 2004, n. 48483; Cass. Ⅳ, 2 dicembre 2005, 2014.

② http://www.corteappello.trieste.it/statistiche/dati_2006/B2.pdf，最后访问日期：2016 年 6 月 10 日。

表 8-2　独任法官审判制审结案件数

程序类别	数量（件）
普通程序	2997
快速审判	46
普通程序中进行辩诉交易	1378
快速审判中进行辩诉交易	214
立即审判中进行辩诉交易	10
立即审判	25
普通程序转为简易审判	354
快速审判转为简易审判	46
立即审判转为处罚令	125

表 8-3　陪审法院审结案件数

程序类别	数量（件）
普通程序	2
特别程序	0

表 8-4　2009 年 7 月 1 日至 2010 年 6 月 30 日①集体法官审判制审结案件数

程序类别	数量（件）
普通程序	176
快速审判	0
普通程序中进行辩诉交易	2
立即审判中进行辩诉交易	2
立即审判	32
普通程序中转为简易审判	1
立即审判转为处罚令	1

① http：//www. corteappello. trieste. it/statistiche/dati_ 2011/discorso_ inaugurale_ 2011. pdf，最后访问日期：2016 年 6 月 10 日。

表 8-5　独任法官审判制审结案件数

程序类别	数量（件）
普通程序	2521
快速审判	72
普通程序中进行辩诉交易	1039
快速审判中进行辩诉交易	218
辩诉交易转为处罚令	1
立即审判中进行辩诉交易	11
立即审判	72
普通程序转为简易审判	263
快速审判转为简易审判	91
立即审判转为处罚令	506

表 8-6　陪审法院审结案件数

程序类别	数量（件）
普通程序	0
特别程序	0

表 8-7　2011 年 7 月 1 日至 2012 年 6 月 30 日[①]集体法官审判制审结案件数

程序类别	数量（件）
普通程序	157
快速审判	1
辩诉交易	9
立即审判	9
简易审判	2
处罚令	1

① http：//www. corteappello. trieste. it/statistiche/dati_ 2013/d_ i_ ts. pdf，最后访问日期：2016 年 6 月 20 日。

表 8-8　独任法官审判制审结案件数

程序类别	数量（件）
普通程序	2917
快速审判	28
辩诉交易	1274
立即审判	43
简易审判	455
处罚令	354

表 8-9　2013 年 7 月 1 日至 2014 年 6 月 30 日①集体法官审判制审结案件数

程序类别	数量（件）
普通程序	164
快速审判	0
辩诉交易	5
立即审判	9
简易审判	1
处罚令	2

表 8-10　独任法官审判制审结案件数

程序类别	数量（件）
普通程序	3077
快速审判	18
辩诉交易	987
立即审判	28
简易审判	411
处罚令	615

Trieste 上诉法院的统计数据依据集体法官审判制、独任法官审判制和陪审法院将全年审结案件分为三类，集体法官审判主要是针对重罪进行的集体审判制度，独任制法官则既可以审理重罪也可以审理轻罪，而陪审法院是负

① http：//www. corteappello. trieste. it/statistiche/dati_ 2015/Relazione_ inaug_ 2015. pdf，最后访问日期：2016 年 6 月 20 日。

责审理由《意大利刑事诉讼法典》规定特殊类别案件[①]。通过4个自然年的数据对比，首先，据表可见 Trieste 上诉法院的统计方式发生了变化，2011 年之后上诉法院完全依据《意大利刑事诉讼法典》中的五项特别程序进行数据统计，而不再提供分散的数据。其次，从两种不同形式的法官审判方式来看，特别程序主要运用于独任法官审理制之中。尽管特别程序中有不对重罪限制适用的条件，但实践态度还是略显谨慎，防止特别程序被不当利用，成为某些重罪犯罪人逃脱应有惩处的工具。这在陪审法院的审结案件中尤为明显，不仅是特别程序适用数为零，在普通程序审理的案件也是寥寥无几。最后，根据 2011 年之前的数据可见，特别程序之间的转化率相对较高，体现出被告人充分运用了特别程序中的转化选择权，以为自己争取较轻的刑罚，当然，特别程序之间进行程序转化，从司法者角度看无疑也达到了节约司法资源的目的。

从时间跨度上看，依据实践数据的对比还能发现，集体法官审判制中审结案件中特别程序的运用明显不高，2004 年 7 月至 2005 年 6 月，审结案件占全年审结案件的 26%；2009 年 7 月至 2010 年 6 月，约为 16%；2011 年 7 月至 2012 年 6 月，运用特别程序审结的案件下降至全年审结案件的 13%；2013 年 7 月至 2014 年特别程序审结案件比继续下降，为 9.4%。而适用特别程序在独任法官审判制中却出现了截然不同的局面，2004 年 7 月至 2005 年 6 月适用特别程序案件占全年审结案件的 43%；2009 年 7 月至 2010 年 6 月，将近占了全年审结案件的 47%；2011 年 7 月至 2012 年 6 月，特别程序适用数约占全年案件的 43%；2013 年 7 月至 2014 年 6 月，特别程序案件所占比例为 40.1%。可见特别程序在独任法官审判制中有非常高的适用率，在司法实践中基本分流了近一半的刑事案件。通过数据可总结出特别程序在司法实践中的几点特征：第一，适用特别程序案件数一直保持得较为稳定，独任制法官审判是特别程序的主要适用点，这其中也包括对重罪因适用特别程序而由独任法官进行审理的案件。第二，集体审判制中特别程序运用呈下降之势，虽然立法规定特别程序的运用范围广泛，但在实践中还是有所保留，对特别程序的适用进行

① 参见《意大利刑事诉讼法典》第 5 条“陪审法院的管辖”：(1) 根据法律应判处无期徒刑或 24 年以上有期徒刑的犯罪，但严重的杀人未遂罪、抢劫罪、勒索罪、黑手党型组织（包括国外组织）犯罪以及由 1990 年 10 月 9 日第 309 号总统令规定的犯罪除外；(2)《刑法典》第 579 条、第 580 条和第 584 条规定的犯罪；(3) 一切造成一人或者数人死亡的故意犯罪，但《刑法典》第 586 条、第 588 条和第 593 条规定的情况除外；(4) 在关于实施《宪法》“最后条款Ⅻ”的法律、1967 年 10 月 9 日第 962 号法案和《意大利刑法典》第二篇第一章中规定的犯罪，只要对这类犯罪均应当依法判处 10 年以上有期徒刑。《意大利刑法典》第 416 条第 6 款、第 600 条、第 601 条和第 602 条规定的犯罪，以及一切以恐怖主义为目的的犯罪，只要针对此类犯罪规定的有期徒刑均不低于 10 年。

了区别对待，这也正符合特别程序与普通程序之间互为补充的作用。第三，辩诉交易的适用率相对其他特别程序更高，首先因为在多种特别程序中都可以转换为辩诉简易制度，其次辩诉交易的适用范围广泛。它是相对重要的一种特别程序，辩诉交易制度无论在普通程序还是特别程序中都得到了广泛的运用，正如辩诉交易制度改革推出之初所被赋予的评价，其给予了被告人充分与检控机关进行协商的权利，既具有很高的协商性，又在轻罪至重罪范围内都能适用，所以获得了较高的司法适用率。第四，处罚令程序适用率呈增长趋势，一是因为当地经济较为发达，愿意并且能够交付罚金的人员相对较多；二是从犯罪人角度而言，处罚令程序能带来消灭犯罪的后果，并且在诉讼过程中所耗费的时间相比其他特别程序更少，因此符合适用条件的犯罪人愿意主动选择这一特别程序，通过交付罚金完成诉讼过程，并遵守特别程序的规定以在法定期限届满之后免去犯罪后果，消灭犯罪行为对日后正常社会生活的负面影响。第五，数据显示快速审判和立即审判的适用相对较少，造成这种现象的原因包括实际中现行抓获的犯罪数量不多，更为深层的原因则在于意大利司法实践中对证据标准的要求较高。这两种特别程序的运用都更加依赖检察官提交的证据，检察官在初期侦查中收集的证据材料无法直接达到证明标准，阻碍了适用这两项特别程序的适用，使这两项特别程序适用率相对偏低。

四、总体评价

通过上文可以得知，《意大利刑事诉讼法典》及《意大利刑法典》中规定的数种特别刑事程序，都在一定程度上起到了快速处理刑事案件的作用。而通过近些年的立法修订，立法者逐渐去除了立法之初对启动特别程序更为复杂的规定，确保特别程序始终朝便捷化方向不断发展，提高司法适用率。特别程序的设立正是为了加快处理刑事案件进程，节约司法资源。五种《意大利刑事诉讼法典》中特别刑事诉讼程序加上《意大利刑法典》的保证金制度，每个制度都有各自的适用对象和适用条件，立法者针对被告人罪行、证据情况、被告人是否主动请求等各种情形，分别设计出了六种不同的制度。这六种制度较好地囊括了司法实践中个案的不同情况，形成了一个相对独立的体系，区别于普通刑事诉讼较为烦琐的程序，在刑事案件符合某一特别程序的适用条件，就能够适用这一特别刑事程序，通过更为简化的程序环节，快速地完成诉讼过程。

总体而言，意大利特别刑事程序具有如下特征：第一，特别程序作为刑事诉讼体系中的一个特殊部分，仍然建立在遵循宪法的基础之上，特别程序的每一条款都须遵循《意大利宪法》对刑事诉讼程序规定的基本原则——“正当程序”。只是区别于普通程序，特别程序通过不同的方式在刑事诉讼程序中保障被告人权益，维护司法公正。随着《意大利宪法》中“正当程序”改革的推动，强调公正程序，强调诉讼参与方，特别是被告人的权益保障，特别刑事诉讼程序虽相对普通刑事诉讼程序，从程序表面上或多或少删除了程序环节，或是削减了一些被告人的基本权利，但这种立法例外并不与宪法冲突，反倒具有合法性。例如，2009 年宪法法院第 184 号判决认定①，简易审判程序与“正当程序”内涵一致并没有违背公正程序的原则，立法法官认为在简易审判程序范围内，初期侦查中由辩方所获得的证据材料应当与控方收集的证据材料具有相同效力。同样，辩方向法庭提交的证据材料遵循了平等原则。事实上，初期侦查阶段正是以其缺乏诉讼当事方的平等性为特征，由检方主导进行初期侦查，检方的权力和获得证据的方法都要远高于辩方，那么，如果在后续环节中，被告人也能拥有这样的权利和形式范围，同样获取证据以提交给法庭，才能实现宪法中所规定的平等原则。

第二，特别程序有完全不同的适用对象和适用条件，这种独树一帜的立法方式，使意大利特别程序体系十分饱满且具有层次性。每个特别程序都具有独立的适用对象和适用范围，互不发生冲突，使特别程序适用并不局限于被告人认罪或是证据充分等某一条件，而是能根据实践中不同情形，对应某一特别程序的要求予以适用，极大地扩充了特别程序的整体适用范围，使之成为分担刑事案件的重要部分。

第三，立法规定了在多种情形下，特别刑事程序之间都可以互相转化，即经过法庭审查不符合一种特别刑事程序时，经检察官或被告人同意，可以转化为其他符合条件的特别程序，而不是在不符合一种特别程序情形时就直接转为普通刑事程序。这样的立法设计，体现了意大利立法者设计多种特别刑事程序的目的，不仅仅考虑到司法实践中多种案件情况，还能够将多种特别刑事程序相互结合，形成一个大的系统，更好地推动个案刑事诉讼进程。事实上，通过上文所示的实践数据，也能够看出特别程序之间的转换情形还是比较多的，也与立法者的目的相符，在实践中充分发挥了特别程序的作用。

第四，正如法典所示，当特别刑事程序与普通刑事程序涉及的案件发生牵连时，在出现严重妨碍侦查进行时，特别刑事诉讼程序应让位于普通刑事诉讼程序。究其实质，特别程序是为了缓解司法资源紧张，分流并加快刑事

① http：//www. cortecostituzionale. it/actionSchedaPronuncia. do？anno = 2009&numero = 184，最后访问日期：2016 年 6 月 16 日。

诉讼进程而专门设立的刑事程序，但适用特别程序不能因为片面追求刑事诉讼效率以及节约司法资源，而影响了其他普通程序案件的正常侦查行为，间接给司法公平带来负面影响。因此，特别程序和普通程序在各自的适用范围内各司其职，而出现案件牵连，可能严重妨碍侦查行为时，则统一适用普通程序，确保案件侦查的正常进行。

第五，特别程序中被告人权益得到充分保障。通过上文所述，我们不难发现，特别程序在刑事诉讼程序上区别于普通程序，但在被告人权益保障上却无他异。可以说，适用特别程序虽在表面上剥夺了被告人的某些权利，但通过对程序环节的特殊规定，从控辩双方权益平衡角度来看，被告人的权利不仅没有减少，反而相对于普通程序拥有更多选择权，这也实现了意大利构建刑事诉讼程序的核心理念——以保障被告人权益为中心。

第六，法官和检察官的地位及作用问题。在特别程序中，法官和检方的地位和权力与普通程序相比也都发生了变化。适用特别程序时，负责初步庭审的法官主要审查被告人或检方提出特别程序的请求是否符合条件，是否能够适用特别程序，而后再由负责庭审的法官审理案件或直接宣布审判结果。法官权力更多体现为对适用特别程序的监管权和控制权，在法庭审理阶段，法官也并不需要专注于对证据的审查，而是根据不同特别程序的规定，审查检方的证据材料、文书材料或为被告人坦白证言。对检方而言，检方权力可基本概况为提出适用特别程序的请求权，以及在初期侦查中收集证据的权力。在特别程序中，这两项都是十分重要的权力。提出请求是启动特别程序的基础；初期侦查中收集的证据和文书则是初步庭审法官判定是否适用特别程序的重要因素。而通过立法改革，检方权力也有所弱化，改革削减了检方启动特别程序的同意权，使检方在特别程序中的权力显得更为“纯粹”。总而言之，虽然法官和检察官的权限和职能范围都所有改变，但仍然是特别程序中不可或缺的诉讼参与方。

第七，适用特别程序上诉权利基本受到一定程度的限制。无论被告人还是检察官，一般都不能再提出上诉，这种权利限制符合特别程序节约司法资源的立法本质。当然，限制上诉权利不是绝对剥夺被告人和检察官的上诉权，如在出现特别程序中适用法律具有严重问题或是检察官更改起诉罪名的情形下，当事方仍然具有上诉权利。意大利宪法法院作为最后一道司法保障，在特别程序中也无例外，无论适用哪一种特别程序，都能将判决结果上诉至意大利宪法法院，以作为最后的司法救济。

第八，刑事实体法和刑事程序法共同发挥作用，也是意大利特别程序的一大特色。《意大利刑事诉讼法典》的五种特别程序加上《意大利刑法典》

的保证金制度，六种特别程序分列在刑事程序法和实体法之中，刑事实体法和程序法之间紧密联系，两大部门法共同作用，充分发挥了特别程序的作用；实体法中的刑罚规定能直接与特别程序对接，特别程序的运用又能在特定条件下导致犯罪后果消灭，使意大利的特别程序不仅仅节约了司法资源，更弥补了犯罪损害，在帮助犯罪人回归社会方面有较大作用。

第九章　日本刑事简易裁判机制研究

一、日本刑事简易裁判机制形成演变的背景

（一）日本刑事诉讼模式变迁

1. 明治维新至“二战”前刑事诉讼模式

德川幕府的衰落导致旧时代的封建统治模式逐渐落后，这一时期日本资本主义生产关系的发展和欧美资本主义势力的来袭打破了日本长期的闭关锁国境况，也推动了日本刑事诉讼模式的西化，诞生了大正时期至战前的日本刑事诉讼法。

（1）改革原因。

19 世纪中期，德川幕府的统治不断遭到民间反抗和威胁，社会经济不景气，民不聊生。恰逢此时，佩里的黑船来袭打开了日本封锁的大门，强迫德川幕府签订了一系列不平等条约，也刺激了日本资本主义经济的快速发展，旧的《德川幕府刑事诉讼法》已经不能满足日益发展的资本主义刑事诉讼的需要，加速了《大正刑事诉讼法》的产生。

在这种社会环境之下，西方列强也迫切需要适合符合自己利益的司法制度，因而在日本划分了“治外法权”，并希望日本彻底改革法制。在明治政府看来，唯有把日本欧化，制定“泰西主义”的法律，才能取得欧美各国的信任，从而逐渐撤销治外法权①。而西方法律思想作为西学的一部分，也渐渐得到明治政府的支持，并被大量引进成为日本先进思想家进行法律变革的蓝本。

此时的明治政府不仅希望通过改良法律制度来收回治外法权，更希望大力发展资本主义，增强国力从而与欧美列强平起平坐，使日本成为一个西洋式的文明富强的国家。②

（2）改革内容。

始于明治维新的日本近代刑事诉讼模式改革是从中华法系向大陆法系演

① 汪振林著：《日本刑事诉讼模式变迁研究》，四川大学出版社 2011 年版，第 75-79 页。

② 汪振林著：《日本刑事诉讼模式变迁研究》，四川大学出版社 2011 年版，第 75-79 页。

变的过程。自明治维新初期一直到“二战”结束，日本政府颁布了多个刑事诉讼法律文件，串起了大正至昭和前期的日本刑事诉讼法变迁。包括《狱庭规则》《新律纲领》《明治刑事诉讼法》《大正刑事诉讼法》等一系列文件。值得一提的是，日本在刑事诉讼改革中还尝试过建立在《陪审法》基础上的陪审制，主要以英国陪审法为蓝本，让民众参与审判。但这种陪审尝试在日本刑事诉讼法历史中也只是昙花一现，由于在陪审案件中仍然采用职权主义而非当事人主义的诉讼模式，陪审制并没有发挥应有的作用，在尝试之后就被放弃。①

2. “二战”后刑事诉讼模式

1945 年 8 月 15 日，日本宣布接受《波茨坦公告》，无条件投降。由此同盟军根据《波茨坦公告》的规定进驻日本，事实上，美军占同盟军人数的绝大多数，因而战后初期的日本实际上处于美军的占领和监控之中。这也促使了“二战”结束之后日本刑事诉讼模式转而接受当事人主义模式的改造。

（1）改革原因。

“二战”结束之后，日本由于长期的战争消耗，国内经济社会情况每况愈下，主要城市除了京都和奈良之外几乎全部因空袭遭到严重损害。国民经济和社会生产与战前无法相提并论，又导致了日本国内出现由于工厂倒闭、战争失业、退役军人等而产生的失业者和无业者，与此相对国内农业生产无法满足社会需求，造成了社会动荡和社会秩序混乱，人民迫切需要改革以恢复社会生产力和正常生活。

由于战争失败，民众对于军国主义和天皇的绝对信仰破灭，各政党在这一时期重新开展积极活动，提出改革纲领，与日本旧政府和旧贵族就天皇制政治的存废等问题展开激烈的辩论。而在麦克阿瑟的主持下，许多改革措施以占领法规的形势出台，顺应了民众的改革需求。

（2）改革对象。

日本战后刑事司法改革的对象，简而言之，就是从大正时期开始的纠问制检察官司法制度。② 在《大正刑事诉讼法》的大体架构下，刑事程序的核心是侦查程序，而检察官处于指挥司法警察的地位，此外，在紧急案件中，侦查机关被赋予强制处分权限，而检察官则几乎可以自由利用这一制度，从而破除了只有法官可以行使强制处分权的限制。与此同时，检察机关还享有公诉权，在庭审过程中，检察官将在预审中收集的几乎同侦查机关笔录并无不同的预审笔录呈上法庭，法官的职权范围受到了大幅压缩。

① 汪振林著：《日本刑事诉讼模式变迁研究》，四川大学出版社 2011 年版，第 110-114 页。

② 汪振林著：《日本刑事诉讼模式变迁研究》，四川大学出版社 2011 年版，第 124-126 页。

（3）改革过程。

战后日本的司法改革首先从宪法的制定开始，明确了正当程序、沉默权、自白法则等原则性规则，日本在昭和23年（1948年）公布了刑事诉讼法和刑事诉讼规则（日本最高裁判所发布），与大正刑事诉讼模式相比，新刑事诉讼法在身份上和职权上强化了法官独立，通过三权分立将检察权和审判权分离，从而保证法官的中立地位；同时提高了律师地位，以保证律师能够在刑事诉讼过程中保障被告人权益。这部法律和诉讼规则在颁布之后分别经历了多次修改，从程序公正和保障人权等角度得到了提升，然而从总体上来说，《日本刑事诉讼法》的主要目的依然在于发现实体真实。

（二）刑事简易程序与轻微案件

刑事简易程序，一般是指法院对轻微犯罪不开庭审理，而是在检察官提出资料的基础上判处（一定数额以下）财产刑的程序[①]（略式手续）。主要针对现实生活中大量存在的没有争议或只有轻微争议的简单案件，为了节约诉讼时间，达到诉讼程序迅速化的要求，刑事简易程序被广泛运用于一审案件中。

有关轻微案件的特别规定，最早见于1885年颁布的《违警罪即决例》（明治18年太政官布告）。当时的刑法把犯罪从重到轻分为重罪、轻罪和违警罪三种。同时期实施的程序法规定，违警罪（最高法定刑为10日拘役或罚款）由违警罪法院管辖。当时全国各地的警察署、警察分署都作为违警罪法院审理这类案件。事实上，这是由侦查机关行使审判权，是不符合法律精神的做法。但是《违警罪即决例》随后又规定了如果不服可以请求正式判决。1908年取消了《违警罪即决例》的规定，又颁布了《警察犯处罚令》（明治41年内务部令16号），相当于后来的《轻犯罪法》。因此，事实上违警罪的规定还是沿用下来了。[②]

简易程序在日本最早从1913年的《刑事简易程序法》实施时出现，这种制度参考了德国的科刑命令制度，制定的契机来源于国家财政的逼迫，因此，目的也在于减轻法院的负担，同时加速刑事审判的进程。不久简易程序被规定在1922年制定的旧日本刑事诉讼法中。“二战”期间，简易程序的适用范围逐步扩大，有时也可以判处自由刑（来源于《部分修改战时刑事特别法的

---

① ［日］松尾浩也著：《日本刑事诉讼法（新版）》（下卷），张凌译，中国人民大学出版社2005年版，第318页。

② ［日］田宫裕：《刑事程序的简易化》，收录于［日］西原春夫著：《日本刑事法的形成与特色　日本法学家论日本刑事法》，李海东等译，中国法律出版社；日本国成文堂出版社，1997年版，第412-413页。

法律》的规定)，后又恢复了对判处刑罚的较严格限制。现今的简易程序对判处刑罚、犯罪嫌疑人的同意权和简易程序的书面要求等方面有了更加明确清晰的规定。

在战后修订的和平宪法中，第37条明确规定，所有刑事事件的被告人都拥有在公平的法院接受迅速地审判的权利。由此可以看出，迅速地审判是日本国民应有的宪法基本权利，也是日本法院系统不断追求审判迅速化的动因之一。

按照简易程序审判的案件增多的原因主要在于随着工业社会的发展，交通事故的数量逐年上升，违反道路交通安全法或者业务上过失致人死亡的案例逐年增加，给司法系统带来了很大压力。在1962年的统计数字中，用简易程序审结案件的人数中有91.5%涉及道路交通①。由于道路交通案件带来的压力实在过大，随后的刑事诉讼程序中专门设置了交通案件即决程序，以解决日益增多的交通案件，随着时间的推移，交通违法案件即决程序已经不再被适用于如今的刑事诉讼中，但是交通案件与简易程序始终有密切的关系。为了减少交通案件带来的过重司法负担，也为了保证正常的交通秩序，刑法提高了业务上过失致死伤的法定刑，也制定了《交通安全对策基本法》，一时解决了这个问题，但自1988年起，随着社会的发展，交通案件死亡人数又超过了1万，因此交通案件依然是简易程序的主要案件来源之一。以最新数据为例，在平成26年（2014年）日本最高法院的统计数据中，全年日本各简易法院受理的案件总数是300420件，第一审案件10276件，简易程序（略式手续）290141件，约占所有案件数量的96.6%；其中，采用简易程序（略式手续）的业务过失和重过失案件合计49293件，道路交通法案件合计185806件，仅道路交通法案件就占简易程序总案件量的64%以上。②

根据《日本刑事诉讼法》第1条，刑事诉讼法的目的在于，在刑事案件中维护公共福利和保障个人基本人权的同时，明确案件的事实真相，正当而迅速地适用刑罚法令。③ 因而在日本司法系统中，也非常重视审判的迅速化，从而在设计完整的刑事诉讼普通程序之外，也对简易程序的改进和完善给予了极大的关注。

---

① ［日］田宫裕：《刑事程序的简易化》，收录于［日］西原春夫著：《日本刑事法的形成与特色 日本法学家论日本刑事法》，李海东等译，中国法律出版社；日本国成文堂出版社，1997年版，第412-413页。

② 统计数字来源于日本裁判所官网：http://www.courts.go.jp/app/sihotokei_jp/list?filter%5Btype%5D=1&filter%5ByYear%5D=2014&filter%5ByCategory%5D=2&filter%5BmYear%5D=&filter%5BmMonth%5D=&filter%5BmCategory%5D=。

③ 宋英辉译：《日本刑事诉讼法》，中国政法大学出版社2000年版，第3页。

(三) 简易程序和简易法院

日本的法院系统经过了比中国法院系统更加严格细致的分类，由此产生了和享有普通案件一审管辖权的地方法院相对的，处理诉讼标的在一定金额以下的民事事件和法定刑为罚金刑以下的刑事事件的比较轻微事件的简易法院（简易裁判所）。根据《裁判所法》第33条第1款，简易法院（简易裁判所）对以下案件有第一审管辖权：（1）诉讼金额在140万日元（约合人民币9.35万元）以下的民事案件；（2）其他法律没有特别规定的法定刑为罚金刑以下的刑事案件；（3）与地方法院有竞合管辖权的第一审刑事案件：罚金作为可供选择的刑罚之一的犯罪，《日本刑法》第186条规定的赌博惯犯等犯罪，《日本刑法》第252条、第256条规定的贪污、收买盗赃物等犯罪。[①] 但根据《裁判所法》第33条第2款，简易法院（简易裁判所）也可以在涉及《日本刑法》第130条（包括此条未遂犯）、第186条、第235条（包括此条未遂犯）、第252条、第254条、第256条的罪名，《古物营业法》第31条至第33条，《质屋营业法》第30条至第32条的罪名相关的案件，根据《日本刑法》第54条第1款的规定存在观念上的竞合或牵连犯关系的，可以不受上述限制而判处3年以下徒刑。[②]

目前日本共有简易法院438所[③]，遍布日本全国，并承担了相当一部分一审案件裁判任务，在简易法院虽然可以选择案件的审判程序，但是简易法院审理的大部分刑事案件适用简易程序审理。简易法院的法官与一般法院的法官（裁判官）不同，被称为判事，简易法院的每个案件都由判事一人独任审理并判决。判事的选拔根据《裁判所法》第45条和日本最高法院颁布的《简易裁判所判事选考规则》进行，由设在各地方法院的“简易裁判所判事推荐

① 《裁判所法》第33条　1. 簡易裁判所は、次の事項について第一審の裁判権を有する。
一　訴訟の目的の価額が百四十万円を超えない請求（行政事件訴訟に係る請求を除く。）
二　罰金以下の刑に当たる罪、選択刑として罰金が定められている罪又は刑法第百八十六条、第二百五十二条若しくは第二百五十六条の罪に係る訴訟（第三十一条の三第一項第四号の訴訟を除く。）

② 《裁判所法》第33条　2. 簡易裁判所は、禁錮以上の刑を科することができない。ただし、刑法第百三十条の罪若しくはその未遂罪、同法第百八十六条の罪、同法第二百三十五条の罪若しくはその未遂罪、同法第二百五十二条、第二百五十四条若しくは第二百五十六条の罪、古物営業法（昭和二十四年法律第百八号）第三十一条から第三十三条までの罪若しくは質屋営業法（昭和二十五年法律第百五十八号）第三十条から第三十二条までの罪に係る事件又はこれらの罪と他の罪とにつき刑法第五十四条第一項 の規定によりこれらの罪の刑をもつて処断すべき事件においては、三年以下の懲役を科することができる。

③ 统计数据来源于日本裁判所官网：http：//www. courts. go. jp/about/sosiki/kakyusaibansyo/index. html#kanni。

委员会”推荐，设在最高法院的“简易裁判所判事选考委员会”考核通过上任，候选者一般需要具备多年司法实务经验或者其他简易法院判事必需的学识经验。

二、日本刑事简易裁判的类型、内容和特点

在日本的刑事诉讼程序中存在三种不同程度的简易刑事程序，分别是简易审判程序、即决裁判程序和简易程序（略式手续）。这三种简易程序的起点不同，审判流程也不尽相同。

（一）简易审判程序

1. 内容

简易审判程序规定在《日本刑事诉讼法》第 291 条第 2 款中，被告人在开头程序（刑事诉讼庭审的第一个环节）中，对起诉中记载的诉因就被控事实作出有罪陈述，法院在听取检察官、被告人和辩护人的意见后，根据有罪陈述及其诉因，可以决定适用简易审判程序（简易公判手续）审理。但是有可能判处死刑、无期或 1 年以上拘役、禁锢的案件除外。[①]

这个制度是在普通审判程序过程中延伸出的简易审判程序，由英美法系的“有罪答辩”制度（arraignment）借鉴而来，但是同“有罪答辩”制度不同的是，这里的有罪陈述并不直接导致放弃事实认定程序而进入量刑程序，对于简易审判程序的选择权，不意味着被告人放弃自我辩护。[②] 这一制度最早于 1947 年 10 月的政府法律案中出现（第 262 条第 1 款：“被告人作出有罪回答的时候，法院认为这一回答是被告人理解案件基础上的自由意志，并考虑到其他资料，认为其答辩合乎真实情况的时候，可以就案件作出犯罪已被证明的决定。但是死刑案件除外。”）但是这项规定当时引起了尊重事实真相之争和与《日本宪法》第 38 条第 3 款的关系的疑虑因而被删除。后在 1953 年修改的《日本刑事诉讼法》中，建立了简易裁判程序，改变了之前省略证据调查的方法，单纯将证据调查简单化。[③]

---

① 《刑事訴訟法》第 291 条の二　被告人が、前条第三項の手続に際し、起訴状に記載された訴因について有罪である旨を陳述したときは、裁判所は、検察官、被告人及び弁護人の意見を聴き、有罪である旨の陳述のあつた訴因に限り、簡易公判手続によつて審判をする旨の決定をすることができる。ただし、死刑又は無期若しくは短期一年以上の懲役若しくは禁錮に当たる事件については、この限りでない。

② ［日］彭勃著：《日本刑事诉讼法通论》，中国政法大学出版社 2002 年版，第 332 页。

③ 参见［日］松尾浩也著：《日本刑事诉讼法（新版）》（下卷），张凌译，中国人民大学出版社 2005 年版，第 318 页。

根据《刑事诉讼规则》第 197 条第 2 款的规定，当被告人作出《刑事诉讼法》第 291 条第 2 款中的有罪陈述之后，裁判长需要对被告人说明简易裁判程序的意义，询问被告人是否自愿供述、是否基于第 291 条第 2 款供认有罪。但法院认为不能或不应适用简易裁判程序的案件除外。因此，进入简易审判程序的条件有：不属于可能判处死刑、无期或者 1 年以上拘役、禁锢的案件；被告人作有罪陈述；审判长说明简易审判程序的内容，并确认被告是否基于自愿作出有罪陈述；法院认为可以适用简易裁判程序。在简易裁判程序中，不适用禁止传闻证据规则，也不适用普通审判程序中的大部分证据调查规则，判决书中也可以引用审判记录中记载的证据目录。①

对于法院认为不能或不应当适用简易裁判程序的案件，继续按照普通庭审裁判程序审核证据，展开辩论。根据《刑事诉讼法》第 291 条第 3 款，在决定适用简易裁判程序后发现不能或不应当适用该程序的，必须撤销该决定。案件不能适用简易裁判程序或被告人翻供的，属于适用简易裁判程序不合法；简易裁判程序中被告人所作的有罪供述存在可疑之处的，可以作适用简易程序不适当处理。②

2. 特点

一方面，简易裁判程序与即决裁判程序和简易程序（略式手续）相比，并不是彻底的简易刑事审判程序，而只是根据被告人的供述，在普通审判程序开始之后，对事实认定过程的一种简化，因而它并不能算是彻底的简易程序，而是帮助法官迅速进行庭审程序的一种手段，体现了在保障实体公正的前提下注重效率的审判追求。另一方面，这种程序毕竟是在被告人承认有罪基础之上进行的简易而迅速地结束案件的制度，从立法上应当限定不适用本程序的重大案件的范围，从而在适用过程中进一步强化。③

它最大的优点在于简化了适用传闻规则后复杂烦琐的证人证言认定程序，从而大大节约了庭审时间。然而相比“有罪答辩”制度，当事人辩护的权利却受到了更多保护，因为无论辩护人还是被告人都可以对自身违法性阻却事由等进行辩护，更好地保障了犯罪人的程序权利和实体权利。

---

① 参见［日］田口守一著：《日本刑事诉讼法》，张凌、于秀峰译，中国政法大学出版社 2010 年版，第 231 页。

② 参见彭勃著：《日本刑事诉讼法通论》，中国政法大学出版社 2002 年版，第 333 页。

③ 参见［日］田口守一著：《日本刑事诉讼法》，张凌、于秀峰译，中国政法大学出版社 2010 年版，第 232 页。

(二) 即决裁判程序

1. 内容

即决裁判程序规定在《日本刑事诉讼法》第二编“一审”的第四章中，从第350条第2款到第350条第14款，可以说整个即决裁判程序都是在一审审理程序中对普通公开审理的特殊规定。这项程序是日本在2004年修改《刑事诉讼法》时新加入的一项程序，虽然是即决裁判，但并不意味着不需要开庭，而是从检察官提起公诉时开始，就以被告人同意为基础向法院申请以简便的程序认定事实、展开审判。

(1) 申请即决裁判程序。

《日本刑事诉讼法》第350条第2款规定，检察官在提起公诉时，认为案件符合事实清楚、情节轻微、证据调查可以很快结束的条件的，可以在公诉提起的同时书面申请适用即决裁判程序。但是可能判处死刑、无期或1年以上拘役、禁锢的除外。这项申请需要犯罪嫌疑人书面同意才能进行，并且检察官征求犯罪嫌疑人同意时应当向他说明即决裁判程序需要理解的必要事项(没有辩护人的时候，必要事项包括可以选任辩护人)，并告知他有权接受符合通常规定的普通审判。当犯罪嫌疑人有辩护人时，即决裁判程序的申请除需要犯罪嫌疑人同意外，还需要辩护人同意或至少持保留意见。①

根据第350条第3款，如果在向犯罪嫌疑人确认是否同意适用即决程序时，犯罪嫌疑人因贫困等无法选任辩护人，法官应当根据犯罪嫌疑人的请求

① 《刑事訴訟法》第350条の二　検察官は、公訴を提起しようとする事件について、事案が明白であり、かつ、軽微であること、証拠調べが速やかに終わると見込まれることその他の事情を考慮し、相当と認めるときは、公訴の提起と同時に、書面により即決裁判手続の申立てをすることができる。ただし、死刑又は無期若しくは短期一年以上の懲役若しくは禁錮に当たる事件については、この限りでない。

○2　前項の申立ては、即決裁判手続によることについての被疑者の同意がなければ、これをすることができない。

○3　検察官は、被疑者に対し、前項の同意をするかどうかの確認を求めるときは、これを書面でしなければならない。この場合において、検察官は、被疑者に対し、即決裁判手続を理解させるために必要な事項（被疑者に弁護人がないときは、次条の規定により弁護人を選任することができる旨を含む。）を説明し、通常の規定に従い審判を受けることができる旨を告げなければならない。

○4　被疑者に弁護人がある場合には、第一項の申立ては、被疑者が第二項の同意をするほか、弁護人が即決裁判手続によることについて同意をし又はその意見を留保しているときに限り、これをすることができる。

○5　被疑者が第二項の同意をし、及び弁護人が前項の同意をし又はその意見を留保するときは、書面でその旨を明らかにしなければならない。

○6　第一項の書面には、前項の書面を添付しなければならない。

为其指派辩护人。但已有犯罪嫌疑人之外的人选任的辩护人的情况除外。①

（2）审判准备和审判程序的特例。

在申请即决裁判程序的案件中，如果被告人没有辩护人，审判长需要尽快依据职权为其指派辩护人。②

在检察官申请适用即决裁判程序的案件中，如果应当给予被告人及其辩护人根据《日本刑事诉讼法》第299条享有的阅览证据书类或其他同类机会的，应当尽快给予他们此项机会。③

法院在申请适用即决裁判程序的案件中，对适用即决裁判程序持保留意见的辩护人或者申请适用即决裁判程序后才被选任的辩护人，应当尽快确认他们是否同意适用即决裁判程序。如果辩护人同意，应采用书面形式明确表明。④

审判长在申请适用即决裁判程序的案件中，听取检察官、被告人及其辩护人意见，并在申请成立后应当尽快确定审判日期。⑤

法院在申请适用即决裁判程序的案件中，出现符合《日本刑事诉讼法》第291条第3项程序的情况，被告人对起诉状记载的诉因作出有罪供述，除了出现以下情形，都应当适用即决裁判手续：①第350条第2款第（2）项或第（4）项同意被撤回的情况；②第350条第6款规定的情况中，没有同意或同意被撤回的情况；③除了前两项情况外，法院认为该案件不能适用即决裁

---

① 《刑事訴訟法》第350条の三　前条第三項の確認を求められた被疑者が即決裁判手続によることについて同意をするかどうかを明らかにしようとする場合において、被疑者が貧困その他の事由により弁護人を選任することができないときは、裁判官は、その請求により、被疑者のため弁護人を付さなければならない。ただし、被疑者以外の者が選任した弁護人がある場合は、この限りでない。

② 《刑事訴訟法》第350条の四　即決裁判手続の申立てがあつた場合において、被告人に弁護人がないときは、裁判長は、できる限り速やかに、職権で弁護人を付さなければならない。

③ 《刑事訴訟法》第350条の五　検察官は、即決裁判手続の申立てをした事件について、被告人又は弁護人に対し、第二百九十九条第一項の規定により証拠書類を閲覧する機会その他の同項に規定する機会を与えるべき場合には、できる限り速やかに、その機会を与えなければならない。

④ 《刑事訴訟法》第350条の六　裁判所は、即決裁判手続の申立てがあつた事件について、弁護人が即決裁判手続によることについてその意見を留保しているとき、又は即決裁判手続の申立てがあつた後に弁護人が選任されたときは、弁護人に対し、できる限り速やかに、即決裁判手続によることについて同意をするかどうかの確認を求めなければならない。

○2　弁護人は、前項の同意をするときは、書面でその旨を明らかにしなければならない。

⑤ 《刑事訴訟法》第350条の七　裁判長は、即決裁判手続の申立てがあつたときは、検察官及び被告人又は弁護人の意見を聴いた上で、その申立て後（前条第一項に規定する場合においては、同項の同意があつた後）、できる限り早い時期の公判期日を定めなければならない。

判程序的情况；④该案件不应当适用即决裁判程序的情况。[①]

如果没有辩护人，判断是否适用即决裁判程序的审判和即决裁判程序审判都不得展开。[②]

法院根据第350条第8款决定适用拒绝裁判程序的案件，如果出现下列情形，应当撤销适用决定：①宣判前，被告人或辩护人撤回适用即决裁判程序的同意的；②宣判前被告人撤回根据起诉的诉因作出有罪陈述的；③除了前两项情况外，法院认为该案件不能适用即决裁判程序的情况；④该案件不应当适用即决裁判程序的情况。如果撤销适用决定，审判程序应当变更，但是检察官和被告人或辩护人没有异议的除外。[③]

（3）证据的特例。

决定适用即决裁判程序的案件的证据认定，不受传闻规则限制，但是检察官、被告人或辩护人对证据有异议的除外。[④]

---

① 《刑事訴訟法》第350条の八　裁判所は、即決裁判手続の申立てがあつた事件について、第二百九十一条第三項の手続に際し、被告人が起訴状に記載された訴因について有罪である旨の陳述をしたときは、次に掲げる場合を除き、即決裁判手続によつて審判をする旨の決定をしなければならない。

一　第350条の二第二項又は第四項の同意が撤回されたとき。

二　第350条の六第一項に規定する場合において、同項の同意がされなかつたとき、又はその同意が撤回されたとき。

三　前二号に掲げるもののほか、当該事件が即決裁判手続によることができないものであると認めるとき。

四　当該事件が即決裁判手続によることが相当でないものであると認めるとき。

② 《刑事訴訟法》第350条の九　前条の手続を行う公判期日及び即決裁判手続による公判期日については、弁護人がないときは、これを開くことができない。

③ 《刑事訴訟法》第350条の十一　裁判所は、第350条の八の決定があつた事件について、次の各号のいずれかに該当することとなつた場合には、当該決定を取り消さなければならない。

一　判決の言渡し前に、被告人又は弁護人が即決裁判手続によることについての同意を撤回したとき。

二　判決の言渡し前に、被告人が起訴状に記載された訴因について有罪である旨の陳述を撤回したとき。

三　前二号に掲げるもののほか、当該事件が即決裁判手続によることができないものであると認めるとき。

四　当該事件が即決裁判手続によることが相当でないものであると認めるとき。○2　前項の規定により第350条の八の決定が取り消されたときは、公判手続を更新しなければならない。ただし、検察官及び被告人又は弁護人に異議がないときは、この限りでない。

④ 《刑事訴訟法》第350条の十二　第350条の八の決定があつた事件の証拠については、第三百二十条第一項の規定は、これを適用しない。ただし、検察官、被告人又は弁護人が証拠とすることに異議を述べたものについては、この限りでない。

（4）公审裁判的特例。

法院决定适用即决裁判程序的案件，应当尽可能在当日宣判。[①]

在即决裁判程序中宣判拘役或禁锢的案件，应当同时宣判缓刑。[②]

2. 特点

即决审判程序并不起源于日本，英美审判程序中就出现了以不开庭、书面审为审理方式的即决审判，相比彻底的当事人主义，日本的混合主义在尊重当事人意愿的情况下，保留了法院和法官职权纠问的权力，也保留了法庭在庭审中发现事实真相的权力。但同时这样一种简化证据辩论的方式大大节省了案情简单情节轻微的案件的审理时间，从宣判要求上我们可以看出，要求尽量当日宣判既是对法官工作量的减省，也是方便检察官、被告人及辩护人的高效措施。

它和简易裁判程序最大的不同在于，即决审判程序将程序起点放在了检察官提起公诉之时，就给法官明确的请求和充足的时间以审视案件、与控辩双方沟通，也更有利于提高诉讼效率。同时我们可以注意到，在即决审判程序中，因为程序尤其是事实认定程序，受到了减损，立法者尤其注重了辩护人在程序中的地位，保障被告人得到辩护的权利。《日本刑事诉讼法》规定，适用即决裁判程序判决拘役或禁锢必须同时判处缓刑，也就意味着即使是不满1年的拘役或禁锢，想要适用即决裁判程序也必须满足缓刑的适用条件，否则仍然不能适用。我们可以看出，即决裁判程序的使用条件比上述的简易裁判程序更加严苛，说明即决裁判程序应当适用比简易裁判程序案情更加轻微的案件。

（三）简易程序（略式手续）

简易程序规定在《日本刑事诉讼法》第六编中，包括第461条至第470条。简易程序是日本简易法院最常适用的审判程序，也是轻微刑事案件和交通安全案件最早开始适用的简易刑事审判程序。

1. 内容

区检察院的检察官可以向法院申请简易命令（略式命令），申请必须符合以下条件：（1）属于该简易法院管辖；（2）属于应当处以100万日元（约合人民币6.68万元）以下罚金或科处刑罚的案件（可以同时判处缓刑、没收等其他附加刑罚）；（3）犯罪嫌疑人必须书面同意对适用简易程序没有异议，检

---

① 《刑事訴訟法》第350条の十三　裁判所は、第三百五十条の八の決定があつた事件については、できる限り、即日判決の言渡しをしなければならない。

② 《刑事訴訟法》第350条の十四　即決裁判手続において懲役又は禁錮の言渡しをする場合には、その刑の全部の執行猶予の言渡しをしなければならない。

察官应当在申请时对犯罪嫌疑人说明简易程序的必要事项并告知案件可以按照普通程序进行审理；（4）简易命令的申请应当在提起公诉的同时，以书面形式提出。[①] 在实践中，检察官为了确认犯罪嫌疑人是否有异议，通常在起诉书中注明请求简易命令，以满足书面请求的要求。

根据《刑事诉讼规则》第 289 条，简易程序不适用起诉书一本主义，因此需要在申请简易命令的同时将书证物证提交法院，由法院进行不开庭审理，判断是否通过请求。如果法院认为该案件不能作出简易命令或不应当作出简易命令时，应当依照通常规定进行审判。如果检察官没有得到犯罪嫌疑人的同意或者没有以书面方式明示犯罪嫌疑人同意的，也应当按照通常规定进行审判。法院在决定依照通常规定进行审判时，应当立即通知检察官。

法官作出的简易命令应当明示犯罪事实、适用的法律、科处的刑罚和附加刑，还应当告知简易命令起 14 日内可以请求正式审判。正式审判的请求违反法定方式或者在请求权消灭后提出的，应当作出不受理的决定。对这个决定，可以提出即时抗告。正式审判的请求合法时，应当依照通常规定进行审判。依据正式审判的请求作出判决时，简易命令丧失效力。但简易命令在经过请求正式审判的期间或者因为撤回正式审判的请求的情况下，产生与确定判决同等的效力。驳回正式审判请求的裁判确定时亦同。

下附简易命令例本[②]：

1991 年第 9999 号

简易命令

原籍　熊本县阿苏郡火之国村白雪 1 番地

住所　东京都港区夕雾 2 丁目 3 番 4 号

职业　无职业

侵入住宅　根轮善人

1970 年 1 月 1 日生

对于上述之人侵入住宅被告案件，本法院作出如下简易命令。

---

① 《刑事訴訟法》第 461 条　簡易裁判所は、検察官の請求により、その管轄に属する事件について、公判前、略式命令で、百万円以下の罰金又は科料を科することができる。この場合には、刑の執行猶予をし、没収を科し、その他付随の処分をすることができる。

② 参见：[日] 松尾浩也著：《日本刑事诉讼法（新版）》（下卷），张凌译，中国人民大学出版社 2005 年版，第 326 页。

主文

判处被告人 3 万日元罚金。

不能全部缴纳该罚金时，每 3000 日元折抵一日，被告人留置在劳役场。

没收检察官扣押的改锥一把和手电筒一个。

事实

被告人于 1991 年 8 月 20 日晚上 8 时许，在东京都文京区蝴蝶町 7 丁目 3 番 18 号，非法侵入女高音歌手六浦珠子使用的发音练习室。

适用的条文

刑法第 130 条前段，刑法第 18 条，第 19 条第 1 款第（2）项

1991 年 9 月 29 日

东京简易法院

法官　大冈越太郎

诉讼关系人可以自收到该命令通知之日起 14 日内请求正式审判。

2. 特点

简易程序如前文所述发源自 1913 年，本来是独立于刑事诉讼系统之外的单独制度，后来在发展中被归入刑事诉讼，与之渐渐融合成为一个整体。这期间经历过很多次调整（如 2004 年前简易程序的审查标准是 50 万日元以下的罚金），也随着日本经济社会的变化不断发展。从历史的角度看，简易程序是最符合日本刑事诉讼法追求审判迅速化目标的产物，它的适用条件看起来和上述简易裁判程序及即决裁判程序并没有太大区别，但对法定刑要求更为严格的简易程序是唯一可以在不开庭审理的情况下，不经过正式审判、宣判，不颁发正式判决书的刑事审判程序。想来这也是早期的简易程序不属于刑事诉讼系统的原因之一。

不开庭的书面审理和非正式的简易命令造成了简易程序的去审判化，犯罪嫌疑人在这个程序中到底有没有正式成为“被告人”也是一个值得商榷的问题。不得不说刑事诉讼法规中的“被疑人”而非“被告人”在一定程度上代表了立法者的观点。

从法条结构上看，简易程序和即决裁判程序很像，只缺少了因为不需要开庭审理而无从适用的证据规则，即决裁判程序规定在检察官、被告人或辩护人有异议的情况下，即使是即决裁判程序也可以对证据适用传闻规则，但在简易程序中，没有开庭审理意味着法官仅依靠书面供述和书证物证来判断

简单案情成立与否，这就完全脱离传闻规则的证据判断了。此外，犯罪嫌疑人作出有罪供述是否违反了自白规则或沉默权也是日本刑事诉讼法学界长久以来一直被人提起的问题。简易程序最简便，相对于普通庭审程序，例外情形也最多。

（四）轻犯罪法（侦查、起诉阶段的相关机制）

《轻犯罪法》是于昭和23年（公元1948年）公布的日本全国性法律，其取代了早在明治时期制定的《警察犯处罚令》，是一部主要规定了对各类轻微违反社会秩序的行为处以拘留、罚金等刑罚的法规。这部法规的程序根据来源于日本《刑事诉讼法》第246条的但书，即司法警察进行犯罪侦查时，除法律规定的情况外，应当尽快将案件连同书类、证据送交检察官。但检察官指定的案件除外。① 法律的结构十分简单，通篇只有四条法律条文，其中第1条主要规定了适用《轻犯罪法》处罚的行为类型，第2条、第3条和第4条规定了对第1条的调整及补充。

第1条：符合以下各款之一的，处以拘留或罚款。②

①无故进入无人居住且无人看管的住宅、建筑物或船舶的；③

②无故偷偷携带刀剑、棍棒等可以伤害他人生命或可能对他人身体造成重大伤害的器具的；④

③无故偷偷携带钥匙、凿子、玻璃切割器等可能用来侵入他人住宅或建筑物的器具的；⑤

④没有生活来源，有工作能力却不愿意就职，并且没有固定居所、游手好闲的；⑥

⑤对公共的会堂、剧场、餐厅、舞厅或其他公共场所的入场者，或对汽车、电车、公交车、船舶、飞行器等其他公共交通工具中的乘客行动粗暴、

---

① 《刑事訴訟法》第246条　司法警察員は、犯罪の捜査をしたときは、この律に特別の定のある場合を除いては、速やかに書類及び証拠物とともに事件を検察官に送致しなければならない。但し、検察官が指定した事件については、この限りでない。

② 《軽犯罪法》第1条　左の各号の一に該当する者は、これを拘留又は科料に処する。

③ 一　人が住んでおらず、且つ、看守していない邸宅、建物又は船舶の内に正当な理由がなくてひそんでいた者。

④ 二　正当な理由がなくて刃物、鉄棒その他人の生命を害し、又は人の身体に重大な害を加えるのに使用されるような器具を隠して携帯していた者。

⑤ 三　正当な理由がなくて合かぎ、のみ、ガラス切りその他人の邸宅又は建物に侵入するのに使用されるような器具を隠して携帯していた者。

⑥ 四　生計の途がないのに、働く能力がありながら職業に就く意思を有せず、且つ、一定の住居を持たない者で諸方をうろついたもの。

制造明显麻烦的;[1]

⑥无故熄灭他人标灯，或道路等其他公众通过、聚集的公共场所灯火的;[2]

⑦随意在水道放置船舶或其他妨害水路交通的;[3]

⑧在发生水灾、地震、火灾、交通事故、犯罪等其他特别情况时，无故进入现场、对公务员及其援助者的命令拒不服从，或无视公务员的求助、拒不援助的;[4]

⑨没有尽到相当的注意义务，在建筑物、森林等其他可燃物附近点火，或在汽油等其他易燃物附近用火的;[5]

⑩没有尽到相当的注意义务，使用或用枪炮、火药、锅炉玩耍的;[6]

⑪没有尽到相当的注意义务，在可能伤害他人身体或物件的场所投掷、灌注、发射物品的;[7]

⑫无正当理由，在公共场所释放可能伤害人畜的犬类、鸟兽类动物，或因怠于看管而使其逃脱的;[8]

⑬在公共场所对多数人施以明显粗暴的言语行动的，且在汽车、电车、公交车、船舶等其他公共交通工具、举办的表演、等待分配物资，及至购买

---

① 五 公共の会堂、劇場、飲食店、ダンスホールその他公共の娯楽場において、入場者に対して、又は汽車、電車、乗合自動車、船舶、飛行機その他公共の乗物の中で乗客に対して著しく粗野又は乱暴な言動で迷惑をかけた者。

② 六 正当な理由がなくて他人の標灯又は街路その他公衆の通行し、若しくは集合する場所に設けられた灯火を消した者。

③ 七 みだりに船又はいかだを水路に放置し、その他水路の交通を妨げるような行為をした者。

④ 八 風水害、地震、火事、交通事故、犯罪の発生その他の変事に際し、正当な理由がなく、現場に出入するについて公務員若しくはこれを援助する者の指示に従うことを拒み、又は公務員から援助を求められたのにかかわらずこれに応じなかつた者。

⑤ 九 相当の注意をしないで、建物、森林その他燃えるような物の附近で火をたき、又はガソリンその他引火し易い物の附近で火気を用いた者。

⑥ 十 相当の注意をしないで、銃砲又は火薬類、ボイラーその他の爆発する物を使用し、又はもてあそんだ者。

⑦ 十一 相当の注意をしないで、他人の身体又は物件に害を及ぼす虞のある場所に物を投げ、注ぎ、又は発射した者。

⑧ 十二 人畜に害を加える性癖のあることの明らかな犬その他の鳥獣類を正当な理由がなくて解放し、又はその監守を怠つてこれを逃がした者。

交通工具或表演的门票或领取物资分配相关票证的队列中插队或扰乱队伍的；①

⑭不听公务员的制止，用人声、乐器、广播等制造噪声搅扰近邻的；②

⑮假称拥有公职、功勋、学位等法律规定的称号或同等外国称号的，或不具有相关资格但穿着法定制服、使用法定勋章等标记或其类似物的；③

⑯向公务员虚报犯罪或灾害事实的；④

⑰在古董的典当、买卖、交换等相关的账簿中，虚假申报或记载法律规定应当记载的姓名、住址、职业等事项的；⑤

⑱知道自己的私有场所内存在老幼、伤病等需要扶助人士，或人的尸体、死胎等情况，却不迅速向公务员报告的；⑥

⑲无故变动人的尸体、死胎现场的；⑦

⑳在公共场所使他人不快，或随意暴露大腿等身体隐私部位的；⑧

㉑删除；⑨

㉒乞食或让人乞食的；⑩

㉓无故偷窥他人的住所、浴室、更衣室、厕所等通常可能不穿衣服的场所的；⑪

---

① 十三　公共の場所において多数の人に対して著しく粗野若しくは乱暴な言動で迷惑をかけ、又は威勢を示して汽車、電車、乗合自動車、船舶その他の公共の乗物、演劇その他の催し若しくは割当物資の配給を待ち、若しくはこれらの乗物若しくは催しの切符を買い、若しくは割当物資の配給に関する証票を得るため待つている公衆の列に割り込み、若しくはその列を乱した者。

② 十四　公務員の制止をきかずに、人声、楽器、ラジオなどの音を異常に大きく出して静穏を害し近隣に迷惑をかけた者。

③ 十五　官公職、位階勲等、学位その他法令により定められた称号若しくは外国におけるこれらに準ずるものを詐称し、又は資格がないのにかかわらず、法令により定められた制服若しくは勲章、記章その他の標章若しくはこれらに似せて作つた物を用いた者。

④ 十六　虚構の犯罪又は災害の事実を公務員に申し出た者。

⑤ 十七　質入又は古物の売買若しくは交換に関する帳簿に、法令により記載すべき氏名、住居、職業その他の事項につき虚偽の申立をして不実の記載をさせた者。

⑥ 十八　自己の占有する場所内に、老幼、不具若しくは傷病のため扶助を必要とする者又は人の死体若しくは死胎のあることを知りながら、速やかにこれを公務員に申し出なかつた者。

⑦ 十九　正当な理由がなくて変死体又は死胎の現場を変えた者。

⑧ 二十　公衆の目に触れるような場所で公衆にけん悪の情を催させるような仕方でしり、ももその他身体の一部をみだりに露出した者。

⑨ 二十一　削除。

⑩ 二十二　こじきをし、又はこじきをさせた者。

⑪ 二十三　正当な理由がなくて人の住居、浴場、更衣場、便所その他人が通常衣服をつけないでいるような場所をひそかにのぞき見た者。

㉔对他人公私的仪式进行妨害或恶作剧的；[①]

㉕妨害河川、沟渠等水路流通的；[②]

㉖在道路、公园等公众聚集的场所吐痰、大小便或让人吐痰、大小便的；[③]

㉗违反公共利益随意丢弃垃圾、鸟兽的尸体或其他污物、废弃物的；[④]

㉘妨碍他人道路，或在其身边群立不退，或使他人产生不安的；[⑤]

㉙共谋伤害他人身体的，或参与共谋预备行为的；[⑥]

㉚利用犬类等动物惊吓人畜，或使马、牛受到惊吓逃走的；[⑦]

㉛妨害他人业务或恶作剧的；[⑧]

㉜无故进入禁入场所或他人田地的；[⑨]

㉝随意在他人房屋或物品上张贴东西、擅自摘除他人看板等标志物或对其造成污损的；[⑩]

㉞向公众贩卖商品或提供服务时，适用令人误解的或欺诈性广告的。[⑪]

第 2 条：犯前条所述罪行的，可以根据其情况，免除刑罚或并处拘留及罚金刑。[⑫]

第 3 条：教唆、帮助第一条所述犯罪的，与正犯相同。[⑬]

第 4 条：适用本法，应当注意不能不当侵害国民权利，不脱离本法目的

---

① 二十四　公私の儀式に対して悪戯などでこれを妨害した者。

② 二十五　川、みぞその他の水路の流通を妨げるような行為をした者。

③ 二十六　街路又は公園その他公衆の集合する場所で、たんつばを吐き、又は大小便をし、若しくはこれをさせた者。

④ 二十七　公共の利益に反してみだりにごみ、鳥獣の死体その他の汚物又は廃物を棄てた者。

⑤ 二十八　他人の進路に立ちふさがつて、若しくはその身辺に群がつて立ち退こうとせず、又は不安若しくは迷惑を覚えさせるような仕方で他人につきまとつた者。

⑥ 二十九　他人の身体に対して害を加えることを共謀した者の誰かがその共謀に係る行為の予備行為をした場合における共謀者。

⑦ 三十　人畜に対して犬その他の動物をけしかけ、又は馬若しくは牛を驚かせて逃げ走らせた者。

⑧ 三十一　他人の業務に対して悪戯などでこれを妨害した者。

⑨ 三十二　入ることを禁じた場所又は他人の田畑に正当な理由がなくて入つた者。

⑩ 三十三　みだりに他人の家屋その他の工作物にはり札をし、若しくは他人の看板、禁札その他の標示物を取り除き、又はこれらの工作物若しくは標示物を汚した者。

⑪ 三十四　公衆に対して物を販売し、若しくは頒布し、又は役務を提供するにあたり、人を欺き、又は誤解させるような事実を挙げて広告をした者。

⑫ 《軽犯罪法》第 2 条　前条の罪を犯した者に対しては、情状に因り、その刑を免除し、又は拘留及び科料を併科することができる。

⑬ 《軽犯罪法》第 3 条　第 1 条の罪を教唆し、又は幇助した者は、正犯に準ずる。

而为其他目的滥用本法规定。①

这种轻微犯罪的处分，是犯罪的非刑罚处理手段之一。② 虽然属于刑事实体刑罚的处理规定，但《轻犯罪法》也规定了司法警察和检察官在侦查起诉阶段的裁量权。例如，司法警察可以根据检察官的一般指示，不将某种轻微犯罪立即移送检察官，而是每月集中向检察官报告一次。③ 这种处理方法也叫作微罪处分，主要适用于成年人所犯的罪行特别轻微的盗窃、欺诈、贪污等案件④。2012年接受微罪处分的人员共有88536，2013年接受微罪处分的人员共有76160，而在2014年接受微罪处分的人员则有73907⑤，我们可以看到这种轻微犯罪借由非刑罚性处理机制也能帮助犯罪行为的减少。检察官、法官在适用刑罚的裁量上可以根据《日本刑事诉讼法》第248条规定，考量当事人的“情况”，即一般包括犯人的性格、年龄、境遇、罪行轻重及犯罪后的情况。⑥ 因此《轻犯罪法》规定的内容虽然是以符合××行为即处以××刑罚为形式的刑法规范，但其与刑事诉讼的简易裁判机制有很大关系，也是日本在与简易裁判机制配套的刑法领域的单独立法，上文中简易命令的判例也是无故侵入他人住宅而产生的，其行为可能违反的是《轻犯罪法》，适用的诉讼程序则是简易程序，形成了简易命令，解决了案件。

三、日本刑事案件简易裁判机制实践情况

（一）主要成绩

从日本刑事案件简易裁判机制开始实行起，简易程序（略式手续）就承担了简易裁判所的大部分案件，根据还没有引进即决裁判程序的平成12年（2000年）的司法统计数据，1年内简易法院受理的诉讼案件总数是941301，其中简易程序案件为923204件，占受理诉讼案件总数的98.1%。可见简易裁判机制在处理简单刑事案件方面具有不可替代的作用。

随着平成16年（2004年）进一步司法改革，日本引进了即决裁判机制，

---

① 《軽犯罪法》第4条　この法律の適用にあたつては、国民の権利を不当に侵害しないように留意し、その本来の目的を逸脱して他の目的のためにこれを濫用するようなことがあつてはならない。

② ［日］田口守一著：《日本刑事诉讼法》，张凌、于秀峰译，中国政法大学出版社2010年版，第119页。

③ 同上。

④ 参见日本法务省白皮书，http://hakusyo1.moj.go.jp/jp/62/nfm/n62_2_2_1_0_1.html。

⑤ 数据来源于法务省白皮书，http：//www.moj.go.jp/housouken/houso_ hakusho2.html。

⑥ ［日］黑川亨子：《差别起诉和刑罚免除——从同样立场者的例证看轻犯罪法第二条的适用》，载《大阪市立大学法学杂志》2012年3月版，第592-629页。

一定程度上分流了简易程序所承担的刑事案件数量，根据平成 17 年（2005 年）的司法统计数据，当年简易法院受理的刑事案件总数量为 748148，其中简易程序案件数量为 726323，占总数量的 97.1%。而截至最新数据（平成 26 年），简易程序案件约占宗案件数量的 96.6%。虽然数字下降缓慢，但是其间由于简易程序案件上调了财产刑标准（从 50 万日元上调至 100 万日元），因此，从整体角度看，传统简易程序占总案件数量的比重在逐年递减，也体现了日本刑事诉讼简易审判程序的多样化带来的效果。

此外，尽可能当日宣判的即决裁判程序和正式庭审前作出简易命令的简易程序在提高诉讼效率上发挥的功效显而易见。而涉及简易裁判程序，日本最高法院自平成 16 年（2004 年）开始，发起了一项关于刑事诉讼迅速化的研讨会，旨在将刑事诉讼程序进一步快速化。在平成 16 年的第一次报告书中，数据显示第一审普通案件的平均审理时间是 3.2 个月，其中，从受理到第一回开庭需要 1.6 个月，从第一回开庭到终局需要 1.6 个月。见图 9-1[①]。

审结人数		81251
平均审理时间（月）		3.2
	案件受理至第一回开庭	1.6
	第一回开庭至结束	1.6
超过2年的案件的比例（%）		0.3
平均开庭次数（回）		2.7
平均开庭间隔（月）（案件受理至结束）		1.2
	第1回开庭至结束	0.6

图 9-1　新受理案件审理时间

而此后到平成 26 年（2014 年）的平均审理期间变化参见图 9-2[②]。结合数字分析，可以看到平均审理时间虽然一直在 3 个月左右，但始终没有再超过 3.2 个月的最高值，而根据 2014 年的统计，平均审理 3 个月的时间内，从受理到第一回开庭需要 1.6 个月，而从第一回开庭到终局则仅需要 1.4 个月。因此，从第一回开庭到审判结束的整体时间正在缩短，说明审判所需时间正在减少。也从侧面证明了审判迅速化的成功。

① 图片数据来源于日本裁判所官网：http://www.courts.go.jp/about/siryo/hokoku_01/index.html。

② 图片数据来源于日本裁判所官网：http://www.courts.go.jp/about/siryo/hokoku_06/index.html。

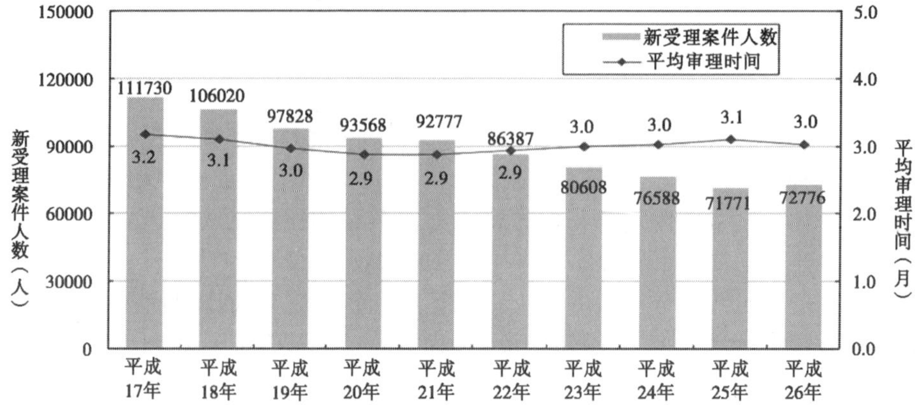

		全部普通一审	其中裁判员裁判案件
审结人数		52502	1220
平均审理时间		3.0	8.6
	案件受理至第一回开庭	1.6	
	第一回开庭至结束	1.4	
审理时间超过2年的案件比例（%）		0.2	1.0
平均开庭次数		2.7	4.5
平均开庭间隔（月）（案件受理至结束）		1.1	
	第一回开庭至结束	0.5	

图 9-2　新受理案件人数及平均审理时间的演变

（二）主要问题

无论是简易裁判程序还是即决裁判程序，或是简易程序（略式手续），在登场之时都引发过合宪性的争议。这些争议的内容包括辩护权、自白规则等。简易裁判程序相对而言争议较小，因为简易裁判程序并不是完整彻底的简易审判程序，而是依附在普通第一审刑事程序之中，作为普通庭审程序的变形而存在。

1. 简易裁判程序

简易裁判程序的问题相比即决裁判程序和简易程序并不特别突出。在1947年加入政府法律案引起合宪性之争后，《日本刑事诉讼法》通过修改简易裁判程序的证据调查环节而缓和了违宪批评，但同时将简易裁判程序放在了一个尴尬的处境，比起普通审判程序，它确实节省了证据调查时间，但比起即决裁判程序和简易程序，它在制度运用上并没有太大优点。

这种尴尬也导致了制度的利用率并不太高，在地方法院，利用率每年都是维持在10%左右的水平（简易法院较多，大约为50%）[①]，以1989—1993年的数字为例，平均每年地方法院自白人数43230，其中，决定适用简易裁判程序的为43293人，平均决定率为7.5%；简易法院中自白人员为9226，其中，决定适用简易裁判程序的为4639人，决定率为50.2%。[②]

这种利用率低下的主要原因包括：第一，法律的修改导致简易裁判程序适用的案件范围缩小；第二，决定是否适用简易裁判程序只能在开头程序阶段进行，进入证据调查阶段以后，即使被告人自白作出有罪供述，也不能再进入简易裁判程序；第三，证据的总体数量和普通案件相比并没有明显变化，实际上，法院的审判负担并没有明显减轻，可以理解法官适用简易裁判程序的积极性不高。[③] 对比而言，只有证据调查环节省略质证步骤的确可以提高诉讼效率，但是为了缓和合宪性矛盾而产生的妥协性简易程序，可能既没有充分尊重当事人意愿，也没有完全注重实体真实。因此，无论法院还是当事人，在追求审判迅速化即追求诉讼效率的情况下都更可能直接寻求即决裁判程序或简易程序的解决途径，而在追求事实真相的案件中，当事人可能直接作出有罪供述并同意简略进行事实调查的可能性又很小，简易裁判程序就成了利用率持续不高的“暧昧制度”。

对于简易裁判程序，有人主张要降低事实认定的比重，把重点放在量刑问题上；也有人主张应当重新考虑引进有罪答辩制度；也有中间思想主张从尊重被告人意志的角度出发，应该强化简易裁判程序，但并没有指出强化的路径。综上所述，简易裁判程序的主要问题在于不完整的简易造成的利用率低下和改良思路不统一。

2. 即决裁判程序

即决裁判程序由于规则中必须对拘役和禁锢刑同时判处缓刑的规定，而导致了犯罪嫌疑人或被告人可能在刑事诉讼程序进行过程中通过虚假供述来骗取缓刑。例如，由日本最高法院第三小法庭判决的、控诉称即决裁判制度容易引发虚假自白的上告案例，就在日本社会引起了不小的震动（最高裁平成21.7.14判决）。

上诉人（原审辩护人）福岛晃辩称，关于即决裁判程序存在违宪：一方面，根据《日本刑事诉讼法》第403条第2款第（1）项，限制即决裁判程序

---

① ［日］松尾浩也著：《日本刑事诉讼法（新版）》（下卷），张凌译，中国人民大学出版社2005年版，第321页。

② ［日］田口守一著：《日本刑事诉讼法》，张凌、于秀峰译，中国政法大学出版社2010年版，第231页。

③ ［日］田口守一著：《日本刑事诉讼法》，张凌、于秀峰译，中国政法大学出版社2010年版，第232页。

中以事实误认为理由的控诉是对接受审判的权利的侵害，违反了《日本宪法》第32条（不得剥夺任何人在法院接受裁判的权利）的规定；另一方面，即决裁判程序要求必须宣判缓刑容易引发虚假自白，违反了《日本宪法》第38条第（2）项（以强迫、拷问或威胁所得的口供，或经过非法的长期拘留或拘禁的口供，均不得作为证据）。然而日本最高法院的法官认为，根据宪法规定的审级制度，即决裁判程序与一般案件不同而设置了上诉限制是合理的，而非违反《日本宪法》第32条并且在此之前已有案例证明，并且即决裁判程序本来目的就是通过更简单的证据调查，认定案情清楚、情节轻微的案件，如果认同以事实误认为由的上诉，那么将可能造成必要以上的证据调查程序的产生，反而失去了程序的本来目的，此外，程序基于被告人的自由意志选择，保障了被告人的合法权益。根据前述保障被告人权利的程序内容，即决裁判制度本身并不会诱发虚假自白，认为违反《日本宪法》第38条第（2）项的观点欠缺前提。

综合上述意见，全体法官驳回上诉。法官田原睦夫在补充意见中陈述：本案从诉讼程序上看并不存在瑕疵，但可能在辩护活动中存在法律没有预估到的问题，因而还是十分希望辩护人和被告人加强沟通，不要再出现本案这样的诉讼。

由此案可以看出，即决裁判程序的合宪性讨论主要集中在上诉权和证据排除问题上，这其实主要涉及了犯罪嫌疑人或被告人在刑事诉讼程序中的自由意志、公正审判权利和审判效率之间的关系问题。即决裁判程序虽然是基于犯罪嫌疑人的自愿供述和同意，法律也保障了辩护人的参与权、同意权，但对每一个类似制度都可能存在是否非法取证或威胁胁迫等问题。也就是程序能否真正保证犯罪嫌疑人的自由意志得以实现。这并不是单纯的制度设计问题，还包括侦查、司法等法律实践阶段可能存在的弊端疏漏。《日本宪法》第32条保护的是公正审判权，第38条第（2）项排除的是“毒树之果”，都是为了保障犯罪嫌疑人、被告人的合法程序权利。

那么仅从这次个案来看，即决裁判程序是否可能侵害犯罪嫌疑人、被告人的合法程序性权利呢？首先，限制以事实误认为理由的上诉，从事实本身来看确实是对犯罪嫌疑人、被告人的接受公正审判权利的一种限制。因为此时犯罪嫌疑人、被告人选择了即决裁判程序而被默认放弃此项权利是不符合《日本宪法》第32条精神的。但是从反方面思考，在犯罪嫌疑人、被告人选择是否同意采用即决裁判程序审理案件时，按照法律程序的规定，他应当已经了解自己有选择的权利，并且应当已经知悉自己如果选择同意，将会放弃因事实错误而上诉的权利。那么此时如果犯罪嫌疑人、被告人不同意放弃此项权利，他可以选择不同意采用即决裁判程序，那么限制被告人公平审判权的事实就不会发生。在这个阶段，已经被选任的辩护人也有义务或有责任向被告人仔细说明可能产生的法律后果，并且仔细思考如何使用自己的同意权，或保留意见的权利。此外，如果被告人认为即决裁判存在错误，则可以依据《刑事诉讼法》第350条第11款申请撤回判决以救济自己的权利。

其次，笔者认为，即决裁判可能引发虚假自白的观点是否属于涉及《日本宪法》第38条第（2）项的问题仍需讨论。第38条第（2）项保护的是犯罪嫌疑人、被告人不被威胁、胁迫、非法拘留等手段刑讯逼供，换言之，是为了保护犯罪嫌疑人、被告人不受非法取得的供词拘束。那么同意进行即决裁判的书面陈述是否属于供词呢？笔者认为，如果即决裁判程序的书面陈述也属于供词，那么可能过大地扩张了供词的范围，毕竟供词一般指与案情相关的犯罪嫌疑人自述，而非程序问题。那么即决裁判是否可能引发虚假自白呢？日本最高法院的观点是，从一系列保障犯罪嫌疑人、被告人意志自主、自由的措施来看，这项程序本身并不会引发虚假自白。但是，笔者认为这种判断也取决于对虚假自白的认识。如果犯罪嫌疑人、被告人因为想要寻求缓刑而违心作出同意即决裁判程序的书面陈述，放弃风险较高而可能导致实刑的证据调查，转而以简单程序换取缓刑，这种违心的同意意见是否能够称为虚假自白，可以参考美国的诉辩交易制度。从被告人的原意出发，这种同意的声明确实是虚假的，但是实际上却是因为被告人追求实体刑罚结果而作出的让步折中。确实如日本最高法院所说，制度设计中即使存在这样的情况，也不能认为就一定侵害了被告人的权益，因为这是被告人自主自由意志的选择，从即决裁判程序的适用条件角度考虑，也并没有增加或放任被告人的社会或人身危害性。

3. 简易程序

关于简易程序的合宪性问题的讨论，时间大多集中在日本的昭和时代，最终盖棺论定的是日本最高法院的决定（最决昭23.7.29刑集第2卷第9号第1115页）。最高法院的这个决定的主文内容是驳回上诉，在理由部分法官陈述道：简易程序是应检察官的要求，法官在正式审理之前出具简易命令对被告人处以罚款以下刑罚，并送达简易命令副本，在送达后被告人还可以在一定期间内提起正式审判的请求，并且在此期间简易命令并未生效。简易命令此时并没有拘束力，并且正式裁判宣判后简易命令随即失效。因此，简易命令程序只是审判前对针对财产刑的处罚程序，并不涉及生命或自由刑，并且这项程序节省时间和经费，也是为被告人利益考量的正当程序，比起通常审判程序并没有侵害被告人的权利。在简易命令尚未生效时，对法院尚没有约束力，又何来侵犯被告人迅速公开审判的权利？并且是否请求正式裁判是由被告人的自由意志决定的，简易程序中并没有设计任何违反宪法的程序或规定用以阻碍被告人意志。综上所述，简易程序并没有侵犯被告人的宪法权利，具有合宪性。

而在日本最高法院的案例库中搜索，可以得到很多简易命令的上诉案件判决。但是从昭和 23 年（1948 年）1 月 1 日到平成 26 年（2014 年）1 月 1 日，只有昭和 43 年（1968 年）1 月 17 日一个略式上诉的驳回决定，绝大部分是废除原判，其中部分自行改判，部分驳回了起诉，可见简易程序除合宪与否的问题之外，还存在相对错案率较高的问题。

以曾被日本法学家引用的两个案子为例：

平成 23 年（2011 年）第 1 号判决：原简易命令中，被告人 B 因为没有行政书士资格却擅自与他人共谋提供行政书士的业务，为他人制作家谱，而被原审简易法院判处 50 万日元罚金。日本最高法院认为，B 是本行政书士违法事件的共犯，而本案中制作的家谱并非对外证明所用，而是委托人以纪念品为名委托制作，并不属于用来证明事实的文件，因而废除原简易命令，宣判 B 无罪。

平成 24 年（2012 年）第 1 号判决：原简易命令中，被告人被大分简易法院以自动车过失驾驶为由判处罚金 20 万日元，但最高法院认为，当时向法院申请简易命令的检察官，并没有收到检察官业务命令，即检察官提起申请的程序本身不合法，因而公诉程序应属无效。检察官没有申请权限而提起申请程序属于程序错误，法院作出原简易命令属于刑诉法规定的审判违反法律，判决废除原简易命令，驳回公诉。

由上述两例判决可知，简易程序或者说简易命令虽然简便且节省时间成本，但是不开庭只凭书面审理会错失控辩双方的辩论因而出现或程序或实体上的疏漏。加之简易程序只能由区检察院向基层法院提起，本意是取证方便、事实调查简单，但也有可能因为案件诉讼数量多和检察官、法官的经验、知识储备的问题造成错案。从上诉到最高法院的简易程序案件数量来看，绝大部分上诉案件存在案件违法情况，即简易命令违法，需要废除原判。可见虽然是案情简单情节轻微的案件，在程序简单，证据、事实认定程序简略的情况下，定罪率的高数值之前可能还隐藏着法官判断失误或程序违法等情况。这也说明简易程序处理的案件虽然轻微，但还是需要检察官或其他监督机构予以监督审查，来保证被告人的合法权益不受侵害。

四、对日本刑事简易裁判机制的反思

（一）简易裁判机制类型复杂

上述三种简易裁判机制虽然在日本刑事诉讼实践中都得到了采纳，就适用条件来说，相差并不太大，但是由于制度来源并不相同，又无法简单合并，而导致日本统一刑事诉讼体系中出现了三种相似却不同的简易裁判机制，对于没有完整了解过日本刑事诉讼体系的人来说，这三种机制非常容易混淆或混用。

立法者的出发点是想完善刑事诉讼审判结构，从而提高审判效率，这三种机制确实也都各有千秋，然而就简易裁判程序和即决裁判程序来说，在同等条件下，能够适用即决裁判程序的案件，无论检察官、法官还是被告人及其辩护人都可能更愿意适用简便明了的即决裁判程序而非简易裁判程序。而相对来说适用更加广泛、频繁的简易程序则自不用说，更受青睐。那么在日本混合式诉讼模式中，这三种简易裁判机制能否互相融合吸收呢？笔者认为，在建立了即决裁判机制之后，原有的简易裁判程序作用的发挥余地被进一步挤压，只是因为即决裁判程序必须宣告缓刑，简易裁判程序相对而言更宽松，才能在诉讼体系中保持一席之地，然而如果将即决裁判程序的适用条件放缓，那么简易裁判程序的存废问题很可能就会被提上日程。虽然两者来源不同，制度基础也不尽相同，但从实践效果来看，即决裁判程序很可能有更多的发展机会。

（二）简易裁判机制本质对人权保护要求更高

综观三项简易裁判机制，简易裁判程序要求被告人在开头程序中作出有罪供述，作出即决裁判申请后如果被告人作出有罪供述则一般应当允许即决裁判，简易程序由于不开庭审理，需要向犯罪嫌疑人、被告人更加详细清楚地说明程序内容和程序后果。因此，三项简易机制本质上都是以被告人作出权利折中为基础，追求审判效率。而这样的程序基础就要求不仅是在程序设计上，也要在实践中更加注重保护犯罪嫌疑人、被告人的权益。此外，三项简易裁判机制在证据调查程序中都或多或少地打破了普通刑事诉讼审判对于传闻证据不得采纳的规则，对于没有开庭审理环节的简易程序而言，审判的证据基础全都来自庭外的传闻证据，这也体现了混合式庭审的特点之一——在尊重当事人意愿的基础之上，仍然采取职权主义的方式审判。然而传闻证据规则设置的初衷就在于保证法庭上证人证言的可信性，如果不能根据传闻规则验证可信性，那么证据的可信性来源就只能是庭外证言的真实性，这就更加要求保护犯罪嫌疑人、被告人的程序性权利，排除刑讯逼供等非法讯问手段，充分尊重当事人的自由意志和自主权利。

（三）简易裁判机制虽然配备救济程序，但缺少相应监督

由之前的案例我们可以看出，其实在简易程序中，简易法院的庭审全部由判事一人独任审理，虽然充分尊重了法官的独立审判权，但也可能造成法官出现程序疏漏和实体错误。检察官负责一部分的侦查和整个案件的起诉，那么法院无论是独任审理或是合议庭审理，都需要相应的机构进行程序监督。检察官的职务行为可以在庭审过程中得到检验，出现程序违法情况时，法院可以决定不予受理或者驳回起诉，但是如果法院的监督机制只能依靠被告人或其法定代理人、辩护人上诉而实现，那么对法官或法院的职务行为的监督其实存在相当一部分缺失。此外，值得我们注意的是，虽然三项简易裁判机制都赋予了被告人撤销或转为普通审判程序的救济权，但如果出现检察机关不服法院判决时，可否提出上诉或者撤销简易裁判判决呢？笔者尚未考证，不敢妄言，但是并不代表公诉机关在简易程序中不应当得到救济。虽然公诉机关在刑事诉讼程序中具有天然优势，但是这种优势既不代表法官不需要平衡两造关系，也不代表公诉机关的强势地位会天然地造成不需要救济措施的后果。简易程序中是否需要设立类似抗诉的程序，需要何种限制以及由谁履行该项职能等问题，都需要进一步考量。

第十章　我国香港地区刑事简易程序研究

由于香港地区在历史上长期被英国统治，其属于普通法系，承袭英国法，但又深受殖民前旧中国法律的影响，加之回归后实行“一国两制”，除保留了其中大部分法律外，又对其中部分进行修改或废弃，种种复杂的历史原因导致了香港地区的法律条文异常繁杂，不易整理。故其整个刑事司法体系，被旧中国习惯法（被殖民前）、宗主国法（作为殖民地时）以及本土特色（回归后）三方影响。香港地区的刑事诉讼程序根据不同罪名分为普通程序和简易程序两种。学界现在对香港地区刑事简易程序的研究成果并不丰富，尚未专门系统论述该制度的学术论文，已出版的书籍中对该制度的论述也篇幅有限，可能出于时效性原因，甚至出现互有矛盾的情况。下面将尽可能对涉及香港地区刑事简易程序的各方面进行系统梳理。

一、我国香港地区刑事简易程序的法律渊源

（一）较为特殊的历史背景

香港地区的法律在历史上主要分为三个阶段，刑事司法制度亦是如此。第一阶段：1841 年 1 月 26 日以前，此时其遵循中国旧法，即《大清律例》。第二阶段：1841 年 1 月 26 日—1997 年 7 月 1 日，我国香港地区在此期间受英国统治，故深受英国法律影响，基本沿袭了英国法律制度，刑事方面也不例外。按照英国传统理论，判例法是基础，成文法是对判例法的补充，即一主一辅的作用。但自 19 世纪末 20 世纪初以来，两大法系日益互相吸收对方优点，逐渐呈融合之势。英国大大加强了成文法立法活动，其作用在英国亦逐渐加重。香港地区亦随之，时至今日，成文法已在香港局占据主要地位。第三个阶段：1997 年 7 月 1 日至今，我国香港地区于 1997 年 7 月 1 日回归祖国，实行“一国两制”，依据《中华人民共和国香港特别行政区基本法》（以下简称《基本法》）第 8 条之规定：香港原有法律即普通法、衡平法、条例、附属立法和习惯法，除同基本法相抵触的或者经香港特别行政区立法机关作

出修改者外，予以保留。[①] 香港原有法律有五种：普通法（Common Law）、衡平法（Equity）、条例（Ordinances）、附属立法（Subordinate Legislation）和习惯法（Chinese Customary）。上述五种又可归纳为三类：判例法、成文法、习惯法。

（二）刑事诉讼法的渊源

由于香港法律属于普通法系，故其刑事实体法与程序法划分并不明显，香港刑事程序法的渊源与实体法大体相同，也分为四种：中国旧法（包括成文法和习惯法）、英国法律（包括普通法、衡平法及成文法）、香港本土立法（包括判例法和成文立法）、国际条约及协定。第一种、第二种、第四种与刑事实体法大致相同，此处就不再单独介绍，仅对香港本土刑事程序法进行简要介绍。

同刑法一样，香港的刑事诉讼程序也没有一部统一完整的法典，其成文法中主要规定刑事诉讼程序的是：《刑事诉讼程序条例》（1899 年 7 月 7 日颁布）、《裁判官条例》（1932 年 1 月 1 日颁布）、《诉讼证据条例》、《起诉期限条例》等，经立法局通过后，往往还需制定相应的辅助性法规，如《刑事上诉规则》《刑事公诉规程》等，在实践中法院可基于一定理由废除上述辅助性法规。此外，在香港与刑事诉讼相关的还有《高等法院条例》《地方法院条例》《裁判司条例》《警察条例》《廉政公署条例》《陪审团条例》《简易程序治罪条例》等。并且受到相关签订的国际条约的约束，如《公民权利和政治权利国际公约》与《联合国禁止酷刑公约》等。[②]

（三）刑事简易程序的相关法律

香港有关刑事简易程序的规定，主要体现在 1932 年制定，并经多次修改的 1997 年的《裁判官条例》中。该条例第 1 部分和第 5 部分别规定了“与简易程序罪行有关的程序”和“可公诉罪行循简易程序审讯”，此外，《简易程序治罪条例》《刑事罪行条例》等法律[③]，也对可依刑事简易程序审理的案件及其处罚作了详细明确的规定。[④]

---

① 《基本法》第 8 条。

② 香港特别行政区律政司，网址：http：//translate. legislation. gov. hk/gb/www. legislation. gov. hk/chi/home. htm。

③ 由于关于刑事简易程序的相关规定主要但部分规定于《裁判官条例》《简易程序治罪条例》《刑事罪行条例》中，在其他法律中也有零星规定涉及。

④ 姚莉：《香港和大陆刑事简易程序比较研究》，载《诉讼法论丛》2000 年第 2 期。

二、我国香港地区刑事简易程序所涉及的法院

（一）香港地区法院架构

1997 年 7 月 1 日香港回归前，在香港的法院有最高法院、地方法院、裁判法院、死因裁判法庭、儿童法庭、土地审裁处、劳资审裁处、小额钱债审裁处、淫亵物品审裁处。其中，最高法院包括上诉法院和高等法院。但其终审机关并非本港法院，而是英国伦敦枢密院司法委员会（The Judicial Committee of the Privy Council in London）。回归后，香港的法院体系作出了如下变动，级别由高到低依次为：终审法院（代替回归前的英国伦敦枢密院司法委员会）—高等法院（回归前的香港最高法院，设上诉法庭和原讼法庭）—区域法院（回归前的地方法院）—裁判法院—专门法庭、审裁处。香港实行三审终审制，下面将对与刑事审判有关的法院及其管辖权划分（包括量刑权和对罪行可能判决刑罚）进行简要介绍，其中着重介绍与刑事简易审判程序最为相关的香港裁判法院。

（二）香港地区法院刑事管辖权划分的演变

香港在回归祖国之前作为英国的殖民地，承袭其法律。传统上英美法系国家习惯将罪行分为叛逆罪、重刑罪和轻刑罪。叛逆罪即反对政府的罪行；重刑罪即严重危害社会安全、人身权利及财产权利的犯罪；轻刑罪即危害较轻、性质不太恶劣、处罚较轻的罪行，罪行的划分直接决定了审判的法院与适用的程序。英国于 1967 年，《英国刑事法》废除了重罪与轻罪的差别。[①] 香港也随之取消，现今香港根据送交法院及其受审方式的不同而分为简易程序罪、可循简易程序治罪的公诉罪和必须提起公诉的公诉罪三种。

香港刑事罪案的诉讼程序，一般始于裁判法院。律政司可视案情的严重程度而申请将其转送区域法院或高等法院原讼法庭。香港回归以前，转送高等法院原讼庭的案件，需经由裁判司（裁判法院）进行初级侦讯（初审），在其认为证据充分后才将案件转入原讼庭。自 1984 年 1 月 1 日起生效的《刑事程序条例》（公诉罪项初步聆讯程序），被告人可以选择不经裁判司初讯自动转送原讼庭。此后裁判司为进一步减轻压力，自 1985 年 9 月起，开始对“轻微罪行案件”执行特殊程序。[②] 当市民被指控时，法庭将邮寄给其一份通知书。此时被告人可有三种应对措施：（1）如果不认罪，则必须在指定日期

---

① ［英］鲁伯特·克罗斯、菲利普·A. 琼斯：《英国刑法导论》，赵秉志等译，中国人民大学出版社 1987 年版，第 22 页。

② 柯葛壮：《刑事诉讼法比较研究》，法律出版社 2012 年版，第 73-74 页。

内书面通知法庭并出庭应诉；（2）如果认罪：①若被告愿意出庭，则在指定日期内通知法庭，并按时出庭；②若被告不愿意出庭，则可以书面通知法庭，如其想要向法庭请求从轻判决，则需要列举其理由；（3）被告人对其置之不理，法定期限到后，法庭将视其认罪并径行作出判决，可缺席判决。

（三）香港地区现阶段法院刑事管辖权的划分

1. 根据量刑权以及可能判处的刑罚

香港地区以可能判处监禁刑 2 年和 7 年作为划分管辖权的界限：裁判法院一般有权判处 2 年以下的监禁刑；区域法院一般有权判处 2 年以上 7 年以下的监禁刑；高等法院一般有权判处 7 年以上的监禁刑。裁判法院的判罚权力通常以 2 年或 10 万港元罚金为限，但当法庭同时处理两项或以上的可公诉罪行时，裁判法院可判处最高 3 年的刑期，甚至根据某些条例可判处单一罪行 3 年监禁或罚金 500 万港元（如《危险药物条例》）。区域法院可判处的监禁刑期不得超过 7 年，高等法院虽对所有刑事案件拥有无限管辖权，但一般只审判可能判处 7 年以上监禁刑的案件，但其对于上诉案件没有限制。终审法院是香港最高司法机构，其管辖权亦没有限制。

2. 对刑事犯罪的分类

（1）简易程序罪。简易程序罪多为滋扰他人、妨碍公共秩序和不道德行为等轻微罪行，这些罪行只能由裁判法院审理，也无须律政司检控。（2）可循简易程序治罪的公诉罪。这些罪行的性质并不特别严重，除了必须提起公诉的公诉罪以外，其他公诉罪都属此类，该类罪可在高等法院、区域法院或裁判法院审判，具体归于上述三者中的哪一级还需根据具体案件的犯罪严重程度和其可能被判处的刑罚而定。（3）必须公诉的可公诉罪。该类罪属于特别严重的罪行，一般来说其最高刑期都是终身监禁，所以只能由高等法院原讼法庭一审，高等法院上诉法庭二审。

（四）涉及法院

香港的犯罪分为简易罪和可诉罪。可诉罪又分为可循简易程序治罪的公诉罪和必须提起公诉的公诉罪两种，根据其犯罪严重程度不同分别由不同的法院进行管辖：所有规定于《简易程序治罪条例》的罪名均由裁判法院审理，但若最初移送错误至更高级法院的，则不再退回到裁判法院；部分循简易程序治罪的公诉罪亦可由裁判法院、区域法院或高等法院（只有一种极为特殊的情况下）适用简易程序审理。我国香港地区的刑事案件快速处理程序较为单一，只有一种，即“刑事简易程序”。

1. 裁判法院（Magistrates’ Court）

香港的裁判法院成立于 1841 年，是仿效英国治安法院的模式建立的基层司法机构，相当于初级的刑事管辖法院。裁判法院其实主要是审理刑事案件，甚至有人称其基本是刑事法院。[①] 除了《裁判官条例》第 88 条所规定的需要移交至区域法院的案件外，[②] 所有的可诉罪最初都需要向裁判法官提出，律政司司长可根据案件的严重程度申请将案件移交区域法院或者高等法院原讼法庭审理。裁判法院可以审判部分可诉罪以及简易程序犯罪，其权限为每项罪名最高判处 2 年监禁或处罚款 10 万港元。当涉嫌两项或以上的可诉罪时，其刑罚最高可判监禁刑 3 年。事实上在司法实务中，香港有诸多条例授权裁判官就单一罪行判处 3 年监禁或更多罚金，甚至有的授权其最高可判处 500 万港元。综上所述，裁判法院的职能主要分为两种：一种是对需要移交给区域法院或高等法院原讼法庭的案件，其职能类似于初审审核；另一种即审判，是对于部分可诉罪和全部简易程序罪的审判。所以，也可以说香港所有的刑事案件都是由裁判法院开始，其裁判员称为裁判官而非法官。至于有关违例小贩、交通违例事项、乱抛垃圾、公司没有遵守《公司条例》事项以及雇主违反《雇佣条例》事项等性质较轻微的罪行，则由特委裁判官负责审理。特委裁判官最多能够判处 6 个月监禁刑，而罚款的上限为 5 万港元，裁判法院的上诉案案件会转至高等法院的原讼法庭。香港有东区裁判法院、九龙城裁判法院、观塘裁判法院、荃湾裁判法院、粉岭裁判法院、沙田裁判法院、屯门裁判法院、西九龙裁判法院。裁判法院审理大部分刑事简易程序的案件，包括简易罪和可循简易程序的可公诉罪。

2. 区域法院（District Court）

在刑事案件方面，香港区域法院只能审理较为严重的刑事案件，但不包括非常严重的刑事案件，如谋杀、误杀、强奸等，其所判监禁刑最长为 7 年。对其判决不服可向高等法院上诉法庭上诉。[③] 区域法院审理部分简易程序中的可循简易程序的可公诉罪案件。

3. 高等法院（High Court）

香港高等法院，其内部设有上诉法庭（The Court of Appeal）和原讼法庭（The Court of First Instance）。对于刑事案件，上诉法庭负责原讼法庭和区域法院的刑事上诉案件。原讼法庭对刑事案件的管辖权没有限制，一般审判的是可能判处 7 年以上监禁刑、终身监禁等。经原讼法庭审判的刑事案件必须由大法官和陪审团（通常为 7 人，最多 9 人）进行，被告人有罪与否由陪审团决定。原讼法庭也审理对于不服裁判法院而提出的上诉。上诉人若不服高等

① 王叔文：《香港特别行政区基本法导读》，中共中央党校出版社 1997 年版，第 33 页。

② 《香港法律》第 227 章，《裁判官条例》第 88 条。

③ 《香港法律》第 336 章，《区域法院条例》。

法院判决，可向终审法院提出最终上诉。[①] 香港高等法院理论上对所有刑事案件都有管辖权，此外还接受对裁判法院或区域法院的刑事简易程序判决不服的上诉案件。

4. 终审法院（Court of Final Appeal）

终审法院首席大法官为香港司法机构法官之首，由行政长官经立法会同意后上报全国人大常委会备案。香港终审法院在聆讯案件时由5位法官进行，包括1位首席法官、3位常任法官、1位非常任法官（香港法官或其他普通法系地区法官）。其审理案件可参照其他普通法系地区之先例。[②] 理论上，香港刑事简易程序的上诉案件能够逐级上诉到终审法院。

三、我国香港地区刑事简易程序所涉及的检控方面

（一）香港地区刑事简易程序所涉及的检控主体

香港法律体系主要承袭于英国，其检控制度也不例外，故没有专门的刑事检控机关。其刑事案件检控以律政司为主，以警务部门、廉政公署、入境事务处为辅。律政司是香港最大的法律机构，其职能是向政府提供法律帮助，香港律政司下设六个科：法律政策课、民事法律科、法律草拟科、刑事检控科、国际法律科和政务及发展科。关于香港的检警关系，因其属于英美法系，故也实行检警分离的模式。警察与检控人员各自有相对独立的地位和侦查权，两者为互不领导或服从关系，在实践中，两者是相互支持的互助关系。

其中承担香港的主要刑事检控任务的是刑事检控科（Prosecutions Division），其也是律政司六个科里最大的。其部门负责人为刑事检控专员，职责是代表政府进行检控和处理上诉，其代表律政司司长，享有较大的酌情权，决定对案件是否进行刑事法律程序。香港实行检控分流，下列机构在法律上可能涉及刑事简易程序：

1. 律政司检控科

负责几乎所有上诉案件（包括刑事简易程序的上诉）、大部分原讼法庭审理（设有陪审团）的案件，由检控科的律师作为检控官负责，其代表司长决定是否检控以及检控罪名。自1994年起，香港所有裁判法院的检控工作大部分由刑事检控科下辖的多个刑事检控主任进行，2011年香港由法庭检控主任处理的案件为171026件。[③] 由裁判法院裁判官审理的案件，如果在重要的法

① 《香港法律》第4章，《高等法院条例》。

② 《香港法律》第484章，《香港终审法院条例》。

③ 《律政司2012——统计资料》，第109页。

律论点上有争议或者案情复杂、受公众关注，刑事检控科的律师也会出庭检控。

2. 警务处

负责有裁判法院裁判官审理的案件，绝大多数的刑事简易程序由裁判法院审理，刑期在 2 年以下的一般由警务处主控（案情重大或存有重大争议的案件检控科的律师直接出庭检控），且只能向裁判法院检控。律政司负责为警务处提供法律咨询意见或帮助。

3. 外判律师

私人执业的大律师经常受聘代表律政司刑事检控科提出刑事案件的检控，被称为“外判大律师”。自 1994 年起，私人律师受聘于区域法院和裁判法院进行刑事检控，称为“外判律师”。

4. 香港公民、团体

与实行起诉垄断主义的法律地区不同，香港地区允许公民自行提起刑事诉讼。根据其法律，人人都享有提出检控的权力，无论是以个人还是团体名义，以私人还是公职身份，均有权启动刑事诉讼程序，普通公民也可就公众利益提出检控。自诉的检控案件，原告可亲自或通过律师进行起诉，但只能在裁判法院提出，并且自诉必须先向裁判官申请，裁判官可予以驳回。此外，律政司也有权在自诉的任何阶段接管或终止自诉，该权利不受法庭辖制。[①]

（二）刑事检控科中涉及刑事简易程序的分科

刑事检控科分为 4 个分科，各个科各有分工，分别由 1 名检控副专员督导，4 个分科又下设 13 个小组，其中 3 个可能涉及刑事简易程序：

1. 分科一

法律指引，主要负责就是否提出检控向执法机关提供法律指引，并进行案件筹备。下设 4 个小组：原讼法庭法律指引、区域法院法律指引以及裁判法院法律指引（又分为一般检控和部门检控 2 个组[②]）。

分科一第 3 组——裁判法院法律指引（一般检控），香港的刑事案件绝大部分是在裁判法院审讯或处理。由警方调查而其后在裁判法院审理的罪行，大都由本组处理。这些罪行往往会影响市民的日常生活，该组律师负责就这些案件向执法机关提供法律指引，并在其中一些案件的审讯和上诉中出庭检控，而同属该科成员的法庭检控主任则负责代表公众在裁判法院检控大部分这类案件。

① 郭天武、何邦武：《香港刑事诉讼法专论》，北京大学出版社 2009 年版，第 152-153 页。

② 2013 年 3 月 1 日，检控科的最新改革，将原裁判法院法律指引又细分为 2 个小组。

分科一第 4 组——裁判法院法律指引（部门检控），其职能是就刑事检控和其他刑事事宜向逾 20 个政府部门、营运基金及自主机构提供法律指引。除了某些由入境事务处调查、涉及串谋欺诈罪的案件会可能在区域法院审理外，该组负责提供法律指引的案件大都在裁判法院审理。

2. 分科二

讼辩，负责各级法院的讼辩工作，负责敏感和重大刑事案件的主控官，以及协助死因裁判官进行死因研讯，有时亦会处理刑事上诉案件。

3. 分科三

上诉，其职能是处理上诉。下设 3 个小组：裁判法院上诉组、高等法院上诉组、人劝阻。

四、我国香港地区刑事简易程序判决执行的相关刑罚

（一）香港地区刑事犯罪及刑罚的分类

犯罪的类别可按不同标准进行区分，依据不同标准犯罪可分为不同类型，香港承袭英国以刑罚为依据，根据犯罪的严重程度将其分为：叛逆罪、重罪和轻罪。但随着 1967 年英国《刑事法令》废除重罪轻罪之划分，香港也废除了此种方法。现在香港地区的犯罪可分为：简易程序罪、可循简易程序治罪的公诉罪和必须提起公诉的公诉罪。此外，随着 1965 年英国开始废除死刑。当时作为英国殖民地的香港于 1966 年起跟随宗主国停止执行死刑。1993 年 4 月，香港修订法例，以终身监禁作为最高的刑罚，正式废除死刑。香港于 1997 年 7 月 1 日回归为中华人民共和国的特别行政区后，没有恢复死刑。现在香港的刑罚主要可分为主要刑罚和辅助性刑事措施。

（二）刑事简易程序所涉及的主要刑罚①

1. 监禁

监禁即有期徒刑，是剥夺罪犯一定时期人身自由并予以关押的刑罚方法，香港一般称为入狱。监禁刑广泛适用于各种犯罪。根据香港刑法规定，监禁的最高刑期是 25 年，一般为 20 年；最低刑期一般为 1 个月，特别轻微的犯罪可只判入狱 14 天。对于一般的监禁，法官判处了刑期之后，即由惩教署执行。为了鼓励犯人改恶从善，香港也实行了不定期刑制度，即由法官判处一个刑期幅度，由惩教署根据犯人在狱中的表现决定其实际服刑期限的长短。凡在狱中表现良好的，刑期可以有弹性地缩短，提前释放。缩短刑期的权力

① 香港地区的最重刑罚现在为“终身监禁”，即剥夺罪犯的终身自由，关押于监狱，也称无期徒刑，是香港现行刑法中最严厉的刑罚方法。其所涉及的均为重罪，故简易程序不会判处该刑罚。

在惩教署而不在法院，而惩教署在决定实际刑期时，甚至可以超出原判刑期的幅度而不必通过法院，这是香港刑罚制度的重要特色。简易程序的监禁刑一般不超过 3 年。

2. 罚金

罚金是判处罪犯向政府缴纳一定数额金钱的刑罚方法。罚金是香港法院审判刑事案件中使用最普遍的刑罚方法。刑法规定，除了叛国、海盗、谋杀、故意伤害他人身体等少数罪行外，绝大部分犯罪均可适用罚金，尤其是对非应予起诉的犯罪更为常见。罚金既可作为一种独立刑单独适用，也可作为附加刑与监禁等其他刑种并科。适用罚金刑时，判处罚金的数额应当与罪犯的实际支付能力相适应。一般来说，罚金不得替代自由刑。

（三）刑事简易程序所涉及的辅助性刑事措施

在香港除了以上主要刑罚之外，还有一些辅助性的刑事措施，主要适用于青少年犯罪和其他轻微的犯罪。这些辅助性刑事措施作为主要刑罚的补充，发挥着积极的作用。

1. 入劳役中心

这是高度纪律化和艰苦营房生活的惩戒处分，适用于 14 岁以上、25 岁以下身心健全的男性青少年初犯。被判入劳役中心的羁留期限：21 岁以上的，不得少于 3 个月，不得多于 12 个月；21 岁以下的，最短为 1 个月，最长为 6 个月。劳役中心实行劳动改造，有严格的纪律，要求罪犯参加体力劳动，并给予心理辅导。目的在于教育违法青少年尊重法律，同时为他们提供积极的就业训练。罪犯获释后均须接受为期 12 个月的善后监管，违反监管措施者将被重新收入劳役中心 3 个月。曾被判入狱或入教导所者不会再被判入劳役中心。目前，香港只有一所劳役中心，由惩教署负责管理。

2. 入教导所

这是教导和感化罪犯的一种措施，适用于已满 14 岁未满 21 岁的男性罪犯和所有女性青少年罪犯。教导所隶属于惩教署，法院对罪犯入教导所的期限不作判决，而由惩教署署长根据具体情况决定。但是实际执行的羁留期限一般不得少于 6 个月，不得超过 3 年。在获释后，这些青少年犯人还必须接受为期 3 年的善后监管，如果违反监管令，则要被送回教导所继续服刑。

3. 入感化院

这是在社区内协助 14 岁以上 21 岁以下的青少年罪犯改过自新的非监禁性康复措施。感化分禁闭式和开放式两种。禁闭式是指青少年犯罪住进感化院（分男童院、女童院和收容宿舍），不得超过 1 年；开放式是指青少年罪犯可在家里住宿，由感化主任安排辅导。14 岁以下儿童通常交由家长管教。女犯由女性感化主任辅导。感化期内，受感化者不用服刑，可自由行动，但必须接受感化主任的“协助、指导及友谊”，还需接受小学或初中教育和种类职业先修训练，以及遵守感化令的规定。如有违反，法庭除将他所犯的原罪判以应得的惩罚外，并加控违反感化令。犯人如犯有新罪，则三罪并判。香港现有两所感化院，由香港社会福利署管辖，为青少年罪犯提供日常照顾及训练计划。

4. 接受感化令监守行为

这是一种非囚禁性的刑罚，也是一种在社区内协助罪犯改过自新的康复措施。可适用任何罪犯，监管感化的期限不少于1年，不超过3年。受感化者在感化期内必须遵守下列三项规定：①保持行为良好；②与感化主任保持联系，并接受感化主任的探访；③在改变住址或职业时通知感化主任。此外，法庭还可能根据具体情况附加其他规定，如要求受感化者接受精神病科医生的治疗、心理治疗或戒毒服务。如果违反感化令的规定，便须出庭受审，法庭就可能将感化讼取消而根据原来所犯罪行判处刑罚。

5. 没收财产

这是指将犯罪分子在犯罪中所得的财产充公。这是香港刑法中近年才设立的一种刑事措施。1989年香港制定了《贩毒（追讨得益）条例》，规定对于构成贩毒罪的罪犯，法庭将首先就其有关犯罪判刑，然后再决定他是否从贩毒中获利，如有获利，法庭将会评估出贩毒所获得益，并发出没收令予以没收充公。1990年4月11日，原香港地方法院首次引用该条例，将一名贩毒罪犯的19000元财产没收。继没收贩毒财产立法之后，香港刑事立法准备将这一刑罚措施扩展到其他刑事犯罪，允许法官判决没收刑事罪犯获得的并转为合法财产的不义之财。作为香港刑罚制度中一项新的重要措施，没收财产对于惩罚那些得利型犯罪并摧毁其再次犯罪的条件，无疑将会发挥积极的作用。①

五、我国香港地区刑事简易审判程序的内容

（一）香港地区刑事简易程序的适用罪名

1. 简易罪

香港《简易程序治罪条例》规定了可以进行简易程序审理的轻微的犯罪案件，分别有在公众地方犯妨扰罪（如在公众场所抛弃或放置污物、吐痰、大小便、展售或者架设任何东西以致阻碍交通、饲养动物扰民、噪声扰民

① 李卫红：《香港刑罚关于犯罪与刑罚的规定》，载《法学论坛》1997年第5期。

等）；自建筑物掉下物体对公共空间或人员造成伤害；街头叫买叫卖发出噪声；不良表演；在法庭内摄影或企图摄像；非法或故意在私人水域捕鱼、抗拒或妨碍执法人员依法执行公务；在禁止吸烟的地方吸烟；传播淫秽信息等。对《简易程序治罪条例》所定的罪行，任何人都可以进行告发，简易程序在任何人告发后进行，该轻微刑事案件由裁判法院审判，不设陪审团。

2. 可循简易程序治罪的可公诉罪

（1）简易程序审判也适用于法律规定的可遵循简易程序审判的一些可公诉罪，即本应按照普通程序审判的可公诉罪如果情节比较轻微，可以使用简易程序审判。此外，裁判法院的裁判官对大部分的可公诉罪行享有管辖权，其中特委裁判官可以审判任何除《裁判官条例》附表 2 和“其他法律规定罪行”[①] 外的可公诉罪，常任裁判官可以审判任何除《裁判官条例》附表 2 第一部分[②]规定罪行外的可公诉罪。

（2）根据《裁判官条例》的规定，任何可公诉罪未经检控官的同意不得按简易程序处理。[③] 即只有得到控方统一对可遵循简易程序审判的公诉罪适用简易程序时，裁判法院才能对该案拥有管辖权。否则，该较为严重的可公诉罪行会移送至区域法院或高等法院原讼法庭审理。

（二）香港地区刑事简易程序的管辖法院

1. 裁判法院的刑事简易程序

裁判法院对简易罪行的最高判决刑期为 2 年，最高罚金不得超过 10 万港元。但当法庭同时处理两项或以上的可公诉罪行时，裁判法院可判处最高 3 年的刑期，甚至根据某些条例可判处单一罪行 3 年监禁和罚金 500 万港元（如《危险药物条例》）。此外，裁判法院还设有“特委裁判官”，其权限小于“常任裁判官”，其主要处理违例小贩、交通违例事项和抛弃垃圾等轻微罪行，特委裁判官最高可能判处 6 个月的监禁刑，且罚款上限为 5 万港元。[④]

2. 区域法院的刑事简易程序

香港区域法院适用简易程序审判的案件都是由裁判法院依香港律政司要求与可公诉罪一起移送的简易程序罪。[⑤] 区域法院的简易程序审判只有通过裁判法院的移送才行，然而其并非裁判法院的上一级法院，其与裁判法院同属

① 如重婚、贿赂、宣誓下作假证供、指使他人作假证等。

② 《裁判官条例》附表 2 第 1 部分规定的全是非常严重的重罪，如任何可处终身监禁的罪行、亵渎神明、煽动性或诽谤或危害种族的犯罪。

③ 《裁判官条例》第 94A 条。

④ 郭天武、何邦武：《香港刑事诉讼法专论》，北京大学出版社 2009 年版，第 81 页。

⑤ 《裁判官条例》第 88 条第 1 款。

初审法院，权限大于裁判法院。对于区域法院简易程序判决不符的需上诉至高等法院原讼庭，且区域法院没有像裁判法院那样对已审判案件的复核权。

3. 高等法院的刑事简易程序

香港高等法院具有无限刑事司法管辖权，其所管辖的出审刑事案件也包括简易程序罪和可循简易程序审判的公诉罪。简易程序罪原则上不可以在高等法院审判，但有一种情况例外，即假如简易程序罪被错误地移送到高等法院审理时，高等法院也可以对其进行管辖。对于可遵循简易程序审判的可公诉罪，只有在律政司决定将其移送至高等法院时，高等法院才有权管辖。

（三）香港地区刑事简易程序的检控方式

如同香港法整体较为散杂的特点，关于简易程序的诉讼，有四种启动方式，即“向裁判官告发或者控告并由裁判官签发传票”“提交诉讼通知书”“送达出庭通知书”“逮捕并随后提起诉讼”，但不管采用何种方式通知，均需填写好文件并送达收受人，要求收受人出庭回答文件中所包含的所有指控内容。

1. 以签发传票的方式开始的诉讼（票传）

根据《裁判官条例》第 8 条、第 72 条的规定，即使是最严重的犯罪，也可以控告方式并由法官签署传票而开始诉讼，实践中，票控程序仅限于对不甚严重的犯罪的检控以及由政府部门提起的诉讼，对于未成年人犯罪和定额处罚的犯罪，检控始于告发。

（1）告发或控告。《裁判官条例》第 8 条规定了向裁判官控告或者告发以及裁判官签发传票的程序。[①] 传统上，个人提起告发，执法机关或者政府部门提起控告，都应该由裁判官签署传票。由个人告发并申请签发传票的必须由裁判官予以考虑和准许。由警察或具有执法功能的政府部门的检控科授权官员提起的控告则由裁判法院的授权书记官出具裁判官签名的副本。根据《裁判官条例》，指控犯公诉罪的控告必须采用书面形式；指控简易程序罪的控告或者告发可以采取口头方式，但在实践中，通行做法是控告均采用书面形式。要求签发传票的控告书必须包括：①被告人的姓名和地址；②申请传票人的姓名和地址；③涉嫌罪行的情况。

（2）提出控告的标志是负责签发传票的裁判法院收到控告书。传票需要包括被控告人涉嫌的罪名及其简要情况。在自诉案件中，需要写明自诉人的地址；警方或政府部门提起的诉讼及警方和政府部门的地址。传票要求被告人在其列明的时间到指定的法庭应讯，其送达方式是由专人送达。

① 《裁判官条例》第 8 条。

2. 以诉讼通知书的方式进行诉讼

（1）向被告提交诉讼通知书。该方式仅针对性质最为轻微的犯罪，其目的是出于诉讼效率与诉讼经济的考虑。根据《裁判官条例》第7D条规定，这一方式仅适用于先予监禁刑不超过6个月和处罚不超过1万元港币罚金的简易程序罪。对于此类犯罪，任何被授权提起诉讼的公职人员、政府机构或法人机构都可以在裁判法院提交诉讼通知书，此通知书必须于提交之日起14日内邮寄给被告人。

该通知书须包括以下内容：①采用规定格式，即《裁判官条例》第104号、第105号表格。②由提交该通知书的公职人员或机构代表签名。③明确被告人姓名及住址。④写明被告人所涉的犯罪情况，如实施犯罪的时间、地点等。⑤写明被告人可以要求预先通知审理日期，该日期自提交通知后不少于35日内确定。⑥附有可能定罪后的后果。

（2）被告人接到通知书后的选择。

①如果要求接受审判，需提交书面通知书给裁判法院，并说明其是否认罪。在被告提交通知书后，裁判官需根据《裁判官条例》第8条签发传票，其后的诉讼程序参照以签发传票的方式开始的诉讼。根据第8条提起控告的程序一样进行下去。[①]

②不置可否。根据《裁判官》条例第7F条第1款的规定，起诉通知书根据第7D条签发后，被告人未通知是承认有罪或无罪的，则被视为认罪。当事人缺席时，裁判官应视为认罪进行缺席判决。此判决以邮寄方式送达被告人。根据《裁判官条例》第7G条的规定，对罚金的判决需要求被告人于判决后的21日内缴清。若未缴清，则会再由专人送达一份催缴通知延迟于14天内缴清，若逾期仍未缴纳，则将被告逮捕并押往裁判官处说明情况。其后若裁判官认为判罚金额不当，则需按第8条之规定签发传票。控方将继续进行诉讼，按照第8条进行。

3. 以通知到裁判法院出庭应诉的方式开始诉讼

根据《裁判官条例》第8A条之规定，公职人员如果合理怀疑某人已涉嫌轻微罪行（如乱丢杂物、制造噪声等，这些罪在我国大陆地区属于违反治安管理处罚法中的治安违法），可以向该犯罪嫌疑人送达通知书，要求其在通知书所载明的法定时间内到规定的裁判法院接受处理。该程序仅对极为轻微且经常发生的犯罪进行快速且节省司法资源的诉讼。

① 《裁判官条例》第7E条。

4. 先逮捕并随后提起诉讼

此方式适用于“可逮捕罪”，即法定刑罚超过12个月的监禁刑的罪行。被告人被逮捕后需即刻予以讯问，而后主管聆讯的官员认为其有足够证据认定被告人极可能构成犯罪的，需对其进行控诉。控诉书中需写明被告人所涉嫌的详细内容并由警督级别以上（包括警督）的主办人员宣读。其后或进行保释并在指定时间到裁判法院受审，或直接羁押于警署等候裁判法院审判。

（四）香港地区刑事简易程序的审判阶段

香港的两大类犯罪：简易罪和可诉罪（可遵循简易程序的可诉罪和必须公诉罪），简易罪规定于《简易程序治罪条例》中，其必须由裁判法院经过简易程序审判。可诉罪中的可循简易程序的可诉罪可以经律政司检控科同意后适用简易程序，可以由裁判法院、区域法院、高等法院（仅一种情况）适用简易程序审判。其中，对于被告人认罪的案件，法官可以不经质证、辩论等直接判决；对于被告人不认罪的案件，则需要传唤证人，双方经过质证、辩论、交叉询问等。下文将以裁判法院进行简易程序的庭审过程为例，区域法院和高等法院审理谢逊简易程序的可诉罪，其简易程序庭审与裁判法院的相仿，此处不一一赘述。

1. 庭前阶段

裁判法院受理刑事案件后，依法确定开庭日期，并传唤被告人出庭审判。传唤有两种方式：票传和拘押。在轻微刑事案件中，法庭通常以传票传唤被告人出庭，传票简要说明其被指控的内容，并要求被告人在指定的时间到指定的地点接受聆讯。传票由裁判官签署并加盖印章，由裁判法院的警员或其他工作人员送交。传票可以送交被告本人及其住址内的其他人，亦可以邮寄到被告人的地址。若传票已经确认送达而被告未按照法定要求按时出庭，裁判官可发出拘捕令拘捕被告人。对于经发布拘捕令后仍未将被告人带上法庭出庭的，可径行缺席判决。

2. 庭审阶段

简易程序的审判由律政司的法庭检控主任以律政司司长的名义提出检控，被告人被传到法庭后，法官向其宣布被指控的罪行，而后讯问被告人是否认罪。有些案件（如妨碍公共空间的罪行、夜间制造声音的罪行等）①，被告人甚至可以不出庭而直接进行书面认罪，该认罪书可通过邮寄的形式递呈给裁

① 《内地与香港刑事诉讼之比较》，中国检察理论研究所、香港特别行政区律政司、香港特别行政区保安局合编2001年版，第82页。

判官。

（1）若被告人认罪，法官只需依照被告犯罪的事实和有关的法律规定依法判处刑罚，案件得以快速审结。法庭通常会在当天判刑，但如果裁判官想参阅有关报告，以考虑被告是否适合接受感化或社会服务令，进入劳教中心、更生中心、教导所、戒毒所，或者接受入院令，也可将案件押后以取得有关报告参考。

（2）若被告拒不认罪，则法庭需要依法安排庭审时间，被告人可自行参加诉讼，也可以聘请律师代表自己或申请当值律师服务。庭审时，法官需传唤双方证人出庭作证并展示相关证据，所有证人均需接受控辩双方的询问并进行质证，以查明事实真相。此后，控辩双方进行最后陈词。裁判官则甄别证据的真实性并判定被告是否有罪。若认为其无罪，则当庭宣判并释放被告人；若认为其有罪，则进行判决并科刑。整个简易程序的庭审过程均有书面记录。

（五）香港地区刑事简易程序判决后的救济

香港刑事诉讼的上诉分为复审、申请陈述、一般上诉三种方式。复审有两种：一种是由裁判法院法官进行的复审，另一种是由高等法院上诉法庭的复审。原审法院法官的复核是指双方当事人不服裁判法院的原判决的定罪、量刑，可在宣判后法定期限（14 日）内向原审法院申请复核。而对高等法院上诉法庭的复核只能由律政司提出申请。

1. 提出主体

《香港人权法案条例》第 11 条规定了所有被判有罪者均有权上诉，根据《裁判官条例》第 105 条的规定，上诉方可以由辩方、控方及律政司司长提起，亦可由因裁判官判决而受到损害的人提起（如被害人近亲属）。

2. 申请裁判法院复核

经裁判法院以简易程序审判的案件，在裁判官作出判决之后的 14 日内，可以自行主动提起复核（依职权），也可以由任何其他一方向原裁判法院提起申请复核。有关人员如有不服，可在裁决作出后 14 日内向裁判官申请准许上诉，申请必须采取书面形式。该复核可以由原审裁判官进行，亦可以由原裁判法院的其他裁判官进行。值得注意的是，此时的复核并不是对原案件的重新审判，其庭审形式虽然可以全部或部分重新聆讯、重新认定证据或采纳新证据，但其目的是针对有争议的事实问题与法律适用问题。[①] 通过复核后，裁

① 加里·海尔布伦：《香港刑事诉讼——香港刑事上诉与复核》，李荣冰译，载陈光中主编《中国刑事二审程序改革之研究》，北京大学出版社 2011 年版，第 428 页。

判官可以维持原判决或者改变原判决。若复核申请被驳回被告人可以向高等法院原讼法庭提出上诉。上诉通知书需在其复核申请被裁判法官驳回的 14 日内提交，被告不得对拒绝复核申请的决定提出上诉。此外，被告亦可以不经向原裁判法院申请复核而直接上诉，上诉通知书需在裁判法官作出判决后的 14 日内向书记官提交。

3. 向高等法院原讼法庭上诉

需要注意的是，申请复核并非上诉的必经前置程序，且上诉程序排斥复核程序，即当事人一经提出上诉程序，则不再进行裁判法院复核程序。对于裁判官所作判决向高等法院原讼法庭提交的上诉，具体可分为以下几种方式：

（1）以案件呈述的方式。该方式是由上诉人通过法定程序得到裁判法官出具的案件呈述而进行上诉，故上诉人需要先行缴纳保证金，以保证其积极完成上诉并负担成本和象征性的法庭费用。依《裁判官条例》第 105 条之规定，以案件呈述方式提出上诉。裁判官以简易程序作出有罪判决后的 14 日内，任何一方若对此有异议（包括控辩双方甚至律政司司长）均可提出上诉。控方可以因对裁判官的无罪判决有异议而上诉，但其理由仅限于法律适用错误或无司法管辖权。上诉人可以以书面形式要求裁判官向高等法院原讼法庭作出并签署案件呈述，以征求其意见。该案件呈述需包括判决依据的事实和理由，以及原判决受到异议的理由。上述 14 日为强制期限，若超出该期限则高等法院原讼法庭将丧失对该案件的上诉管辖权。[①]

（2）以替代程序的方式。依照《裁判官条例》第 113 条之规定可以替代程序方式提出上诉。任何一方对裁判法官作出的有罪判决有异议，均可就此提起上诉，而不论其原判决是否通过简易程序作出。若此由被告人提出，其只有在原判决审判中做无罪答辩时，方可就定罪方面适用该程序，否则其仅能适用该程序就刑罚问题提出上诉。此种方式无须缴纳保证金。

（3）以行政长官转交的方式。根据《裁判官条例》第 113A 条之规定，行政长官转交方式引起上诉。即行政长官可就任何人被裁判官定罪或成为裁判官就某罪行作出任何命令或裁定的标的时，可将整宗案件转交一名法官，此时该案件被视为由该人向该法官提出上诉，且提起此方式无时效限制。

上述三种方式的上诉均由高等法院原讼法庭法官独任审理。高等法院原讼法庭的上诉审判并不是案件的重新审判，而是对证据和裁判官的判决理由的一种复查。根据《裁判官条例》第 119 条的规定，高等法院原讼法庭法官审理上诉案件后，可依法作出如下行为：①确认、撤销或修改原裁判官之判

---

① 加里·海尔布伦：《香港刑事诉讼——香港刑事上诉与复核》，李荣冰译，载陈光中主编《中国刑事二审程序改革之研究》，北京大学出版社 2011 年版，第 432-433 页。

决；②将案件发回重审；③附加意见后发回重审；④判处被告人其他罪名成立代替原判决。总之，审理上诉案件的原讼法庭法官可依法行使裁判官享有的任何定罪和判刑权。

4. 向高等法院上诉法庭上诉

（1）辩方的上诉。对于高等法院原讼法庭判决不服的，有权向高等法院上诉法庭提起上诉。此时上诉通常都是针对有罪判决提出的，针对原讼法庭作出的有罪判决，可分为因对定罪有异议提出的上诉和对量刑异议提出的上诉。①对定罪异议而提出的上诉。上诉可基于任何涉及法律问题的理由，如法律适用、法律解释、司法权及证据可采性等。亦可以提出任何涉及事实问题的理由，或者既涉及事实问题又涉及法律问题。经过上诉庭许可后通常由一名上诉法院法官行使这一权力。②针对量刑异议而提出的上诉。同样，针对量刑而提出的上诉，也要经过上诉法庭的许可才有权提出。与就定罪不服的上诉不同，所有针对量刑问题提出的上诉不得判处更重的刑罚。

（2）控方如果针对裁判法院、区域法院及高等法院原诉法庭所做判决不服，可以由律政司司长申请复审。

此外，所有案件的上诉（包括简易程序），如果被告人在第一审法庭审判中曾经为强迫地承认有罪，此后将不得再对判决中的定罪问题进行上诉，只能针对量刑而上诉。上诉可以由被告人自己提出，也可以由其律师提出。

5. 向终审法院上诉

对于高等法院上诉法庭的判决仍然不服的，被告人可以向香港终审法院提出上诉。但此种上诉有十分严苛的限制条件，必须要得到高等法院上诉庭的同意和终审法院的批准方可进行。故香港虽然理论上是三审终审制，但在实践中刑事案件尤其是简易程序审判的案件，多为两审终审。终审法院对于上诉案件，不再审查事实，仅对其法律适用进行审查并给出意见。

六、我国香港地区刑事简易程序的实施情况

以下介绍香港司法机关 2011—2015 年度香港司法机构刑事案件数据统计[①]情况。

香港刑事简易程序的具体实施情况，可以根据其司法机构（法院系统）年报来体现，一般是在第二年汇报上一年的具体检控情况。现阶段在香港政府网站上能够找到的关于香港司法机关（法院系统）的只有 2011 年、2012

① 2013 年度香港司法机构年报：http://www.judiciary.gov.hk/en/publications/annu_rept_2013/smp/caseload04.html。

年、2013年、2014年、2015年的香港司法系统的办案情况。笔者查阅整理相关资料，现能够在香港政府网站中查阅到的其司法机关的网上公开资料，仅有2011—2015年的年报，经过筛选，先就其刑事案件进行整理，并制作表格，即可对不同法院每年的刑事案件总量、简易罪的案件量，以及每个审结案件所需时间有一个较为直观的认识。

（一）裁判法院的刑事案件平均轮候时间及案件量、结案量数据统计

1. 平均轮候时间，见表10-1

表10-1 裁判法院刑事案件平均轮候时间

	平均轮候时间（日）					
	目标	2011年	2012年	2013年	2014年	2015年
传票—由答辩日至审讯日	50	54	54	66	67	67
1. 提出控告的案件—由答辩日至审讯日						
（1）被拘留的被告人	30-45	38	41	41	-	-
（2）获保释的被告人	45-60	51	51	49	-	-
2. 提出控告的案件（少年法庭除外）—由答辩日至审讯日						
（1）被拘留的被告人	30-45	-	-	-	36	39
（2）获保释的被告人	45-60	-	-	-	44	49
3. 少年法庭提出控告的案件—由答辩日至审讯日						
（1）被拘留的被告人	30-45	-	-	-	45	72
（2）获保释的被告人	45-60	-	-	-	45	60

经法庭使用者委员会同意后，由2014年1月1日起，司法机构为裁判法院少年法庭提出控告的案件另定目标。由2014年1月1日起，裁判法院提出控告的案件所沿用的目标，适用于少年法庭提出控告的案件。

2. 案件量和结案数目，见表10-2

表10-2　裁判法院刑事案件案件量和结案数目

	案件量					结案数目①				
	2011年	2012年	2013年	2014年	2015年	2011年	2012年	2013年	2014年	2015年
刑事案件	35243	34360	34250	34419	33299	34843	34322	34521	34278	32969
小贩案件	10192	9396	9534	7988	7710	10197	9386	9523	8002	7712
部门传票及私人传票	185102	192566	184221	190671	179425	184862	189123	188949	188164	178830
交通违例扣分传票	1968	1966	2197	2359	2086	2155	2033	2340	2343	2020
定额罚款（交通违例）传票	612	742	856	757	606	719	701	832	762	614
定额罚款（公众地方洁净罪行）传票	319	244	164	139	115	343	248	175	145	126
定额罚款（吸烟罪行）传票	76	49	35	38	15	78	58	35	37	19
定额罚款（汽车引擎空转）传票	0	0	0	0	0	0	0	0	0	0
定额罚款（强制验窗）传票	-	0	0	0	1	-	0	0	0	1
定额罚款（塑胶购物袋）传票	-	-	-	-	0	-	-	-	-	0

① 结案的案件是指上诉许可申请/上诉已经得直、驳回、撤回、放弃或终止的案件，括号内的数字是《终审法院规则》（第484A章）第7条被驳回的申请数目。

续表

	案件量					结案数目				
	2011 年	2012 年	2013 年	2014 年	2015 年	2011 年	2012 年	2013 年	2014 年	2015 年
杂项程序通知书	10718	11138	11166	11266	11212	10877	11793	11231	11338	11619
部门通知书	824	789	764	706	613	846	796	770	691	649
定额罚款令（交通违例）	58281	68028	73178	71733	78978	58995	68845	73821	72569	76227
定额罚款令（公众地方洁净罪行）	2622	2643	2291	1990	2169	2753	2609	2286	2037	2128
定额罚款令（吸烟罪行）	1 009	997	1 045	898	775	1 041	1 016	1 024	903	792
定额罚款令（汽车引擎空转）	0	0	1	0	0	0	0	1	0	0
定额罚款令（强制验窗）	–	0	0	0	1	–	0	0	0	0
定额追讨令（塑胶购物袋）	–	–	–	–	1	–	–	–	–	1
合计	306966	322918	319702	322964	317006	307709	320930	325508	321269	313707

（二）区域法院的刑事案件平均轮候时间及案件量、结案量数据统计

1. 平均轮候时间，见表 10-3

表 10-3　区域法院刑事案件平均轮候时间

	平均轮候时间（日）					
	目标	2011 年	2012 年	2013 年	2014 年	2015 年
刑事案件—由被告人首次在区域法院提讯至聆讯	100	86	62	60	63	79

2. 案件量和结案数目，见表 10-4

表 10-4　区域法院刑事案件案件量和结案数目

	案件量					结案数目				
	2011 年	2012 年	2013 年	2014 年	2015 年	2011 年	2012 年	2013 年	2014 年	2015 年
刑事案件	1396	1207	1190	1079	1118	1436	1272	1214	1033	1009

（三）高等法院的刑事案件平均轮候时间及案件量、结案量数据统计

1. 平均轮候时间，见表 10-5

表 10-5　高等法院刑事案件平均轮候时间

	平均轮候时间（日）					
	目标	2011 年	2012 年	2013 年	2014 年	2015 年
1. 上诉法庭：刑事案件—由订定日期至聆讯	50	53	52	50	51	53
2. 原讼法庭						
(1) 刑事固定审期案件表—由入禀公诉书至聆讯	120	169	180	211	227	272
(2) 刑事流动案件表—由订定日期至聆讯	90	79	72	83	86	81

2. 案件量和结案数目，见表 10-6

表 10-6　高等法院刑事案件案件量和结案数目

	案件量					结案数目				
	2011 年	2012 年	2013 年	2014 年	2015 年	2011 年	2012 年	2013 年	2014 年	2015 年
1. 上诉法庭										
(1) 上诉										

续表

	案件量					结案数目				
	2011 年	2012 年	2013 年	2014 年	2015 年	2011 年	2012 年	2013 年	2014 年	2015 年
不服原讼法庭判决而提起的上诉	162	162	158	185	190	114	185	168	185	170
不服区域法院判决而提起的上诉	383	357	291	261	251	345	397	365	255	261
小计	545	519	449	446	441	459	582	533	440	431
(2) 判刑复核										
不服原讼法庭判刑而提起的复核	2	1	2	2	0	3	2	2	2	1
不服区域法院判刑而提起的复核	7	4	2	4	1	4	10	6	6	0
不服裁判法院判刑而提起的复核	2	2	0	0	0	1	2	2	0	0
小计	11	7	4	6	1	8	14	10	8	1
2. 原讼法庭										
(1) 上诉案件										

续表

	案件量					结案数目				
	2011 年	2012 年	2013 年	2014 年	2015 年	2011 年	2012 年	2013 年	2014 年	2015 年
不服裁判法院判决而提起的上诉	897	862	809	771	777	877	983	840	765	756
(2) 原讼案件										
刑事案件	482	486	571	545	503	464	446	503	503	493
机密杂项案件	100	158	326	346	402	100	158	326	346	402
释放申请	0	0	0	0	0	0	0	0	0	0
小计	582	644	897	891	905	564	604	829	849	895

（四）终审法院的刑事案件平均轮候时间及案件量、结案量数据统计

1. 平均轮候时间，见表 10-7

表 10-7　终审法院刑事案件平均轮候时间

	平均轮候时间（日）					
	目标	2011 年	2012 年	2013 年	2014 年	2015 年
1. 申请上诉许可，由发出聆讯通知书至聆讯（刑事）	45	38	40	40	41	42
2. 上诉，由发出聆讯通知书至聆讯（刑事）	100	95	93	100	92	96

2. 案件量和结案数目，见表 10-8

表 10-8 终审法院刑事案件案件量和结案数目

	案件量					结案数目①				
	2011 年	2012 年	2013 年	2014 年	2015 年	2011 年	2012 年	2013 年	2014 年	2015 年
1. 申请上诉许可（刑事）	76	67	63	76	71	73（49）	57（35）	77（46）	69（35）	70（47）
2. 上诉（刑事）	12	14	8	11	9	12	13	13	11	7

七、我国香港地区刑事简易程序的特点与评价

根据上文对香港刑事司法制度和刑事简易程序的梳理，可知香港的简易程序较为散杂，现对其进行一个简要的系统总结：（1）其中《简易程序之罪条例》中的简易罪必须适用简易程序且必须在裁判法院进行，但是有例外：①与可公诉罪一并移送到区域法院的，区域法院对此简易罪亦由司法管辖权。②错误移送到高等法院的，高等法院对此有管辖权。（2）可诉罪中也有可以适用简易程序的罪行，叫可循简易程序的可诉罪，可诉罪中除了小部分必须公诉罪外，大多可以被认定为可循简易程序的可诉罪，这一权力由检控部门负责，确定为可循简易程序的可诉罪后就由裁判法院进行审判。综上，香港地区刑事案件多数可适用简易程序，而简易程序绝大多数（除了两种例外情况）需在裁判法院审理。此外，不适用简易程序的公诉罪（适用一般程序）也需要在裁判法院进行初审聆讯，再往上级法院移送。如图 10-1 所示：

① 结案的案件是指上诉许可申请/上诉已经得直、驳回、撤回、放弃或终止的案件，括号内的数字是指《终审法院规则》（第 484A 章）第 7 条被驳回的申请数目。

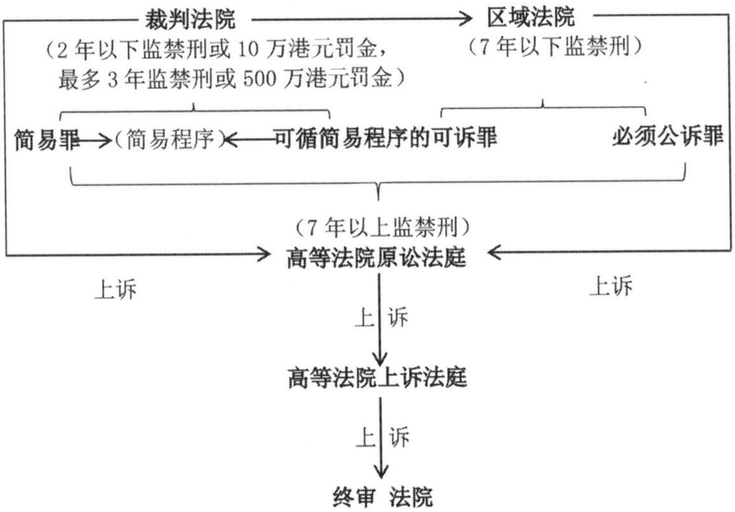

图 10-1　一般程序（移送）

（一）香港刑事简易程序兼具英美法系特点与地方特色

第一，香港刑事简易程序具有典型的英美法系特点，即规定繁杂，相对分散，更新变动较为频繁。香港地区与刑事简易程序相关的法例可谓浩瀚，不只有常见的《简易程序治罪条例》《裁判官条例》《刑事罪行条例》《刑事诉讼程序条例》，由于其刑法体系的原因，涉及可循简易程序的可诉罪还涉及各行政部门的条例。如律政司检控科“分科一第 4 组——裁判法院法律指引（部门检控）”就专门负责向 20 多个行政部门进行裁判法院法律指引，故在多个行政部门的条例中零星分布着关于刑事简易程序的相关罪名，并没有像大陆法系一样，有一个专门统一的法典进行系统整合。

第二，香港的简易程序又具有独特个性。其独特性源于两个方面：①所辖区域小，人口少。管辖陆地总面积 1104.32 平方公里，总人口约 726.4 万人。其法律虽在本港较为完备，但并不适用疆域大、人口多的地区；②由于其独特的历史原因：其地位在历史上几经变革，由中国主权领土变为英国殖民地，后又回归中国，且回归前后中国的整个法律体系发生了巨大变革，故其法律变革存在明显的被动性，在其沦为英国殖民地后的近 100 年中，其主要的法律变革均为跟随其宗主国英国之改变而改变，有些改变并非出于本港的需求。在 1997 年回归以后，其法律在保留原有基础之上又进行了微调，其后的数次调整皆出于本港需求。其刑事简易程序经历如此过程，典型的例子：2013 年其律政司检控科裁判法院法律指引进行进一步分组为：分科一第 3 组——裁判法院法律指引（一般检控）和分科一第 4 组——裁判法院法律指引（部门检控）。其主要职能是就刑事检控和其他刑事事宜向逾20个政府部门、营运基金及自主机构提供法律指引。除了某些由入境事务处调查的案件（如涉及串谋欺诈罪）有可能会移交区域法院审理外，经该组提供法律指引的案件大都在裁判法院审理。其处理的案件大部分与社会大众日常生活息息相关，这点可以从不同的政府部门及机构均向其寻求法律指引申证，这些部门包括入境事务处、劳工处、屋宇署、地政总署、房屋署、环境保护署、卫生署、食物环境卫生署、海事处、康乐及文化事务署、机电工程署、土地注册处、公司注册处、通讯事务管理局办公室及一手物业销售监管局。本组处理的案件涵盖多种类型的刑事罪行，有相对简单的罪行（如违反逗留条件），也有较复杂及高度技术性的罪行。事实上，该组律师经常就涉及高度技术性事宜的案件提供法律指引，在2014年，其提供法律指引的次数为2888次。

香港的法律环境独特，其中一项优点，是在香港的法治发展中，越来越多采用比较法，即对不同司法管辖区或法律制度的法律原则和发展进行比较。终审法院的组成，正是对此的最佳印证。终审法院可根据需要邀请其他普通法适用地区的法官列席终审法院参加审判（见《基本法》第82条及《香港终审法院条例》第484章第9条）。其利用与英格兰及威尔士的普通法有深厚的历史渊源，与当地私人执业大律师的联系，以改善其普通法，并提升香港法律专业人员的工作质素和技巧。其检控部门认为这是“亦凸显香港有别于其他普通法司法管辖区，是独树一帜的国际法律体系”的一项重要标志。它提供了一个让普通法融会交流的中心点。[①]

（二）香港刑事简易程序检控部门裁量权巨大

第一，有权决定可公诉罪适用何种程序及受审法院层级并对其他部门提供法律指引。根据《裁判官条例》的规定，任何可公诉罪未经检控官的同意不得遵循简易程序处理。[②] 即只有得到控方统一对可遵循简易程序审判的公诉罪适用简易程序时，裁判法院才能对该案拥有管辖权。否则，该较为严重的可公诉罪行会移送至区域法院或高等法院原讼法庭审理。分科一第3组继续专责为裁判法院案件提供法律指引，而所有在裁判法院审理的案件，被告人定罪后被判处的总监禁期都不超过3年。2014年，其接获要求提供法律指引的案件超过3100宗，所涉案情的敏感性质和情况各不相同，而罪行亦种类繁多，有袭击、性侵犯、“三合会”、卖淫及危险药物等严重罪行，也有盗用公款、诈骗、使用虚假文书及洗钱等涉及商业罪行的。当案件有涉及法定检控

① 《香港刑事检控2012》第12页。

② 《裁判官条例》第94A条。

时效的罪行，或涉及家庭暴力、少年及易受伤害证人，律师都会优先处理。每宗刑事案件的检控程序都由裁判法院开始。法庭检控主任主要负责在裁判法院检控案件。2014 年，81 名法庭检控主任派驻全港 7 个裁判法院，处理了共 170217 宗案件。法庭检控主任代表警方、香港海关、强制性公积金计划管理局及其他政府部门和法定机构出庭检控。他们亦有就一些特别类型案件代表入境事务处和食物环境卫生署进行检控。与各执法机关和其他法律机构紧密合作。在律师团队的支持下，法庭检控主任往往要在短时间通知下处理紧急案件，如在某些大型公众活动期间或之后出现有大批人被拘捕，并在被捕后的短时间内在裁判法院提堂。①

第二，有权与被告人达成保释协议，帮助其回归社会。对于首次犯轻微罪行的罪犯，香港检控部门按照检控常规及指引，在适当情况下让罪犯签保。其目的是在保证公正的前提下给予罪犯改过自新的机会，避免留下案底。这个方法不单顾及罪犯的利益，还要考虑受害者以及社会的利益，因此必须以公平为原则作出适当平衡。有调查研究指出："当罪犯因此而有机会改过自新，他们很少会重蹈覆辙。这个方法确实能有效地引导他们远离罪恶，不再以身试法。"刑事定罪是一生的烙印，对于年轻的犯罪者，刑事定罪会使他们意志消沉、前程尽毁，很难令他们步入正轨；而对于大半生清白的年长犯罪者，刑事定罪会带来极大的耻辱和不安。在某些情况下不寻求刑事定罪反而是为了彰显公义，香港检控部门认为签字保释并不是让罪犯逍遥法外。与惯常的量刑选择（如罚款）相比，签字保释所施加的惩处更为有效。有些时候，为秉持公义，控方会以被告接受在法庭决定的一段期间内签保守行为作为条件，而不提证据继续起诉被告。香港检控部门决定是否采用这项程序时，会按照《检控守则》的指引，考虑所有相关事项，包括证据的强度及罪行的严重程度。这项程序既能符合公义防止犯罪者再犯案，也能让犯罪者改过自新，特别适用于初犯者及轻微罪行个案。2013 年，循这项程序处理的案件共有 3575 宗，2012 年则有 2796 宗。

近年来有不少建议，认为当局应重新赋予裁判官惩罚违反签字保释协议的被告人罪犯如获判签字保释，须在公开法庭承认他所犯的罪行及接受告诫，然后向法庭承诺在最多 2 年内守行为；如违反承诺，则须另受惩处，最高可判处监禁 6 个月。裁判官曾有这项不将定罪予以记录的权力，但在 1986 年被撤销。

（三）香港适用刑事简易程序的案件数量比例大，息讼效果明显

由上文中笔者对 2011—2015 年的香港司法机构的年度案件数据的总结可

① 《香港刑事检控 2012》第 30 页。

知，香港裁判法院每年大约处理刑事案件 30 万起，占香港全年刑事案件的绝大多数，其中对于裁判法院判决的上诉情况寥寥无几。其程序分流、节约司法资源、息讼的效果均较为显著。从各层法院的刑事案件数量上看，裁判法院成为名副其实的“刑事法院”。裁判法院消化了绝大多数的刑事案件，使得区域法院、高等法院能够更为细致地处理严重犯罪。

（四）香港刑事简易程序的罅隙

鉴于香港独特的历史、地缘环境，其现阶段刑事简易程序在本港整体运行良好，香港地区亦是国际公认的法制完备的社会。通过对香港整个刑事简易程序的梳理，笔者认为其简易程序有以下几个问题：

第一，简易程序不简易。香港刑事简易程序与一般程序差异性不大。香港地区裁判法院管辖的简易程序罪与区域法院普通程序罪无明显区别（只有在高等法院原讼法庭的案件才有陪审团），不同罪类的区别亦不明显，如简易罪中的最高刑期比可循简易罪的公诉罪的最低刑期要高。如果被告人拒不认罪，则不管其是否适用简易程序，都需要经历双方证人到庭质证、交叉询问等环节，此时裁判法院的简易程序与区域法院的一般程序并无明显区别。此外，从轮候时间上也看不出简易程序与普通程序的巨大差别。

第二，被告人上诉权过大。香港刑事简易程序的被告人理论上也适用三审终审制，虽然在司法实践中，很少有简易程序让被告人走完三审终审的。此处不免有法律与实践脱节之嫌。

第三，检控人员自由裁量权过大。如上文所述，香港刑事案件中检控方裁量权巨大，其有权决定除《简易程序治罪条例》中所规定的简易罪之外的可诉罪中大部分罪行的程序适用及审级。此权利放在地小人少的香港或许能运转正常，但如果将其放到幅员辽阔、人口众多的大陆，恐难以为继。

第十一章　我国台湾地区刑事案件快速处理程序机制研究

台湾地区诉讼实务因为交互诘问带来了繁冗的效率问题，通过不断的立法修正，台湾地区所谓“刑事诉讼法”确立了当前的刑事案件快速处理程序来疏解大量的案源。台湾地区刑事诉讼中疏解案源的主要方式有：侦查中的不起诉处分（微罪不举）、缓起诉处分与审判中的快速处理程序。而审判中的快速处理程序则包括简式审判程序、简易判决处刑程序与协商程序。台湾地区审判中的快速处理程序是对程序类型化理论①的体现，力求缓解案件积压与司法资源有限性的矛盾，同时，也为不同案件设置不同的程序，使每个人得到应当得到的或同等的对待，以实现正义，体现公平。

一、我国台湾地区刑事案件快速处理程序机制改革的背景

（一）台湾地区刑事案件快速处理程序机制的历史演变

1. 诉讼理念的转型

诉讼理念的转型是修法的基础，把握台湾地区诉讼理念的转型也是了解台湾地区刑事案件快速处理程序机制发展的基础。我国台湾地区的所谓“刑事诉讼法”传统上属于大陆法系，以职权主义为主要的显性表征。然而，台湾地区近年来的刑事司法改革可谓具有历史转折性，用台湾地区学者的话说就是“进入 21 世纪，在台湾地区，刑事诉讼法正处于跃动蜕变的转型期”。1999 年的台湾地区“司法改革会议”已经确立了改良式当事人主义，并通过 2003 年台湾地区所谓“刑事诉讼法”的再修改将审判程序转型为当事人主导法庭的审判，强调当事人的自由处分。再修改的诉讼理念可以归纳为：“以贯彻无罪推定、公正审判及尊重被告人的程序主体性为基本理念，确立了当事人为主导证据调查的诉讼构造及定位了检察官的当事人属性。”这种修法理念

① 张璐：《刑事简易程序的改革与完善——以我国台湾地区相关立法为参考》，载《法学杂志》2012 年第 10 期。

根源于对职权主义和当事人主义之间的抉择①。不少台湾地区学者认为修改后的台湾地区所谓“刑事诉讼法”已经完成了由“法官职权进行主义”到“诉讼当事人进行主义”的转型。这种转型建立在学者和实务工作者多年探讨而达成的共识上。具体包括两个方面的争论：其一，“发现真相与人权保障之间孰轻孰重”，在数年修法中，以当事人进行主义为指导，人权保障的理念得到了极大彰显，被告方有了更多的参与和影响案件进程的权利，发现真实也不再是所谓“刑事诉讼法”的帝王条款；其二，“维护整体社会秩序”与“保障公民个人自由”之间孰轻孰重？目前的台湾地区所谓“刑事诉讼法”理念已经从“为了打击犯罪维护整体社会秩序，可以允许程序上有些瑕疵”而转变为“必须先经过正当程序，方可对人民的权利进行限制或剥夺，以实现社会安全的目的”。

这些重大理念的转变影响着刑事快速处理机制的设立与发展，正是因为有以“改良式当事人主义”为主旨的基本理念，才会有以当事人为主导的诉讼构造；正是因为赋予当事人程序选择权，才会有当事人选择认罪后启动快速处理机制的前提；正是因为将检察官定位为当事人属性，才会有检察官和被告共同协商认罪求刑的基础；正是因为强调了对公民权利的剥夺和限制必须经过正当程序，才会在快速处理程序中出台更符合宪法规定和人权保障的被告保护制度。因此，要理解台湾地区刑事案件快速处理机制的产生和发展历程，则必须先了解近年来台湾地区刑事诉讼理念的转变过程。

2. 修法背景

简易程序作为通常程序（第二编第一章第三节）的配套程序，一直并未受到足够重视，直到台湾地区所谓“刑事诉讼法”开始营造交互诘问的诉讼环境时，迫于案件积压的压力，实务界才开始大量申请使用（主要是简易判决处刑程序），但是依然争议不断。

台湾司法机构于 1999 年 7 月 6 日至 8 日召开台湾司法改革会议，提出改革的两大背景问题：一是诉讼程序过分职权化，二是刑事司法负担过重，影响裁判品质与速度。司法改革会议还确立了以“改良式当事人进行主义”为实质的基本理念，以法庭三方关系的调整、金字塔形诉讼制度及相关配套措施为改革的具体内容。增设简易审判程序（简式审判程序）采取略式判决；扩大运用刑事简易程序；酌采认罪协商求刑制度作为配套措施，以减轻处理案件之负担。其中，司法改革就“减轻处理案件之负担”做出了背景说明：“于刑事程序，依案件之轻微或重大，以及视被告对于起诉事实有无争执，而

① 胡铭：《我国台湾地区“刑事诉讼法”近期修正要点及其理念基础检视》，载陈光中主编：《21 世纪域外刑事诉讼立法最新发展》，中国政法大学出版社 2004 年，第 454-459 页。

异其诉讼程序或简化证据之调查，一方面可减轻法院审理案件之负担以求诉讼之经济；另一方面亦可使被告尽早脱离刑事程序复归社会以符合特别预防之刑事政策，故所谓之微罪不举，明案速判、疑案慎断，乃刑事诉讼之理念与运作间取得协调之方策，关于疑案，为求能获得谨慎之审理，贯彻第一审以当事人进行为中心之公平审判制度，相对的，微罪及无争议之案件，更有必要厉行减轻法院审理案件及检察官到庭负担之配套方案。此外，日后刑事诉讼制度如要加强当事人进行为中心的色彩，将会大量增加检察官之工作负荷，同时使法官审理案件时间拉长，造成诉讼迟滞，故如不能先解决目前刑事案件量过多及检察官人力问题，将使日后修法的美意无从实现。”

为了减轻处理案件之负担，会议提出了三个具体解决方案，其中第二项就是“扩大简易程序之适用”。经司法改革会议详加讨论，结论是：“一、增设简易审判程序，采用略式判决，并修正有关简易程序规定。二、扩大运用刑事简易程序。三、酌采认罪协商求刑制度。”遂于 2003 年通过台湾地区刑事诉讼法再修改，增设简式审判程序。“简式审判程序”的立法理由是：“刑事案件之处理，视案件之轻微或重大，或视被告对于起诉事实有无争执，而异其审理之诉讼程序或简化证据之调查，一方面可合理分配司法资源的利用，且可减轻法院审理案件之负担，以达诉讼经济之要求；另一方面亦可使诉讼尽速终结，让被告免于讼累，是以明案应予速判，爰参考日本刑诉法第 291 条之 2，日本刑事诉讼规则第 197 条之 2 规定之简易公判程序立法例。”①

如上述所言，1999 年的司法改革会议已经达成了“酌采认罪协商求刑制度”的制度，以作为“改良式当事人主义”之重要配套措施，台湾地区司法机构据此积极与民间司法改革基金会等团体沟通，推动协商程序的增订。台湾地区司法机构于 2003 年 2 月 19 日邀请了台湾司法行政事务主管部门，台湾地区律师公会、台湾联合会、台北律师公会、台湾地区法学会、民间司法改革基金会等民间团体代表共同研商，台湾地区立法机构 2004 年 3 月 23 日三读通过协商程序最终修订版本。“协商程序”的立法理由：“社会多元发展后，刑事审判之案日益严重，为解决案件负荷之问题，各国均涉及简易之诉讼程序或采取认罪协商机制。即如传统大陆法系之德国、意大利亦采撷美国认罪协商制度之精神，发展出不同的认罪协商模式，台湾地区刑事诉讼制度已朝改良式当事人进行主义方向修正，为建构良好之审判环境，本与‘明案速判、疑案慎断’之原则，对于进入审判程序之被告不争执之非重罪案件，允宜运用协商制度，使其快速终结，俾使法官有足够之时间及精神致力于重大复杂

① 林俊益：《简式审判程序》，载《月旦法学教室》2003 年第 9 期。

案件之审理。”近期，2016 年 6 月 22 日发布的所谓“增订并修正刑事诉讼法条文”中涉及了刑事快速处理机制的修改，增加了协商程序协商事项①，原法条规定的协商事项包括：“……被告愿受科刑之范围或愿意接受缓刑之宣告”。修改后的条文增加了“没收”事项，即“一、被告愿受科刑及没收之范围或愿意接受缓刑之宣告。”协商程序的协商范围正在不断扩大。

对于台湾地区刑事案件快速处理机制的演变，不仅要从新增了某种审判方式的角度去借鉴，还要明晰台湾地区在平衡司法负担和追求实质真相之间的取舍。随着便宜原则、诉讼经济、诉讼功能原则，当事人改良主义、恢复性司法等理念在现代刑事诉讼制度中的不断发展，刑事诉讼逐渐允许有弹性规定，当事人认罪协商求刑的可行性也随之大幅升高。

（二）台湾地区轻微刑事案件犯罪率与刑事案件快速处理程序改革之间的关系

表 11-1　犯罪率与刑事快速处理程序的关系

年月别	全部刑事案件													
	发生数	破获数	破获率	犯罪率	犯罪人口率	一审程序裁判结果		一审简易判决案件裁判结果			一审协商程序案件裁判结果		
						终结件数	人数	终结件数	占一审裁判结果比	被告人数	终结件数	占一审裁判结果比	被告人数
	(件)	(件)	(%)	(件/十万人口)	(人/十万人口)	(件)	(人)	(件)		(人)	(件)		(人)
2007年	491 815	367 001	74.62	2 146.0	1160.1	171326	203150	94929	55.41%	104350	8969	5.24%	11133
2008年	453 439	350 497	77.30	1 971.7	1179.2	187189	219456	101591	54.27%	111857	12132	6.48%	13828
2009年	386 075	311 648	80.72	1 672.9	1135.1	176441	205272	101827	57.71%	111157	8775	4.97%	9716
2010年	371 934	296 500	79.72	1 607.3	1163.9	170860	198159	100313	58.71%	109362	5911	3.46%	6768
2011年	347 674	276 371	79.49	1 499.0	1122.5	167631	194986	96 736	57.71%	105210	8061	4.81%	9028
2012年	317 356	266 512	83.98	1 363.8	1126.1	162992	187 100	95 121	58.36%	102558	8218	5.04%	8614
2013年	298 967	258 802	86.57	1 280.7	1093.7	164616	186845	98 305	59.72%	105020	6789	4.12%	7372
2014年	306 300	263 515	86.03	1 308.8	1117.8	178544	201070	114130	63.92%	120795	5685	3.18%	6118
2015年	297 800	273 567	91.86	1 269.2	1147.8	179173	201101	116080	64.79%	122774	暂无	暂无	暂无

数据来源于：台湾司法行政事务主管部门网站统计数据与台湾警察事务主管部门统计数据

表 11-1 展示的是 2007 年至 2015 年台湾地区的犯罪发生数与刑事快速处理程序的情况。其中包括：台湾地区 9 年的犯罪率变化，一审程序的终结案

① 第 455 条之 2 除所犯为死刑、无期徒刑、最轻本刑 3 年以上有期徒刑之罪或高等法院管辖第一审案件者外，案件经检察官提起公诉或声请简易判决处刑，于第一审言词辩论终结前或简易判决处刑前，检察官得于征询被害人之意见后，径行或依被告或其代理人、辩护人之请求，经法院同意，就下列事项于审判外进行协商，经当事人双方合意且被告认罪者，由检察官声请法院改依协商程序而为判决：

一、被告愿受科刑及没收之范围或愿意接受缓刑之宣告。

二、被告向被害人道歉。

三、被告支付相当数额之赔偿金。

四、被告向公库支付一定金额，并得由该管检察署依规定提拨一定比率补助相关公益团体或地方自治团体。

检察官就前项第二款、第三款事项与被告协商，应得被害人之同意。

第一项之协商期间不得逾三十日。

第一项第四款提拨比率、收支运用及监督管理办法，由行政机构会同司法机构另定之。

件数，一审中通过简易判决程序终结案件数，一审中通过协商程序终结案件数。

从表11-1中可以看出：台湾地区的刑事案件发生数总体上处于下降趋势，破获率逐年上升。犯罪率仅在2013年至2014年有所回升，但总体上呈下降趋势。简易判决程序裁决结果占一审程序裁决结果一半以上，且还在逐年提高。可以看出，简易判决程序在一审中适用较多。相比之下，协商程序的适用占总体比重较小，甚至还有下滑的趋势。

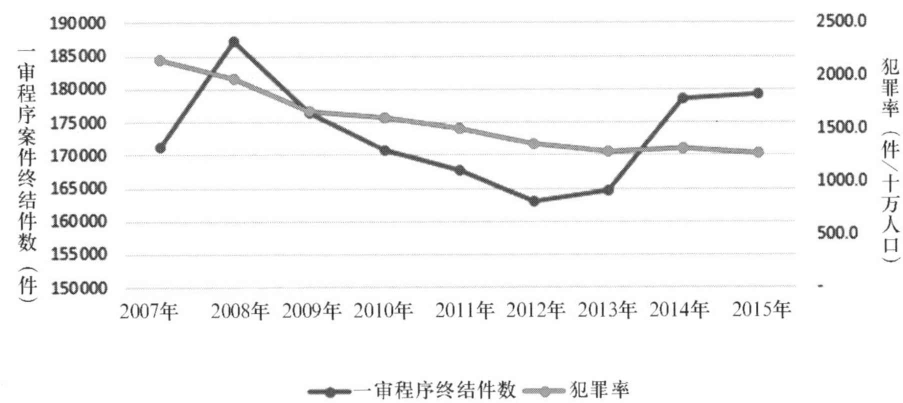

图11-1　一审程序案件终结件数与犯罪率关系

如图11-1所显示，一审程序案件的终结件数与犯罪率的降低之间并没有明显的关联。

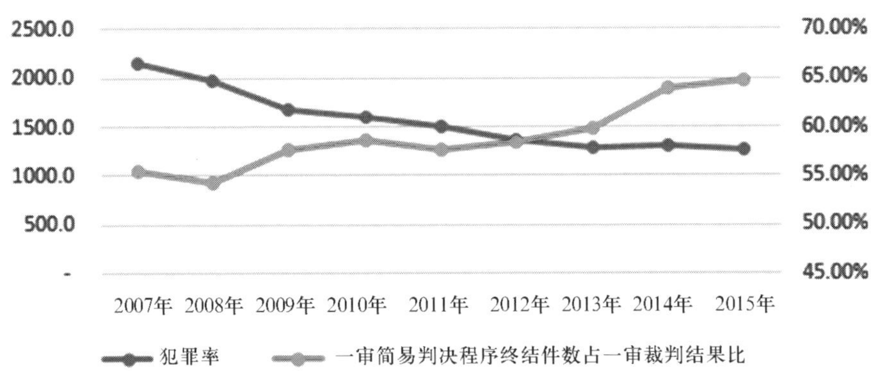

图11-2　犯罪率与一审简易判决程序适用的关系

但从图11-2可以看出，随着简易判决程序在一审适用所占百分比的提高，犯罪率呈下降趋势。

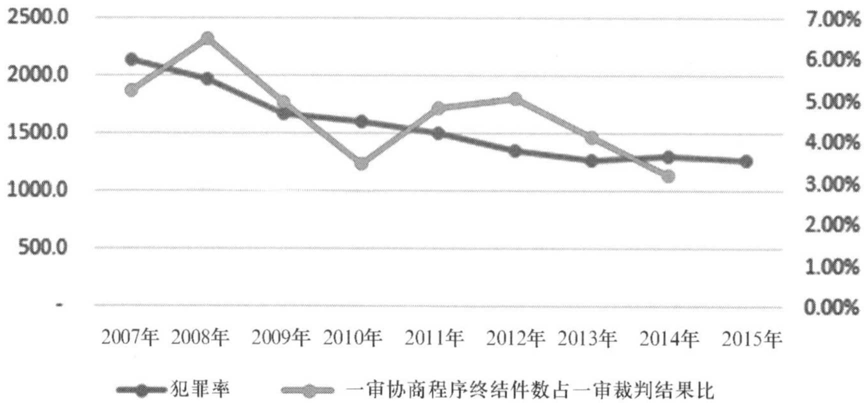

图 11-3　犯罪率与一审协商程序适用的关系

图 11-3 反映的是犯罪率与协商程序在一审程序适用所占百分比之间的关系。协商程序本身在一审程序中的适用率较低，其所呈现的分布与犯罪率并没有什么直接关联。

综合上述分析，比较明显的趋势是随着简易判决程序在一审中的加大适用，犯罪率曲线呈下降趋势（图 11-2），由于协商程序本身适用率不高的原因，协商程序的适用与犯罪率之间关系并不明显。

（三）改革前后，法官、检察官、律师和社会公众对刑事案件快速处理程序机制改革的态度或者倾向

1. 检察官之态度倾向

检察官对协商程序的运用类型主要有积极配合型、策略配合型、不适用型。其中以消极适用的居多，部分有策略地配合，积极配合的较少。协商程序的立法理由是基于“明案速审”的概念，用来减轻案件负担，但是大多数检察官认为：首先，案件如果是明案，检察官拥有的胜诉机会较大，不太可能会与被告协商；其次，检察官担心被告人会认轻罪躲大罪，同时，检察官也会考虑被害人的感受，因此，大多数检察官会选择旧有的简式审判程序或简易判决处决程序。在旧有的程序中，双方均保有上诉的权利，且审判程序进行的速度也很快，在简易判决处刑程序中检察官本来就不出庭，即使不协商也不会增加其工作负担。另外，台湾地区检察官多以司法正义维护者的角度自居，不愿意与被告妥协①，检察官几乎没有动力与被告协商。同时，检察

① 吴巡龙：《我国宜否扩大采用认罪协商制度以减轻司法负荷》，载《台湾地区本土法学杂志》2003 年第 50 期。

高层担心检察官同被告认罪协商会给公众留下检察部门不务正业、不追求司法正义的负面形象，出台内部规范要求检察官尽量不要进行认罪协商，下级只好配合。有部分策略配合的检察官会根据个案的诉讼进行程度与举证的复杂程序来决定是否适用，但是，恰恰与立法目的相反，只有在难以举证或细节不能一一查明的案件中，为避免被告因此被判无罪，检察官才会与被告进行认罪协商。在检察系统内部消极不鼓励的情况下，积极配合的检察官较少，其动力也与策略配合型检察官相似。

2. 法官之态度倾向

法官的态度倾向分为认同整体制度与仅赞成部分做法。总体来说，与检察官相比，法官大部分是欢迎与认同协商制度，且都认为协商程序不失为疏解案源的措施之一，但是有些法官认为协商程序与其他程序重叠性高，且限制条件较多，如果要疏解案源的话，既有简易处刑与简式审判，就可以达到相同目的，他们认为协商程序的疏解案源的实际效果不大。总体来说，绝大多数法官均表示支持与赞同协商程序的引进。但是，几乎所有的受访法官会表示：如果有被害人的案件，在决定是否采用协商程序终结时，都一定会传唤被害人或征询被害人的意见。

3. 律师之态度倾向

律师对认罪协商制度，几乎普遍抱欢迎的态度，且认为从整体上来说，认罪协商是个很好的机制。一方面的原因是律师如果认为被告真有犯罪，宁劝被告认罪，以减少讼累，同时认罪协商刑度都较轻，通常可以获判缓刑。另一方面的原因是旧有的简易程序律师可发挥空间小，在认罪协商程序中，律师比较能帮得上忙，至少可以事先掌握判决处刑的结果。但是，律师也普遍反映认罪协商程序的发动限制太多。

二、我国台湾地区刑事案件快速处理程序的类型、内容和特点

（一）台湾地区刑事案件快速处理程序的适用范围

1. 案件类型之限制

“简易判决处刑”并无特定案件之限制，且不限于轻微案件，仅于法官科刑时有所限制。依据台湾地区所谓“刑事诉讼法”第 449 条（简易判决处刑之要件）第 3 项规定：“依前二项规定所科之刑以宣告缓刑、得易科罚金之有期徒刑及拘役或罚金为限。”黄朝义教授认为针对简易判决处刑程序处刑要件之理解，应该由检察官在申请简易判决处刑时，即考虑案件之轻微性，因此，实际上重罪不得为简易判决处刑。

“简式审判程序”案件类型限制在非重罪案件中。依据台湾地区所谓“刑

事诉讼法”第 273 条之 1 的规定，“除被告所犯为死刑、无期徒刑、最轻本刑为 3 年以上有期徒刑之罪或高等法院管辖第一审案件者外”，始有其适用，只有在最轻本刑为三年以下有期徒刑的刑罚幅度以下，非高等法院管辖的一审案件以外，才可以适用简式审判程序。因为最轻本刑为三年以上有期徒刑之罪或高等法院管辖第一审之案件，依台湾地区所谓“刑事诉讼法”的规定(第 284 条)，没有辩护人到庭者，不得审判，属于强制辩护的案件，要经过严格之调查证据程序，进行充分之言词辩论，不得简化审理程序或调查证据程序，而简式审判程序的设计就是为了简化证据调查程序。因此，简式审判程序的案件限制为非重罪案件。

“协商程序”案件类型限制在非重罪案件中。依据台湾地区“刑事诉讼法”第 455 条之 2 第（1）项的规定，“除所犯为死刑、无期徒刑、最轻本刑三年以上有期徒刑之罪或高等法院管辖第一审案件者外”，与简式审判程序的案件类型限制一般。但是，根据台湾地区所谓“刑事诉讼法”第 455 条之 2 第（1）项第 1 款规定：“被告愿受科刑之范围或愿意接受缓刑之宣告”可以得知台湾地区的协商程序仅限于量刑协商，不包括控诉协商及罪状协商。

2. 启动主体

“简易判决处刑程序”的启动主体包括：检察官与法院。

台湾地区所谓“刑事诉讼法”第 449 条规定了简易判决处刑之要件：“第一审法院依被告在侦查中之自白或其他现存之证据，已足认定其犯罪者，得因检察官之声请，不经通常审判程序，径以简易判决处刑。前项案件检察官依通常程序起诉，经被告自白犯罪，法院认为宜以简易判决处刑者，得不经通常审判程序，径以简易判决处刑。”从此条可以看出简易判决处刑程序的启动主体既包括检察官又包括法院。

检察官作为启动主体发起简易判决处刑程序的申请之具体效力，又在第 451 条予以具体规定：“检察官审酌案件情节，认为宜以简易判决处刑者，应即以书面为声请。第一项声请，与起诉有同一之效力。”法院自行开启简易判决处刑程序时，应该在第一审法院依据被告在侦查中的证据已足以认定其犯罪者，检察官依旧按照通常程序起诉，经过被告自白犯罪后，法院认为宜以简易判决处刑者，可以适用简易判决处刑程序。

“简式审判程序”的启动主体是：法院。

台湾地区所谓“刑事诉讼法”第 273 条规定：“法院得于第一次审判期日前，传唤被告或其代理人，并通知检察官、辩护人、辅佐人到庭，行准备程序，为下列各款事项之处理：……二、讯问被告、代理人及辩护人对检察官起诉事实是否为认罪之答辩，及决定可否适用简式审判程序或简易程序。”第

273 条之 1 第 1 项规定："审判长得告知被告简式审判程序之旨，并听取当事人、代理人、辩护人及辅佐人之意见后，裁定进行简式审判。"根据第 273 条之 1 第 1 项的规定，容易对法条进行误读，认为审判长对简式审判程序的启动拥有绝对的权力。但是，就在第 273 条之 1 中紧随其后的第 2 项、第 3 项规定了"法院为前项裁定后，认有不得或不宜者，应撤销原裁定，依通常程序审判之"。因此，启动简式审判程序的权力不是专属于审判长，而是属于法院。另外，需要进一步明确的问题是：条文中规定审判长"得告知"，而不是"应告知"被告简式审判程序之旨，而且，仅仅是"听取……意见"，而不是"征得……同意"，因此这两项规定均没有对审判长产生法律强制效果。可见，告知和意见也都不是简式审判程序启动的要件。

"协商程序"的启动主体是：检察官。

台湾地区所谓"刑事诉讼法"第 455 条之 2 第 1 项规定："……案件经检察官提起公诉或声请简易判决处刑……检察官得于征询被害人之意见后，径行或依被告或其代理人、辩护人之请求，经法院同意，就下列事项于审判外进行协商，经当事人双方合意且被告认罪者，由检察官声请法院改依协商程序而为判决。"明文规定检察官向法官声请协商后，须经法院同意，始得于"审判外"与被告进行协商。此乃为确保法院裁判之客观性及公正性，故条文规定检察官经法院同意后，于审判外与被告进行协商。法官不得依职权发动协商，也不得参与协商。

3. 被告人的有罪陈述

"简易判决处刑程序""简式审判程序""协商程序"均以被告人的有罪陈述为构成要件。被告人必须做出"有罪陈述"。有罪陈述是指被告承认有罪而无其他争执之意思表示。如果被告尚有其他争执，则不宜裁定进行刑事案件快速审理程序。例如，被告虽坦诚犯罪行为，但是却辩称正当防卫、紧急避险等违法阻却事由，或是未到刑事责任年龄等免除刑罚的事由，则不属于认罪且协商的范围内。

"简式审判程序"的有罪陈述有一个特殊的规定，即相对于简易判决处刑程序和协商程序来说，简式审判程序的认罪专指在通常审判程序的准备程序中发生的认罪。只有在准备程序中自白，被告认罪才能够产生法律效力，才是启动的过程要件之一，即使在侦查程序中已自白的，也需要在准备程序中再度自白。

"协商程序"的有罪陈述与其他程序的最大不同，即所谓事实上的"先协商后认罪"。可以先同意进行审判外的协商，再经双方合意且被告认罪，由检察官声请法院改依协商程序而为判决。台湾地区所谓"刑事诉讼法"第 455

条之2规定："……案件经检察官提起公诉或声请简易判决处刑，于第一审言词辩论终结前或简易判决处刑前，检察官得于征询被害人之意见后，径行或依被告或其代理人、辩护人之请求，经法院同意……经当事人双方合意且被告认罪者，由检察官声请法院改依协商程序而为判决。"

4. 被告人同意的效力

"简易判决处刑程序"法条规定不一定需要被告人同意，但是，被告人同意是进行简易判决处刑程序的程序简化之合宪性关键。

所谓自白（认罪）并不能与同意画等号。被告人同意意味着"放弃反询问权"，与自白的法律意义不同。然而简易判决处刑程序的被告人同意并没有条文明确规定，必须通过解释方式明确被告人同意作为简易判决处刑要件之一的地位。

台湾地区所谓"刑事诉讼法"第449条规定："……前项案件检察官依通常程序起诉，经被告人自白犯罪，法院认为宜以简易判决处刑者，得不经通常审判程序，径以简易判决处刑。"台湾地区所谓"刑事诉讼法"第449条其中第1项规定："第一审法院依被告在侦查中之自白或其他现存之证据，已足认定其犯罪者，得因检察官之声请，不经通常审判程序，径以简易判决处刑。"对这两个条文中"得"的解释，黄朝义教授认为应当理解为：若未经被告人同意，法院应不得径行以简易判决处刑。[①] 因为所谓"刑事诉讼法"第452条规定，检察官申请以简易判决处刑之案件，经法院认为所谓"刑事诉讼法"第451条之1第4项但书之情形者，应适用通常程序审判之。而检察官未经被告人同意径行为简易判决处刑之申请，很可能成为属于所谓"刑事诉讼法"第451条之1第4项第4款之检察官之请求显有不当之情形。法院遇此等情形，自应适用通常程序审判之。

"简式审判程序"中被告人的同意是审判长必须参考的意见。

台湾地区"刑事诉讼法"第273条之1规定："于前条第一项程序进行中，被告先就被诉事实为有罪之陈述时，审判长得告知被告简式审判程序之旨，并听取当事人、代理人、辩护人及辅佐人之意见后，裁定进行简式审判程序。"所谓"刑事诉讼法"第3条规定："本法称当事人者，谓检察官、自诉人及被告。"因此，第273条中当事人应当包括被告人。按照法条规定，审判长在做出简式审判程序的裁定时，应该要听取被告人同意与否的意见。且简式审判程序，不经过法庭调查程序，也无法有效地行使辩护权，被告人程序性权利本身已经受到很大的剥夺，所以，在由审判长决定是否开启的程序

① 黄朝义：《简易诉讼制度——基本概念、简式审判程序、简易判决处刑》，载《月旦法学教室》2005年第34期。

中，应当给予被告人一定的知情权和表达意见的权利。

“协商程序”中得到被告人的同意是必要的条件，且被告人可以在法院讯问程序终结前，随时撤销协商之合意。

台湾地区所谓“刑事诉讼法”第455条之2规定：“经法院同意，就下列事项于审判外进行协商，经当事人双方合意且被告认罪者，由检察官声请法院改依协商程序而为判决：一、被告愿受科刑及没收之范围或愿意接受缓刑之宣告。二、被告向被害人道歉。三、被告支付相当数额之赔偿金。四、被告向公库支付一定金额，并得由该管检察署依规定提拨一定比率补助相关公益团体或地方自治团体。”协商程序的启动必须要经过当事人双方的同意，其中即包括被告的意见。如果不取得被告的同意，也无法完成审判外的进行协商的事项。协商程序中被告人的同意区别于其他两个程序在于，被告可以在法院讯问程序终结前，随时撤销协商之合意。依据所谓“刑事诉讼法”第455条之3的规定：“法院应于接受前条之声请后十日内，讯问被告并告以所认罪名、法定刑及所丧失之权利。被告得于前项程序终结前，随时撤销协商之合意。被告违反与检察官协议之内容时，检察官亦得于前项程序终结前，撤回协商程序之声请。”被告于法院讯问及告知相关权利之程序终结前，不附理由地以言辞或书状向法院撤销协商之合意，要求法院恢复通常或简式审判程序或依简易判决处刑，法院应该尊重诉讼主体选择诉讼程序的权利。

5. 犯罪事实明确无争执与科刑资料充足

“简易判决处刑程序”在运作上，仅仅依照被告自白并不能必然申请简易判决处刑程序。因为根据台湾地区所谓“刑事诉讼法”第156条，自白须补强证据，无法单独以自白作为判决之唯一证据，而且自白本身虚伪性极高，法院无法仅以书面自白产生有罪判决之确信。台湾地区释字第582号之意旨也认为：有罪判决之心证必须达到确信程度[①]。虽然简易判决处刑程序简化了证据的调查程序，但是有罪判决的心证程度不容置疑和挑战，检察官据以为简易判决处刑程序的申请时，犯罪事实与一般起诉所要求的明确性要相同，鉴于简易判决处刑程序处刑以书面审查为原则，简易判决处刑程序所要求的明确性比一般起诉的要求还要高。

① 释字第582号解释文：……“刑事诉讼法”据以规定严格证明法则，必须具有证据能力之证据，经合法调查，使法院形成该等证据已足以证明被告犯罪之确信心证，始能判决被告有罪……

（二）台湾地区刑事案件快速处理程序的审理方式

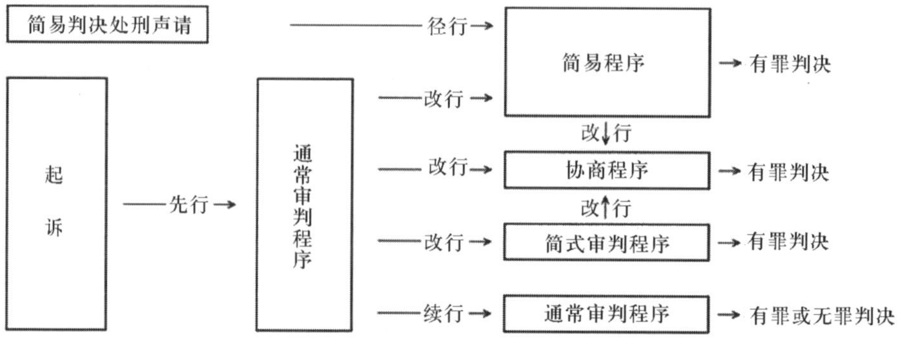

图 11-4　刑事审判程序一审基本流程图

1. 发起程序

“简易判决处刑”除法院认为的宜以简易判决处刑的之外，还分为侦查中的求刑和审判中的求刑。侦查中求刑可以在侦查中自白，即向检察官表示愿受科刑之范围或愿意接受缓刑之宣告，检察官同意者，应记明笔录，并以被告之表示为基础，向法院求刑或为缓刑宣告之请求（第 451 条之 1）。被告在侦查中自白了，但是未向检察官表示愿受科刑之范围或愿意接受缓刑之宣告的，在审判中得向法院为之，检察官亦得依被告之表示向法院求刑或请求为缓刑之宣告（第 451 条之 1）。因此简易判决处刑既可以在侦查中发生，也可以在审判中发生。

而对于“简易判决处刑程序中法院的自行开启”，黄朝义教授认为，在现行法下容许法院自行开启简易审判程序，并没有相当的监督途径予以规范。实务中容易被法官滥用。简易判决处刑程序简化烦琐的证据调查程序，且判决书也可以简略之方式为之“刑事诉讼法”第 454 条，对法官有相当大的诱惑力。[①] 根据王皇玉教授对法官的访谈可以得知，确实有相当数量的法官认为简易判决处刑程序是目前快速处理程序中最便捷的路径。[②] 黄朝义教授认为：需要以经过被告人同意，以及法官回避制度的运作来避免被告惧怕法官报复而无法有效同意来控制法官启动权的滥用，另外，身为当事人一方之检察官，

① 黄朝义：《简易诉讼制度——基本概念、简式审判程序、简易判决处刑》，载《月旦法学教室》2005 年第 34 期。

② 王皇玉：《认罪协商程序之法社会学考察：以台湾地区刑事司法改革为例》，载《台湾地区大学法学论业》2008 年第 4 期。

对于案件是否适合简易判决处刑，亦应适时地表达意见。[①]

“简式审判程序”发起阶段是在通常审判程序的准备程序中。要求被告人必须在通常审判程序的准备程序中就被诉事实进行有罪称述，再由法院考虑是否启动。依台湾地区所谓“刑事诉讼法”第273条之1第1项规定：“除被告所犯为死刑、无期徒刑、最轻本刑为三年以上徒刑之罪或高等法院管辖第一审案件者外，于前条第一项程序进行中，被告先就被诉事实为有罪之陈述时，审判长得告知被告简式审判程序之旨，并听取当事人、代理人、辩护人及辅佐人之意见后，裁定进行简式审判。”据此规定，该法条所称的“前条第1项和程序”即为“准备程序”。因此，必须先有第273条第（1）项所规定的准备程序之进行，其后，才有依法院之裁定改行简式审判程序。可以说想要启动简式审判程序就必须要先经过通常审判程序中的准备程序，也可以说没有准备程序就没有简式审判程序。

“协商程序”的发起阶段是在检察官提起公诉或声请简易判决处刑后，于第一审言词辩论终结前或简易判决处刑前。协商程序的发起必须历经通常程序；或是简式判决处刑；或是经由通常程序转为简式判决处刑，才可以提出，不能直接发起协商程序。具体依据的法条为所谓“刑事诉讼法”第455条之2：“……案件经检察官提起公诉或声请简易判决处刑，于第一审言词辩论终结前或简易判决处刑前，检察官得于征询被害人之意见后，径行或依被告或其代理人、辩护人之请求，经法院同意，就下列事项于审判外进行协商，经当事人双方合意且被告认罪者，由检察官声请法院改依协商程序而为判决。”在审判阶段才允许提出诉讼，而不是侦查阶段进行协商，发起程序门槛的设置目的是避免检察官出于“省事”的目的，滥用协商制度，不积极履行调查和起诉的职能，直接诉诸协商技巧，而导致被告的刑罚是在“侦查阶段未详查”“审判阶段也未详查”的情况下做出的。

2. 审判期日[②]

“简易判决处刑程序”没有“证据调查程序”与“言词辩论环节”。

依照台湾地区所谓“刑事诉讼法”第449条的规定，不经通常审判程序，径以简易判决处刑。就是没有“审判期日”，即做成简易判决，无须历经“证据调查程序”和“言词辩论程序”，从这个层面上来看，简易判决是一种不审

---

① 黄朝义：《简易诉讼制度——基本概念、简式审判程序、简易判决处刑》，载《月旦法学教室》2005年第34期。

② 在台湾地区刑事诉讼理论中通常程序的“审判期日”是由“证据调查程序”和“言词辩论程序”相续构成。进行“简易判决处刑程序”和进行“协商程序”时，并无“审判期日”可言；进行“通常审判程序”和进行“简式审判程序”时，均具有“审判期日”。

即判的判决。

“简式审判程序”只有“证据调查程序”可以简化，“言词辩论程序”并未简化。

简式审判程序，贵在审判程序之便捷，调查程序应该由审判长选择适用或不适用。台湾地区所谓“刑事诉讼法”第273条之2规定：“简式程序之证据调查，不受第159条第1项、第161条之2，第161条之3，第163条之1及第164条至第170条规定之限制。”从法条中可以看出，进行“简式审判程序”时，仍有审判期日，仅就其证据调查程序部分得于简化，言词辩论程序则无别于通常审判程序。

“协商程序”没有“证据调查程序”与“言词辩论环节”。

依据台湾地区所谓“刑事诉讼法”第455条之2的规定，是由检察官和被告在审判外进行协商，再由法官依协商结果而为“协商判决”。也没有“审判期日”，无须历经“证据调查程序”和“言词辩论程序”。因而，协商判决也是一种不审即判的判决。

3. 处刑范围

“简易判决处刑程序”的处刑范围是法院必须在检察官求刑范围内做出判决。

所谓“刑事诉讼法”第451条之1的第4项予以规定，“第一项及前项情形，法院应于检察官求刑或缓刑宣告请求之范围内为判决”。该“第一项及前项”规定了两种实质上的协商，即“侦查中的协商”与“审判中的协商”。

第1项中规定侦查中协商情形：“前条第一项之案件，被告于侦查中自白者，得向检察官表示愿受科刑之范围或愿意接受缓刑之宣告，检察官同意者，应记明笔录，并即以被告之表示为基础，向法院求刑或为缓刑宣告之请求。检察官为前项之求刑或请求前，得征询被害人之意见，并斟酌情形，经被害人同意，命被告为左列各款事项：一、向被害人道歉。二、向被害人支付相当数额之赔偿金。”审判中协商的情形紧随其后列明：“被告自白犯罪未为第一项之表示者，在审判中得向法院为之，检察官亦得依被告之表示向法院求刑或请求为缓刑之宣告。”

符合侦查中协商和审判中协商条件的，法院将依据检察官的求刑进行裁定，但是，法条还在但书中规定了否定性条件，这些否定性条件包括：（一）被告所犯之罪不符合第449条所定得以简易判决处刑之案件者；（二）法院认定之犯罪事实显然与检察官据以求处罪刑之事实不符，或于审判中发现其他裁判上一罪之犯罪事实，足以认为检察官之求刑显不适当者；（三）法院于审理后，认应为无罪、免诉、不受理或管辖错误判决之谕知者；（四）检察官之请求显有不当或显失公平者。

“简式审判程序”并无协商一说，但处刑范围在3年以下有期徒刑的刑罚幅度以下。

依据台湾地区所谓“刑事诉讼法”第273条之1的规定：“除被告所犯为死刑、无期徒刑、最轻本刑为三年以上有期徒刑之罪或高等法院管辖第一审案件者外”，始有其适用，只有在最轻本刑三年以下有期徒刑的刑罚幅度以下，非高等法院管辖的一审案件以外，才可以适用简式审判程序。但是简式审判程序并无协商一说，其庭审过程经历了言词辩论环节，法官发挥了了解事实真相的职能，因此其作判决时，不受任何合意的限制，只需要依据自己的内心确信在非重罪的幅度下作出判决即可。

“协商程序”处刑范围不仅应该在协商合意范围内，还应该在法定量刑范围内。

在台湾地区所谓“刑事诉讼法”第455条之4的条款中予以规定：“除有前项所定情形之一者外，法院应不经言词辩论，于协商合意范围内为判决。法院为协商判决所科之刑，以宣告缓刑、二年以下有期徒刑、拘役或罚金为限。”其立法理由称：协商判决是法院依检察官之申请，基于检察官与被告所达成的协商合意而作出的判决，自毋庸践行言词辩论程序，又因协商判决审判程序之权利多所限制，故必须对其宣告之刑度，有一定值的限制，才能符合程序实质正当之要求。①

4. 审判组织形式

“简式审判程序”“简易判决处刑”的审判组织既可以采用独任制形式也可以采用合议庭形式。台湾地区所谓“刑事诉讼法”第284条之1规定：“除简式审判程序、简易判决处刑程序及第三百七十六条第一款、第二款所列之罪之案件外，第一审应行合议审判。”详解条文内容，可以看出，简式审判程序并不是强制采取独任制方式。条文只是规定除此之外的一审应采取合议制，但没有强调要求简式审判程序应采取独任制审判。因此可以推断出简式审判程序也可以采取合议制。

从审判流程的角度来看，简式审判程序是从通常审判程序改行而来的。在通常审判程序的准备阶段，所谓“刑事诉讼法”第279条规定：“行合议审判之案件，为准备审判起见，得以庭员一人为受命法官，于审判期日前，使行准备程序，以处理第二百七十三条第一项、第二百七十四条、第二百七十六条至第二百七十八条规定之事项。”这并不涉及简式审判程序启动的

① 黄朝义：《简易诉讼制度——协商程序》，载《月旦法学教室》2005年第35期。

第 271 条之 1 的第 1 项规定。因此结合两条来看，“庭院一人的受命法官”其实无权行使简式审判程序的是否适用。应由“法院”行使，不得由一人的受命法官为之。因此，在关涉是否适用简式审判程序的准备程序，其审判组成形式为合议制。但是，当合议庭决定适用简式审判程序后，采用独任制和合议制均不违反法条规定。

“协商程序”的审判组织并没有明文规定，目前还没有收集到学者相关论著提及该问题。

（三）台湾地区刑事案件快速处理程序中的被告人权利保护

1. 关于权利告知

“简易判决处刑程序”有必要时，法官会在处刑前讯问被告人。所谓“刑事诉讼法”第 449 条第 1 项但书规定：“有必要时”，法院应于处刑前询问被告人。对于该条的解释，其一，并不一定必须要讯问被告，由法院视情况而定；其二，在适用简易判决处刑程序时，法院应该全面地讯问被告，在处刑之前，让被告有最后陈述之机会，让其可以对自己的犯行辩解，且通过法官讯问环节了解案情和被告人真实想法，对法官把握量刑有积极的意义。且简易判决处刑程序并不经过法庭调查程序，被告也没有获得辩护人全面辩护的机会，对此有必要让法院讯问被告。而讯问的目的之一在于对被告程序处分权的保障，确认相关事实。例如，被告之自白可能出于非任意性，可能涉及威胁、引诱甚至暴力胁迫，被告在讯问时可主张该证据应加以排除，以保障该被告的权益，因此，必要时，法官可以在处刑前考虑讯问被告。

“简式审判程序”因为简化了审判期日中的调查证据程序，对被告人的诉讼基本权保障有所影响，所以事先必须让被告完全了解简式审判程序之内容，否则不免有侵害被告诉讼基本权之顾虑，台湾地区所谓“刑事诉讼法”第 273 条之 1 规定：“被告先就被诉事实为有罪之陈述时，审判长得告知被告简式审判程序之旨，并听取当事人、代理人、辩护人及辅佐人之意见后，裁定进行简式审判程序。”是以当被告为“有罪之陈述”后，审判长应告知“简式审判程序之旨”，听取当事人的意见，其中的当事人包括被告人。法院以确认被告是否完全了解简式审判程序之旨后，才能裁定适用简式审判程序。

“协商程序”因为不像法院实施审判程序一样进行法庭调查和交互诘问，程序是在检察官与被告在“审判外”进行的，被告也因此失去了原本可以主张的法定权利。相较于训练有素熟悉法律的检察官来说，被告通常处于弱势，最后协商的结果会拘束法院，就算是对判决不服，也基本上限制了上诉机会。[1] 因此法院适度告知充足的资讯以及可能的后果，就尤为重要。台湾地区所谓“刑事诉讼法”第455条之3规定：“法院应于接受前条之声请后十日内，讯问被告并告以所认罪名、法定刑及所丧失之权利。”

2. 被告人选择程序的权利

“简易判决处刑程序”中，被告人可以向检察官、法官自白以获得请求检察官提出简易判决处决程序申请的权利。

“刑事诉讼法”第451条规定了，“被告于侦查中自白者，得请求检察官为第一项之声请”，被告人在侦查中自白即获得请求检察官提出简易判决处刑程序的法定权利。第451条之1规定：“被告自白犯罪未为第一项之表示者，在审判中得向法院为之，检察官亦得依被告之表示向法院求刑或请求为缓刑之宣告。”被告人如果自白后，没有在侦查阶段提出愿意接受的科刑范围或愿意接受缓刑的，也可以在审判阶段提出，此时，检察官依然要尊重被告人的程序选择权利，向法院求刑或请求宣告缓刑。

“协商程序”中的被告人程序选择权利更宽泛。协商程序的启动也源于被告人和检察官的共同选择，可以说，如果被告人选择不同意，那么协商程序就不可能启动。被告人还可以在法院讯问程序终结前，随时撤销协商之合意。被告于法院讯问及告知相关权利之程序终结前，不附理由地以言辞或书状向法院撤销协商之合意，法院就不得继续进行协商程序，应该恢复一般审判程序（通常或简式审判程序或依简易判决处刑）。并且在协商破裂后，原来被告在协商过程中所为的陈述（包括对被告的不利之证据）不得再被当作被告的自白适用成为被告或共犯的不利证据，被告为了进行协商程序所作出的自白供述仅供达成协商所用。

3. 关于辩护权

“协商程序”是在法庭审判程序外，仅在检察官与被告之间进行的，面对熟悉法条和法律技术的检察官，被告显然处于弱势地位，容易被检察官牵引或受到隐形的威吓。此时唯有引入辩护人的帮助，才能力求在审判外的协商做到双方地位平等。台湾地区所谓“刑事诉讼法”强制辩护范围仅限于最轻本刑为3年以上有期徒刑或高等法院管辖第一审之案件，或被告有特定状况（如被告因智能障碍无法为完全之陈述或属低收入户等），并未涵盖协商程序的范围，因此在修法时特别规定了强制辩护权，“刑事诉讼法”第455条之5规定：“协商之案件，被告表示所愿受科之刑逾有期徒刑六月，且未受缓刑宣

① 杨云骅：《刑事诉讼法新增“协商程序”之探讨（上）》，载《月旦法学教室》2004年第20期。

告，其未选任辩护人者，法院应指定公设辩护人或律师为辩护人，协助进行协商。辩护人于协商程序，得就协商事项陈述事实上及法律上意见。但不得与被告明示之协商意见相反。”其立法理由是：“为使被告能有足够之能力或立于较平等之地位与检察官进行协商，实有加强被告辩护依赖权之必要。”同时需要注意的是：辩护律师在协商程序中的功能，仅仅是根据协商事项陈述事实上及法律上之意见。第 2 项后端尤其注明了“不得与被告明示之协商意见相反”。此法条的设计目的就是尊重被告之程序主体地位，同时也是担心无论是被告自己选任或是法院指定的辩护人不断鼓吹被告协商，以利结案，影响被告协商的自由意志。

其他刑事快速处理程序并没有特殊的强制辩护规定，因为主要涉及的是非重罪案件，所以排除强制辩护的适用，但是，在简式审判程序中，辩护人的意见也发挥着一定作用。被告先就被诉事实为有罪之陈述时，法官告知被告简式审判程序之旨后也要听取辩护人的意见，方能裁定是否进行简式审判程序。

4. 关于上诉权

“简易判决处刑”对于简易判决处刑有不服者，得上诉于管辖之第二审地方法院合议庭。但是，根据侦查中协商和审判中的协商而作出的简易判决，依照所谓“刑事诉讼法”不得提起上诉（“刑事诉讼法”第 455 条之 1 第 2 项）①。虽然，上诉权属于被告的权利，但除一些职权上诉案件外，被告人可以自动放弃上诉，经过协商而作出的判决法律规定不得上诉的原因在于：裁判是经过被告人同意并协商，且在检察官的求刑范围内作出的，被告人的同意被推定为包含了“放弃上诉权”的意思表示。但是，法条虽然作出此项规定，学界依然有很多争议。另外，对于适用简易判决处刑程序案件所为裁定有不服者，也可以抗告于管辖之第二审地方法院合议庭。

“简式审判程序”作为一审审判程序的子程序，受“刑事诉讼法”第 361 条第 1 项的限制：“不服地方法院之第一审判决而上诉者，应向管辖第二审之高等法院为之。”此外，现行的所谓“刑事诉讼法”并未对适用简式审判程序的地方法院一审判决之上诉有任何特别规定或限制，因而，其上诉与上诉程序和经过通常审判程序的一审判决并没区别。

---

① 第 455 条之 1 （对简易判决不服之上诉）：
“对于简易判决有不服者，得上诉于管辖之第二审地方法院合议庭。
依第四百五十一条之一之请求所为之科刑判决，不得上诉。
第一项之上诉，准用第三编第一章及第二章除第三百六十一条外之规定。
对于适用简易判决处刑程序案件所为裁定有不服者，得抗告于管辖之第二审地方法院合议庭。
前项之抗告，准用第四编之规定。”

“协商程序”是以“限制上诉”为原则，由于法院是根据双方合意的范围所作出的判决，既然达成协商，双方原则上均应该遵守协商合意的内容，不能恣意反悔，因此所谓“刑事诉讼法”第455条之10规定：“依本编所为之科刑判决，不得上诉。但有第四百五十五条之四第一项第一款、第二款、第四款、第六款、第七款所定情形之一，或协商判决违反同条第二项之规定者，不在此限。”从但书中可以看出，所谓“刑事诉讼法”同样兼顾了判决的正确性和当事人的诉讼权益，保证了被告的权利处分完全出于自由而公正的意思表示。上述法条的具体规定就是，“一、有前条第二项之撤销合意或撤回协商声请者。二、被告协商之意思非出于自由意志者……四、被告所犯之罪非第四百五十五条之二第一项所定的以声请协商判决者……六、被告有其他较重之裁判上一罪之犯罪事实者。七、法院认应谕知免刑或免诉、不受理者”。这些情况均可以提起上诉。

三、我国台湾地区刑事案件快速处理程序机制实践状况

（一）主要争论的问题和评价

1. “合宪性”与正当性问题

（1）“合宪性”解释。

其一，是否违背了法官保留原则。杨云骅教授和林钰雄教授从宪法保留的角度认为，协商程序以及其他对法官量刑进行限定的程序违背了法官保留原则；王皇玉教授从法院的职能出发认为，协商程序违背了法律保留原则；陈运财教授从诉讼法事后审查的角度认为，目前的程序设计并没有抵触法官保留原则。

国家刑罚权直接涉及人民的生命、人身自由，因此台湾地区以“宪法保留”的方式在第8条第1项中规定：“人民身体之自由应予保障，非经法院依法定程序，不得审问处罚，”根据台湾地区释字第384号解释文“其所称‘依法定程序’，是指凡限制人民身体自由之处置……国家机关所依据之程序，须以法律规定，其内容更须实质正当，并符合台湾地区宪制性规定第23条所定相关之条件”，很多判决说明也不断丰富了“法官保留原则”的内容。在最直接涉及人身自由的刑事诉讼程序里，无论就其规制及权限安排上，台湾地区宪制性规定只赋予法院以最终司法权威。杨云骅教授认为：按照台湾地区刑事案件快速处理程序的设计，简式判决处刑中的法院判决要以检察官据以求刑的范围为量刑范围。协商程序则走得更远，在审判外协商，法院实质上并未参与其中而实际上受其结果的拘束。协商程序中，对人民人身自由加以处罚的法院判决不再由台湾地区宪制性规定所明

确要求的“法院审问”后做成，而是由不具有法官身份及独立性保障的其他国家机关，在排除法官审问、参与，也排除人民监督的非公开程序里，与认罪之被告通过协议合致而达成的，杨云骅教授认为，台湾地区宪制性规定规定的法院权限不可不让渡。除弱化法院行使司法权应有之“唯一决定性”之外，最为严重的是犯罪事实的认定，在这一设计下极易虚有其表，且欠缺实质监督的可能，架空法官保留原则下的基本内涵，此一违宪情形也无法透过“法院的事后审查规定”，“被告同意”及“法院同意”等设计而加以正当化。陈运财教授认为，依据第 455 条之 4 第 1 项规定：法院如认为协商之合意显有不当或显失公平者等情形，自得拒绝为协商判决，可透过法院事后审查，以维护科刑的正义，不会产生协商结果拘束法院刑罚裁量权，未抵触法官保留原则。然而，杨云骅教授与林钰雄教授认为，法官除在审查范围的减缩以外，在审查密度上也大幅削弱了，其中以“协商之合意显有不当或显失公平”为代表，按照台湾地区一般以“文意解释”为主的情况，势将沦为最低审查密度的“离谱控制或恣意禁止”。且如果显有不当或显示公平的合意存在为协商判决的话，判决不得上诉①。判决只能被动审查。王皇玉教授认为：检察官起诉的门槛到法院定罪之间还有一定距离，法官应该通过调查证据以填补，但是协商程序中法官只能了解被告的协商是不是出于自愿，法官判决的作出并未经过证据调查认定事实的阶段，这不仅违反了法官保留原则，而且扩大了检察官权限，缩小了法官审判空间，侵害了宪制性规定所确定的司法权力分立结构。② 学者一系列的质疑使得本就薄弱的合宪化基础更是雪上加霜。

其二，黄朝义教授从司法正义与平等的角度看待刑事快速处理程序的“简易判决处刑”“简式审判程序”和“协商程序”，并且认为平等原则是简易诉讼制度合宪的基础之一。台湾宪制性规定第 8 条第 1 项规定，非由法院依“法定程序”，不得审问处罚。此之所谓“法定程序”包括自白任意性、证据裁判主义、一事不二罚、被告对质、诘问权、审检分离、公开审判原则及审级救济等（释三八四解释理由书）。因此，法院之审判符合宪制性规定正当法律程序与保障诉讼权的意旨。但是，若所有的案件皆以“法定程序”进行追诉审判，势必将造成诉讼拖延，反而不利于真实发现，将有违司法正义。并且不同刑事案件所涉及之法益侵害性质与程度不一，轻重、简易未必相同，

① 协商之合意显有不当或显失公平者，作为第 455 条之 4 中第 3 款是不得为协商判决之情形，但却不是第 455 条之 10 中不得上诉的但书内容，即不得上诉。

② 王皇玉：《认罪协商程序之法社会学考察：以台湾地区刑事司法改革为例》，《台湾地区大学法学论业》2008 年第 4 期。

此种“齐头式”的平等，不能符合宪制性规定第 7 条平等原则。平等原则运作之基本规则是等者等之，不等者不等之，必须依据“事物的本质”而作出合理的差别待遇。因此，在诉讼资源的分配上，可以根据案件性质不同而做不同的处理，此乃平等原则的要求，亦为刑事快速处理程序的“合宪性”基础之一。

其三，诉讼经济之考量。黄朝义教授认为，诉讼经济的理由不能成为快速处理程序的理由。因为，诉讼经济在与正当法律程序、被告人权利保护原则之间的价值衡量上，并不足够构成比例优势。基于诉讼经济之考量，简易程序的合理性与公平性要受到重视，不能因为诉讼经济，使得被告沦为另一被害对象。

黄教授认为：简易诉讼制度之目的虽然基于诉讼经济之要求，唯不能单以诉讼经济之目的作为“合宪性”的理由。因为，简易诉讼制度侵犯到宪制性规定、刑事诉讼相关规定原则之程度，如果与诉讼经济相比较，两者在价值衡量上显然前者的危害性要大于后者的有利性。以被告为例，基于宪制性规定正当法律程序以及诉讼权之保障，任何刑事案件之被告，均应享有接受法院公平审判、言词辩论、与证人对质与诘问之诉讼权利。而简易诉讼制度之多数立法例，显然剥夺刑事案件被告关于正当法律程序所保障之权益。因此制度之设计单以诉讼经济之目的为考量，并不足以成为合理化限制被告诸多宪制性规定所保障权利之理由。被告亦不能成为相关机关达成诉讼经济要求下的“工具”。

（2）制度正当性。

其一，影响正当性要素。陈运财教授认为影响协商制度正当性的要素在于：首先，协商程序受法律要件的适用、矫正被告的需要性等无关外在原因的影响；其次，协商程序会沦为检方和律师方勾结操纵，失去程序应有意义；再次，法院之量刑应以所有被告之平均刑罚为标准，协商程序造成量刑不均；最后，反对者质疑禁止协商程序是否真正会使刑事审判的负担显著增加。陈运财教授认为，上述问题可以通过当事人协商前的充分准备以及协商程序的透明化等措施改进。从而适用协商程序会获得更理性的结果，且在律师的帮助下，保障被告人的权利尊重其自我决定权，并无与正当性相抵触的部分。

王泽鉴教授认为协商程序正当性被质疑的要点在于：第一，协商“有罪”结果是否正确。反对者认为，在未调查全部证据与证人情况下，不能确定被告是否有罪。而被告害怕被科刑过重，为了躲避风险只好协商条件，而承认他未犯的罪。支持者则认为，即使经过严格的审判程序未必会带来公正结果，并用契约理论解释协商认罪制度。第二，科刑是否适切。法院应该依照犯罪时行为和情状而定，而不应该由被告选择何种程序而定。第三，协商程序是否涉及金钱买刑，以及协商程序后的同案不同判的司法不公。

郑逸哲教授则重新解读了“改良式当事人进行主义”。他认为许多人尝试以台湾地区司法机构标榜的所谓“改良式当事人进行主义”来推敲现行所谓“刑事诉讼法”的第一审审判程序进行构造，都是失败的。决定这几年修法走向的，其实是所谓的“疏减诉源”，而非任何学理或理念。

其二，“明案速判、疑案慎断”立法理由的理解。郑逸哲教授认为：其中的明，并不是一般意义理解的“明”，一般意义的“明”是指被告认罪、视为真实，因为其中的简易判决处刑程序和协商程序没有经历审判程序的证据调查和言词辩论程序，根据被告人认罪即作出判决。郑教授批评道：掌握台湾地区所谓“刑事诉讼法”的第一审审判程序如何进行，并不宜将“审判”作为思维的切入点，而应该从司法当权者的“能不审就不审，能省略就省略”的心态作为观察起点。王皇玉教授通过大量的访谈得出结论：真正具有协商意义的反而是检察官没有把握可以胜诉的案件，只有调查证据很繁复或麻烦的案件才有谈判空间。如果被告一开始就认罪，检察官可以启动简易处刑程序，如果检察官对被告定罪把握很大，那检察官会没有动力申请协商程序，而且协商程序的启动权在检察官手中。因此王皇玉教授认为，在立法上应该明确“明案”的标准。因为在现实生活中只有“疑案”才有适用认罪协商的余地。[①] 王兆鹏教授也持同样的看法。杨云骅教授认为“明案”与“疑案”的争论在实务中并不是没有办法解决，可以充分行使法院表达意见的权利，如果有与“明案速判、疑案慎断”的原则相冲突的情形，可以运用法官的裁量权利，在简式处刑审判中通过讯问当事人以“法院认定之犯罪事实”为裁判基础，在协商程序中以“不同意协商”为由驳回协商，将案件恢复到通常审判程序中。

杨云骅教授认为：立法将协商程序定位为以“明案”为前提的“审判中的协商”，吸收了学理上关于对侦查中协商的争议，首先，认为侦查中协商必然导致侦查阶段就要将所掌握的证据及其他资料送交法院，被告可以依据阅卷权看卷，而一旦协商破裂，重回侦查阶段，侦查机关将陷入被动。其次，如果侦查中就允许协商，可能导致检察官侦查的心态发生变化，不再积极调查真实、收集证据，而是尽可能与被告达成协商。在这样的操作下，一个科

① 王皇玉：《认罪协商程序之法社会学考察：以台湾地区刑事司法改革为例》，载《台湾地区大学法学论业》2008 年第 4 期。

以被告刑罚的国家，它的刑罚宣告就是有可能在“侦查阶段未详查”“审判阶段也未详查”的现实情况下认定完成的，如果允许起诉后才进行协商的话，让检察官至少在侦查阶段仍要积极地侦查、收集、确保起诉的案件是在通过法定“起诉门槛”的条件下进入法院的，法院才有可能实质性判断是否可以为协商判决。

其三，是否真正解决案件负荷与效率问题。林钰雄教授认为台湾地区法院刑事庭法官的最大负担在于开庭及写判决，而协商程序的判决与普通程序判决书内容相似，协商程序的设计对法院之负担未能提供有效的疏解作用，同意协商对法院没有诱因可言。杨云骅教授认为：台湾地区法院不重视量刑问题，如果不能就犯罪事实而仅能就量刑部分协商，则协商程序的目的在于“解决案件负荷”“允宜运用协商制度，使其快速终结，捭使法官有足够之时间及精神致力重大繁杂案件之审理”的立法初衷难以达成。黄朝义教授认为：台湾地区立法机构为了解决司法案件负荷量过重的问题，在所谓“刑事诉讼法”中制定了许多方法以纾解案源。但是他认为立法机构应该审慎思考，将部分不具有刑罚可罚性的行为“除罪化”，对比而来，入罪的速度并未减缓，是造成司法审判负担日益严重的原因之一。

其四，传统理论的升华。王泽鉴教授认为，协商程序是对传统理论上的升华，贯彻了改良式当事人进行主义和恢复性司法。杨云骅教授认为，当前的“认罪协商求刑”制度是一种新式刑事诉讼程序。旧式的刑事诉讼是在程序的发动与支配上，是以国家追诉原则、控诉原则、法定原则及法定法官为中心，辅以调查原则、听审原则、直接审理原则、言词辩论原则、自由心证原则、公开原则等审理及证据原则以实施刑事审判。这一传统想法在近代正遭受诸如便宜原则、诉讼经济、诉讼功能原则及正当法律程序等的影响而逐渐产生变化，最重要的是，当刑事诉讼不再是非得由法院按照职权居高临下的判断事实并决定法律效果，而是允许有许多弹性决定后，当事人协商的可能性或可行性也随之大幅升高。相较于旧式的刑事诉讼，可以称之为新式刑事诉讼程序。何赖杰教授认为：刑事协商程序的确立使得现有的所谓“刑事诉讼法”从“职权进行”到“当事人进行”，从“规范”到“实践”，从“原则”到“契约”，从“裁判规范”到“行为规范”之转变，皆与过去刑事诉讼有相当大的差异，值得进一步观察及探讨。

其五，报复性加重求刑问题。王皇玉教授从美国认罪协商实务的角度善意提醒，认罪协商制度常常导致对被告的报复性侦查，在侦查中，被告如果坚持不认罪，检察官有可能因此认为被告态度不佳而请求加重求刑。此外，在审判过程中，被告坚持不认罪的，最后审理的结果，如果不是幸运获判无罪，则会被加重刑责。黄朝义教授认为，如果协商程序会造成被告不当压力，或对实体正义产生怀疑，那么不论重罪、轻罪皆有相同的质疑。协商判决之所以禁止重罪，其理由应该在于重罪不适宜以简易判决处刑程序终结，且协商程序最容易引人质疑的是买卖正义，台湾地区是否容许杀人犯与检察官协商才是问题核心。王兆鹏教授也认为：双方地位不平等，被告人担心不接受后会遭受“重刑报复”。纵有协商之合议，也难以确认是否为真正的自由意志。

2. 对诉讼构造的冲击

林钰雄教授认为协商程序对诉讼构造构成了冲击，首先是被告主体地位之沦丧，公检律师均从中攫取自己的利益，失去了保护被告人的宗旨。其次是主要审判原则之动摇：①裁判未出于直接、言辞、公开的审理庭；②违背了听审参与原则；③违背了宪法保留中法官审问处罚的原则。最后是引发基本证据原则之质变：①违背无罪推定原则；②罪疑唯轻原则；③违背了严格证明法则；④违背了任意性法则与不自证己罪原则。同时还违背了法官中立、检察官客观与法定性义务、罪责相当、实体真实等原则。

（二）未来的可能走向

1. 宪制性规定的优位性

在台湾地区所谓“刑事诉讼法”修改的过程中，宪制性规定的优位性与规范作用会在所谓“刑事诉讼法”修、立法中逐渐显现其重要地位，并且是所有不同争议看法的共同底线。在诸多问题的论证中，不论是法官的裁判文书说理，还是学者的学理分析都将讨论核心严格限定在宪制性规定的框架内，在正当程序或法官保留原则方面，更是以宪制性规定条文为说理的母本和源泉，各种不同的争议也都是使刑事案件快速处理机制的价值和程序更靠近台湾宪制性规定的本源。未来台湾地区刑事快速处理程序的发展必然是在以宪制性规定为纲的前提下进行的。理论层面，将在合宪性和正当性上不断进行价值衡量。

2. 更加精致的浅流明案处理流程

作为减轻处理案件之负担的配套措施，简易判决处刑，简式审判程序以及协商程序已经初步构建了快速处理机制的框架，认罪协商求刑的作用正在慢慢发挥，一定程度上减轻了司法人员的负担，虽然仍有部分需要商榷的细节，但是整体的趋势还是在稳健中走向精致。例如，在 2011 年召开的台湾人民司法改革策进会中，委员们已确立未来刑事诉讼将依“重罪、疑案”及“轻罪、明案”分流处理，在讨论分流制“轻罪、明案”处理中，多数委员认为应该强化简式审判程序及求刑协商之改革。[①] 台湾司法机构刑事厅总结与会委员的各方意见，提出“分流制刑事诉讼改革方案”，保障人权，合理分配司法资源，依被告对案情有无争执而区分为“浅流明案的处理流程”与“深流疑案的处理流程”，建构精致而深化的新刑事诉讼制度架构蓝图。[②]

3. 提高协商程序的可操作性

目前的协商程序在施行过程中可谓成效不彰，协商程序有诸如协商程序适用类型限制较多、协商程序启动的要件要求严格、法官没有启动权而检察官缺乏实施的诱因等问题。实务中也涌现了很多适用问题亟待解决：是否可以就法定的协商范围以外的事项进行协商；上诉的救济有待完善；法官是否可以积极参与协商；审判外的协商应该作何理解，是在利用法院暂时休庭方式当场进行协商，还是必须要在法庭外的地方才可以进行协商。协商程序在一审中的适用比例也在逐年下滑，但是作为国际上适用广泛的疏解案件的配套措施，在现实的考虑下协商程序必然能够在司法实践中，通过不断的完善总结，营造出“减轻法官刑事案件审判的工作负担”“兼顾诉讼当事人的权益”“维护社会公平正义”[③] 的三赢局面。

四、我国台湾地区刑事案件快速处理程序的改革得失评价

（一）立法上的功能定位

设立刑事案件快速处理程序，就是将其作为配套措施，来减轻处理案件之负担。简式审判程序是在非重罪且被告对于起诉事实无争执的情况下，简

① 多数委员的意见为：（一）简式审判程序适用案件之范围可扩大至“所犯为死刑、无期徒刑或最轻本刑五年以上有期徒刑以外之罪”，但必须强化量刑辩论程序。（二）求刑协商制度适用时机，应提前至侦查阶段，适用范围应予放宽。另应持续强化量刑信息之提供，以增加协商诱因。（三）对于“轻罪、明案”之照护义务应予强化，被告作“有罪陈述”时，法院应予适当调查阐明。（四）上诉程序均宜强制辩护，另考虑修复式正义，宜赋予被害人适当之程序参与权限。（五）第二审上诉宜续采“复审制”之建构。至于不服简式审判或协商程序之判决，提起上诉时，是否应朝向以地方法院合议庭为终审管辖法院，如有重大违背法令情事，许可上诉于第三审之构想，则尚待进一步讨论。

② “浅流明案的处理流程”，被告对案情无争执，本明案速断的原理快办，依简易程序、简式审判程序、求刑协商程序的特别程序，由法官本于职权照料义务处理，此部分，现行所谓“刑事诉讼法”仅就轻微案件而为规定，相对重罪部分，有待修法扩充其适用范围。至于绝对重罪部分，被告对案情虽无争执，但因绝对重罪部分，牵涉细节较多，易生疑点，将拟制为疑案，依深流程序处理。

“深流疑案的处理流程”，被告对案情有争执，本疑案慎断的原理细审，彻底落实改良式当事人进行主义之精神，继续强化检察官的举证及确保被告受辩护人协助的依赖权，活络有效的交互诘问法庭活动，法官依职权调查证据的辅助化，进行量刑辩论程序，提升量刑的一致性及合理性，达成第一审为坚强事实审，第二审为事后审兼续审制，第三审为严格法律审的金字塔形诉讼制度。

③ 李婷：《我国台湾地区刑事协商程序研究》，中国政法大学 2010 年硕士学位论文。

化证据之调查。协商程序的制度设计侧重于“协商”二字，强调被告人的程序处分权，本着“明案速判、疑案慎断”原则，运用协商制度，使其快速终结。是否启动协商程序在于二者之间的合意，在于被告人和检察官就已有事实和未来所面临的诉讼程序上各自所做出的让步。

从法条中对程序的名词定位均可以看出立法对程序的不同定位。“通常审判程序”“简式审判程序”保留“审判”二字的同时，“简易判决处刑程序”和“协商程序”已然悄悄地将“审判”二字删除，因而其全然未经过审判中最重要的证据调查程序和言词辩论程序。有学者批评道：台湾地区所谓“刑事诉讼法”根本无意在全程行“通常审判程序”，而是侧重于，即使初行“通常审判程序”，最好中途“改行”其他程序，而企图将“通常审判程序”在实务中变成适用程序上的例外；本应为“审判期日”而准备的准备程序，在一定意义上，变成适用简式审判程序或简易判决处刑程序的改行程序，台湾地区现行所谓“刑事诉讼法”一审审判程序的特色，不是构成程序的简单叠加，而应概括为“非讼事件法化”才最精确。

在进行通常审判程序中，实现实质的审判内部流程简化，是台湾地区所谓“刑事诉讼法”的改革重点。但其中将证据调查程序和言词辩论程序省略，通过被告人自白来完成“证据能力”，无须法庭调查，则当然具有证据能力。一旦被告认罪，所谓“刑事诉讼法”即全然弃守“绝对真理发现主义”，转而采用“形式真实发现主义”，在不经审理或者经过删减式审理的情况下，以“视为真实”作为真实而作有罪判决，这种判决确实减轻法院负担，但是其副作用也为学者所诟病，实务中也有相当数量的检察官和法官出于保守的判断而不愿意适用。

（二）台湾地区刑事快速审理程序的特色

1. 刑事程序改革真正以“宪法”为纲

刑事案件快速处理程序在修法过程中始终在“刑事诉讼法作为应用宪法”这一精神的密切关联下进行，宪制性规定的优位性与规范作用是所有不同争议看法的共同底线。合宪性解释的对象是法律。在对刑事快速处理程序的争议中，不论是实务界还是理论界，他们质疑和反对的论断大多援引宪制性规定条文及其相关解释。例如，林钰雄教授就是以合宪性解释为杠杆和施力点展开核心论证，台湾地区宪制性规定指出，人们有诉讼之权，就刑事审判之被告而言，应使其在对审制度下，依当事人对等原则，享有充分之防御权，捍受公平审判之保障（释 396、482 参照）；台湾宪制性规定上，“不但为第 16 条之诉讼基本权所保障，且属第 8 条第 1 项规定非由法院依法定程序不得审问处罚、对人民身体自由之正当法律程序之一种权利（释 384 参照）”“刑事审判基于宪制性法律规定正当法律程序原则，对于犯罪事实之认定，采证据裁判及自由任意性等原则（释 384 参照）”“此等宪制性规定上权利之制度性保障，有助于公平审判（释 442、482、512 参照）及发现真实之实现，以达成刑事诉讼之目的”。林教授通过上述的宪制性规定和宪制性规定解释文的引用来作为“法官不得为协商”“侵犯法官保留原则”的论证依据，除上述例子以外，还有法官在解释条文时也会提到宪制性规定条文以解释所谓“刑事诉讼法”法条的运用。例如，在“大法官”释字第 384 号解释，第 582 号解释中，许玉秀“大法官”尝试以宪法之正当法律程序并结合证据裁判原则来逐渐统筹内在关系。

刑事快速处理程序只是在框架上有了初步轮廓，在各程序的衔接上并不清晰，协商程序的条文在若干重要问题上显得模糊不清，机关权限不明，在合宪性上确实有诸多需要讨论的地方，快速处理程序所涉规定皆有宪法位阶。另外，释宪机关的态度也可能是影响此一制度发展的关键。但是，在宪制性规定精神指导下，学界和实务界都能做到以法律的合宪性解释为施力点展开讨论，不论程序的发展进程快慢与否，都可以在合理限制公权力、保障人权的道路上不断前行。

2. 被告人程序权利保护相对完善

台湾地区刑事案件快速处理程序扩大了被告人处分权，又力求保障被告人正当而公正地行使处分权。在确立改良式当事人进行主义的同时，意味着强化了当事人处分权，尤其是刑事快速处理程序中，这一制度存在被告人意思决定诉讼程序形态的特点。① 在刑事诉讼制度中，被告并不是纯然的诉讼客体，而是在宪法价值的保护下，被告被赋予了许多程序上的选择权。被告作出有罪陈述的目的主要是为避免冗长的诉讼程序对其身心、名誉造成重要影响，同时也希望获得减刑的承诺，或拥有选择何种程序结束诉讼的权利。在如何保障被告人程序性处分权上，台湾地区所谓“刑事诉讼法”综合英美法的当事人主义和自身职权主义的特色，通过一系列措施，保障犯罪嫌疑人和被告人自由而公正地作出意思表示。

为了避免当事人因为无知或不知情而作出有罪供述，法条规定：在简易判决处刑程序中，有必要时，法官应于处刑前询问被告人；在简式审判程序中，被告人作出有罪陈述时，法官必须要告知被告简式审判程序的要旨和意义，问询被告人意见后方可适用简式审判程序；协商程序中得到被告人的同意是必要的条件，协商程序的启动必须要经过当事人双方的同意，其中即包

① ［日］田口守一：《刑事诉讼的目的》，张凌等译，中国政法大学出版社 2011 年版，第 221 页。

括被告的意见。如果不能取得被告的同意，则无法完成审判外的协商事项。被告人与检察官协商的结果最终会影响法院的判决，且被告可以在法院讯问程序终结前，随时不附理由地以言辞或书状向法院撤销协商之合意，要求法院恢复通常或简式审判程序或依简易判决处刑，这是被告人拥有的程序性处分权最大限度的体现。

为了避免当事人在程序中因实质的不平等而导致选择不自由，刑事快速处理机制还设置了听取律师意见和指定辩护人等。律师在诉讼中至少有三个好处：一是律师具有专业知识，可以弥补当事人知识的不足，避免在对抗制下错误的发生。尤其是在刑事快速处理程序中，一旦被告人作出有罪陈述，启动某一快速处理程度，法律相应地认为被告人即放弃部分权利。日本学界通说观点认为“被告人同意”即“放弃反询问权”。① 因此，律师可以向被告人提供专业知识的解答，与被告分析有罪供述后会产生何种法律后果就变得尤为重要。二是律师可以减少直接成本，律师关于当事人胜诉可能性的权威意见会鼓励当事人和解，从而减少直接成本。三是律师的代理可以带来某些程序利益，如使当事人更能富有成效地参与审判过程，有助于实现公正，使当事人更好地理解案件等。② 因此，协商程序中设置了指定公设辩护人制度，这是强制辩护制度的延伸。立法上为了使被告能有足够之能力或较平等之地位与检察官进行协商，规定：“被告表示所愿受科之刑逾有期徒刑六月，且未受缓刑宣告，其未选任辩护人者，法院应指定公设辩护人或律师为辩护人，协助进行协商。”在简式审判程序中，被告先就被诉事实为有罪之陈述时，法官告知被告简式审判程序之旨时也要听取辩护人的意见后，裁定是否进行简式审判程序。

3. 通常程序较完备，使得快速审理程序简略得当

以当前的台湾地区所谓“刑事诉讼法”转型为由当事人主导法庭的审判，强调了当事人的自由处分权，大大弱化了法官的主动性，在采用交互诘问、合议制、集中审理等审判方式时，构建普通第一审程序为坚强事实审。在2003年修法时增订庭前准备程序，保障案件集中审理，因此，对于被告人自白的案件，可以在庭前准备程序中就决定是否适用简式审判程序。增订了交互诘问规则的许多技术性规定，对于诘问的主体、对象、顺序、主讯问与反讯问的不同要求等问题作出了细致的规定，与法庭调查共同构成了审判期日，用于保证证言的真实性，从而发现真相。

---

① ［日］田口守一：《刑事诉讼的目的》，张凌等译，中国政法大学出版社 2011 年版，第 221 页。

② 宋应辉：《刑事诉讼原理》，法律出版社 2012 年版，第 113 页。

法庭调查与交互诘问的功能分开，使得刑事快速处理程序可以依据不同程序的立法要求，具体省略某一或某一类法条，避免因为通常程序一审事实审的设计不完备，而导致快速审理程序要么不省，要么全省的局面，审判期日的简略更有层次感，也使得快审程序机制内部对于明晰程度不同的事实认定问题有不同的程序以应对。

简式审判程序是第一层面的简略，目前简式审判程序在法条中只是通常审判程序中的一个子程序，仍然以审判为内核，只简化了“证据调查程序”，而未简化“言词辩论程序”。言词辩论程序无别于通常审判程序，仍需要通过交互诘问使当事人直接问答来确保证言的真实性。简易判决或协商程序判决则是第二层面的简略，第二层面的简略既没有“证据调查程序”也没有“言词辩论环节”，即没有“审判期日”，是一种不审即判的判决。相应地，也就应该有所限制，简易判决应在检察官求刑或缓刑宣告请求之范围内而为判决，协商程序必须依据协商结果而为判决。

4. 证据规则完整便于快速处理程序灵活运用

2003 年的台湾地区所谓“刑事诉讼法”再修改，主要向英美法系的证据规则进行吸收和借鉴，以无罪推定原则、罪疑唯轻原则、不自证己罪原则、严格证明法则为证据制度的核心原则，又以证据裁判原则为指导制定了较系统的证据规则，完善了证据的法定调查方法、法定调查程序、证据排除规则、自白规则和传闻证据规则等一系列证据规则。

传闻规则主要是保障被告方的反讯问权。台湾地区所谓“刑事诉讼法”明确规定，“被告之外之人于审判外之言词或书面陈述，除法律有规定外，不得作为证据”，同时增订了不适用传闻规则的审查起诉，简易程序，简式审判程序等。从前述法条可以看出，简式审判程序、简易程序只是不适用传闻规则，按照法律规定，侦查部门、检察部门在侦查或起诉时仍然受证据的法定调查方法和调查程序等其他证据规则的限制。同时，快速处理程序的启动大部分需要被告人先作出有罪陈述，如果是因为检察官使用欺诈、威胁、“疲劳讯问”等不正当讯问方式而作出的，那么这样的非法证据依然适用排除规则。因此，虽然被告人的同意意味着“放弃反询问权”，但在证据层面，也仅仅是“放弃反询问权”（不能为了争辩供述的证明力而请求传唤证人①）。这并不意味着所有的证据规则都当然失效。

台湾地区刑事证据原则环环相扣，相互交叠，证据规则较为完备，可以依据不同的改革要求，灵活增补或是排除适用某一证据规则，既能保证其他

① ［日］田口守一：《刑事诉讼的目的》，张凌等译，中国政法大学出版社 2011 年版，第 222 页。

的证据规则依然发挥保证程序公正和当事人人权的功能，又能通过部分的不适用满足其他诉讼利益。证据规则较为完备是刑事快速程序背后强有力的技术支持，使得其能在诉讼价值权衡中不至于受到过多诟病。

5. 改革中司法民间力量发挥的沟通作用

在台湾地区刑事案件快速处理程序机制发展的过程中，司法民间力量不可忽视。不论是在立法意见的提供上，还是司法效能的评估上，由学者、前法务人员、律师、媒体人，各代表财团法人所组成的民间力量始终发挥着不可取代的作用。在正式的修法、立法场合，司法民间力量通过合法正当的方式提交议案，发表诉求；在非正式的研讨会场合，不同职业的法律人通过交流、批判、论战的方式不断地打磨着快速审判程序机制的每一个争议点，力求在讨论中达成共识，追求法律本身符合逻辑自洽，避免制度在实务中走弯路。司法民间力量既是向决策者献计献策的“智库”，也是对改革方案展开严厉评议的监督者。司法民间力量所能发挥的沟通作用对刑事案件快速处理机制起着鞭策和推动的作用。

台湾地区司法机构为推动台湾人民司法改革，邀集各界代表组成“台湾人民司法改革策进会”，作为台湾地区司法机构政策咨询平台，小组成员包括：台湾地区司法机构现任领导，前台湾司法行政事务主管部门官员，检察机关负责人，法官协会理事长，律师公会全联会理事长，高校教授财团法人，新闻媒体负责人。其主要功能在于听取由其下所设幕僚小组，汇集机构内各工作小组及院外专家组成的委员会所提之改革方案及各界建言，经由讨论后提出推动改革之具体建议。策进会自 2011 年 1 月 24 日召开第一次会议起，于 2011 年 12 月 29 日结束，历经 13 次会议，提出“分流制刑事诉讼改革方案”，合理分配司法资源，依被告对案情有无争执而区分为“浅流明案的处理流程”与“深流疑案的处理流程”，建构精致而深化的新刑事诉讼制度架构蓝图。

台湾地区司法机构作为政策咨询平台，还促进了行业交流和学术发展。通过年度会议，一方面，交换意见，充分地了解到实务中真问题的所在，在会议上形成共识；另一方面，会议本身组织条理清晰，每次会议的问题都是上一个问题的再深入，逐渐走向细部讨论，可以看到刑事诉讼制度稳步推进的脉络，既有利于避免冗会和重复议题带来的资源浪费，也有利于法律职业共同体的信息共享。[①]

台湾地区司法机构刑事诉讼改革评估委员会的任务告一段落后，又在2012年1月另行组成所谓“刑事诉讼法研究修正委员会”，针对刑事诉讼改革评估委员会的总结报告及“修法”基本原则，启动又一波的刑事诉讼改革的研修，以强化正当程序，发现事实，保障人权。

6. 台湾地区刑事案件快速审理程序的局限性

其一，制度设计的简易梯度不明确。首先，简式审判程序与协商程序的案件适用范围有所重叠，就诉讼经济的观点而言，与简式审判程序及简易判决程序相较，协商程序既要通过检察官与被告人在审判外协商，又要具有法院审查协商的合法性及任意性等，对法院而言并非负荷的减轻，反而可能迟延诉讼的进行，多数法官更愿意适用简式审判程序甚于协商程序，协商程序在快速审理程序的定位并不明确。其次，简易判决处刑程序虽然在法条中已经规定了“侦查中的协商”与“审判中的协商”，但协商程序仅限于“审判中的协商”，并没有拓展侦查中协商的内容，实务中恰恰是侦查中的协商在侦检部门中运用最频繁。刑事案件快速处理的制度设计还需要更多的实证基础，才能使得整个程序走出目前的困境。

其二，被告人权利保护仍有改进空间。被告人虽然有多种程序选择权，在理论上或许可以找到运行合理的依据，但是在实务运作上，并不具有太大

① 第一次会议首先总括了刑事诉讼改革的问题、明确了检视领域。第二次会议进行实证讨论，了解刑事司法改革之在地化问题，从实务立场了解改革实效。第三次会议则根据上次研讨的会议，拟研究如何解决实务中通常程序中案件量过多的问题，讨论“双轨混合制的可行性”。第四次会议上，与会人员对分流制达成了高度共识，并讨论这一共识的可行性方案。为了细化分流制的设计，策划会在第五次会议邀请了域外专家做专题介绍。第六次会议在进一步讨论分流的改革的同时，注意到分流中辩护制度的重要作用，讨论分流中辩论资源的分配。第七次会议则以“重罪、疑案”和“轻罪明罪”中辩护资源的分配和整合为主题。第八次会议通过强化检察官的举证责任，限缩法院职权调查的证据范围，期能使当事人主导审判期日的证据调查，进一步实现当事人进行主义。第九次会议则在第八次会议的基础上，强化交互诘问及严谨证据法制。第十次会议延续前次已讨论如何建构第一审为坚实事实审，将会议的主题集中在上诉审诉讼制度的改造的议题上，并认为结合分流制，其中就重罪、疑案部分，决定应强化当事人进行主义的精神，采改良式卷证不并送制，强调当事人主导证据的调查，落实检察官的实质举证责任，深化被告辩护依赖权的保障，应可达成建构第一审为坚强事实审的理想目标，则上诉审构造基于经济及效能之考虑，朝第二审行事后审查制兼采续审制，第三审行严格法律审兼采许可上诉制之方向改造，具有可行之处。第十一次会议，赓续前次已讨论上诉审改革，以“明案之处理程序——缓起诉处分、简易程序之改革”为题。第十二次会议探讨分流制下轻罪、明案之处理程序——简式审判程序、求刑协商程序之改革。委员会前已确立未来刑事诉讼将依重罪、疑案及轻罪、明案分流处理，并陆续就分流制下重罪、疑案及轻罪、明案之各项要件、程序及机制进行讨论。十二次会议主要讨论分流制轻罪、明案处理中，如何强化简式审判程序及求刑协商之改革。第十三次会议提出分流制刑事诉讼改革方案，保障人权，合理分配司法资源，依被告对案情有无争执而区分为浅流明案的处理流程与深流疑案的处理流程。

的实质意义。首先，可以看出被告以“申请”居多，其程序选择的最终决定权并不在被告，如简易判决处刑中的被告人申请，还需要由检察官依其表示向法院为之，如果检察官执意不为，是否还需要通过上诉或是司法审查的方式才能保证被告人的这一程序选择的权利；其次，被告在案件中作出不同程序的选择，如撤回协商程序的合意，再恢复到通常程序或简式裁判程序后，如果还是同一批检察官和法官会不会因为之前所耗费的精力和流程，而对被告重判。即使被告在协商中的陈述不得用于本案或其他案件而被采用为被告或共犯之不利之证据，但是这些不利陈述已经为法官和检察官所知，将默默地影响法官和检察官的自由心证。

参考文献

［1］彭勃著：《日本刑事诉讼法通论》，中国政法大学出版社 2002 年版。

［2］汪振林著：《日本刑事诉讼模式变迁研究》，四川大学出版社 2011 年版。

［3］［日］松尾浩也著：《日本刑事诉讼法（新版）》（下卷），张凌译，中国人民大学出版社 2005 年版。

［4］［日］田口守一著：《日本刑事诉讼法》，刘迪等译，法律出版社 2000 年版。

［5］高智华：《日本司法制度的历史、现状和特点》，载《法制现代化研究》（第 12 卷），第 222-251 页。

［6］顾永忠、薛峰、张朝霞：《日本近期刑事诉讼法的修改与刑事司法制度的改革——中国政法大学刑事法律中心赴日考察报告》，载《比较法研究》2005 年第 2 期。

［7］宋英辉、刘兰秋：《日本 1999 至 2005 年刑事诉讼改革介评》，载《比较法研究》2007 年第 4 期。

［8］张朝霞：《日本刑事司法制度改革研究》，载《人民检察》2005 年 6 月（上）。

［9］［法］西尔维·西玛蒙蒂：《法国审前程序改革》，施鹏鹏译，收录于崔敏：《刑事诉讼法与证据运用（第三卷）》，中国人民公安大学出版社 2007 年版。

［10］［日］田宫裕：《刑事程序的简易化》，收录于［日］西原春夫：《日本刑事法的形成与特色　日本法学家论日本刑事法》，李海东等译，中国法律出版社；日本国成文堂出版社 1997 年版。

［11］［日］黑川亨子：《差别起诉和刑罚免除——从同样立场者的例证看轻犯罪法第二条的适用》，载《大阪市立大学法学杂志》2012 年。

[12] [日] 田口守一:《有罪答辩事实的基础再论》,载《早稻田法学》(第78卷)。

[13] 平成20年(あ)第1575号判决。

[14] 最高裁昭和23.7.29决定。

[15] 平成23年(さ)第1号判决。

[16] 平成24年(さ)第1号判决。

[17] L'AJ pénal, dans son numéro 11/2013, a consacré un dossier aux relations entre la police et le parquet. Il est constitué, outre la présente contribution, des articles suivants : Un projet de recherche pluridisciplinaire ambitieux ancré dans le quotidien des juridictions par Jean Danet, p. 572;

La mise en place de la diversification du traitement des délits à travers la législation par Philippe Pouget, p. 573;

Les sanctions pénales : de nouvelles donn (é) es par Claire Saas, p. 581;

Les contraintes budgétaires de la justice pénale par Antoinette Hastings-Marchadier et Cécile Vigour, p. 584;

La remise en jeu des places et des identités des magistrats par Reynald Brizais, p. 587.

[18] C. Beccaria, Des délits et des peines, Garnier Flammarion, p. 108.

[19] N. Herpin, L'application de la loi, coll. Sociologie, Seuil, 1977, p. 19.

[20] V. sur cette datation, B. Bastard, Ch. Mouhanna, Une justice dans l'urgence, Le traitement en temps réel des affaires pénales, coll. Droit et justice, PUF, 2007.

[21] L. Davenas, Le traitement de l'urgence, exception ou principe ? (En procédure pénale), in L. Cadiet, L. Richer (dir.), Réforme de la justice, réforme de l'État, coll. Droit et justice, PUF, 2003, p. 173.

[22] *Juger vite, juger mieux, Les procédure rapides de traitement des affaires pénales, état des lieux*, F. Zocchetto, rapporteur, Les rapports du Sénat, n° 17, 20052006 ; *Célérité et qualité de la justice, la gestion du temps dans le procès pénal*, rapport au garde des Sceaux, ministre de la Justice, J. C. Magendie, 217 pages, www. justice. gouv. fr/art_ pix/1_ rapport_ magendie_ ; *L'ambition raisonnée d'une justice apaisée*, commission sur la répartition des contentieux présidée par Serge Guinchard, Rapport au garde des Sceaux, La documentation française, 2008.

[23] Que le traitement en temps réel ait lieu par téléphone ou sur directives permanentes, il aboutit à un traitement dans un délai inférieur à 9 mois dans 80 à

90 %. En revanche, un traitement par courrier s´effectue dans 63 % des cas à plus de 9 mois. L´effet d´accélération du TTR est ainsi objectivé une fois de plus.

[24] Au sens d´organiser le passage progressif et ascendant d´un état à un autre.

[25] V. la notion de *délai raisonnable*.

附录　域外刑事案件快速处理程序法规条文选编[①]

欧　　洲

一、保加利亚

《保加利亚刑事诉讼法典》
第五编　特殊规则
第二十四章　快速审理程序

第356条　适用快速审理的案件条件

1. 若存在下列情况，应适用快速审理程序：

（1）实施犯罪后已被拘留或立即被拘留的；

（2）在身体或衣服上发现明显犯罪痕迹的；

（3）向内务大臣相应主体，侦查机构或检察官自首并坦白实施的犯罪的；

（4）有证人指认其实施犯罪的。

2. 侦查机构应立即通知检察官。

3. 拟定首次侦查行动文书时，应视为启动快速审理程序。

4. 有合理理由怀疑实施犯罪的人，在拟定对他/她的首次侦查行动文书时应被视为被告人。

5. 侦查机构自第1款规定的任一理由成立时起7日内完成案件侦查，且一旦提交侦查报告，不应传唤被告人。

---

① 附录部分的法规条文的选编主要参照：孙谦、卞建林、陈卫东主编：《世界各国刑事诉讼法》，中国检察出版社2016年版。

第357条　检察官的行为

1. 监督检察官应在侦查结束后3日内作出裁定，并应：

（1）根据第24条第1款的理由终止刑事诉讼程序；

（2）根据第25条和第26条的规定中止刑事诉讼程序；

（3）通过起诉书提起公诉，并在法院将案件列入审理议程；

（4）将案件列入免予刑事责任并判处行政处罚的裁决议程，或将案件列入通过协议解决案件的提议议程；

（5）决定补充侦查以收集新证据，或排除存在的重大程序性违法行为，并应确定不长于7日的期限。

2. 案件事实或法律复杂的，监督检察官应裁决根据公诉程序实施侦查。

3. 对于第1款第5项规定的案件，监督检察官可以自行在最短期限内实施补充侦查行为，该期限不超过7日。

第358条　报告法官的行为

1. 对于第357条第1款第3项规定的案件，报告法官应：

（1）根据第250条规定的案件和程序终止刑事诉讼程序；

（2）根据第251条规定的案件和程序中止刑事诉讼程序；

（3）若存在重大违反程序性权利的行为，应终止法庭程序并将案件发回监督检察官；

（4）自收到案件之日起7日内安排案件审理日期。

2.（2008年第109号《国家公报》修正）第1款第4项规定的案件，报告法官应命令监督检察官立即向被告人送达起诉书副本并传唤被告人、证人和专家出庭。此种案件中，监督检察官可以利用内政部或司法部有关主体的协助。

3. 自收到起诉书副本之日起3日内，被告人应有权答辩，陈述他/她的异议并提出新请求。

第359条　在一审法院审理案件

1. 有第359条第1款第1–3项规定的理由的，法院应审理案件并作出判决和判决理由，若案件事实和法律复杂的，判决理由也可以在判决宣告后拟定，但不迟于判决宣告后7日。

2. 本条规定的程序不适用于民事诉讼法。

3. 在本条规定的案件中，私人检察官不应出席。

第360条　提交上诉或抗诉的期限

第359条第1款规定的案件，上诉和抗诉应在判决宣告后7日内提交。判决原因迟延拟定的，上诉和抗诉应在判决宣告后15日内提交。

第 361 条　总则的适用

本章的程序没有设立专门规则的，适用总则的规定。

二、德国

《德国刑事诉讼法》

第六编　特别程序

第一章　处罚令程序

第 407 条　（准许性）

1. 由刑事法官、参审法庭审理管辖的轻罪，依检察院书面申请，可以不经法庭审理以书面处罚令确定行为的法律后果。根据侦查结果认为无法庭审理必要的，检察院提起处罚令申请。申请应当针对特定的法律后果。公诉经由处罚令申请的提出而提起。

2. 签发处罚令的，只允许对行为单处或者并处以下的法律后果：

（1）罚金、保留处刑的警告、禁止驾驶、收缴、没收、销毁、废弃、宣告有罪判决及对法人或者非法人团体的罚款；

（2）不超过 2 年的剥夺驾驶许可；

（2a）为期 1–3 年不得持有、照管以及经营或者其他职业范围内接触任何种类或某一特定种类的动物；

（3）免于刑罚。

被诉人有辩护人的，还包括可以通过缓刑方式执行的不超过 1 年的自由刑。

3. 法院无须事先听取被诉人的意见（第 33 条第 3 款）

第 408 条　（法官的裁决可能性）

1. 参审法庭审判长认为刑事法官有管辖权的，通过检察院将案件移送刑事法官；移送案卷的裁定对刑事法官有约束力，检察院可以提起立即（程序问题的）上诉。刑事法官认为参审法庭有管辖权的，通过检察院将案件移送参审法庭的审判长作裁决。

2. 认为被诉人没有足够嫌疑的，法官应当拒绝签发处罚令。拒绝签发处罚令的裁决，等同于拒绝启动审判程序的裁定（第 204 条、第 210 条第 2 款、第 211 条）。

3. 对签发处罚令不存在疑虑的，法官应当同意检察院的申请。如果对不经法庭审理就作裁决有疑虑的，或者欲偏离处罚令申请中的法律评断，或者要判处与所申请的不相同的法律后果，但检察院又坚持其申请的，则法官确定法庭审理的日期。传唤时，应当向被告人送达除去法律后果部分的处罚令申请的副本。

第 408a 条　（开始审判程序后申请处罚令）

1. 审判程序业已开始的，如果第 407 条第 1 款第 1 句、第 2 句的前提条件成立，并且如果由于被告人不到庭、缺席或者由于其他重要原因使得法庭审理难以进行的，在刑事法官、参审法庭审理的程序中检察院可以提出处罚令申请。法庭审理中，检察院可以口头提出申请；处罚令申请的主要内容要记入庭审笔录。第 407 条第 1 款第 4 句、第 408 条的规定不予适用。

2. 第 408 条第 3 款第 1 句规定的前提条件成立的，法官应当同意处罚令申请。在其他情形下，法官应当以不可异议的裁定拒绝申请，并继续进行审判程序。

第 408b 条　（由法官指定辩护人）

如果法官考虑同意检察院的处罚令申请，判处第 407 条第 2 款第 2 句规定的法律处分的，则对尚无辩护人的被诉人指定辩护人。第 141 条第 3 款的规定相应地予以适用。

第 409 条　（处罚令内容）

1. 处罚令应当包括：

（1）被告人及可能的其他涉及人员的个人信息；

（2）辩护人姓名；

（3）被告人被指控的行为名称、实施行为的时间及地点以及犯罪行为的法定特征；

（4）适用的法律规定，按照条、款、项、字母顺序并注明法律名称；

（5）证据；

（6）确定的法律后果；

（7）告知提出异议的可能性、对此规定的期限与形式，并提示如果未依照第 410 条的规定对处罚令提起异议的，处罚令将发生法律效力并且可被执行。

对被告人判处自由刑、保留处刑的警告或者禁止驾驶的，要同时依照第 268a 条第 3 款或者第 268c 条第 1 句的规定进行告知。第 111i 条以及第 267 条第 6 款第 2 句的规定相应地予以适用。

2. 对被告人的法定代理人也要通知签发的处罚令。

第 411 条　（因不准许而驳回；法庭审理日期）

1. 逾期提起异议或者由于其他原因不准许的，可以不经法庭审理而裁定予以驳回；对裁定不服的，准许立即（程序问题的）上诉。其他情形下，确定法庭审理日期。被告人仅就日罚金的数量提起异议的，法院可以在被告人及其辩护人和检察院的一致同意下，不经法庭审理而以裁定的方式作出裁决；不得对被告人确定较处罚令更为不利的处罚；就该裁定可以提起立即（程序问题的）上诉。

2. 被告人可以让持有书面全权委托的辩护人代理出席法庭审理。第420条的规定应当予以适用。

3. 对起诉和异议，可以在第一审判决宣告前予以撤回。第303条的规定相应地予以适用。处罚令如果是在第408a条规定的程序中签发的，对起诉不可以撤回。

4. 提起异议的，法院在判决时不受处罚令中的决定所约束。

第412条 （被告人缺席）

法庭审理开始时，被告人既未出席也未让辩护人代理出席，且缺席是无正当理由的，则第329条第1款、第3款和第4款的规定相应地予以适用。由法定代理人提起异议的，也应当相应地适用第330条的规定。

第二章 保安处分程序

第413条 （申请的前提条件）

因行为人无刑事责任能力或者无接受审理能力，检察院不对行为人提起刑事诉讼程序的，如法律对此准许，且根据侦查的结果预计将判处矫正及保安处分的，可以申请独立科处矫正及保安处分措施（保安处分程序）。

第414条 （程序）

1. 除另有规定外，对保安处分程序参照适用刑事诉讼程序的规定。

2. 申请等同于公诉。申请书代替起诉书，必须符合起诉书的规定。检察院应当在申请书中写明申请矫正及保安处分。法院在判决中没有命令矫正及保安处分措施的，应当视为对申请予以拒绝。

3. 在侦查程序中应当给予鉴定人机会，对在法庭审理中要做的鉴定进行准备。

第415条 （犯罪嫌疑人缺席审判）

1. 在保安程序中，由于犯罪嫌疑人的状况不能出庭或者公共安全或者秩序方面的原因不适宜出庭的，法院可以对犯罪嫌疑人进行缺席审理。

2. 在此情况下，在法庭审理前应当由受命法官对犯罪嫌疑人予以讯问，讯问时应当有一名鉴定人在场。应当通知检察院、犯罪嫌疑人、辩护人和法定代理人讯问期日。讯问时，检察官、辩护人和法定代理人无须在场。

3. 在保安程序中，如果犯罪嫌疑人的状况所需，或者否则就不可能顺利进行庭审的，法院在对犯罪嫌疑人就案件进行讯问之后可以在犯罪嫌疑人不到庭或者只是部分时间到庭的情形下进行法庭审理。

4. 凡法庭审理是在犯罪嫌疑人缺席情形下进行的，可以宣读记载于法官笔录的犯罪嫌疑人的先前陈述。依照第 2 款第 1 句进行的讯问所记载的笔录应当宣读。

5. 法庭审理中应当就犯罪嫌疑人的状况向鉴定人进行询问。鉴定人如果还未对犯罪嫌疑人作过检查的，在法庭审理前要给予其作检查的机会。

第 416 条　（过渡到刑事诉讼程序）

1. 保安处分程序中，如果表明犯罪嫌疑人在启动审判程序后发现有刑事责任能力，且该法院对刑事诉讼程序无管辖权的，则法院以裁定宣布自己无管辖权，并将案件移送有管辖权的法院。第 270 条第 2 款和第 3 款的规定相应地予以适用。

2. 保安处分程序中，如果表明犯罪嫌疑人在启动审判程序后发现有刑事责任能力，且该法院对刑事诉讼程序有管辖权的，则向犯罪嫌疑人告知法律情况的变更，并给予他辩护的机会。犯罪嫌疑人表示未能做足够的辩护准备的，依他的申请可以中止法庭审理。如果依据第 415 条进行过犯罪嫌疑人缺席的审理的，要重新进行无犯罪嫌疑人在场时进行的那部分审理。

3. 保安处分程序中，如果表明犯罪嫌疑人在启动审判程序后发现有接受审理能力，而保安程序是因为其无接受审理能力才进行的，第 1 款和第 2 款的规定相应地予以适用。

第二章之一　快速审理程序

第 417 条　（申请的前提条件）

由刑事法官、参审法庭审理的程序，如果案情简单或证据清楚适宜立即审理案件的，检察院可以书面或者口头申请快速审理程序进行裁决。

第 418 条　（法庭审理的进程；传唤；起诉书）

1. 检察院提出申请的，可以不经是否启动审判程序的裁决而立即或者在较短期限内开始法庭审理。自法院收到申请至启动法庭审理相隔最多不能超过 6 周。

2. 只有在犯罪嫌疑人不自愿到庭或者未将其拘传到庭的，才应当对其传唤。传唤时一并告知其被指控内容。传唤期限为 24 小时。

3. 检察院无须提交起诉书。未提交起诉书的，在法庭审理开始时口头起诉并将起诉的主要内容记入庭审笔录。第 408a 条的规定相应地予以适用。

4. 预计判处自由刑至少 6 个月的，对尚无辩护人的犯罪嫌疑人，就初级法院快速审理程序对其指定辩护人。

第 419 条 （法院裁决；量刑幅度）

1. 如果案件适宜由快速审理程序审理的，则刑事法官、参审法庭应当批准该申请。在快速审理程序中，不允许判处超过 1 年的自由刑或者科处矫正及保安处分。准许剥夺驾驶许可。

2. 在法庭审理中，也可以在判决宣告前予以拒绝快速审理程序。就该裁定不得提起异议。

3. 快速审理程序的申请被拒绝的，如果被诉人有足够的犯罪行为嫌疑的（第 203 条），法院裁定启动审判程序；不启动审判程序且快速审理程序的申请被拒绝的，可以免予提交新的起诉书。

第 420 条 （证据调查）

1. 对证人、鉴定人或者共同犯罪嫌疑人的讯（询）问，允许宣读以前的讯（询）问笔录以及宣读含有出自他们的书面声明的文件进行代替。

2. 第 256 条规定的前提条件不成立的，也允许宣读公共机构和其他机关出具的职务性的观察、调查和发现声明，以及它们的工作人员出具该类观察、调查和发现声明。

3. 被告人、辩护人和检察院出席法庭审理的，依照第 1 款和第 2 款进行的程序，须经被告人、辩护人和检察院的同意。

4. 由刑事法官审理的程序，由刑事法官确定证据调查的范围，第 244 条第 2 款的适用不受到影响。

三、俄罗斯

《俄罗斯联邦刑事诉讼法典》

第三卷　法庭诉讼程序

第十编　法庭审理的特别诉讼程序

(第 314 条至第 317-9 条)

第四十章　刑事被告人同意对其提出的指控时通过法院判决的特别诉讼程序

(第 314 条至第 317 条)

第 314 条　法院判决通过时适用的特别程序

1. 在公诉人或者刑事自诉人、刑事被害人同意的情况下，刑事被告人有权就涉及与《俄罗斯联邦刑事法典》规定刑罚不超过 10 年剥夺自由刑的犯罪有关的刑事案件提出声明，承认对其所提控诉并递交有关不进行法庭审理作出刑事案判决的申请。

（注：本款规定依据俄罗斯联邦法 2003 年 7 月 4 日第 92 号联邦法令于 2003 年 7 月 11 日颁布适用）

2. 在本条第 1 款规定条件下，如果确定具有下述情形之一的情况时，法庭有权不依据普通程序进行法庭审理并下达刑事案判决：

（1）刑事被告人意识到其申请的性质与后果；

（2）申请的提出是出于自愿并向辩护人进行过咨询。

3. 如果法院能够确认，在本条第 1 款与第 2 款规定条件下，刑事被告人提起的申请未能得到遵守，则应当下达有关依据普通程序指定法庭审理的判决。

4. 如果公诉人或者刑事自诉人，以及刑事被害人反对刑事被告人提起的申请，则刑事案件依据普通程序审理。

第 315 条　申请递交的程序

1. 有关鉴于刑事被告人承认对其提出的指控，进而要求不进行法庭审理作出刑事案判决的申请，刑事被告人应当在其辩护人在场的情况下提起。如果刑事受审人本人、其法定代理人或者受其委托的其他人未聘请辩护人，法庭应当保障在这种情况下有辩护人参与。

2. 在下述情况下，刑事被告人有权提起申请：

（1）在对刑事案件材料进行阅卷阶段，有关此事项，依据本法典第 218 条第 2 款规定对刑事案件材料进行阅卷的事宜在笔录中作出相应的记载；

（2）在审前听证阶段，如果依据本法典第 229 条规定必须举行审前听证的。

第 316 条　审判庭的开庭程序与刑事案判决下达的程序

1. 鉴于刑事受审人承认对其提出的指控，进而要求不进行法庭审理作出刑事案判决的，审判庭应当依据本法典第三十五章、第三十六章、第三十八章与第三十九章规定程序，同时应当参照本条规定的要求进行。

2. 审判庭开庭时，刑事受审人及其辩护人必须到庭。

3. 在对刑事受审人有关不进行法庭审理作出刑事案判决的申请进行审理时，首先由公诉人对刑事受审人提出的指控进行叙述。在刑事自诉案件中，则应当由刑事自诉人首先对指控进行叙述。

4. 法官应当向刑事受审人询问下述问题：是否明白对其提出的指控；是否承认指控并坚持提起有关不进行法庭审理作出刑事案判决的申请；该申请的提起是否出于自愿，是否向辩护人进行过询问，是否意识到不进行法庭审理而作出的刑事案判决后果。在刑事被害人参与审判庭审理的情况下，法官应当对其说明不进行法庭审理作出刑事案判决的程序与后果，确定刑事被害人对刑事受审人的申请持有何种态度。

（注：本款规定依据俄罗斯联邦法 2013 年 12 月 28 日第 432 号联邦法令于 2014 年 1 月 10 日颁布适用）

5. 法官不得依据普通程序对收集的刑事案件证据进行审查与评价。这种情况下，只对与刑事受审人身份相关的情节以及刑罚减轻与加重的情节进行审查。

6. 法官，在刑事受审人、公诉人或者刑事自诉人、刑事被害人反对不进行法庭审理作出刑事案判决的情况下，抑或主动作出决定，下达有关终止法庭审理的特别程序并依据普通程序审理刑事案件的裁决。

7. 如果法官得出结论，对刑事受审人承认的指控具有充分根据，且已被刑事案件中收集到的证据所证实，则应当下达有罪的刑事案判决并对刑事受审人裁定相应刑罚，所定刑罚不得超过法律对其犯罪规定的、最严厉的刑罚种类中最高刑期或者数额的 2/3。

8. 在有罪的刑事案判决中，叙事与说理部分应当包括下述内容：在刑事受审人已经承认的指控中，对控诉其实施的犯罪行为进行相关的描述，以及法院有关不进行法庭审理作出刑事案判决条件的结论。法官对证据的分析与评价在刑事案判决中不予反映。

9. 在宣布刑事案判决之后，法官应当向控辩双方说明依据本法典第四十五章之一规定对判决提起中诉的权利与程序。

（注：本款规定依据俄罗斯联邦法 2010 年 12 月 29 日第 433 号联邦法令于 2013 年 1 月 1 日颁布适用）

10. 本法典第 131 条规定的诉讼费用，不得向受审方收取。

（注：本款规定依据俄罗斯联邦法 2003 年 7 月 4 日第 92 号联邦法令于 2003 年 7 月 11 日颁布适用）

第 317 条　对刑事案判决提起申诉的限制

刑事案判决，根据本法典第 316 条规定下达的，不得依据本法典第 389-15 条第 1 项规定理由提起第一审审级的申诉。

（注：本款规定依据俄罗斯联邦法 2010 年 12 月 29 日第 433 号联邦法令于 2013 年 1 月 1 日颁布适用）

第四十章之一　签订审前合作协议时通过法院判决的特别诉讼程序

（第 317-1 条至第 317-9 条）

（注：本章规定依据俄罗斯联邦法 2009 年 6 月 29 日第 141 号联邦法令于 2009 年 7 月 14 日增补适用）

1. 有关签订审前合作协议的申请，由犯罪嫌疑人或者刑事被告人以书面形式递交给检察官。该申请同样应当由辩护人签字确认。如果犯罪嫌疑人或者刑事被告人本人、其法定代理人或者受犯罪嫌疑人抑或刑事被告人委托的其他人员未聘请辩护人的，侦查官应当保障辩护人参与。

2. 犯罪嫌疑人或者刑事被告人有权递交有关签订审前合作协议的申请，在刑事追诉开始之时起，至声明刑事侦查结束之时止。在该申请中，犯罪嫌疑人或者刑事被告人应当指出，为配合侦查中的犯罪侦缉与犯罪调查，对其他犯罪参与人进行揭发与刑事追诉、对犯罪所得财物进行搜查而应当实施何种行为。

3. 有关签订审前合作协议的申请，应当由犯罪嫌疑人或者刑事被告人、其刑事辩护人通过侦查官递交检察官。收到申请的侦查官，应当在其收取之日起 3 日内，亦或将其附同经侦查机关负责人议定的、具有充分理由的相关裁决，即向检察官提起有关同犯罪嫌疑人或者刑事被告人签订审前合作协议申请的裁决一起递交检察官，抑或下达拒绝受理有关签订审前合作协议申请的裁决。

4. 侦查官的裁决，对有关签订审前合作协议申请不予受理的，可以由犯罪嫌疑人或者刑事被告人、其辩护人向侦查机关负责人提起申诉。

第 317-2 条 对有关签订审前合作协议的申请进行审核的程序

1. 检察官对有关签订审前合作协议的申请以及侦查官、检察官提起的有关签订审前合作协议申请的裁决进行审核，在上述申请与裁决递交之日起 3 日内。根据检察官的审核结果作出下述裁决之一：

（1）受理有关签订审前合作协议申请的裁决；

（2）拒绝受理有关签订审前合作协议申请的裁决；

2. 对于拒绝受理有关签订审前合作协议申请的裁决，侦查官、犯罪嫌疑人或者刑事被告人、其辩护人可以向上级检察官提起申诉。

第 317-3 条 审前合作协议的制作程序

1. 检察官，在通过有关受理签订审前合作协议申请的裁决时，应当请侦查官、犯罪嫌疑人或者刑事被告人及其辩护人到场。在上述人员到场参与的情况下，检察官制作审前合作协议。

2. 在审前合作协议中应当指明：

（1）制作的日期与地点；

（2）负责签订审前合作协议的检察机关公职人员；

（3）同辩护方签订审前协议的犯罪嫌疑人或者刑事被告人的姓氏、名字与父称，其出生的日期与地点；

（4）对于犯罪情况的描述，指明犯罪实施的时间、地点，以及依据本法典第 73 条第 1 款第（1）项至第（4）项规定应予证明的其他情节；

（5）《俄罗斯联邦刑事法典》对于该犯罪规定刑事责任的条、款、项；

（6）在履行审前合作协议对其规定的责任时，犯罪嫌疑人或者刑事被告人应当实施的行为；

（7）在犯罪嫌疑人或者刑事被告人遵守与履行审前合作协议规定的最后条件与义务时，可以对其适用的刑事立法减轻情节与规范。

3. 审前合作协议应当由检察官、犯罪嫌疑人或者刑事被告人及其辩护人签字确认。

第 317-4 条 对签订审前合作协议的犯罪嫌疑人或者刑事被告人实施的预先审查

1. 依据本法典第 154 条第 1 款第（4）项规定拆分进行单独审理的刑事案件，对该案签订审前合作协议的犯罪嫌疑人或者刑事被告人进行的预先侦查，应当依据本法典第二十二章至第二十七章、第三十章规定程序，并参考本条规定的特点进行。

2. 有关签订审前合作协议的申请、侦查官有关向检察官提起同犯罪嫌疑人或者刑事被告人签订审前合作协议申请的裁决、检察官有关受理签订审前合作协议申请的裁决，应当一并归入刑事案件。

3. 对于签订审前合作协议的犯罪嫌疑人或者刑事被告人、其近亲属、亲属以及密切关系人，在具有威胁其人身安全的情况下，调查官应当下达相关裁决，将本条第 2 款规定的材料收藏并保管在密封信袋中。

4. 预先侦查结束后，刑事案件应当依据本法典第 220 条规定程序递交检察官以便核准起诉意见书，并作出有关刑事被告人遵守与履行了在其签订的审前合作协议中规定的条件与义务的报告。

第 317-5 条 对于签订审前合作协议的刑事被告人，检察官有关对其刑事案件在审判庭审理与法院作出判决阶段适用特别程序的报告

1. 检察官根据本法典第 221 条规定程序与期限，对调查官递交的、与签订审前合作协议的刑事被告人相关的刑事案件以及与能够证明刑事被告人遵守与执行审前合作协议对其规定的条件与义务有关的材料进行审理。在核准起诉意见书的情况下，下达有关对该刑事案件启动审判庭特别程序的报告，在该报告中应当指明：

（1）刑事被告人在配合侦查阶段的犯罪侦缉与犯罪调查，以及对其他犯罪参与人进行揭发与刑事追诉、对犯罪所得财物进行搜查时的行为性质与范围；

（2）为侦缉与调查犯罪、对其他犯罪参与人进行揭发与刑事追诉、对犯

罪所得财物进行搜查而同刑事被告人进行合作的意义；

（3）刑事被告人合作而侦破的或者提起的犯罪或者刑事案件；

（4）刑事被告人、其近亲属、亲属或者密切关系人因刑事被告人同控诉方合作而导致人身安全产生危险的程度。

2. 检察官在报告中同样应当证明，履行审前合作协议对其规定的责任与义务的刑事被告人，对其告知的信息具有的完整性与真实性。

3. 检察官报告的副本，应当交付刑事被告人及其辩护人。上述人员有权提出自己的意见，在具有合理根据时，检察官应当对该意见予以考虑。

4. 自刑事被告人及其辩护人对报告进行阅读之日起 3 日内，检察官将刑事案件与报告递交法院。

第 317-6 条　对于同签订审前合作协议的刑事被告人有关的刑事案件在审判庭审理与法院作出判决时适用特别程序的根据

1. 对于同签订审前合作协议的刑事被告人有关的刑事案件，法院在审理有关在审判庭进行审理与法院作出判决时适用特别程序的问题时，随附本法典第 317-5 条规定的检察官报告一并递交的刑事案件是法院审理该问题的根据。

2. 如果法院确定具有下述情节，对同签订审前合作协议的刑事被告人有关的刑事案件，在审判庭开庭与法院作出判决时可以适用特别程序：

（1）公诉人确定，刑事被告人在侦缉与调查犯罪、对其他犯罪参与人进行揭发与进行刑事追诉、对犯罪所得财物进行搜查时积极地配合侦查；

（2）审前合作协议是在辩护人参与的情况下自愿签订的。

3. 如果法院确定，本条第 1 款与第 2 款规定的条件未能得到遵守，则应当下达有关依据普通程序继续进行法庭审理的判决。

4. 如果犯罪嫌疑人或者刑事被告人仅配合揭发有关其本人参与实施的犯罪活动信息的，本章原则不得适用。

第 317-7 条　对签订审前合作协议的刑事受审人进行法庭审理与作出刑事案判决的程序

1. 对签订审前合作协议的刑事受审人进行开庭审理与作出刑事案判决的问题，应当依据本法典第 316 条规定的程序并参考本条规定的要求进行。

2. 审判庭开庭时，刑事受审人及其辩护人必须到庭。

3. 审判庭开始审理时，应当由公诉人宣读对刑事受审人的指控，其后公诉人应当确认刑事受审人配合侦查的事宜并向法庭申明，配合侦查具体表现在哪些方面。

4. 这种情况下应当查明：

（1）刑事受审人为侦缉与调查犯罪、对其他犯罪参与人进行揭发与刑事追诉、对犯罪所得财物进行搜查而配合侦查的性质与范围；

（2）为侦缉与调查犯罪、对其他犯罪参与人进行揭发与刑事追诉、对犯罪所得财物进行搜查而同刑事受审人合作的意义；

（3）鉴于同刑事受审人合作而侦破的与提起的犯罪或者刑事案件；

（4）刑事受审人、其近亲属、亲属或者密切关系人因刑事受审人同控诉方合作而导致人身安全产生危害的程度；

（5）表现刑事受审人人身特征的情节以及刑罚减轻或者加重的情节。

5. 法官，在确定刑事受审人遵守了审前合作协议中对其要求的所有条件与义务之后，应当作出有罪的刑事案判决，参见《俄罗斯联邦刑事法典》第62条第2款与第4款规定原则对刑事受审人裁定刑罚。参见《俄罗斯联邦刑事法典》第64条、第73条与第80-1条规定的原则，依据法官自由裁量权，可以对刑事受审人裁定比其所施犯罪刑罚更轻的刑罚、附条件执刑或者可以对其免除刑罚。

6. 在有罪的刑事案判决中，叙事与说理部分应当包括下述内容：对刑事受审人被指控实施的犯罪行为作出的描述，以及法院有关刑事受审人遵守其所签订的审前合作协议中所有要求改刑事受审人遵守与履行的条件与义务的结论。

7. 在宣读刑事案判决之后，法官应当向控辩双方说明依据本法典第四十五章之一规定进行申诉的权利与程序。

（注：本款规定依据俄罗斯联邦法2010年12月29日第433号联邦法令于2013年1月1日颁布适用）

第317-8条 对同其签订审前合作协议的刑事受审人作出的刑事案判决进行再次审理

依据本章原则对刑事受审人裁定刑罚之后，如果发现刑事受审人故意交代虚假信息或者故意隐藏某些实质信息使之免予受到侦查的，刑事案判决应当依据本法典第十五章规定程序启动再次审理。

第317-9条 对同其签订审前合作协议的犯罪嫌疑人或者刑事被告人适用的安全措施

1. 在必须保障同其签订审前合作协议的犯罪嫌疑人或者刑事被告人，以及其近亲属、亲属或者密切关系人的人身安全时，应当适用本法典第11条与第241条第2款第（4）项规定的安全措施。

2. 联邦法律对刑事被害人、证人与其他刑事诉讼程序参与人规定的所有国家保护措施，可以适用于同其签订审前合作协议的犯罪嫌疑人或者刑事被告人。

四、法国

《刑事诉讼法典》
第二卷　审判法庭
第二编　轻罪的审判
第一章　轻罪法院
第七节　简易程序

（2002年9月9日第2002-1138号法令第42条）

第495条　（2012年3月6日第2012-304号法律第34条）

一、对于本条第（2）项所指的轻罪，经过司法警察的调查，可以认定被告人受到指控的犯罪事实简单，已经充分了解有关被告人的人格、负担与收入情况，就确定刑罚而言，考虑到犯罪事实情节轻微，没有必要宣告监禁刑或者没有必要宣告超过第495-1条确定数额的罚金刑，实行简易刑事裁定程序不会损害被害人的权利时，共和国检察官可以决定实行简易刑事裁定程序。

二、下列轻罪以及与之有关联的违警罪适用简易刑事裁定程序：

1.《刑法典》第311-3条规定的盗窃罪以及该法典第321-1条规定的窝藏盗窃赃物罪；

2.《刑法典》第313-5条规定的扒窃；

3.《刑法典》第314-5条与第314-6条规定的隐匿（侵占）质押物或被扣押之物品罪；

4.《刑法典》第322-1条、第322-2条第1款第2点规定的破坏、毁弃、损坏公共权力机关的登记簿册、文书的原本或原件罪；

5.《刑法典》第434-10条规定的驾驶机动车时实施的（交通肇事）逃逸罪；

6.《刑法典》第446-1条与第446-2条规定的非法商贩进行的非法买卖罪；

7.《公路法典》规定的轻罪；

8. 违反陆路交通运输规章的轻罪；

9.《商法典》第四卷第四编规定的法律没有规定处监禁刑的轻罪；

10.《公共卫生法典》第3421-1条第1款规定的使用毒品罪；

11.《建筑与住宅法典》第126-3条规定的侵占公共空间、侵占集体居住建筑物屋顶（集体楼房楼顶私搭乱建）之轻罪；

12.《知识产权法典》第335-2条、第335-3条与第335-4条规定的利用在线公众传播服务手段实施的仿造、假冒罪；

13.《货币与金融法典》第163-2条与第163-7条规定的支票方面的轻罪；

14. 持有或者运输《国内安全法典》第317-8条所指的最高行政法院提出资政意见后颁布的法令确定的名单上规定的D类武器罪。

三、简易刑事裁定程序不适用于：

1. 如果被告人在事实犯罪之日尚不满18岁；

2. 在本法典第495-1条所指的刑事裁定尚未作出之前，被害人已经向法院直接传讯被告人；

3. 如果在实施轻罪的同时实施法律并未对其规定适用简易刑事裁定程序的轻罪或违警罪；

4. 实施的轻罪属于累犯情形。

第495-1条 （2011年12月13日第2011-1862号法律第26条）检察院选择实行简易程序时，向审判长报送追诉案卷及其提出的意见书。

审判长在不经实现辩论即作出一项刑事裁定（书）：或者宣告被告人无罪，或者宣告对其判处罚金，以及在相应情况下，判处法律规定的一个或数个附加刑。这些附加刑也可以作为主刑宣告。刑事裁定书可以宣告的罚金的最高数额为法定最高罚金数额的一半，但不得超过5000欧元。

法官认为有必要进行对席审理或者应当对被告人宣告监禁刑的，将案卷退回检察院。

第495-2条 （2011年12月13日第2011-1862号法律第26条）刑事裁定书写明被告人的姓名、出生日期和出生地址以及住所，受到指控的犯罪事实的法定罪名，适用的法条，以及在作出有罪判决的情况下，写明宣告的一项刑罚或数项刑罚。

刑事裁定书应当说明理由，尤其是第495条第（1）项规定考虑的理由。

第495-2-1条 （2011年12月13日第2011-1862号法律第26条）如果犯罪行为的被害人在警察调查过程中按照第420-1条第2款的规定提出具有成为民事当事人之效力的损害赔偿请求，或者提出归还财产的请求，审判长在刑事裁定书中对此请求作出裁判；由于第420-1条第1款所指的原因不能就此请求作出裁判的，审判长将案卷送回检察院，以便就民事利益向法庭提起诉讼。在此情形下，适用第495-5-1条之规定。

第495-3条 （2011年12月13日第2011-1862号法律第26条）刑事裁

定一经作出，将其转送检察院；检察院需在10日内以向法院书记室提交的声明提出抗诉，或者要求执行该项刑事裁定。

刑事裁定书用挂号信并要求回执的方式通知被告人。（2004年3月9日第2004-204号法律第135-2条）刑事裁定书也可以由检察院直接向被告人进行通知，或者由得到资格授权的人进行通知。

被告人得到告知可以自该项通知之日起45日内对刑事裁定提出异议；在刑事裁定书就被害人提出的请求作出审理裁判的情况下，并且可以在轻罪法庭进行公开的对席审理时，被告人可以仅限于针对裁定书就民事部分或者刑事部分所作的处分提出异议。在法庭审理过程中，被告人需由律师协助；被告人可以请求法庭依职权为其指定一名律师。被告人还应当被告知，如果轻罪法庭认为被告人因其受到指控的事实而犯罪，且法律对于已经作出刑事裁定的轻罪规定了监禁刑刑罚，法庭有可能对被告人宣告监禁刑。

在（被告人对刑事裁定）没有提出异议的情况下，按照本法典规定的执行轻罪判决的规则，将刑事裁定付诸执行。

但是，如果从接收通知的情况来看，被告人并未收到通知函，其在30日期限届满后提出的异议仍可得到受理。30日期限自当事人通过执行文书或其他任何方法知道对其作出的处罚之日计算，此外，30日期限也可以自被告人知道可以提起异议的期间与提出异议的形式之日起计算。

有管辖权的公立财会人员自收到法院书记员制作对刑事裁定提出异议的通知之时，停止收取款项。

第495-3-1条　（2011年12月13日第2011-1862号法律第26条）在刑事裁定书就民事利益作出裁判的情况下，该裁定书按照第495-3条第2款规定的方式之一通知民事当事人。民事当事人被告知可以在该通知起45日内对裁定书就民事部分所作的处分提出异议。

第495-4条　（2011年12月13日第2011-1862号法律第26条）在检察院或者被告人对刑事裁定书提出异议的情况下，案件移送轻罪法庭开庭审理。在被告人或者民事当事人仅对裁定书就民事部分所作的处分提出异议时，法庭按照第464条倒数第2款的规定进行审理、作出裁判。对于法庭就被告人提出的异议作出的缺席判决，可以按照第489条至第494-1条规定的条件提出缺席判决异议。

直至轻罪法庭开庭审理，被告人均可以明示放弃其提出的异议；在此情况下，刑事裁定书恢复其执行力，并且不得对其提出新的异议。

第495-5条　（2011年12月13日第2011-1862号法律第26条）没有受到异议的刑事裁定，或者没有被检察院移送轻罪法庭开庭审理的刑事裁定，产生既判力的判决的效力。

但是，仅就公诉作出裁判的刑事裁定书，对因造成的损害请求赔偿的民事诉讼没有既判力。

第 495-5-1 条 （2011 年 12 月 13 日第 2011-1862 号法律第 26 条新增条文）如果已经查明犯罪的被害人的身份，但被害人未能按照第 495-2-1 条规定的条件成为民事当事人，或者法院没有对按照第 420-1 条的规定提出的请求作出裁判时，共和国检察官应当向被害人通知其有权向检察官请求传唤犯罪行为人到轻罪法庭出庭；轻罪法庭按照第 464 条第 2 款的规定进行审理、作出裁判；被害人得到开庭审理日期的通知，以便其能够成为民事当事人。在此情况下，法庭根据提交辩论的诉讼案卷，仅就民事利益进行审理、作出裁判。

第 495-6 条 本节之规定不妨碍受到损害的当事人向轻罪法庭提出传唤犯罪行为人的权利。

（在此情况下）如果刑事裁定书已经取得既判力，法庭仅就民事利益进行审理、作出裁判。（2004 年 3 月 9 日第 2004-204 号法律第 136 条）此次开庭审理时，由审判长担任独任法官。

第八节　事先认罪出庭程序

（2004 年 3 月 9 日第 2004-204 号法律第 137-1 条）

第 495-7 条 （2011 年 12 月 13 日第 2011-1862 号法律第 27 条）除第 495-16 条所指的轻罪以及《刑法典》第 222-9 条至第 222-31-2 条规定的当处 5 年以上监禁刑的故意或非故意（过失）伤害人之身体或性侵犯之轻罪外，对于所有轻罪，如果犯罪行为人承认其受到指控的犯罪事实，共和国检察官可以依职权或者应当事人或其律师的请求，按照本节的规定，对为此目的受到传唤或者按照第 393 条的规定传唤到案的任何人，适用事先认罪出庭程序。

第 495-8 条 （2014 年 8 月 5 日第 2014-896 号法律第 3 条）共和国检察官可以向犯罪行为人提议执行一项或数项法律规定的主刑或附加刑。刑罚的性质与量刑幅度，按照《刑法典》第 130-1 条与第 132-1 条的规定确定。

共和国检察官提议监禁刑时，提议的刑期不得超过 1 年，也不得超过法定监禁刑刑期的一半；检察院可以提议该刑罚全部或一部分缓期执行。共和国检察官也可以提议对刑罚采取第 712-6 条所列举的某项调整措施。如果共和国检察官提议无缓期监禁刑，明确告知当事人是打算立即执行这一刑罚还是受传唤到刑罚执行法官面前，再确定刑罚的执行方式，特别是确定半释放（半自由）、监外执行或者实行电子监控。

共和国检察官提议罚金刑时，罚金数额不得超过法律规定的从高罚金数额。罚金刑可以附缓期执行。

犯罪行为人作出的承认其受到指控的犯罪事实的声明，以及共和国检察官有关刑罚的提议，在当事人选任的律师在场时提出与接受，或者在律师公会会长应当事人请求为其指定的律师在场时提出与接受；当事人得到通知，有关的费用由其负担，但如果其具备获得司法援助的条件，不在此限。当事人不得放弃得到律师协助的权利；律师应当能够当场查阅案卷。

当事人在向共和国检察官告知其决定之前，可以自由地与律师交谈，共和国检察官不在场；共和国检察官还应当告知当事人可以请求给予其 10 日期限，以考虑是声明接受还是拒绝向其提议的刑罚。

第 495-9 条　（2009 年 5 月 12 日第 2099-526 号法律第 129 条）如果当事人在其律师在场时可以接受向其提议的一项或数项刑罚；共和国检察官向大审法院院长或院长委派的法官提出认可申请；当事人立即前往院长或者院长指派的法官前出庭。如果当事人没有受到羁押，可以在 1 个月内受传唤至大审法院院长或院长委派的法官前出庭。

大审法院院长或院长委派的法官在审核犯罪事实的实际情况以及该犯罪在法律上的罪名之后，听取当事人及其律师的陈述。院长或院长委派的法官可以决定认可检察官提议的刑罚，并于同一日作出说明理由的裁定。本款规定的程序公开开庭进行。不强制要求共和国检察官出席庭审。

第 459-10 条　（2014 年 5 月 27 日第 2014-535 号法律第 8 条）如果当事人在对共和国检察官的提议表示意见之前，请求给予第 495-8 条最后一款所指的 10 日期限，共和国检察官需将当事人送交自由与羁押法官，由该法官命令对当事人实行司法监督，或者作为例外，以及如果共和国检察官提议的刑罚之一是刑期等于或超过 2 个月的无缓期监禁刑并且提议立即执行该刑罚时，由自由与羁押法官按照第 394 条或者第 395 条与第 396 条规定的限制条件，对当事人实行先行羁押，直至当事人再次到共和国检察官前到案。当事人再次到案的时间确定在自由与羁押法官作出决定起 10 日到 20 日，否则，如果已经采取司法监督、指定居住加电子监控或先行羁押之一种措施，应当终止实施该措施。

第 495-11 条　（2004 年 3 月 9 日第 2004-204 号法律第 137 条新增条文）大审法院院长或其委派的法官决定认可共和国检察官提议的刑罚时，其作出的（认可）裁定应当说明理由：一方面，确认当事人是在有律师在场的情况下承认其受到指控的犯罪时并接受共和国检察官提议的一项或数项刑罚；另一方面，确认从犯罪情节以及犯罪行为人的人格来看提议的刑罚有其正确理由。

该项（认可）裁定具有有罪判决的全部效力；该裁定立即具有执行力。如果经裁定认可的刑罚是一种无缓期监禁刑，按照第 495-8 条第 2 款所区分的不同情况：或者立即将当事人送至看守所关押，或者被传唤到刑罚执行法官面前。法庭所作的（认可）裁定立即移送刑罚执行官。

所有情况下，被判刑人均可以按照第 498 条、第 500 条、第 502 条与第 505 条的规定对院长或其委派的法官作出的裁定向上诉法院提起上诉；检察院可以按相同条件以附带名义提出抗诉（提出附带上诉）。未受到上诉的裁定，具有已经发生既判力的判决的效力。

第 495-12 条 （2004 年 3 月 9 日第 2004-204 号法律第 137 条新增条文）当事人声明其不接受共和国检察官提议的刑罚时，或者大审法院院长或其委派的法官作出裁定拒绝认可共和国检察官提议的刑罚时，除有新的材料之外，共和国检察官按照第 388 条规定的程序之一，向轻罪法庭提出受理案件的请求，或者要求进行侦查。

在按照第 393 条的规定将当事人送交共和国检察官时，共和国检察官需对当事人实行留置，直至其到轻罪法庭或预审法官前出庭；按照第 395 条的规定当事人应在同一日出庭。如果法庭在当日不可能召集开庭，适用第 396 条之规定；如果当事人请求在按照第 495-8 条（最后一款）及第 495-10 条（第 1 款）之规定请求给予他一个期限并且受到先行羁押时，适用本条之规定。

第 495-13 条 （2004 年 3 月 9 日第 2004-204 号法律第 137 条新增条文）在已经查明犯罪的被害人的情况下，立即通过任何方式向其告知对犯罪行为人实行事先认罪出庭程序。被害人受要求与犯罪行为人同时前往大审法院院长前出庭，或者前往院长委派的法官前出庭，以便其成为民事当事人并请求对其受到的损害给予赔偿，相应情况下，被害人由其律师陪同出庭。大审法院院长或者院长委派的法官对被害人提出的请求作出审理裁判；即使在民事当事人并未出庭的情况下，亦可按照第 420-1 条的规定对此请求作出审理裁判。对所作裁定，民事当事人可以按照第 498 条与第 500 条的规定向上诉法院提起上诉。

如果被害人未能行使前款规定的权利，共和国检察官应当向其告知有权请求传唤犯罪行为人到轻罪法庭出庭；轻罪法庭按照第 464 条第 4 款的规定进行审理裁判；开庭期日通知被害人，以便其成为民事当事人。在此情况下，法庭按照提交审理辩论的案卷材料，仅就民事利益作出裁判。

第 495-14 条 （2004 年 3 月 9 日第 2004-204 号法律第 137 条新增条文）依据第 495-8 条至第 495-13 条的规定实行的程序应当制作笔录，否则，程序无效。

当事人没有接受共和国检察官提议的刑罚，或者大审法院院长或其委派的法官没有认可共和国检察官提议的刑罚时，不得将所作的笔录移送预审法庭或审判法庭，无论是检察院还是各当事人，均不得在法庭上主张在此前的程序进行过程中所作的声明或提交的文件。

第 495-15 条　（2007 年 3 月 5 日第 2007-291 号法律第 2 条）按照第 390 条或者第 390-1 条的规定，被告人因第 495-7 条所指的轻罪之一受到直接传讯或者接到传唤通知书时，可以亲自或者通过律师向共和国检察官寄送挂号信并要求回执，指明其承认受到指控的犯罪事实，并请求适用本节规定的程序。

在此情况下，共和国检察官如果认为适当，可以在对被告人及其律师进行传唤之后，相应情况下，在传唤被害人之后，按照第 495-8 条及其后条款的规定作出处理，在此情形下，直接传讯发出的传票或者传唤通知书失去效力，但如果当事人拒绝接受（共和国检察官向其）提议的刑罚，或者如果大审法院院长或其委派的法官拒绝认可提议的刑罚，如果当事人方面或者法院院长或法官方面在最初提起追诉的文书所指的轻罪法庭开庭期日前至少 10 日即采取行动时，直接传讯传票或者传唤通知书并不失效。

共和国检察官决定不适用第 495-8 条及随后条文的规定时，没有义务向被告人或其律师通知此事由。

本条之规定不适用于已经由预审法官移送轻罪法庭接受审判的人。

第 495-15-1 条　（2009 年 5 月 12 日第 2009-526 号法律第 129 条新增条文）实行本节规定的程序，并不禁止共和国检察官同时按照第 390-1 条之规定向法庭传唤当事人；如果当事人接受共和国检察官向其提议的刑罚并且得到法庭作出的裁定认可，法庭依据提出的传唤对案件的管辖随之停止。

第 495-16 条　（2004 年 3 月 9 日第 2404-204 法律第 137 新增条文）本节之规定不适用于未满 18 岁的未成年人，也不适用于新闻方面的轻罪、非故意杀人罪、政治性轻罪或者追诉程序由特别法律规定的轻罪。

五、克罗地亚

《克罗地亚刑事诉讼法典》

第三编　简易程序

第二十五章　总则

第 520 条

在市法院进行的诉讼中，本法第 521 条至第 548 条的规定（简易程序）

应予适用。如果没有特别规定，普通程序的规定应予适用。

第 521 条

（1）除非是需要特别允许的情形，即使在有理由怀疑实施了应被公诉且应被科处罚金或不超过 5 年监禁刑的罪行的，国家检察官可以决定驳回刑事指控或撤回起诉，如果：

①考虑到具体情况，有可能在针对被告人的刑事程序中应予适用刑法第 58 条规定的；

②正在针对被告人执行刑罚或安全措施，且针对另一罪行进行刑事诉讼与该罪行的严重程度和性质没有关系的，从动机及刑事处罚的效果来看罪犯将来不会实施任何罪行的；

③被告人被引渡或遣送到外国或国际法庭以进行其他刑事罪行的诉讼的；

④被指控者被报告实施多起案件并被起诉两个或两个以上罪行，但有目的地仅就其中一项罪名对其作出判决，因为对其他罪行进行刑事诉讼可能对科处其刑罚或其他制裁不会产生任何重大影响。

（2）国家检察官应当将根据本条第 1 款所作的决定在送达被告人的同时也送达受损人和公诉人，一并告知受损人可在诉讼中要求赔偿。对国家检察官该决定不能提出上诉。

第 522 条

（1）在获得被害人或受损人的事先同意后，如果被告人履行下述义务的，即使存在实施了某项应公诉罪行的合理怀疑且该罪行可被判处罚金或不超过 5 年监禁刑的，国家检察官仍可以驳回刑事指控或撤销起诉：

①履行旨在修复或赔偿犯罪引起的损害的承诺；

②为了人道主义、慈善的目的或自主刑事罪行受害者赔偿基金，向公共机构支付一定金额；

③支付到期的法律帮助费用和常规支付到期债务；

④在未羁押状态下执行社区服务工作；

⑤根据特殊规定接受毒瘾或其他成瘾问题的治疗；

⑥被指控者同意在治疗期间离开家庭接受针对暴力行为的心理治疗。

（2）国家检察官应当在决定中限定被告人履行本条第 1 款义务的期限，该期限最长不能超过 1 年。

（3）国家检察官应当将本条第 1 款规定的决定送达被告人、受损人以及公诉人，并一并告知受损人可在诉讼中要求赔偿。对国家检察官该决定不能提出上诉。

第 523 条

（1）在本法第 521 条和第 522 条的情形下，如果国家检察官宣布有条件地撤回起诉的应当通过裁定终止刑事程序。

（2）在本法第 521 条和第 522 条的情形下，在指控被国家检察官撤回之时，独任法官应当通过裁定终止刑事程序。

第 524 条

（1）刑事简易程序应由国家检察官、辅助起诉人的起诉书或者由自诉状而启动。

（2）除非本法另有规定，起诉书必须包括本法第 342 条规定的内容以及将要作出的刑事处罚的种类和措施。在对可被处以罚金或不超过 8 年监禁刑罪行的起诉书中应仅包括一个总结性的原因陈述。

（3）自诉状应当包括本法第 342 条第 1 款第（1）项至第（4）项规定的内容，包括证人、专家证人和将要在法庭上展示的其他证据的信息。

第 525 条

（1）当独任法官或合议庭主席（法官）接到起诉书或自诉状时，他应当首先介明法庭是否具有管辖权和是否存在驳回起诉或自诉的理由；如果该理由存在，他应当作出一项裁定来驳回该起诉书或自诉状。该裁定应当提交给国家检察官、辅助起诉人或自诉人以及被指控人。

（2）如果法官没有作出本条第 1 款规定的裁定，他应当根据本法第 345 条至第 347 条规定行事。

（3）如果被指控人在押，对起诉书作出答辩的期限为收到起诉书后 3 日内。

第 526 条

（1）如果起诉书与可被判处 8 年以上监禁刑的罪行相关的，本法第 348 条至第 367 条应予适用。

（2）如果该指控是针对可被判处罚金或最高 8 年监禁刑的罪行的，预审庭应当在没有当事人参与的情况下通过合议庭会议审查起诉。如果认为起诉书是有理由的，它应该作出裁定来确认起诉书并应制作案卷卷宗。

（3）预审庭应当将本条第 1 款规定的确认起诉书的裁定以及案件卷宗无延迟地递交给有管辖权法院的职员办公室。

（4）法官应当最迟在 1 个月内安排审判，如果已作出羁押命令的则应在 15 日内安排。

第 527 条

（1）提出自诉且法官没有作出本法第 525 条第 1 款规定的裁定的，他应当从受到自诉1个月内安排庭审。

(2) 在为其管辖范围内的自诉罪行安排庭审前，如果独任法官认为这对及时终止诉讼是有利的，可以仅传唤自诉人和被告人参加初步澄清事项听证会。

(3) 如果没有发生当事人和解，撤回自诉或驳回指控的，独任法官可以立即开庭，送达传票时应特别通知自诉人和被告人。

(4) 如果独任法官没有开庭的，他应当就庭审中需要审查的证据作出裁判并安排庭审时间。

(5) 在已建立和解小组的地方，假如当事人双方在和解小组所在地都有住所的，法庭可以将当事人引向这些小组以尝试和解。法庭应当确定尝试和解的期限，此期限届满或和解失败的，程序应当继续进行。

第528条

(1) 在确定开庭日期以后，法庭不能依据职权宣布其没有管辖权。

(2) 只有被告人可以在庭审开始前提出不具有管辖权的异议。

第529条

(1) 如果案件将由独任法官审理的，不应进行预备听证。

(2) 如果案件将由合议庭审理的，合议庭主席可以根据本法第370条至第379条的规定进行预备听证。

第530条

(1) 在庭审过程中，法庭可以按照本法第374条的规定行事。

(2) 送达被指控人的传票应当载明其可以在出庭时带上用于辩护的证据，或者他应该及时向法庭建议该证据以便对其进行收集并用于庭审。

(3) 应当在传票中提醒被指控人，如果存在法定情形（第531条第2款），甚至可以在其缺席的情况下进行庭审。同样应当告诫被指控人，在非强制辩护的情形下，辩护律师在庭审中缺席或仅在庭审时有辩护律师的情况下持续进行庭审是不被承认的。

第531条

(1) 在本法第404条规定的情形下，可以在当事人缺席的情况下进行庭审。

(2) 在可被判处罚金或最高8年监禁刑罪行的诉讼中，如果被按时传唤的被指控人无正当理由不到庭的，或者如果披指控人显然逃避接收传票、而其出庭不是必须的且其已被讯问或已经就指控作出陈述的，法庭可以进行缺席审判。

第532条

(1) 庭审应当在法庭进行。在紧急情形下，特别是将要展开司法审查时，或对便于提交证据有此必要时，经法庭主席的同意，庭审也可以在犯罪实施地或者将要展开司法审查的地方进行，如果这些地方在该法庭管辖范围内的情形下。

（2）按照本法第525条和第526条行事的法官不能被否定其作为合议庭主席或独任法官参与庭审的资格。

第533条

（1）进行庭审的法庭应当决定是否通过音频或音频—视频技术装置来记录庭审。

（2）在本条第1款的情形下，下述内容应当被载入庭审记录中：

①提交的证据；

②法庭作出的裁定；

③法庭评估为特别重要的当事人陈述。

（3）记录可以由法庭顾问或法庭实习生制作。如果记录是由法庭顾问或法庭实习生制作的，本法第82条第3款应予以适用。

（4）如果庭审延期的，应当制作庭审记录的副本并封入卷宗。合议庭主席或独任法官应当对副本进行审查和鉴别。

（5）如果法庭不能按照本条第1款至第3款进行记录的，应当适用制作记录的一般规则。

（6）司法部长应当就技术条件、记录方式和防止记录被删除或毁坏的保护手段指定更多具体的规定。

第534条

（1）如果被正当通知的国家检察官不能出庭的，庭审应当被延期。在这种情形下法庭应当根据本法第401条第1款行事。

（2）自诉人的住所不在其提交自诉状的法庭管辖范围内时，如果自诉人提交了在缺席情况下进行庭审的动议，庭审也可以在其缺席的情况下进行。

第535条

（1）庭审应当以宣读起诉书或自诉状的内容开始。如果可能，庭审开始后应当不中断地完成。

（2）无论被指控人针对起诉书的意见如何，都应当在证据程序开始时对其进行讯问。

（3）法官或合议庭主席应当先对被指控人、证人和专家证人进行审查。然后，审查程序应当以这样的方式进行，即辩护律师首先对被指控人进行询问；如果有，由当事人对其所提出的证人和专家证人进行询问。

（4）如果被指控人所有指控认罪的，其在陈述的最后应当表明是否同意所建议的刑罚种类和幅度。在被指控人陈述前，国家检察官可以改变起诉所提出的刑罚种类和幅度。

（5）如果被指控人对所有指控作有罪答辩的，法庭在对被指控人进行讯问以后结合已审查证据对其供述进行评价；在后续的证据程序中，法庭应当仅对与刑罚裁定有关的证据进行审查。

（6）在本条第 4 款规定的情形下，如果被指控人同意刑罚种类和幅度的，法庭不能在判决中宣布任何其他种类的刑罚或比所建议的更严厉的刑罚。

第 536 条

如果庭审是由合议庭进行的，本法第 413 条至第 447 条应予适用。

第 537 条

（1）如果被指控人被判处监禁，判决副本中应当包含对理由的陈述。没有宣布的判决的纸质副本仅在当事人要求时才应提供简短的理由陈述。

（2）如果当事人没有要求判决的纸质副本的，且如果被指控人作有罪答辩并同意所建议的刑罚的，应当将简短陈述计入庭审笔录。判决副本不包含理由陈述并且应当在 3 个工作日内送达。

第 538 条

（1）判决副本送达之日起 8 日内，可以对判决提出上诉；如果该判决科处了监禁刑的，判决副本应当包含本法第 459 条规定的信息。

（2）有权对判决提出上诉的当事人和受损人（第 464 条第 4 款）可以在判决宣布当时放弃上诉权。在这种情形下，没有陈述理由的判决副本应当在 3 日内送达给他们。

（3）如果根据本法第 533 条规定对庭审进行记录的，当事人和受损人可以自按照本法第 537 条向他们送达判决副本之日起 3 日内提出上诉。在这种情形下，本条第 1 款所规定的上诉人的上诉期间应当从音频记录的文本送达给他们之日起开始。

（4）与本法第 533 条第 4 款规定相反，如果没有制作庭审的音频记录文本的，或者如果文本不是手写的并在本法第 537 条第 2 款和第 538 条第 2 款规定期间内送出的，法官应当将原因告知法庭主席。

第 539 条

当第二审法庭对以简易程序作出的第一审判决的上诉作出裁决时，如果第一审判决判处了监禁刑，或者当事人双方均要求被通知出庭的，或者合议庭主席或二审合议庭认为当事人双方或其中一方出庭有利于查明事实的，应当将第二审开庭通知当事人双方。

第二十六章　作出刑事命令和科处司法警告

第一节　作出刑事命令

第540条

（1）对可被判处罚金或不超过5年监禁刑且不属于合议庭管辖范围的罪行，基于可信的犯罪报告而被国家检察官所知悉的，国家检察官可以在起诉书中请求法庭在不开庭的情况下对被告人作出科处一定刑罚或措施的刑事命令。

（2）国家检察官可以请求科处下述刑罚或措施中的一种或多种：

①克罗地亚共和国人均日收入10倍至100倍的罚金（刑法第51条第4款）；

②最长为1年的监禁刑判决的缓刑，或罚金，或司法警告；

③没收实施犯罪产生的金钱收益并且在媒体中公布有关刑事命令的判决；

④最长2年内禁止驾驶机动车，或扣押物品。

（3）在本条第1款和第2款规定的条件下，可以通过刑事命令对法人科处下述制裁：

①不超过200万库纳的罚金；

②罚金的缓刑；

没收实施犯罪产生的金钱收益并且在媒体中公布有关刑事命令的判决。

（4）如果受损人提出了赔偿的请求，国家检察官应当向法庭提出动议来裁决该请求。如果法庭没有同意赔偿请求的，它应当宣布采取没收实施犯罪所产生的金钱收益的措施。

第541条

（1）如果独任法官同意该请求的，他应当通过判决作出一个刑事命令。

（2）有关刑事命令的判决应当仅陈述满足国家检察官的请求和应对被告人科处请求中所列的刑罚或措施且需清楚列明被告人的个人信息。刑事命令中的命令判决应当包含本法第459条第1款至第3款规定的必要信息，包括对提出的赔偿请求所作的裁决。理由陈述应当指出证明刑事命令合法的证据。

（3）如果国家检察官建议对实施犯罪产生的金钱收益进行没收的，且受损人提出了赔偿请求的，法庭应当对赔偿请求作出判决。如果没有对赔偿请求作出判决的，他应当没收实施犯罪产生的金钱收益，并且告知受损人另行提诉讼请求赔偿。

（4）刑事命令应当包含根据本法第542条第2款对被告人所作的告知，指出如果没有提出异议的，在提出异议的期限届满后，刑事命令就产生效力并且必须执行对被告人科处的刑罚。

第 542 条

（1）刑事命令应当送达被告人及其辩护律师，以及国家检察官和受损人。

（2）在收到后 8 日内，被告人或其辩护律师可以对刑事命令提出书面异议。异议不需要包含理由的陈述，它可以提出有利于被告人的证据。被指控人可以放弃提出异议的权利，但在庭审开始后不能撤回提出的异议。在提出异议的期限届满前支付罚金不应该被认为对异议权的放弃。

（3）被告人因正当理由而没有在法定期限内提出异议的，合议庭主席应对其作出恢复先前状态的裁决。当对恢复先前状态的申请进行裁决时，本法第 92 条至第 94 条应予适用。

（4）如果独任法官没有因为超过时限或非有权人提出而驳回异议，他应当在本法第 525 条第 2 款规定的期限内向预审庭提出起诉书。

（5）在本条第 4 款规定的情形下，预审庭应当在本法第 344 条第 1 款第（1）项、第（3）项、第（5）项规定的期限内审查起诉书，并对起诉书是否建立在一个可信的犯罪报告基础上进行审查。

第 543 条

（1）独任法官应当驳回签发刑事命令的请求，如果

①存在本法第 384 条规定的驳回诉讼的理由的；

②它涉及不可以被提出该请求的某一罪行；

③国家检察官请求科处法律不允许的某项刑罚或措施的。

（2）如果独任法官认为起诉书中的信息没有提供签发刑事命令的充足理由或者根据该信息科处国家检察官期望的刑罚或促使还不如科处其他刑罚或措施的，他应当在接到起诉书时根据本法第 542 条第 4 款行事。应当将起诉书及对其应有权利的告知一并送达被告人，并通知他法庭没有接受国家检察官有关签发刑事命令的请求。预审庭应当根据本法第 542 条第 5 款对起诉书进行审查。

第 544 条

（1）如果预审庭没有确认其起诉，被告人对其提出异议的刑事命令应当予以生效。即使在通过一个新判决的情况下，独任法官也应当按此行事。

（2）独任法官既不受本法第 540 条规定的检察官的请求约束，也不受本法第 13 条禁止性规定的约束。

第 545 条

（1）国家检察官有权对签发刑事命令的判决提出上诉并由上诉法院进行裁决。

（2）如果被告对签发刑事命令的判决提出了异议，国家检察官的上诉应

被驳回。

第二节　科处司法警告

第 546 条

（1）根据刑法规定，当考虑科处司法警告时，法庭应当通过一项判决来作出该刑事处罚。

（2）除非本章另有规定，本法有关有罪判决的规定应分别适用于司法警告的判决。

（3）除了被指控人的个人信息，在科处司法警告判决的命令部分还应当陈述被指控人所指控罪行成立并且应指出其罪行的法定罪名。命令部分还应当陈述本法第 459 条第 1 款至第 3 款规定的信息。

（4）在判决理由部分的陈述中，法庭应当指出导致科处司法警告的理由。

第 547 条

司法警告判决及其实质理由，应当在庭审结束后立即被宣布。此时，合议庭主席应当提醒被指控人虽没有因其罪行对其科处刑罚，但根据其所处社会环境中的行为准则以及道德准则有必要对其予以警告来告诫其不要再实施犯罪。如果司法警告的判决是在被告人缺席情况下宣布的，法庭应在陈述的理由中包含该警告。本法第 537 条第 2 款规定应适用于放弃上诉权和判决纸质副本的签发。

第 548 条

（1）可以根据本法第 467 条规定的理由对司法警告判决提出异议。

（2）如果司法警告判决包含了某项保证措施、刑事诉讼费用、没收金钱收益或赔偿请求的裁决，可以因为法庭没有正确适用保证措施、没收金钱收益，或因为其违反法律规定作出刑事诉讼费用或赔偿请求的裁决而对其提出异议。

六、拉脱维亚

《刑事诉讼法》

第二部分　刑事案件中的刑事诉讼审前程序和审判程序

第三十七章　实施简易程序的审前程序特征

第 428 条　许可实施简易程序

符合以下情形的，诉讼程序负责人可以根据简易程序进行侦查：

（1）实施犯罪的当事人已被查明；

（2）可以在 10 日内完成侦查。

第 429 条　根据简易程序进行侦查行为

1. 诉讼程序负责人应当在启动侦查程序后，执行以下行为：

（1）查明实施刑事犯罪的环境；

（2）查明刑事犯罪的被害人；

（3）查明刑事犯罪的性质及造成的伤害；

（4）执行必要的侦查行动；

（5）作出认定当事人为犯罪嫌疑人的决定；

（6）如有必要，对犯罪嫌疑人实施羁押或实施强制措施；

（7）查明对案件有决定意义的其他重要情形。

2. 在启动侦查程序之日起 10 日内，诉讼程序负责人应当同时将案件材料和说明信提交给监督检察官，且应当在刑事诉讼记录中进行记录。

3.（2010 年 10 月 21 日已废止）

第 430 条　检察官在审前简易程序中实施的行为

1. 当检察官确定不能继续进行诉讼程序，或认为对犯罪嫌疑人进行起诉及在法庭证明该起诉的证据不充分时，检察官可以根据简易程序作出不同意继续进行诉讼的决定，同时应将材料送还至侦查机关以继续进行侦查。检察官也可以选择其他刑事诉讼类型，继续进行刑事诉讼。

2. 如果检察官根据简易程序允许继续进行诉讼，检察官应当作出将刑事案件移送至法院的决定。

3. 检察官应当在 10 日内作出决定，并将刑事案件移送至法院。

第 431 条　根据简易程序进行移送刑事案件至法院的决定

1. 检察官应当在根据简易程序移送刑事案件至法院的决定中指明以下内容：

（1）被提起刑事诉讼的当事人（姓名、身份证号码）；

（2）当事人被起诉的以及被诉至法院的刑事犯罪；

（3）刑事犯罪的性质；

（4）法院即将利用的证据；

（5）实施的强制措施；

（6）对财产的限制；

（7）被告人责任加重或减轻的情节；

（8）被告人的个人信息。

2. 物证、文书以及起诉及辩护过程中被传唤至庭审的人员名单应附加在决定中。

3. 移送刑事案件至法院的决定应当同时被视为判定犯罪嫌疑人承担刑事

责任的决定，该决定不得上诉。

第 432 条　了解简易程序中的案件材料

1. 根据简易程序将案件移送给法院的决定书副本以及案件材料应当移送给被告人。该决定书副本也应当送达被害人。

2. （2016 年 1 月 19 日已废止）

3. （2009 年 3 月 12 日已废止）

4. 案件移送至法院后，所有请求及申诉应当直接向法院移送。

七、葡萄牙

《葡萄牙刑事诉讼法典》

第二部分

第八卷　特殊程序

第一编　简易诉讼程序

第 381 条　简易诉讼程序的适用

1. 根据本法典第 255 条和第 256 条的规定，对现行犯进行拘留后，满足下列情况的，可以适用简易诉讼程序对犯罪嫌疑人进行诉讼：

（1）起诉时已由司法机关或者警察机关对犯罪嫌疑人进行拘留；或者

（2）由前项规定的机关外的其他人员对犯罪嫌疑人实施抓捕，但是在抓捕后 2 小时内将犯罪嫌疑人提交至前项规定的机关，并且由前述机关作出简要笔录。

2. 前款的规定不适用于因第 1 条第（1）项规定的犯罪，或因刑法典第二卷第三编、第五编第一章及在有关违反人权国际法的相关刑法规定的犯罪，在现行犯情况下被拘留的人。

第 382 条　将被拘留人移交检察院并提交审判

1. 执行拘留或者接收被羁押人的机关为警察机关或者检察院以外的其他司法机关，上述机关应当立即或在不超过 48 小时的最短时间内，将被拘留人移交至对案件有管辖权的法院所对应的检察院，并由法院为犯罪嫌疑人指定辩护人。

2. 如犯罪嫌疑人无行使其获得准备辩护的期间的权利，检察院对犯罪嫌疑人进行简要讯问后，如认为适宜，则立即或在最短时间内将犯罪嫌疑人提交有权限审判该案件之法官，但第 4 款规定的情形和第 384 条第 1 款和第 2 款规定的情形除外。

3. 如果犯罪嫌疑人行使了获得准备辩护期间的权利，检察院可依据第

143 条的规定对其进行讯问，以实现对犯罪嫌疑人的拘留和释放的评估，在有需要的情况下，对犯罪嫌疑人强制登记身份和住所资料，或其提交给预审法官，以决定强制措施或财产担保措施的适用，但不影响简易诉讼程序的适用。

4. 如果有理由相信审判听证在第 387 条第 1 款和第 2 款第（1）项规定的期间内开始，尤其是考虑到针对发现真相重要证据的必要措施，检察院须发布批示，命令立即实施未实施的措施，前款的规定可相应适用。

5. 在第 3 款和第 4 款规定的情况下，经过犯罪嫌疑人声请的准备其辩护的期间，或经过必要的针对发现真相重要的证据采取措施的期间，检察院通知犯罪嫌疑人和其他证人在指定的日期出席，以在简易诉讼程序的审判中进行陈述。该日期必须在拘留后 20 日内。

6. 不需要适用羁押的犯罪嫌疑人在被通知时，须被告诫如不在审判中亲自出席，则由辩护人代表以作出所有具有法律后果的行为。

第 383 条　通知

1. 对犯罪嫌疑人实施拘留的司法机关或者警察机关，应当口头通知案件发生时在场的证人在审理时应当到场。证人不得超过 7 名。前述规定也适用于被害人在场的情况。此外，对案件有管辖权的法院所对应的检察官在审理时应到场。

2. 在拘留行为中，须告知犯罪嫌疑人其有权在不超过 15 日的时间内陈述其辩护，该辩护须告知驻于有管辖权审判该案件的法院的检察院，且有权带最多 7 名辩方证人；如该等证人在场，则以口头通知。

第 384 条　卷宗的归档或者诉讼程序的中止

1. 在满足第 280 条和第 281 条所指的前提的情况下，检察院依职权或应犯罪嫌疑人或辅助人的声请，经预审法官的同意，决定相应的归档或诉讼程序的临时中止。

2. 为前款规定的效力，检察院需依据第 143 条的规定讯问犯罪嫌疑人，以评估对犯罪嫌疑人的拘留和释放，如有需要，强制其进行身份和住所登记，预审法官须在最长 48 小时内宣布关于归档或中止的建议。

3. 如无取得未获预审法官许可的，适用第 382 条第 5 款和第 6 款的规定，除非检察院应当通知被告人，在对被告人拘留之日起 15 日进行的简易程序的审理中到场，但犯罪嫌疑人未曾行使获得期间陈述辩护的权利。

4. 犯罪嫌疑人不遵守本法典第 282 条第 3 款规定的关于暂时中止诉讼程序的强制命令和行为规则的，检察院自发现上述行为之日起 90 日内对被告人提起控诉，以便通过简化程序进行审判。

第 385 条　释放被告人

1. 将被拘留的现行犯移送法院后，且可处最高限度不超过 5 年有期徒刑的，或在犯罪竞合的情况下，可处最高限度不超过 5 年有期徒刑的，或在犯罪竞合的情况下，可处最高限度不超过 5 年有期徒刑的，只在有理由认为下列情况时，仍然应当继续对犯罪嫌疑人进行拘留：

（1）未在确定的日期和时间自愿出现于司法机关；

（2）出现符合本法典第 204 条规定的具体情形，仅维持拘留可起到预防性作用；或者

（3）因对被害人进行保护，必不可少地应当拘留犯罪嫌疑人。

2. 在前款规定释放被告人的情况下，刑事警察机关强制被告人进行身份和住所登记，并且通知其在指定的日期和时间出席于检察院之前，以提起下列活动：

（1）简易诉讼程序的审理，且须告诫犯罪嫌疑人，即使其不出席，该审理也将继续。犯罪嫌疑人不出庭的，可以由其辩护人代理其出庭。

（2）接受首次司法讯问，接受强制措施或者财产担保措施。

3. 在任何情况下，只要刑事警察机关基于有依据的理由相信犯罪嫌疑人不可能在第 382 条第 1 款所指的期间内被提交，则立即释放犯罪嫌疑人，强制其进行身份和住所登记，并对该事实作附理由的报告，该报告须连同卷宗，被立即发往检察院。

第 386 条　审判的一般性原则

1. 本法典中关于普通诉讼程序的规定，经作出本编各条的更改后，适用于简易诉讼程序。

2. 审判的行为和程序，应当减至对审理案件和作出正当裁判必要的最低限度。

第 387 条　审理

1. 在不妨碍下款规定的前提下，简易诉讼程序的审理应当在对被告人实施拘留后最长 48 小时内进行。

2. 审理也可以在以下情况进行

（1）对于第 385 条第 1 款规定的情形，在前款规定的期间内有一个或一个以上的非工作日的，在实施拘留后最长不超过 5 日内进行审理；

（2）在本法典第 384 条第 3 款规定的情况下，实施拘留后最长不超过 15 日内进行审理；

（3）被告人要求一定期限为辩护做准备的，或检察院认为需要实施对发现真相具有重要性的措施的，该期限最长为 20 日。

3. 如证人没有出席，但检察院、辅助人或犯罪嫌疑人不同意放弃，听证不予延期，依据第 341 条第（2）项和第（3）项所指的顺序询问在场证人，但不影响变更已提交的证人名单的可能性。

4. 如未依据第 382 条第 5 款或第 383 条的规定通知证人出席的，仍须提交其名单，但其缺席不导致听证的延期，除非法官依职权或应声请，认为其证言对发现真相和作出良好裁判必不可少，则命令马上通知出席。

5. 有权法官不可能依据第 1 款和第 2 款的规定开始听证的，应该由代任法官介入。

6. 在第 389 条第 2 款规定的情况中，需应犯罪嫌疑人的声请延期 10 日进行听证，以进行辩论，但不影响听取犯罪嫌疑人的陈述和询问辅助人、民事当事人、鉴定人和在场证人。

7. 在法官认为证人证言或各审查、鉴定报告或文件的集合对作出良好裁判必不可少时，听证需延期最长 20 日，以使被适当通知的证人出席，或以收集各审查、鉴定报告或文件。

8. 拟附于诉讼程序的审查、鉴定报告和文件，对被要求提供的机关具有紧急性质，检察院或法官须根据具体情况，向该等机关提出或坚持该等文件的提交，并提醒其紧急性质。

9. 对于可处刑罚最高限度不超过 5 年有期徒刑的犯罪或犯罪竞合，必须在自拘留起最长不超过 60 日的期间调查所有证据；如外地，有基于适当依据的理由，尤其是缺乏某一审查或鉴定报告，该期限为自拘留起 90 日内。

10. 对于可处最高限度超过 5 年有期徒刑的犯罪或犯罪竞合，前款所指的期间分别延长至 90 日和 120 日。

第 388 条 辅助人和附带民事诉讼原告人

有权成为辅助人或者以附带民事诉讼原告人身份参与该诉讼程序的人员，可以在简易诉讼程序中，开始进行审理时，提出成为辅助人或者以附带民事诉讼原告人身份参与诉讼的请求。该请求可以口头形式提出。

第 389 条 程序

1. 检察院可以宣读进行拘留的机关所作的实况笔录，作为其提出的控告；但是，如果对某一指控行为或者竞合的行为应当判处 5 年以上有期徒刑的，需提出正式控告书。

2. 如不足够，检察院需在审判陈述之前通过批示对载于实况笔录的事实补充完整，该批示亦须在听证上宣读。

3. 在法院认为有必要实施措施的案件中，如无提出控诉，则须依据具体情况，在实况笔录中附具申请，且申请需载明欲呈现的证人之说明，或者其他任何证据的描述，或者反对附具，在此情况下载明被委任作出审查、鉴定或被要求出具的文件的机关。

4. 控告及其答辩、损害赔偿请求及其答辩是以口头形式作出的，应当依据本法典第 363 条和第 364 条的规定记于审理记录内。

5. 控告及其答辩，视为本法典第 339 条所规定的介绍性阐述。

6. 证据调查完结后，允许检察院、辅助人的代理人、附带民事诉讼原告的代理人和辩护人发言，但是每位仅可发言一次，每次不得超过 34 分钟。

第 389-A 条　判决

1. 判决应当在审理后立即口头宣布，并且应当包括以下内容：

（1）归纳说明已经核实或者未经核实的事实，可以引用控告书和答辩书列举的经审查的证据，并且说明该证据价值来完成该归纳说明；

（2）简要说明判决所依据的事实和法律理由；

（3）作出有罪判决的，应当提供判处的刑罚种类和程序的简要的法律依据；

（4）本法典第 374 条第 3 款第（1）项至第（4）项的规定。

2. 应当对诉讼活动进行记录并列入卷宗。

3. 如果未依照本法典第 363 条和第 364 条的规定对判决进行记录，则视为判决无效。

4. 应当将判决书副本在 48 小时内交付被告人、辅助人和检察院，但明确表示放弃接收该判决书副本的除外。当事人根据本法典第 101 条第 4 款规定提出获得记录的申请的，也应当进行相关交付。

5. 判处徒刑的，或者案件情节需要的，法官在辩论后当即作出书面判决书，并且进行宣读。

第 390 条　移送卷宗以采用其他诉讼程序

1. 仅在下列情况下，法院将卷宗移送检察院，对案件采用其他诉讼程序进行审判：

（1）出现依法不应当采用简易诉讼程序的情况；

（2）对本法典第 13 条第 1 款、第 2 款所规定的案件，被告人或者检察院在行使本法典第 382 条第 3 款、第 4 款规定的权利时要求陪审团审理案件，或者辅助人在审理开始时要求陪审团审理案件时；

（3）由于正当合理的理由，在本法典第 387 条第 9 款、第 10 款所规定的期限内，不可能获得查明真相所需的证据。

2. 检察院接收到案件卷宗后，检察院提出在普通程序中、在独任法官审理的简捷诉讼程序中的控告，或者申请通过最简易程序中执行刑罚或者非剥夺自由的保安处分措施的，则对案件具有管辖权的法院以简易诉讼程序对案件进行审判。

第 391 条　可上诉性

1. 在简易诉讼程序中，仅可对判决或者结束诉讼程序的批示提出上诉。

2. 除本法典第 389-A 条第 4 款规定的情况外，提出上诉的期限自判决书副本送达之日起计算。

第二编　简捷诉讼程序

第 391-A 条　适用情况

1. 对于可处以最高不超过 5 年有期徒刑的案件，存在简单明显的证据充分显示有犯罪行为发生，以及充分显示具体的行为人的，检察院可以根据实况笔录或者在进行简要侦查后提出控告，以便通过简捷诉讼程序进行审判。

2. 对于可处最高徒刑超过 5 年的案件，以及违法行为竞合的情况下判处徒刑可能超过 5 年，但是检察院在控告中认为该具体案件不应当执行超过 5 年徒刑的，也应当依据前款的规定适用简捷诉讼程序审判。

3. 为本款第 1 目规定的目的，在下列情况下均视为存在简单明显的证据：

（1）行为人在现行犯罪的情况下被拘留，以及审判不能通过简易诉讼程序进行的；

（2）证据主要为文书证据，并且可以在提出控诉的规定期限内收集到的；或者

（3）证据以目击证人所述的事实为基础，并且其说法基本一致。

第 391-B 条　诉讼程序的控告、归档和中止

1. 检察院的控诉书应当包含第 283-A 条第 3 款所指的资料，而被告人身份的信息及有关事实的叙述可全部或者部分引用实况笔录或者检举中的资料。

2. 在不影响本法典第 384 条第 4 款所规定的情况下，自下列日期起 90 日内应当提交控告书：

（1）属于公诉案件的，自根据本法典第 241 条所规定的获得案件消息之日起计算；或者

（2）其他情况，自提出告诉之日起计算。

3. 对于经自诉才能受理的案件，检察院提出的控告应当在作出本法典第 285 条规定的控告后，才能实施。

4. 本法典第 280 条至第 282 条的规定相应地予以适用于简捷诉讼程序。

第 391-C 条　诉讼程序的补足

1. 法官收到卷宗后，应当对本法典第 311 条所规定的问题进行审理。

2. 法官受理案件的，应当指定审理的日期。审理日期应当先于以普通诉

讼程序进行审判的日期，但是不影响紧急程序的优先进行。

第 391-D 条　移送卷宗以便采用其他诉讼程序进行审判

1. 仅当案件依法不得采用简捷诉讼程序时，法院应当将卷宗移送检察院，以便采用其他诉讼程序进行审判。

2. 检察院接收卷宗后，提出在普通程序中，由独任法官审理的控告，或者提出适用最简易程序中适用非剥夺自由的刑罚或者安保处分措施的，则有权以简捷程序进行审理的法院维持对相关问题审判的管辖权。

第 391-E 条　审判

1. 关于普通诉讼程序中审判的规定，在经本条规定作出变更后，适用于简捷诉讼程序的审判。

2. 调查证据结束后，由检察院、辅助人代表、民事代理人和辩护人依次发言。各方发言不得超过 30 分钟，如有需要可以申请延长。对上述发言提出反驳，反驳的时间不得超过 10 分钟。

3. 已废除。

第 391-F 条　判决

本法典第 389-A 条的规定相应地适用于简捷诉讼程序的判决。

第 391-G 条　可以提出上诉

本法典第 391 条的规定相应地适用于简捷诉讼程序。

第三编　最简易诉讼程序

第 392 条　适用情况

1. 对于可能判处不超过 5 年有期徒刑或者仅判处罚金刑的案件，经被告人主动向检察院提出适用最简易诉讼程序，或者检察院经听取被告人的意见后认为在该案件中应当具体判处非剥夺自由的刑罚或者非剥夺自由的安保处分措施的，则检察院可以向法院申请适用最简易诉讼程序。

2. 对于自诉案件，前款规定的申请经辅助人的同意而进行。

第 393 条　附带民事诉讼原告人

1. 最简易诉讼程序中无附带民事诉讼原告人，但是本规定不影响下一款的适用。

2. 检察院提出前条所提及的申请前，该申请包含本法典第 394 条第 2 款第（2）项提及的内容的，被害人可以表达获得损害赔偿的意愿。

第 394 条　申请

1. 检察院应当以书面形式提出适用最简易诉讼程序申请。申请书中应当包含识别被告人身份的信息、对被告人应当规则的事实描述，以及列明被告人违反的法律规定，载明已经取得证据，简要说明检察院认为对有关案件不应当判处剥夺自由的刑罚或报案措施的具体理由。

2. 在申请书的结尾部分应当由检察院作出下列必要提示：

（1）具体建议的制裁措施；

（2）适用本法典第 82-A 条时，指明具体的赔偿金额。

第 395 条　申请的驳回

1. 遇到下列情况，法官作出批示驳回最简易诉讼程序，并将卷宗进行移送，以便适用其他诉讼程序：

（1）依法不应当采用最简易诉讼程序；

（2）根据本法典第 311 条的规定，申请明显没有依据；

（3）建议的制裁措施明显不能适当并且充分地实现制裁的目的。

2. 法官将案件进行移送以便适用其他诉讼程序的，检察院关于适用最简易诉讼程序的申请，在任何情况下都等同于提出控告。

3. 对本条第 1 款规定的批示不服的，不得提出上诉。

第 396 条　通知和被告人的反对

1. 如果法官没有根据前条的规定驳回申请，法官应当：

（1）为尚未委托律师或者指定辩护人的被告人指定辩护人；

（2）将检察院的申请通知被告人。有前条第 2 款所规定的批示的，通知被告人该批示，被告人可以在 15 日期限内提出反对。

2. 根据本法典第 113 条第 1 款第（1）项规定，前款的向被告人发出的通知必须亲自进行，且通知中应当包含以下内容：

（1）告知其有权对拟作出的制裁措施提出反对，以及告知其提出反对的方式和期限；

（2）指明提出反对的期限和结束的时间；

（3）解释下条所述的反对和不反对的结果。

3. 该申请同样应当通知被告人的辩护人。

4. 反对可以简单声明的方式提出。

第 397 条　决定

1. 如果被告人对申请不提出反对，法官可以作出批示决定执行该制裁措施，并判决被告人支付诉讼费用。

2. 上款所规定批示的视为有罪判决，对其不服的，不得提出普通上诉。

3. 该批示非经依据本法典第 394 条第 2 款或者第 395 条第 2 款规定所作出的制裁措施的，该批示归于无效。

第 398 条　诉讼程序的继续进行

1. 被告人对拟作出的制裁措施提出反对，法官将案件进行移交，以便适用其他诉讼程序。法官在该情形下移交案件的，在任何情况下检察院依据第394条的规定提出的申请均等同于提出控告。

2. 命令移送卷宗后，应当通知被告人，以便被告人在普通诉讼程序中申请开展预审程序。

八、瑞典

《瑞典司法程序法典》
第四编　初等法院程序
二、刑事案件程序
第四十八章　简易处罚令与违规罚金令
一般规定

第1条　应当提起公诉的刑事责任问题，可以依据本章规定由检察官以简易处罚令、警察以违规罚金令的方式解决。在第3条规定的限度范围内，简易处罚令可以代替起诉。

有关本章适用的进一步规定，由政府或政府制定机构制定。（1974年573号法）

第2条　本章规定的简易处罚令，是指基于犯罪嫌疑人立即或在特定期间内同意，被指令支付检察官认为与其犯罪相对应的罚金。在第4条第2款规定的条件下，简易处罚令可以涉及附条件刑罚或与罚金相关的其他制裁。第5a条规定简易处罚令也可以适用于包含支付义务的附带民事诉讼。

本章规定的违规罚金令，是指基于犯罪嫌疑人立即或特定期间内的同意，被指令支付第14条规定的罚金。

犯罪应处没收财产或类似的特殊法律后果，或者《犯罪被害人基金法》（1994年419号法）规定的费用形式的特殊法律后果的，应征得犯罪嫌疑人的同意。为调查犯罪而对犯罪嫌疑人进行血液检测及血液分析的花费同样适用本规定。此类费用适用有关特殊法律后果的规定。（1996年162号法）

第3条　本章规定的指令已经征求犯罪嫌疑人在特定期间内同意的，在该期间届满前不再追究该刑事责任。

征得同意的命令与最终生效的判决具有同等效力。

简易处罚令

第4条　对可判处罚金刑的犯罪的罚金指令，可以简易处罚令的形式作出。不满18周岁的人犯罪适用简易处罚令的，适用特殊规定。罚金支付令适用《刑法典》第三十四章第1条第3款第（2）项的规定。

法院在案件中明显会作出附条件刑罚或并处罚金的刑罚的，该类处罚可以简易处罚令的形式作出。但对不满 18 周岁的人犯罪，有理由将附条件刑罚与社区服务令合并的，不适用本规定。（1998 年 605 号法）

第 5 条 下列情形下，不得签发简易处罚令：

1. 公诉的前提条件不存在的；

2. 简易处罚令未包含检察官正在审查的由犯罪嫌疑人实施的全部犯罪的；

3. 被害人声称其意图对犯罪提起除支付义务外的附带民事诉讼的；

4. 因犯罪而起诉单位罚金的诉讼。（1994 年 1412 号法）

第 5a 条 被害人提起与犯罪导致的赔偿义务有关的附带民事诉讼，且检察官依据第二十二章第 2 条第 1 款的规定准备并提交被害人的诉讼请求的，该附带民事诉讼应当征求犯罪嫌疑人的同意。（1994 年 1412 号法）

第 6 条 简易处罚令应当以书面形式制作并由检察官签发。

简易处罚令应当载明：

1. 犯罪嫌疑人；

2. 犯罪行为，详细说明犯罪时间及地点及识别犯罪所需的其他事实；

3. 适用的法律条款；及

4. 提交犯罪嫌疑人同意的惩罚及特殊法律后果；

5. 向犯罪嫌疑人提出的涉及被害人信息及主张所根据的事实的民事赔偿。（1994 年 1412 号法）

第 7 条 已经向犯罪嫌疑人提交简易处罚令以征得其在特定期间内同意的，应以在命令中注释的方式或其他方式告知犯罪嫌疑人同意的方式及期限，并告知其不同意处罚令的，将在期限届满后被起诉。

第 8 条 简易处罚令应当移交或送达犯罪嫌疑人。

政府可以规定将简易处罚令的内容及第 7 条规定的信息的书面陈述移交或送达犯罪嫌疑人，以替代简易处罚令。（1974 年 573 号法）

第 9 条 犯罪嫌疑人对简易处罚令的同意可以通过签署一份承认犯罪行为，接受惩罚及处罚令中包含的特殊法律后果的声明，并将声明交付有关部门来完成。有关接收该类声明的机关的进一步规定，由政府制定。

在非处罚令的文件上签字同意处罚令的，仅在该文件是简易处罚令明确制定的文件时，同意才有效。（1994 年 1412 号法）

第 10 条 代理授权原件已经被检察官登记的，诉讼代理人可以代表犯罪嫌疑人书面同意不涉及附条件刑罚的简易处罚令。代理权限除第十二章规定的内容之外，还应当包含：

1. 授权诉讼代理人代表嫌疑人同意简易处罚令的声明；

2. 同意可能涉及的罪，以及对犯罪类型、犯罪时间和犯罪地点的说明；

3. 对犯罪嫌疑人愿意接受的最高罚金，特别法律措施及民事请求的说明。

此类代理授权已经被检察官登记的，诉讼代理人可以代表犯罪嫌疑人接收该案文书。（1994 年 1462 号法）

第 11 条　简易处罚令中仅涉及罚金或者《犯罪被害人基金法》（1994 年 419 号法）规定的罚金及费用的，可以不经先前的书面同意，向政府指定机构支付全部金额，犯罪嫌疑人不明显反对简易处罚令的，该支付行为即视为同意。（1994 年 420 号法）

第 12 条　在签发传票或传票申请书之后同意的，同意无效。

第 12a 条　检察官发现已经获得同意的简易处罚令包含因检察官或其他人的记录错误、计算错误或类似疏忽而导致的明显错误的，在已经向同意该命令的人提供机会表达意见后，检察官应决定改正该命令。

已经同意命令者反对改正的，不得改正。

改正不得加重处罚。（1994 年 443 号法）

违规罚金令

第 13 条　犯罪既不能被判处直接评定为固定数额的罚金之外的其他处罚，也不可能被判处标准罚金的，可以签发违规罚金令，违规罚金令的决定依据第 14 条规定的方式作出。

法律规定有特殊条件的公诉，不适用违规罚金令的规定。

第 14 条　政府可以颁布有关违规罚金令的最高金额，及有关违规罚金令适用的其他限制的规定。

总检察长在征询国家警察局意见后，应确定适用违规罚金令的犯罪。

总检察长应为不同该犯罪确定应当适用的违规罚金金额。同时应当确定对于数罪适用的共同违规罚金的计算依据。有特别理由的，总检察长可以委托 1 名区域检察官确定特定犯罪的违规罚金数额。（1974 年 573 号法）

第 15 条　犯罪嫌疑人否定犯罪行为的，命令并未包含警察正在审查的由犯罪嫌疑人实施的全部犯罪行为的，有理由推断将会对犯罪嫌疑人的行为提起民事诉讼的，不得签发违规罚金令。

在其他情况下，可以推定为检察官对简易处罚令或犯罪的起诉问题进行审查所需要的，不得签发违规罚金令。（1986 年 649 号法）

第 16 条　违规罚金令应当以书面形式作出并由警察签发。

违规罚金令应当在犯罪嫌疑人在场时签发，且应给其提供机会立即同意该命令。

违规罚金令在犯罪嫌疑人缺席时签发，或者签发该命令时犯罪嫌疑人在场但是需要时间考虑的，警察可以将命令递交犯罪嫌疑人以使其可以稍迟作出同意决定。

第17条 违规罚金令也是用第6条第2款第1、2项和第（4）项，及第7条、第9条、第11条和第12a条的规定。第12a条关于检察官的规定对警察同样适用。（1982年1123号法）

第18条 警察在签发违规罚金令并获得同意的同时，发现该命令包含明显错误，且错误并非罚金数额明显过低的，在可能的情况下，警察可以立即为犯罪嫌疑人提供机会撤销同意，不再适用第3条第2款的规定。如此行为的，该命令应当被撤销。之后，可以签发新的违规罚金令。

第19条 对违规罚金令的同意在检察官签发传票或传票申请书之后作出的，同意无效。在简易处罚令签发后对违规罚金令表示同意的，该同意同样无效，签发该简易处罚令的检察官宣布该同意有效并撤销简易处罚令的除外。

第20条 政府可以规定违规罚金令也可以由检察官及海关官员签发。本章对于警察的规定同样适用于被授权的个人。（1974年573号法）

九、瑞士

《瑞士刑事诉讼法典》

第八编　特别程序

第一章　简易处罚令程序、违警罪处理程序

第一节　简易处罚令程序

第352条　适用条件

1. 如果被告人在预审程序中，已经承担了罪责或者其罪责已经得到充分证明，如果考虑到必须撤销的缓刑或者假释命令，认为可以判处下列刑罚，则检察官应当签发简易处罚令：

a. 罚金；

b. 不超过180个日罚款单位的罚款；

c. 不超过720小时的社区服务；

d. 不超过6个月的监禁刑。

2. 任何上述刑罚都可以根据《瑞士刑法典》第66-73条规定并处措施。

3. 按照第1款第b-d项规定的刑罚可以互相合并判处，只要判处的总刑期不超过6个月的监禁刑即可。罚金总是可以与任何其他刑罚并处。

第353条　简易处罚令的内容和通知

1. 简易处罚令包含：

a. 发出此命令的机关名称；

b. 被告人姓名；

c. 关于被告人实施行为的描述；

d. 行为构成的犯罪；

e. 处罚；

f. 告知取消缓刑或者假释并附具简要的理由说明；

g. 应当缴纳的诉讼费和赔偿金；

h. 可能返还或没收的扣押财产的详细信息；

i. 拒绝接受本处罚令的可能性以及不拒绝接受处罚令的后果；

j. 签发的日期和地点；

k. 签发命令人的签名。

2. 如果被告人已经认可了私人起诉者的民事请求，也应当将其记载在简易处罚令上。未被认可的民事请求应当移交民事诉讼。

3. 应向有权拒绝简易处罚令的人和机关立即送达简易处罚令的书面通知。

第 354 条　拒绝

1. 可以在 10 日内由下列人员向检察官提起书面驳回简易处罚令的声明：

a. 被告人；

b. 其他利害关系人；

c. 如果有此规定，在联邦或州诉讼中分别由瑞士检察总长办公室或者州检察总长办公室提起；

2. 被告人以外的其他人作出的拒绝必须附具理由说明；

3. 除非提出了有效拒绝，否则简易处罚令就成为终局判决。

第 355 条　拒绝程序

1. 如果拒绝声明已经提交，检察官应当收集所需的额外证据来对拒绝进行评估。

2. 如果提交拒绝声明的人虽经传唤但无正当理由未能出席审查听证的，则视为撤回拒绝声明。

3. 检察官在调查证据之后应当决定：

a. 维持简易处罚令；

b. 终止诉讼；

c. 签发新的简易处罚令；

d. 向一审法院提起指控。

第 356 条　一审法院的程序

1. 如果检察官决定维持简易处罚令，它应当立即将案卷移送给第一审法院以进行庭审。简易处罚令相当于起诉书。

2. 第一审法院应当裁决简易处罚令及其拒绝是否有效。

3. 在当事人提交意见前，拒绝可以随时撤回。

4. 如果提交拒绝声明的人无正当理由没有出席庭审或者没有律师代理，则视为撤回拒绝。

5. 如果简易处罚令是无效的，法庭应当将之撤销并将案件移送回检察官以进行新的预审程序。

6. 如果拒绝仅与诉讼费和赔偿金或者其他附随法律命令有关，法庭应当以书面形式裁决，除非提交拒绝声明的人明确要求听证。

7. 如果简易处罚令是向同一犯罪的 2 个或者 2 个以上人发出的，参照适用第 392 条。

第二节　违警罪处理程序

第 357 条

1. 被指定追诉和处理违警罪的行政机关享有检察官的权力。

2. 程序参照适用简易处罚令程序的规定。

3. 如果未满足违警罪构成要件，违警罪追诉机关应当签发附具理由说明的裁决终止诉讼。

4. 如果违警罪追诉机关认为案件事实构成轻罪或重罪，它应当将案件移送给检察官。

第二章　速决程序

第 358 条　原则

1. 只要被告人承认对于案件法律评价至关重要的事项并在原则上认可民事请求，他在提起指控前的任何时候均可要求检察官适用速决程序。

2. 在检察官建议判处 5 年以上监禁刑的案件中，不可以选择适用速决程序。

第 359 条　启动程序

1. 检察官是否适用速决程序的决定是终局的。该裁决无须包括理由说明。

2. 检察官应当通知当事人将要适用速决程序，并应当给私人起诉者设定 10 日的期限提起民事请求和要求报销诉讼中产生的费用。

第 360 条　起诉书

1. 起诉书应当包含：

a. 第 325 条和第 326 条所要求的细节；

b. 量刑；

c. 任何其他措施；

d. 与判处缓刑有关的指示；

e. 缓刑或假释的撤销；

f. 对私人起诉者提出的民事请求作出的裁决；

g. 关于诉讼费和赔偿金的裁决；

h. 通知当事人如果同意起诉书，相当于放弃了普通程序的权利和上诉权。

2. 检察官应当把起诉书送达当事人。当事人必须在10日内表明其是否同意起诉书。同意不得撤回。

3. 如果私人起诉者未能在期限内提出反对起诉书的书面声明，就视为他或她已经同意。

4. 如果当事人同意，检察官应当将起诉书连同案卷一起移送给一审法院。

5. 如果任何当事人反驳起诉书，检察官应当适用普通的预审程序。

第361条　庭审

1. 一审法院应当进行庭审。

2. 在庭审中，法庭应当讯问被告人并确认：

a. 其是否承认指控所基于的事项；并且

b. 该认罪与案卷中列出的情节是否吻合。

3. 如果有必要，法庭还应当询问其他在场的当事人。

4. 无须进行证据调查程序。

第362条　判决或申请的驳回

1. 法庭应当自由裁决：

a. 速决程序的进行是否合法合理；

b. 指控与庭审结果以及案卷是否吻合；并且

2. 如果符合速决程序作出判决的条件，法庭应当作出判决并写明犯罪、处罚以及起诉书中包含的民事请求的处理，并且附具1份符合速决程序要求的理由说明。

3. 如果不符合速决程序作出判决的条件，法庭应将案卷发回检察官以便适用普通程序。法庭应当将其不作出判决的决定以口头和书面结论的形式进行告知。该决定不得争议。

4. 在签发不作出速决程序判决的决定后，当事人为了速决程序的目的而作出的陈述不得在后续的普通程序中使用。

5. 对速决程序判决提起上诉的唯一理由是一方当事人不同意起诉书内容或者判决与起诉书不符。

十、意大利

《意大利刑事诉讼法典》

第六编　特别程序

第三章　快速审判

第449条　适用快速审判程序的情况和方式

1. 如果某人在犯罪时被当场逮捕并且公诉人认为应当予以追诉，可以直接将处于逮捕状态的人提交法官，以便在自逮捕后的48小时内获得对逮捕的认可并使该人同时受到审判。第391条中的有关规定适用于上述审判。

2. 如果逮捕未获认可，法官将文书退还公诉人。当被告人和公诉人同意实行快速审判时，法官可以决定实行该程序。

3. 如果逮捕得到认可，则立即进行审判。

4. 如果当场逮捕已经得到认可，公诉人也可以实行快速审判。在这种情况下，被告人自逮捕后的30日内被提交给法庭，除非这样做将严重妨碍侦查。

5. 对于在讯问过程中作出坦白的人，公诉人也可以实行快速审判，除非这样做将严重妨碍侦查处于自由状态的被告人，在自登记犯罪消息后的30日内，被传唤出庭受审。因受到追诉的行为而处于预防性羁押状态的被告人在同一期限内被提交给法庭。如果某人因紧急原因远离第384-2条规定的家庭住所，司法警察可以根据公诉人的指示在48小时内传唤其参加快速审判和同时认可逮捕的程序，除非这样做会严重妨碍侦查。在此情况下，司法警察在同一期限内传唤被告人参加公诉人提出的关于认可逮捕的庭审。

6. 如果对之要求实行快速审判的犯罪与其他不符合该程序所要求之条件的犯罪相互牵连，对这些其他犯罪以及其他被告人分别进行诉讼，除非这样做将严重影响侦查工作。如果必须进行合并审理，在任何情况下，普通程序优先。

第450条　快速审判的提起

1. 当实行快速审判时，公诉人立即将被当场逮捕的被告人或者处于预防性羁押状态的被告人提交法庭。

2. 如果被告人未受到关押，公诉人传唤他出庭接受快速审判。为出庭规定的期限不得低于3日。

3. 传唤通知包含第429条第1款第（1）项、第（2）项、第（3）项和第（6）项规定的内容，指出负责审判的法官，注明日期并签名。也适用第429条第2款的规定。

4. 公诉人制作的命令，连同第431条规定的卷宗，一并移送给负责审判的法官的文书室。

5. 公诉人负责将关于审判日期的通知立即送达辩护人。

6. 辩护人有权在公诉人的秘书室查阅关于已完成侦查工作的材料并取得有关文书的副本。

第 451 条　快速审判的进行

1. 在快速审判过程中，遵守第 470 条和随后各条中的有关规定。

2. 被害人和证人可以由司法执达吏或者司法警员口头传唤出庭。

3. 公诉人、被告人和民事当事人可以在法庭审理中直接提出自己的证人，亦无须传唤程序。

4. 除第 450 条第 2 款规定的情况外，公诉人向在场的被告人告知对他的控告。

5. 庭长告知被告人有权要求实行简易审判或者依照第 444 条的规定适用刑罚。

6. 被告人还被告知有权请求在不超过 10 日期限内准备辩护。当被告人运用这一权利时，法庭审理停缓，在上述期限届满后立即进行下一次庭审。

第 452 条　程序的变更

1. 如果快速审判是在第 449 条规定的情况以外提起的，法官裁定将有关文书退还公诉人。

2. 如果被告人要求实行简易程序，在宣告法庭审理开始之前，法官裁定采用简易程序继续进行审判。在可适用的范围内，遵循第 438 条第 3 款和第 5 款、第 441 条、第 441-2 条、第 442 条和第 443 条的规定；在第 441-2 条第 4 款规定的情况下，法官撤销曾经作出的关于简易审判的裁定，为快速审判确定庭审日期。

亚　　洲

一、韩国

《韩国刑事诉讼法》

第五章　特殊诉讼程序

第三节　简易程序

第 448 条　（可以作出建议命令的案件）

1. 地方法院对于属于其管辖的案件，根据检察官的请求，可以不经公审程序，以简易命令判处被告人以罚金、罚款或没收等刑罚。

2. 前款情形 CIA，也可以处被告人以追征及其他附随处分。

第 449 条 （简易命令的请求）

简易命令的请求，应当与公诉的提起并以书面方式提出。

第 450 条 （普通审判）

有简易命令请求的情形下，法院认为该案件不能适用简易命令或适用简易命令不适当时，应当适用公审程序。

第 451 条 （简易命令的方式）

简易命令应当明示犯罪事实、适用法律、主刑、附随处分，以及有权在接收简易命令通知后 7 日内提出公审程序审判的请求等。

第 452 条 （告知建议程序）

简易命令的告知应当以对检察官和被告人送达裁判书的方式作出。

第 453 条 （普通程序的请求）

①检察官或被告人可以自接收简易命令通知之日起 7 日内，提出按照公审程序审判的请求。但是被告人不得放弃以公审程序审判的请求。

②应当向作出简易命令的法院书面提出前款的请求。

③有以公审程序审判请求时，法院应当立即将其事由通知检察官或被告人。

第 454 条 （普通程序请求的撤回）

第一审判决宣告前，可以撤回以公审程序审判的请求。

第 455 条 （驳回决定）

①以公审程序审判的请求，违反法律规定程序或明显在请求权消灭后提起时，应当以决定驳回。

②对于前款的决定，可以即时抗告。

③第 1 款的请求合法的，应当按照公审程序进行审判。

第 456 条 （简易程序的失效）

有根据以公审程序审判请求作出的判决时，简易命令失去其效力。

第 457 条 （简易程序的效力）

在以公审程序审判的请求期间经过或请求被撤回或请求被驳回的决定确定时，简易命令与确定判决有同等效力。

第 457 条之二 （禁止不利变更）

对于被告人请求以公审程序审判的案件，不得宣告比简易命令更重的刑罚。

［本条新设 95. 12. 2］

第 458 条　（准用规定）

①第 340 条至第 342 条、第 345 条至第 352 条、第 354 条的规定，准用于以公审程序审判的请求或撤回。

②第 365 条的规定，准用于在公审程序的公审日期，请求以公审程序审判的被告人不出庭的情形。[新设 95. 12. 29]

二、马来西亚

《马来西亚刑事诉讼法典》

第六编　公诉程序

第十九章　简易审理程序

第 173 条　简易审理程序

地方法官适用简易程序审理案件应当遵守以下程序：

（a）被告人出席或被带至地方法院时，应当提出载明其犯罪事实的指控并向被告人宣读并解释指控，并询问被告人是否认罪或要求接受审判；

（b）如果被告人承认犯有指控的罪行，无论指控是否经过修改，有罪答辩应当被记录并可用作有罪判决的依据，法院应当根据有罪答辩依法作出判决：

记录有罪答辩前，法庭应当确认被告人理解有罪答辩的性质和后果并无条件地承认指控的罪行；

（c）被告人拒绝作有罪答辩或者不承认指控罪行或者要求接受审判的，法庭应当收集可能用作指控的证据；

（d）法庭认为必要的，应当从控告人或其他知悉案件情况的任何人处获取指控证据，且法庭认为必要时有权传唤上述人员当面做证；

（e）被告人应当被准许询问所有控方证人；

（f）（i）指控终结时，法庭应当考虑控方是否完成了初步指控；

（ii）法庭认为控方没有完成初步指控的，应当记录无罪释放的命令；

（g）第（f）项的规定不得被认为法庭不得在先前的诉讼阶段中因无根据的指控而撤销对被告人的指控；

（h）（i）法庭认为指控已经初步形成的，应当要求被告人作出辩护；

（ii）被指控的罪行未形成初步指控，但法庭发现被告人另有罪行，法庭有权审理且应当审理的，法庭应当修改指控；

（i）经修改的指控应当向被告人宣读，且应当就新的指控再次向被告人询问其是否认罪；

（j）（i）被告人就修改后的指控承认有罪的，有罪答辩应当被记录并可用作有罪判决的依据，法院应当根据有罪答辩依法作出判决：

记录有罪答辩前，法庭应当确认被告人理解有罪答辩的性质和后果，并无条件地承认指控的罪行：

（ii）被告人拒绝就修改后的指控作有罪答辩的，法庭应当要求其进行辩护；

（iii）被告人被要求进行辩护的，其可以提出证据并再次要求传唤证人并在庭上对其进行询问：

被告人作为证人的，其提供的证据应当优先于其他证人的证据；

被告人作为证人被传唤的，其可以出于其他被告人的利益接受交叉询问；

（k）被告人提出书面陈述的，法庭应当将其记录在案；

（l）（i）被告人基于询问或交叉询问、提交相关文件或其他事由向法庭申请要求启动强制证人（不论在本案中是否已经接受过询问）出庭程序的，除非法庭认为其是出于妨害正义的结果，否则法庭应当启动该程序并将理由记录在案；

（ii）依申请传唤证人前，法庭可以决定其为审判而出席法庭所产生的费用由法庭承担；

（m）（i）审理终结时，法庭应当考虑向其提交的所有证据，且应当判定公诉人的证明是否已经排除合理怀疑；

（ii）法庭认为公诉人的证明已经排除合理怀疑的，应当裁定被告人有罪并可以以此为依据作出有罪判决，并依法量刑；

（iii）法庭认为公诉人的证明未排除合理怀疑的，应当作出无罪宣告并记录在案；

（n）根据控告人依照第 133 条规定宣誓以及在确定的听证期日启动诉讼程序，控告人缺席且罪行可依法和解的，法庭可以依照自由裁量权，在上述规定之外，在要求其进行答辩前的任何时间撤销指控；

（o）被告人未按传票载明的时间和地点出席法庭，且传票已经在出庭期日前合理地送达被告人并没有足够理由表明应当休庭的，法庭可以单方面听取并决定该控告，也可以延期审理。

第 173A 条　附条件或不附条件不起诉

（1）尽管有第 173 条的规定，法庭仍享有本条赋予的权力。

（2）任何人被指控犯有应被惩罚的罪行，发现指控被证明与被告人的性格、出身、年龄、精神健康状况有关、罪行性质轻微或者存在减轻情节，不得对其加以名义上的处罚之外的刑事处罚或其他处罚，可以通过缓刑将其释放的，法庭可以不作有罪宣告，而代之以——

（a）警告被告人后驳回指控或者控告；或者

（b）经保释（担保与否均可），被告人保证在保释令指明的保释期间（不超过3年）内遵纪守法并在传唤时及时到庭接受审判的，释放被告人。

（3）上述命令之外，命令被告人赔偿损害或损失（不超过50令吉）或支付诉讼费用，或者同时赔偿损失和支付诉讼费用。

（4）出于将被盗财物归还原主并授权法庭通过命令将财物归还失主以及责令支付与归还、运送财物有关的费用的目的，本条规定的命令应当与财产犯罪的有罪宣告有类似的效力。

（5）根据经宣誓提供的信息，认为被告人违反保释期间应当遵守的条例的，法庭可以签发逮捕令。

（6）依照前述逮捕令被逮捕的人，如果未立即带至有权审理该案的法庭，则应当立即将其带至地方法官处，地方法官可以：

（a）将被告人还押候审，直至其按照保释的要求出庭接受审判，或者直至有权审理初始罪行的法庭准备就绪；或者

（b）允许其提供足够的财产担保以保证出庭接受审判。

（7）被责令还押候审的被告人可以被送交监狱，还押令应当载明，被告人有义务出庭接受审判或自被释放之日起就其罪行出庭接受询问。

第174条　声明

在本章简易程序中——

（a）检察官不必陈述案情，但应当迅速出示证据；

（b）当被要求进行答辩时，被告人及其律师在出示证据之前可以进行开庭陈述，提出事实及法律依据，并在其认为有必要时对控方证据发表意见。被告人提供的证据或目击证人经审查，他或她的律师可就全案进行证据总结；并且

（c）被告人提出证据后，检察官有权就全案作出答复。

第175条　责令赔偿权

（1）在任何案件中，如果法庭宣告被告人无罪并认为刑事控告书、起诉书或者指控轻率且依据不足，法庭可根据被告人申请或者依职权责令控告人或作为指控依据的信息提供者对被告人予以赔偿，赔偿金不超过25令吉。

法庭责令给予被告人赔偿时应当：

（a）记录并考虑控告人或举报人针对赔偿决定提出的任何异议；并且

（b）将责令赔偿的理由记录在案。

（2）（省略）

（3）后续与案件有关的民事诉讼赔偿中，在证据一致的情况下，法庭应当将先前刑事赔偿的数额也考虑在内。

第 176 条　案情记录

（1）本章诉讼程序中，法庭应当以与首席法官的指示相一致的案情记录表格的形式对案件详情予以记录，并且所有必要的案件详情均不得通过增补后续法律文书的方式被填充进案情记录表格。

（2）案情记录中应当包括以下信息：

（a）法院名称及案件编号；

（b）被告人姓名和性别；

（c）被告人住址；

（d）指控；

（e）送达回证的日期；

（f）传票或令状的签发日期；

（g）控告人的姓名及住址、财物的价值；

（h）逮捕的日期；

（i）首次到庭日期；

（j）被告人的国籍；

（k）被告人的年龄；

（l）通过警察或法院提出或解除保释或保释金的详细情况；

（m）被告人的答辩；

（n）检察官的姓名、头衔以及被告人律师的姓名；

（o）休庭或延期审理的日期及理由；

（p）法庭的证据记录；

（q）法庭调查结果；

（r）法庭关于被告人前科、品格证据及要求减轻处罚的记录；

（s）量刑或其他终局性裁决；

（t）书面判决；

（u）诉讼终止日期；

（v）倘若被告人上诉，还应当记录发回重审的令状、罚金收据以及押交令的详情；

（w）上诉通知书日期、要求提供证据笔录的日期、有偿获取证据记录通知日期、法庭裁判送达日期、向高等法院移送法庭记录的日期；

（x）口头判决的，应当记录判决理由；

（y）高等法院对上诉案件的编号；

(z) 上诉结果以及法院获悉该结果的日期。

(3) 案情记录经审判长签字后生效，并应当按照首席法官的指示将其归档。

第 177 条　移送管辖

在地方法院审理的案件中，法官在审判程序的任何阶段发现该案应当由更高级别的法院管辖，或者在审判前或审判中经由检察官提出申请，地方法院应当停止诉讼，并将案件移送更高级别的法院审理。

第 177A 条　移送高等法院审理

(1) 对依照本法第二十章规定由高等法院管辖的犯罪的指控，必须由检察官提起或经由检察官同意而提起：

在上述情况下，犯罪嫌疑人应当被逮捕，或者应当签发并执行逮捕令时，尽管检察官尚未获准对犯罪予以起诉，犯罪嫌疑人也应当被羁押候审，但在获准前不得进行进一步起诉。

(2) 依据第 1 款提起指控的，被告人应当被带到地方法院，并被告知指控的理由，地方法院应当尽快将案件移送至高等法院，并将被告人带至高等法院；

在上述情况下，被告人被带至地方法院后，检察官决定起诉前，被告人应当被告知被指控的理由，但不得被要求随即进行答辩。

(3) 被告人依据本条第 2 款规定被带至高等法院后，高等法院应当依据本法第二十章的规定确定审理日期。

三、日本

《刑事诉讼法》

第二编　第一审

第四章　即决裁判程序

(第 350 条之 2 至第 350 条之 14)

第一节　即决裁判程序的申请

(第 350 条之 2 至第 350 条之 3)

第 350 条之 2　被疑人或其辩护人的同意

检察官对于准备提起公诉的案件，考虑案情明白且轻微、证据调查可能迅速终结及其他情况，认为适当时，可以在提起公诉的同时，提出以书面进行即决裁判程序。但相当于死刑、无期惩役或无期监禁以及最低刑期为 1 年以上的惩役或监禁的案件，不在此限。

前款的申请，非经即决裁判程序所针对的被疑人同意，不得提出。

检察官要求被疑人确认是否作出前款的同意时，应当书面进行。在此场合，检察官应当向被疑人说明使其理解即决裁判程序的必要事项（在被疑人没有辩护人时，包括可以依照次条的规定选任辩护人的意旨），并告知可以按照通常的规定接受审判的意旨。

被疑人有辩护人的场合，第 1 款的申请除被疑人作出第 2 款的同意以外，以辩护人同意按照即决裁判程序进行或保留其意见时为限，可以进行即决裁判程序。

被疑人作出第 2 款的同意，且辩护人作出前款的同意或者保留其意见时，应当书面表明其意旨。

第 1 款的书面，应当附具前款的书面。

第 350 条之 3　依职权为被疑人选任辩护人

要求作出前条第 3 款确认的被疑人，在准备表明是否同意进行即决裁判程序的场合，由于贫困或其他事由不能选任辩护人时，法院依据被疑人请求，应当为其选任辩护人。但被疑人以外的人已经选任辩护人时，不在此限。

第 37 条之 3 的规定，准用于作出前款的请求的场合。

第二节　公审准备及公审程序的特例

（第 350 条之 4 至第 350 条之 11）

第 350 条之 4　依职权为被告人选任辩护人

在申请即决裁判程序的场合，被告人没有辩护人的，审判长应当尽快依职权选任辩护人。

第 350 条之 5　检察官的证据开示

检察官对于已经申请即决裁判程序的案件，在依照第 299 条第 1 款的规定应当为被告人及其辩护人提供阅览证据文书及其他同款规定的机会时，应当尽快提供上述机会。

第 350 条之 6　保留意见的再确认

法院对于已经申请即决裁判程序的案件，在辩护人保留进行即决裁判程序时，或者申请即决裁判程序后已经选任辩护人时，应当尽快要求其确认是否同意进行即决裁判序。

辩护人作出前款的同意时，应当书面表明其意旨。

第 350 条之 7　确定公审期日

审判长在已经申请即决裁判程序的场合，听取检察官和被告人或者辩护人的意见，应当自申请后（在前条第 1 款规定的场合，为作出同款的同意后）尽早确定公审期日的时间。

第 350 条之 8　适用即决裁判程序的裁定

法院在对已经申请即决裁判程序的案件进行第 291 条第 3 款的程序时，在被告人对起诉书记载的诉因作出有罪意旨的陈述后，除下列场合外，应当作出适用即决裁判程序进行审判意旨的裁定。

一、第 350 条之 2 第 2 款或者第 4 款的同意被撤回时；

二、在第 350 条之 6 第 1 款规定的场合，未作出同款的同意或同意被撤回时；

三、除前两项的场合外，认为该案件不能适用即决裁判程序时；

四、认为该案件适用即决裁判程序不适当时。

第 350 条之 9　必要的辩护

在进行前条的程序和即决裁判程序的公审期日，没有辩护人到场的，不得开庭。

第 350 条之 10　证据调查

对于依据第 350 条之 8 的裁定进行的审理和依据即决裁判程序的审判，不适用第 284 条、第 285 条、第 296 条、第 297 条、第 300 条至第 302 条以及第 304 条至第 307 条的规定。

依据即决裁判程序的证据调查，可以在公审期日以认为适当的方法进行。

第 350 条之 11　撤销适用即决裁判程序的裁定

法院对于已经作出第 350 条之 8 的裁定的案件，在符合下列各项任一情形的场合，应当撤销该裁定。

一、判决宣告前，被告人或者辩护人撤回进行即决裁判程序的同意时；

二、判决宣告前，被告人撤回对起诉书记载的诉因作出有罪意旨的陈述时；

三、除前两项的场合外，认为该案件不能适用即决裁判程序时；

四、认为该案件适用即决裁判程序不适当时。

依照前款的规定撤销第 350 条之 8 的裁定时，应当更新公审程序。但检察官及被告人或者辩护人没有异议的，不在此限。

第三节　证据的特例（第 350 条之 12）

第 350 条之 12　排除传闻证据原则及其例外

对于作出第 350 条之 8 的裁定的案件证据，不适用第 320 条第 1 款的规定。但检察官、被告人或者辩护人对作为证据已经表明异议时，不在此限。

第四节　公审裁判的特例

（第 350 条之 13 至第 350 条之 14）

第 350 条之 13　即日宣判

法院对于已经作出第 350 条之 8 的裁定的案件，应当即日宣判。

第 350 条之 14　同时宣告缓刑

在适用即决裁判程序宣判惩役或监禁的场合，应当宣告缓刑。

第六编　简易程序

(第 461 条至第 470 条)

第 461 条　简易命令

简易法院依据检察官的请求，可以对其管辖的案件，在公审前，以简易命令处以 50 万元以下的罚金或者罚锾。在此场合，可以作出缓刑、没收或其他附加处分。

第 461 条之 2　请求简易命令与确认是否有异议

检察官在请求简易命令时使其理解简易程序的必要事项的规定接受审判的意旨后，予以确认。应当预先向被疑人说明并在告知可以按照通常对适用简易程序是否有异议。

被疑人对适用简易程序没有异议时，应当书面明确该项意旨。

第 462 条　简易命令的请求方式

简易命令的请求，应当在提起公诉的同时，书面提出。

前款的书面，应当附具前条第 2 款的书面。

第 463 条　依照普通程序的审判

经提出前条的请求后，如果认为该案件不能作出简易命令或者作出简易命令不适当时，应当依照通常的规定进行审判。

检察官没有进行第 461 条之 2 规定的程序，或者违反前条第 2 款而提出简易命令的请求时，与前款相同。

法院依照前两款的规定按照通常规定进行审判时，应当立即将该项意旨通知检察官。

在第 1 款及第 2 款规定的场合，适用第 271 条的规定。但同条第 2 款规定的期间，应为自经前款的通知之日起 2 个月。

第 463 条之 2　公诉提起的失效

除前条的情形以外，自提出简易命令的请求之日起 4 个月以内没有告知被告人简易命令时，公诉的提起溯及当时丧失效力。

在前款的场合，法院应当作出公诉不受理的裁定。在简易命令已经告知检察官时，应当在撤销简易命令后，作出公诉不受理的裁定。

对前款的裁定，可以提起即时抗告。

第 464 条　简易命令的方式

简易命令应当示知构成犯罪的事实、适用的法令、应科处的刑罚和附加的处分，以及自告知简易命令之日起 14 日以内可以请求正式审判的意旨。

第 465 条　请求正式审判

收到简易命令的人或者检察官，可以自接到该项告知之日起 14 日以内提出正式审判的请求。

正式审判的请求，应当书面向作出简易命令的法院提出。已经提出正式审判的请求时，法院应当迅速将其意旨通知检察官和收到简易命令的人。

第 466 条　撤回正式审判的请求

正式审判的请求，可以在第一审判决前撤回。

第 467 条　准用关于上诉的规定

第 353 条、第 355 条至第 357 条、第 359 条、第 360 条及第 361 条至第 365 条的规定，准用于正式审判的请求或者该项请求的撤回。

第 468 条　请求正式审判的不受理和依照通常规定的审判

正式审判的请求违反法令上的方式或者在请求权消灭后提出时，应当作出不受理的裁定。对该项裁定，可以提起即时抗告。

正式审判的请求合法时，应当依照通常的规定进行审判。

在前款的场合，不受简易命令的拘束。

第 469 条　简易命令的失效

依据正式审判的请求作出判决时，简易命令丧失其效力。

第 470 条　简易命令的效力

简易命令，因经过请求正式审判的期间，或者因撤回其请求，而产生与确定判决同等的效力。对请求正式审判不受理的裁判已经确定时，亦同。

《刑事诉讼规则》

第六编　简易程序

（第 287 条至第 294 条）

第 287 条　（昭和 28 年最高法院规则第 21 号删除）

第 288 条　添附书面 · 法第 461 条之 2 等

简易命令的请求书，应当添附说明已经进行法第 461 条之 2 第 1 款规定的程序的书面。

（昭和 28 年最高法院规则第 21 号 · 全部修正）

第 289 条　提出文书等

检察官在提出简易命令请求的同时，应当向法院提出预料对作出简易命令有必要的文书及证物。

第 290 条　作出简易命令的时间等

简易命令，应当至迟自提出其一请求之日起 14 日以内作出。

法院不能送达简易命令的副本时，应当立即将其意旨通知检察官。

第 291 条　准用规定

关于法第 463 条之 2 第 2 款的裁定，准用第 219 条之 2 的规定。

（昭和 28 年最高法院规则第 21 号・全部修正）

第 292 条　提出起诉书的副本等・法第 463 条

检察官收到法第 463 条第 3 款的通知时，应当迅速根据被告人的人数向法院提出起诉书的副本。

在前款的场合，适用第 176 条的规定。

（昭和 28 年最高法院规则第 21 号・部分修正）

第 293 条　退还文书等

法院作出法第 463 条第 3 款或者第 465 条第 2 款的通知时，应当立即将第 289 条的文书及证物退还检察官。

（昭和 28 年最高法院规则第 21 号・全部修正）

第 294 条　准用规定

关于正式审判的请求及撤回或者恢复正式审判请求权的请求，准用第 224 条至第 228 条及第 230 条的规定。

四、新加坡

《刑事诉讼法典》

第十一章　与审前和认罪答辩程序有关的一般条款

第一节　一般审前程序

第 222 条　视频会议

第九章或第十章规定的刑事案件开示会议或审前程序，或与这些程序相关的任何事项，都可以通过视频方式进行听证。

第 223 条　延期

（1）参加刑事案件开示会议的任何一方当事人可以在任意时间向法院申请延期或再次延期，以提交或送达依据第九章或第十章规定要求的任何文件。

（2）第 1 款规定的任何申请必须在刑事案件开示会议中各方当事人在场的情况下进行听证。

第 224 条　法院禁止交流特定信息的权力

（1）有关法官有一理由认为禁止传播特定信息有利于维护公共安全、社会治安或公共财产、公共秩序、新加坡全国或任一地区的国家利益或国家安全，或有其他充分的理由这样做的，可以作出命令，要求被指控人以及他的辩护律师（如果有）不得向任何其他人交流包含以下事项的任何信息——

（a）第162条、第176条第4款和第214条中规定的诉状；

（b）第165条第1款、第195条第1款和第217条第1款中规定的答辩状；或者

（c）第166条第1款、第196条第1款或第218条第1款中规定的陈述、证据材料或记录。

（2）无论第1款如何规定，被指控人或其辩护律师（如果有）可以向有关法官提出申请，请求允许与他人交流第1款中禁止交流的诉状中包含的信息。该法官认为交流此项信息对被指控人实施辩护是必要且有利的，他可以准许此项申请。

（3）依据第2款的规定准许被指控人申请的有关法官认为有必要的，可以就向任何人的信息交流设置任何条件。

（4）任何人违反第1款中的任何命令或第3款中有关法官设置的任何条件的，其行为构成犯罪，应当被判处不超过5000新币的罚款或不超过12个月的监禁，或者并用两种刑罚。

（5）本条中的“有关法官”，是指第九章或第十章中主持刑事案件开示会议的地区法官、治安法官、国家法院司法常务官，或最高法院司法常务官，视具体情形而定。

［2014年第5号法律（自2014年3月7日生效）］

第225条　对限制性信息进行报告的限制条件

（1）除受到指控的被指控人的姓名、年龄和职业以及被指控的犯罪行为，或是以上信息的摘要以外，公布以下案件材料中包含的任意信息均属于非法行为——

（a）第162条、第176条第4款和第214条中规定的诉状；

（b）第165条第1款、第195条第1款和第217条第1款中规定的答辩状；或者

（c）第166条第1款、第196条第1款或第218条第1款中规定的陈述、证据材料及记录。

（2）一份报告的公布违反本条规定的，下列人员将会被简易定罪，并被判处不超过5000新币的罚金：

（a）该报告是作为报纸或者期刊的一部分被公布的，该报纸或者期刊的出版人、编辑或发行商；

（b）报告不是作为报纸或者期刊的一部分被公布的，公布该报告的人；

（c）报告由法人、有限责任合伙、合伙或非法人团体广播的，以该法人、有限责任合伙、合伙或非法人团体的名义，在广播报告中发挥相当于报纸、期刊的编辑作用的人。

（3）不应启动针对本条规定的犯罪的诉讼程序，但由检察官启动或经检察官同意启动的除外。

（4）第1款应当补充而不是减损其他任何成文法中的有关公布任何法院的报告和诉讼程序的条款。

（5）本条中——

“广播”是指使用无线通信或其他传输方式，面向公众的任何符号或信号的传播，无论这种传播加密与否。

“公布”一个报告是指无论以何种形式或通过何种方式，使该报告被新加坡全国或者国内某一地区的公众获悉，包括在互联网上进行广播和传播。

第二节　被指控人以电子形式作认罪答辩的情形

第226条　以电子形式作认罪答辩

（1）第7款第（b）项规定的被指控实施特定犯罪行为的特定的人，通过缴纳罚款和第7款第（c）项规定的任何特定费用，可以按照本条的规定以电子形式对该犯罪行为作认罪答辩。

（2）被指控人以电子形式作认罪答辩的，必须——

（a）在法定期限内在最高法院司法常务官专门为此设计的计算机终端上输入一项认罪答辩；并且

［2014年第5号法律（自2014年3月7日起生效）］

（b）预先缴纳由督察治安法官对该作出认罪答辩的被指控人决定的罚金，该罚金是对该被指控人的刑罚。

（3）国家法院的司法常务官必须在被指控人输入认罪答辩且缴纳费用之后的合理期限内，向督察治安法官发送有关认罪答辩和已付罚金的记录。

［2014年第5号法律（自2014年3月7日起生效）］

（4）如果督察治安法官确信被指控人已经缴纳了第2款第（b）项中规定的罚金，他可以在该被指控人缺席的情况下对其定罪，并且记录将被指控人已经支付的罚金作为对该犯罪所判处的刑罚。

（5）督察治安法官可以在诉讼程序的任意阶段要求被指控人亲自出庭，必要时可以通过以下方式，强制被指控人出庭——

（a）该案件表明属于附录一第四栏中规定的法官应当首先发出传票的案件的，发出传票；或者

（b）属于附录一第四栏中规定的法官应当首先作出令状的案件，或者法官认为合适时，可以作出令状，将被指控人带到他面前或者在一定时间内出现在他面前。

（6）本条第 5 款的规定不影响第 120 条的规定。

（7）出于本条的目的，部长可以制定规则以规定：

（a）适用本条的可以被判处罚金、12 个月以下监禁或同时判处以上两个刑罚的犯罪；

（b）本条规定的有资格以电子形式作认罪答辩的人；

（c）第 2 款第（a）项中规定的使用计算机终端系统应缴纳的费用金额；

（d）支付本条规定的罚金和费用的方法；

（e）被指控人可以电子形式作认罪答辩的期限；和

（f）使本条生效的所有必需的或有利的事项。

（8）本条中——

“特定犯罪”是指依据本条第 7 款第（a）项制定的规则中规定的犯罪；

“督察治安法官”是指本条第 2 款第（a）项中提到的负责计算机终端运行的治安法官。

第三节　认罪答辩程序

第 227 条　被指控人认罪答辩的程序等

（1）向被指控人宣读和解释最初拟定的或修改后的指控之后，被指控人对指控的罪名作认罪答辩的，他的认罪答辩必须被记录在案，并且法官可以此罪名对其定罪。

（2）法院记录被指控人的认罪答辩之前——

（a）被指控人没有聘请辩护律师的，法院必须确信被指控人——

（i）理解他所作答辩的性质和后果，以及该罪行的法定刑罚；并且

（ii）意图无条件作出认罪答辩；或者

（b）被指控人有辩护律师的，法院应当记录辩护律师的确认，该确认表明被指控人——

（i）理解他所作答辩的性质和后果，以及该罪行的法定刑罚；并且

（ii）意图无条件作出认罪答辩。

（3）被指控人对一项可以被判处死刑的罪名作认罪答辩的，高等法庭不能记录这项认罪答辩，但依据第十章第二节的规定被指控人因该罪名已经被移送高等法庭受审，并且在庭审中由控方出示证据以证明控方主张的除外。

（4）如果——

（a）被指控人依据第 178 条的规定已经被交付审判，或者案件依据第十

章第五节的规定被移送至高等法庭审理的；

（b）听取该被指控人认罪答辩的日期已经确定；并且

（c）被指控人在听取认罪答辩的当日拒绝答辩、不作答辩或者要求审判的，法院可以命令本案的当事人参加刑事案件开示会议以解决第 212 条中涉及的问题，而且第十章第五节规定的诉讼程序经过必要的修改可以适用于该案件。

（5）如果——

（a）依据第 159 条规定适用与该案有关的刑事案件开示程序；

（b）听取本案被指控人认罪答辩的日期已经确定；并且

（c）在认罪答辩当日被指控人拒绝答辩、不作答辩或者要求审判的，法院可以命令本案的当事人参加刑事案件开示会议，解决第 160 条中涉及的问题，而且第九章第二节规定的诉讼程序经过必要的修改可以适用于该案件。

［2014 年第 4 号法律（自 2014 年 3 月 10 日起生效）］

第 288 条 量刑、从轻量刑、量刑意见

（1）基于对被指控人的定罪，控方在认为合适时可以向法院提出量刑意见。

（2）量刑意见可以包括——

（a）被指控人的犯罪记录；

（b）任何受害人受到影响的陈述；和

（c）任何相关的可能影响量刑的因素。

（3）随后法院必须听取被指控人提出的任何关于从轻量刑的答辩请求，控方有回应的权利。

（4）法院认为从轻量刑请求中提出的任何事项，对法律规定的该被控罪行的任何法定构成要件产生实质性影响的，必须驳回被指控人的认罪答辩。

（5）法院听取被指控人的从轻量刑请求以后，可以——

（a）依职权或依控方或被指控人的申请，听审任何证据以确定事实真相，或者庭审时提出的可能对量刑产生实质性影响的其他事项；并且

（b）在法院认为适当时对在听审证据之后提出的事项也给予同样的重视。

（6）随后法院必须依法立即当庭宣判或选择它认为合适的日期宣判。

（7）本条中“受害人影响陈述”是指与任何人所遭受的、由犯罪行为直接导致的损害有关的任何陈述，这种损害包括身体伤害或心理、精神伤害。

五、印度

《1973年刑事诉讼法典》

第二十一章　简易审判

第260条　简易审判

（1）无论本法所载的任何情形下，

（a）任何首席治安法院法官，

（b）任何大主教区的治安法院法官，

（c）任何高等法院特别授权的一级治安法院法官，

在其认为合适情况时，可按简易程序审理以下案件：

（i）不判处死刑、终身监禁或2年以上的罪行；

（ii）《印度刑法典》（1860年第45号法案）第379条、第380条或第381条所述的偷盗罪，当赃物价值不超过2000卢比的；

（iii）《印度刑法典》（1860年第45号法案）第411条所述，接收或保留赃物，当赃物价值不超过2000卢比的；

（iv）《印度刑法典》（1860年第45号法案）第411条所述，帮助隐匿或销毁赃物的，当赃物价值不超过2000卢比的；

（v）《印度刑法典》（1860年第45号法案）第454条和第456条所述的罪行；

（vi）《印度刑法典》（1860年第45号法案）第504条所述的违反治安的侮辱行为；

（vii）任何以上罪行的教唆；

（viii）任何上述罪行的企图，当该企图是一种犯罪行为时；

（ix）基于牲畜非法侵入法案（1871年第1号法案）第20条所作控诉的任何罪行。

（2）在简易审理程序中，当治安法院法官认为按照简易程序来审理并不合适时，治安法院法官应重新传唤已被查问过的证人并依本法典所述方式重新审理此案。

第261条　二级治安法院法官负责审理的简易审理程序

高等法院可赋予任何有二级治安法院法官权力的治安法院法官，在只处罚金或不超过6个月监禁并同时处罚金或不处罚金的案件，以及涉及任何上述罪行的预备或者教唆的案件中，有权进行简易审理。

第 262 条 简易审理程序

（1）本章所述的案件，除了下文提及的情况，都应遵循签发传票案件本法所对应的审理程序。

（2）本章规定的任何有罪判决审判处的刑罚不得判处 3 个月以上有期徒刑。

第 263 条 简易审判案件的记录

但凡适用简易程序审理案件，治安法院法官都应当按照邦政府要求的格式要求将以下细节记录在案，包括：

（a）案件的序号；

（b）实施犯罪的日期；

（c）控诉或者报告的日期；

（d）控诉人的名字（如有）；

（e）被告人的名字，出生以及住处（如有）；

（f）控诉的罪行以及已被证实的罪行，以及第 260 条第 1 款中的第（ii）目、第（iii）目及第（iv）目所述的已犯下罪行中牵涉的财产价值；

（g）被告辩词及其讯问时所作辩词（如有）；

（h）调查发现；

（i）本案判决或最终决议，以及审理终止的日期。

第 264 条 简易审理程序案件的判决书

但凡适用简易程序进行案件审理的，若被告人不认罪的，治安法院法官应将证据的主要内容记录在案并将开展调查的原因简述写进判决书。

第 265 条 判决书以及记录所用的语言

（1）本章中，每个上述的案件所作的记录和判决都应当按照法庭用语来撰写。

（2）高等法院可以授权有简易审理权力的治安法院法官亲自撰写上述记录或判决书，或者由首席治安法院法官授权代表的法院官员进行撰写，上诉记录或判决应由治安法院法官进行签字确认。

美　洲

一、阿根廷

《刑事诉讼法典》
第三编　特殊程序
第四节　简易程序

第 431-1 条

1. 在本法典第 346 条规定的期间内，检察官认为对被指控人应当判处 6 年以下剥夺人身自由的刑罚或者非剥夺人身自由的刑罚，即使非剥夺人身自由的刑罚产生于剥夺人身自由的刑罚，检察官也可以根据本节规定在提起诉讼时请求适用简易审判程序。在此情形下，检察官应当明确申请判处的具体刑罚。

对于本法典第 32 条规定的刑事管辖权的案件，本法典第 431-1 条第 1 项和第 2 项的规定同样适用于自庭审预备活动起直至宣布确定本法典第 359 条规定的法庭辩论裁定书的阶段。

2. 适用简易程序申请书应当随附被告人在其辩护人的协助下提交的承认案件事实、承认参与案件、接受法律定性的同意书。否则应当对适用简易程序申请书予以驳回。

根据本条下述各项的规定，自辩护人接受委托开始，在审理的任何阶段，检察官可以在庭审中接受被告人及其辩护人的陈述，并将该陈述内容制作成简易程序笔录。

3. 法官受理适用简易程序申请书和被告人的认罪同意书后，无须审理，直接告知被告人本人适用简易程序。被告人希望进行陈述的，审理案件的法院应当听取其陈述。法院未驳回适用简易程序申请的，但认为需要进一步了解案件事实或者对案件事实的法律定性存在认识分歧的，可以命令重新进行审理，并在 10 日内作出判决。有自诉人的，在作出上述任何决定以前，应当听取自诉人的意见，但是自诉人的意见不具有约束力。

4. 审理案件的法院驳回适用简易程序申请书的，应当根据本法典第 354 条或者第 405 条所述的一般审理规则对案件进行审理，并将本诉讼案件移送轮值法官。

在此情形下，被告人及其辩护人提交的认罪同意书不会对其造成不利影响，检察官提出的刑罚申请书也不会在法庭辩论时对检察官造成影响。

5. 接受本条第（2）项所述内容的，应当根据预审中被采信的证据进行判决，不得判处高于或重于检察官所申请的刑罚。判决书应当符合本法典第399条的规定。

6. 对判决不服的，可以根据一般规则提起不服申请。

7. 简易程序审理不适用于刑事附带民事诉讼，但是附带民事诉讼的当事人尽管可以在民事审判机构进行诉讼，但当事人之间同意采用简易程序进行审理的，简易程序可以适用于刑事附带民事诉讼。如果判决结果可能影响刑事附带民事诉讼的审判结果的，刑事附带民事诉讼的当事人可以就该判决向申诉法院提起申诉。

8. 牵连案件中，被告人不承认被指控的所有犯罪行为的，不适用本条规定。但法官依其职权对牵连案件进行本法典第43条规定的分开审理的除外。

案件牵涉多名被告人的，只有所有被告人都同意适用简易程序审理，才可以适用简易程序审理。

（依据1997年5月21日颁布的24825号法令第1条增加，参见1997年6月18日《官方简报》）

二、巴西

《刑事诉讼法典》

第二卷　诉讼种类

第二编　特别诉讼程序

第五章　简易诉讼程序

第531条　预审和审判听证应当在最长30日内进行；在预审和审判听证中，应当在有可能时听取被害人的声明，依次询问控方证人和辩方证人，但本法典第222条规定的情况除外，并听取鉴定人解释，进行对质，进行人之辨认物之辨认，之后讯问被控诉人，最后进行辩论。（经2008年第11.719号法令修订）

第532条　在预审中，可以询问最多5名由控方提出的证人和最多5名由辩方提出的证人。（经2008年第11.719号法令修订）

第533条　本法典第400条各段的规定适用于简易诉讼程序。（经2008年第11.719号法令修订）

第534条　最终陈述应当以口头方式进行，控方和辩方各获给予20分钟

作最终陈述，并可以延长10分钟，然后由法官作出判决。（经2008年第11.719号法令修订）

第1段如果被控诉人超过1人，则对每名被控诉人规定的辩护时间分别计算。（经2008年第11.719号法令引入）

第2段在检察院作出陈述后，应当给予检察院辅助人作出10分钟陈诉，而辩护时间以相同的时间延长。（经2008年第11.719号法令引入）

第535条　任何行为都不能推迟，但对欠缺调查的证据属于不可或缺的除外，而法官应当命令将应当出席的人强制带到法庭。（经2008年第11.719号法令修订）

第536条　出席的证人应当被询问，即使有需要中止听证亦然，而在任何情况下均应当遵守第531条规定的顺序。（经2008年第11.719号法令修订）

第537条　（经2008年第11.719号法令废止）

第538条　如果属于潜在伤害轻微的刑事危害行为，并当特别刑事法庭将已有的文书移送一般法庭以进行其他诉讼程序时，则应当遵守本章规定的简易诉讼程序。（经2008年第11.719号法令修订）

第539条　（经2008年第11.719号法令废止）

第540条　（经2008年第11.719号法令废止）

三、哥伦比亚

《刑事诉讼法典》

第三编　审判

第二章　检察院与被告人预先协议和协商

独立节

第348条　目的

基于诉讼过程和刑罚的人性化、为保持审判的效率和完整、促进解决由案件引发的社会冲突、全面赔偿不法事件造成的损害、获取犯罪嫌疑人对其案件定性的参与，检察院可以与犯罪嫌疑人或被告人达成旨在诉讼过程终结的预先协议。

司法人员应当遵照国家总检察院的指示和针对犯罪政策制定的准则进行预先协议，树立司法机关的威信，并且避免由此产生的争议。

（本条由宪法法院经2007年第C-516号判决宣布合宪。被害人也可以参与检察院与犯罪嫌疑人或被告人的协商和预先协议的过程，检察官和审理协议的法官应当听取被害人对该协议的意见。)

第349条 与犯罪嫌疑人或者被告人的协议或者协商的受理

在不法所得财产已经增值的案件中，犯罪嫌疑人或者被告人只有上交至少相当于非法收入的50%并对剩余部分的上交作出担保的情形下，才能与检察院进行协商。

第350条 自确定犯罪嫌疑人始起的预先协议

自确定犯罪嫌疑人的审理起，直至提交起诉书前，检察院与犯罪嫌疑人可以就拟被指控的罪名达成预先协议。达成该协议后，检察官将此协议内容作为起诉书内容递交至审理案件的法官。

检察官通过犯罪嫌疑人的辩护人与其达成协议。在协议中，犯罪嫌疑人就其被指控的罪行或者刑罚较轻的相关罪行声明认罪，检察官则：

1. 从起诉中去除某一刑罚较重的罪名或者某一具体指控。

2. 为达到减轻刑罚的目的，在其总结性主张中对被告人实施的犯罪行为进行定性。

(本条由宪法法院经2007年第C-516号判决宣布合宪。被害人也可以参与检察院与犯罪嫌疑人或者被告人的协商和预先协议的过程，检察官和审理协议的法官应当听取被害人就该协议的意见。)

第351条 形式

在确定犯罪嫌疑人的审理中接受对其指控的，可以获得幅度刑1/2以内的减刑，并在起诉书中写明。

(注："可以获得幅度刑1/2以内的减刑，并在起诉书中写明"的表述由宪法法院经2013年第C-303号判决宣布合宪。)

检察官与犯罪嫌疑人也可以针对被指控的事实及其结果达成预先协议。相关刑罚出现对犯罪嫌疑人有利更改的，该有利更改将获得对协议中的刑罚唯一的补偿性减刑。在此情形下，按照前款规定的方式进行起诉。

由于出现新的材料，使检察院提出与确定犯罪嫌疑人的审理中不同的且更为严重的指控的，预先协议应当包含这一可能的新指控。

检察院与被告人进行的预先协议对审理案件的法官产生约束力，但检察院与被告人双方均对该预先协议否认，或者对需保障的基本权利造成损害的除外。

法官通过预先协议后，应当进行审理以作出相应判决。

经检察官与犯罪嫌疑人或者被告人预先协议而产生的对被害人的有效赔偿，可以获得被害人的认可。被害人对赔偿拒绝的，可以向相关司法途径寻求解决方案。

（本条由宪法法院经 2007 年第 C-516 号判决宣布合宪。被害人也可以参与检察院与犯罪嫌疑人或者被告人的协商和预先协议的过程，检察官和审理协议的法官应当听取被害人就该协议的意见。）

第 352 条　递交起诉书后达成的预先协议

自递交起诉书起，直至庭审之初对被告人进行讯问前，检察官与被告人可以根据前条的规定达成预先协议。

预先协议在诉讼阶段达成的，可以获得 1/3 幅度刑以内的减刑。

（本条由宪法法院经 2007 年第 C-516 号判决宣布合宪。被害人也可以参与检察院与犯罪嫌疑人或者被告人的协商和预先协议的过程，检察官和审理协议的法官应当听取被害人就该协议的意见。）

第 353 条　对全部或者部分指控的认罪

犯罪嫌疑人或者被告人可以对部分被指控内容予以认罪。前述减刑政策仅针对其认罪部分有效。

第 354 条　一般规定

无犯罪嫌疑人或者被告人的辩护人参与的协商是无效的。犯罪嫌疑人或者被告人与其辩护人发生分歧时，以犯罪嫌疑人或者被告人意见为准，但是此情形应当予以记录。

协商的性质可以使判决得以迅速作出的，则根据本法典的规定，传唤检察院人员和犯罪嫌疑人出庭进行其认为合适的陈述。

四、古巴

《刑事诉讼法》

第六编　特殊程序

第十章　速审程序

第 479 条　在特殊情形下，共和国总检察长可以将案件递交最高人民法院院长，最高人民法院院长指定任意具有管辖权的法院，由该法院通过速审程序对犯罪事实作出判决，除非该案件属于实际人民法院管辖。

第 480 条　进行速审的法院可以缩短法律规定的庭审期间和上诉期间。

第十一章　简易程序

（本章根据 1994 年 6 月 10 日颁布的关于修订刑事诉讼法的第 151 号命令第 8 条增加）

第 481 条　对可能判处 1 年以上 8 年以下剥夺人身自由刑的刑事案件，同时满足下列条件的，可以依据本章规定适用简易程序进行审理：

1. 现行犯。

2. 案件事实清楚、证据确凿，且被告人认罪。

第 482 条 前条第 1 项中规定的现行犯是指：

1. 当事人在犯罪实施过程中被抓获，或在犯罪完毕后当即被抓获的。

2. 经查证犯罪属实的当事人逃避追捕，并在案发后 72 小时内被逮捕的。

第 483 条 因下述原因导致被处以 8 年以上剥夺人身自由刑的，也可以适用简易程序：

1. 数罪并罚。

2. 连续犯。

3. 再犯或屡犯。

4. 具有刑事责任加重情节。

简易程序不适用本法第 247 条最后一款的规定。

第 484 条 预审法官收到可以适用简易程序审理的指控后，应当立即通知检察官，同时，预审法官可以就该指控直接进行审理；或由警察机关进行必要的审查程序。

检察官在收至预审法官通知后的 72 小时内，对指控内容进行审查，认为可以适用简易审理程序的，则应当启动以下程序：

1. 开始顶审，向预审法官指出应当获得的文件或手续等必要的诉讼材料，并为此确定合理期间，该期间在任何情况下都不得超过 20 日，且不可延期；或宣布所有材料已经准备齐全，无须其他材料。

2. 在听取预审法官意见后决定是否对被告人适用刑事诉讼程序。

检察官作出是否诉讼的决定后，预审法官应当立即联系被告人，将检察官的决定通知被告人，如刑事诉讼决定、庭审内容以及期间。

第 485 条 自检察官决定采用简易程序的通知送达被告人之时起，被告人应当参与该诉讼，并可以委托辩护人。

检察官宣布诉讼材料齐全，或向被告人指定期间，令其进行材料的准备。被告人或其辩护人应当在 48 小时内检查材料，并进行必要的补充。

被告人未委托辩护人的，或被告人委托的辩护人未出庭，或未在指定期间内提出意见的，预审法官应当结束简易程序，并立即将此案件材料移送检察官。

辩护人提交的材料与本案相关的，该材料应当被接收，并汇总到诉讼文书中。辩护人提出需补充材料的，如果检察官表示认可，应当确定合理期间令其补充材料。

第 486 条 检察官在收到诉讼文书的 72 小时内，应当对文书进行审查。

认为内容完整的，形成起诉书并移送审理案件的法院。

检察官在总结书中应当指明所有的查证方法。检察官也可以向法院提议在庭审中免除查证程序或仅执行必要的查证程序。在此情形下，检察官应当在总结书中记录该申请基于的理由。如果部分审理是基于普通诉讼程序作出的结论，则检察官应当提醒案件继续适用简易审理程序应当满足的事项，并记入临时总结书，同时依照规定提起诉讼。

第 487 条　完全按照简易审理程序进行的诉讼应当遵守以下规定：

1. 法院应当在收到检察官递交的起诉书之日起 3 个工作日内，决定是否继续按照简易程序审理。决定适用简易程序审理的，应当开始庭审，并向各个被告人发出起诉书副本。被告人的辩护人应当在确定日期的 3 个工作日内接收通知，到书记员处查阅起诉内容，并形成其辩护意见。

被告人无辩护人的，应当在 48 小时内委托辩护人，在被告知无辩护人的法律后果后仍未委任的，法院为其指定辩护人。

辩护人应当在 3 个工作日内提交辩护意见，并在其中对检察官提出的举证方式发表观点。

2. 法官应当在提交决议书后的 72 小时内，根据本法第 287 条、第 288 条、第 289 条的规定审理。简易审判程序依照下列规定进行——

（1）在 10 日内确定庭审日期。

（2）检察院和辩护人均在其各自的诉讼书中表示同意的，庭审中可以取消查证环节。

（3）可以仅进行必要的查证程序，不必要的可以免予查证。

3. 在取消查证环节的庭审中，被告人、辩护人和检察官应当出庭。在此情形下，仅由被告人陈述，之后审判长将审理过程中可以采用的查证方式直接通过文书告知检察官和辩护人。

4. 庭审初始阶段，被告人或其辩护人可以向审判长表示认同检察官的指控，申请据此作出判决。在该情形下，法院可以决定宣布庭审结束，直接作出判决，也可以决定继续庭审。

5. 法院决定在庭审中省略查证环节的，则不得判处比检察官在起诉书中提出的更严重的罪名和更严苛的刑罚。

6. 经法院合议作出裁决后，可以当庭宣读判决书，同时法院可以决定暂时休庭进行合议。但是，如果案件情节复杂，审判长可以决定在此后的 3 个工作日内作出宣判，在确定判决日期和时间后，要求诉讼各方到庭。

宣读判决书等同于向当事人通知该判决书。并自宣读判决之时起计算提出不服申请的期间。

宣读判决书后，各方明确表示服从判决的，该判决视为生效判决，并在庭审文书中予以记录。

7. 简易审理程序的庭审文书和判决书，应当根据市级人民法院的规定制作。

8. 对简易审理程序的判决结果不服的，应当根据情形向省级人民法院的相关审判庭或最高人民法院的相关审判庭或相关部门提起上诉。

9. 上诉应当依据本法第五编第二章的规定进行，但就简易审理程序作出如下修改——

（1）受理上诉的法院应当在收到上诉书后的10日内作出判决。

（2）只有法院认为有必要开庭审理的，才开庭审理。

（3）审理中，只在十分必要时才对一审中查证过的证据再次查证。

（4）法院省略举证环节的，不得判处比原判决更严重的罪名和更严苛的刑罚。

（5）法院未开庭审理的，同样不得判处比原判决更严重的罪名和更严苛的刑罚。

第488条　预审阶段的检察官和收到起诉书的法官均可以决定将简易程序的庭审转为普通程序继续审理，或决定将普通程序转为简易程序继续审理。

法官认为案件可以采用简易程序审理的，应当在提交起诉书副本前就此与检察官沟通。检察官不同意的，继续适用普通程序审理。

检察官考虑前款建议的期间为48小时。

第489条　本法关于普通程序的规定，在不与本章规定冲突时可以作为本章的补充规定。

五、乌拉圭

《刑事诉讼法典》

第二编　审判

第八章　简易程序

第一节　犯罪的简易审理程序

第302条　规则

第一审刑事法院和各省第一审法院的法官可以对满足下列条件之一的犯罪行为进行简易审理：

1. 犯罪嫌疑人被当场逮捕；
2. 犯罪嫌疑人依法坦白参与刑事犯罪的事实；

3. 案件性质一般或者造成轻微损害，证据不具复杂性，可以简单、迅速裁决的。

第 303 条　例外

审理过程中证据表现出复杂性的，或者在审理过程中因证据认定过程冗长或不利于审理，导致该审理与本章提出的法定程序不符的，法官可以依其职权或者应司法部门、被告人的申请适用本法典本编第二章及之后各章的规定进行审理。

法官的本裁定无须申请即可以作出，且不可以提出不服申请。

第 304 条　审理的准备

立案程序中，法官可以根据本法典第 125 条至第 132 条的规定采取必要的紧急措施。本法典第 133 条至第 135 条，及其相关规定可以适用于简易审理程序的，应当予以适用。

第 305 条　法庭举证与答辩

一经立案并履行前条规定的事项后，应当在 10 日至 20 日内确定审理案件的法官、检察官及审理案件的司法人员、被告人及其辩护人。上述人员只要一人缺席，即构成简易审理程序以及后续程序的无效，应当依据本编第二章及后续各章的规定进入诉讼程序。

被告人未被羁押且未出庭的，法官应当下令将其羁押。在此种情形下，被告人应当在整个诉讼阶段都被羁押，直到庭审结束。

庭审中对涉嫌犯罪的事实存在争议的，法官应当指定出示有助于案件审理的证据，要求双方就此质证。当事人不认可证据的，可以提出不服申请，并产生本法典第 307 条规定的效力。

对全部或者部分证据采信的，应当立即记录到庭审记录中。为完成取证、补充待查证的证物，在必要情形下，可以延长不超过 10 日的期限。在特殊情形下，法官可以自由裁量再延长不超过 10 日的期限。

证据审理完毕检察院未提起诉讼也未要求终止简易审理程序的，适用本法典第 233 条及后续各条规定，同时将该证据记录到审查记录中。

经审理决定提起诉讼的，辩护人可以选择在起诉书中表达意见，也可以选择履行本法典第 240 条规定的程序，两者任选其一。

第 306 条　判决

简易审理程序应当依据本法典第 243 条、第 245 条及后续各条，以及本编第六章的规定作出判决。

第 307 条　关于附带事项和上诉产生的效力

除针对释放的附带事项外，法官口头拒绝双方就附带事项判决提出的上诉请求。提出该项上诉的权利可以保留至对本确定判决提出上诉时，后续上诉合并受理、一并裁决；

已受理的附带事项应当在案件审理过程中作出裁决，但法官依据本法典第292条及后续各条规定作出相反决定的除外。

第308条 审理的形式

简易审理程序由法官主持和审理。

庭审中，由检察官、指定的公务人员和辩护人在不影响法官主持审理的前提下直接对参与庭审的人进行询问。询问和回答内容，以及对应的签名应当作为庭审记录的一部分。

书记员或者法院秘书应当就庭审过程中的上述细节进行记录和阐述。法官可以向相应技术人员签发文书，授权其对发生事件采取必要或者合适的方式进行审查，以确保记录的可信度。检察官、指定的公务人员和辩护人应当对庭审记录作出最终的修正。

该文书应当由法官、检察官、指定的公务人员和辩护人签字，并由书记员或者法院秘书予以确认。

六、智利

《刑事诉讼法典》

第四编 特别程序以及执行

第一章 简化程序

第388条 适用范围

对违法但不构成犯罪行为的审理和判决适用本章规定。

此外，对于构成普通犯罪的案件，检察官要求处以不超过最低程度的监禁和关押刑罚的，也适用本章规定。

第389条 补充规定

简化程序适用本章规定。本章未作规定的，对本法典第二编规定适当简化后予以补充适用。

（本条根据2005年11月14日《官方公报》颁布的第20074号法第1条第49款修改）

第390条 治安调查

检察官收到本法典第388条中涉及的某项涉嫌构成犯罪的举报后，要求相关保障法官立即调查并审理，但因所获的材料不足以认定其犯罪，或者犯罪嫌疑人不具备刑事责任，或者检察官决定行使本法典第170条所赋予的职权的除外。同样的，如果已经获得的材料对犯罪嫌疑人有利甚至可以免予指控的，检察官对本法典第230条规定进行的调查不作出调查书，同时依据本章规定进入后续程序。

同样的，检察官提起指控并且要求处以不超过最低程度的监禁和关押刑罚的，提起指控后，法官依据本章规定进入后续程序。

对于《刑法典》第494条第（5）项和第496条第（11）项规定的违法行为，只有本法典第54条和第55条规定的人员可以执行前期要求。

如果《刑法典》第494条第（5）项规定的违法行为发生在商业场所，缺失物品的价值由商品的销售价格确定，除非确定该价值之前已经就其他方式达成协议。

（本条第1款根据2005年11月14日《官方公报》颁布的第20074号法第1条第50款第（1）项修改；第2款根据2005年11月14日《官方公报》颁布的第20074号法第1条第50款第（2）项修改；第3款根据2004年6月5日《官方公报》颁布的第19950号法第3条第3款修改。）

第391条　治安调查的内容

治安调查应当包括：

1. 确定犯罪嫌疑人。

2. 简明阐述犯罪嫌疑人与案件的关联，指出作案时间、地点以及其他重要情节。

3. 指出所违反的法律规定。

4. 阐述归罪的主要依据和因素。

5. 要求处以的刑罚。

6. 调查人及其签字。

（本条根据2005年11月14日《官方公报》颁布的第20074号法第1条第50款第（1）项和第（2）项修改。）

第392条　警告程序

对于违法行为可以采用警告程序，对此检察官仅要求对违法者处以罚金。在前条规定的治安调查内容中，检察官应当指出要求处以的罚金数额。

法官认为治安调查内容与处以罚金理由充分的，应当立即就此作出决定。此外，决定中应当包括以下内容：

1. 在该通知作出15日内，关于犯罪嫌疑人对治安调查内容与处以罚金提起质疑的权利的指令，以及提起该质疑所产生的效力。

2. 关于犯罪嫌疑人对治安调查内容以及处以罚金是否认可的指令，以及该认可所产生的效力。

3. 指出罚金的总额并告知其罚金纳入国库。犯罪嫌疑人在此决定通知后15日内缴纳罚金的，应当减少缴纳总额的25%。

犯罪嫌疑人缴纳罚金，或者超过决定通知15日，但未对其依据和金额提起质疑的，视为接受处罚。在此情形下，决定就任何法律效力而言视为可以执行的判决。

相反的，在15日之内犯罪嫌疑人明确表示不同意罚金处分或者罚金数额的，则适用以下规定的程序。同样的，法官认为治安调查内容以及处以罚金理由不充分的，也适用以下规定的程序。

（本条根据2001年10月13日《官方公报》颁布的第19762号法第2条第1款修改）

第393条 传唤

法院接到治安调查后，命令通知被告人并传唤本法典第394条规定的所有诉讼参与人参与审理。审理应当在上述决定的20日至40日以内进行。应当至少在审理前10日传唤犯罪嫌疑人。应当按照本法典第33条指定的方式传唤犯罪嫌疑人。此外，根据情形送达传唤副本和起诉状副本。

在简化程序中不受理附带民事诉讼，但旨在恢复物品或者物品价位的除外。

传唤各诉讼参与人参与审理的决定中应当命令其携带证据出席审理。某诉讼参与人需要传唤证人或者专家出庭的，应当至少在审理日期5日前提出相应请求。

（本条根据2005年11月14日《官方公报》颁布的第20074号法第1条第52款第（1）项和第（2）项修改）

第393-1条 现行违法和现行简单犯罪的简化程序

在实施违法和现行简单犯罪时被当场抓获的，对于此情形的简化程序，检察官可以将犯罪嫌疑人移交保障法官，以便对其在羁押处口头通知本法典第391条规定的治安调查，并按照本章的规定进入后续程序。

（本条根据2002年1月30日《官方公报》颁布的第19789号法独立条第10款修改）

第394条 首次审理

审理开始时法院根据情形，简要告知治安调查和指控内容。被害人到庭的，法官可以视为已经告知被害人以及被告人，该案件可能适用本法典第241条规定的终止程序。同样的，满足本法典第237条规定条件的，检察官可以提出附条件中止诉讼的建议。

（本条根据2005年11月14日《官方公报》颁布的第20074号法第1条第（53）项修改）

第 395 条　立即裁决

前条所述程序结束后，法院询问被告人是否接受治安调查中所列明的责任，不接受的，是否申请进行审理。对此，检察官可以为使被告人接受其刑事责任而修改其要求的刑罚。

被告人接受所列明责任的，法院直接作出判决。在此情形下，法官可以增加有助于确定刑罚的材料，但不得处以重于治安调查所要求的刑罚。

（本条第 1 款根据 2005 年 11 月 14 日《官方公报》颁布的第 20074 号法第 1 条第 54 款第（1）项第 1 目、第 2 目修改；第 2 款根据 2005 年 11 月 14 日《官方公报》颁布的第 20074 号法第 1 条第 54 款第（2）项修改）

第 395-1 条　简化审判的预审

被告人拒绝承担所要求的责任的，法官当庭着手准备进行简化审判的预审。该简化审判应当尽可能地立即，或者最迟不得晚于第 5 日进行。

（本条根据 2005 年 11 月 14 日《官方公报》颁布的第 20074 号法第 1 条第（55）项修改）

第 396 条　审判的进行

简化审判开始时，宣读检察官已经出具的治安调查和指控内容。听取各诉讼参与人的陈述，接受其证据，之后询问被告人是否补充陈述。提出可能存在的新的证言后，法官作出无罪或者有罪的判决，并确定下一次开庭日期。在 5 日之内进行的新的庭审中，发布书面判决书。

审判不得因某诉讼参与人缺席而中止，也不得因证据尚未收集完成而中止。

依据本法典第 393 条第 3 款的规定提出申请，但是经法院传唤的证人或者专家未出庭的，并且法院认为其证言或者意见对于案件判决十分重要的，法官可以采取必要措施保障其出庭。该中止在任何情形下都不得超过 5 日。即使缺少证人或者专家，5 日期限届满后，仍根据一般规则继续审判。

（本条根据 2005 年 11 月 14 日《官方公报》颁布的第 20074 号法第 1 条第（56）项修改）

第 397 条　违法的累犯

同一类违法行为的累犯，适用本法典第 351 条规定的规则。

第 398 条　违法行为的缓刑

有依据证明违法行为应当承担刑事责任，但案件材料集中倾向于免除对被告人处罚的，法官可以作出对其缓刑的判决。缓刑期间为 6 个月。判处缓刑的，不得将此缓刑与第 18216 号法规定的某项替换刑进行累积。

前款所述期间届满后，被告人没有受到新的治安调查或者刑事调查的，法院决定原判决无效，并宣布最终停止审理此案。

判处缓刑，不影响履行其违法行为产生的民事责任。

（本条第1款根据2005年11月14日《官方公报》颁布的第20074号法第1条第55款修改；第2款根据2012年6月27日《官方公报》颁布的第20603号法第3条第4款修改）

第399条 提起不服申请

对于确定判决可以依据本法典第三编第四章的规定提起不服申请。只有出席庭审的检察官或者自诉人，才可以提起不服申请。

第二章　简易程序

第406条 简易程序的前提

检察官根据案件情形要求处以不超过5年的徒刑或者监禁，或者可以通过任何其他不限方式和金额独立、并处或者替代刑罚的，案件的审理和判决适用简易程序。

为此应当在被告人得知被指控的重要事实和已经调查事项的情形下，明确表示接受并且同意适用简易程序时，方可以适用简易程序。

一个案件中存在多名被告人的，或者一个被告人在同一指控中涉及多项罪行的，则多个被告人或者多项罪行均应当满足本条规定的前提条件。

（本条第1款根据2005年11月14日《官方公报》颁布的第20074号法第1条第58款修改；第2款根据2002年5月31日《官方公布》颁布的第19806号法第62条修改）

第407条 简易程序的申请期间

一旦正式进行调查，可以在准备庭审前的任何阶段根据简易程序的规定提出适用简易程序的申请。

提起指控前，根据案件性质，作为起诉一方的检察官或者自诉人可以在法院举行的审理中正式口头提出申请适用简易程序。该审理应当传唤所有诉讼参与人到场。提出口头指控后，依照本章的其他规定继续诉讼程序。

已经提起指控的，检察官或者自诉人可以使用一般规定对控告以及所要求处以的刑罚进行修改，以便本案可以适用于本章规定的程序。为此，被告人依照本法典第406条第2款的规定而作出的承认，可以被检察官视为构成《刑法典》第11条第（9）项关于减刑的充分情节。但本规定不影响与量刑相关的其他规定的效力。

保障法官不接受适用简易程序的，则视为检察官或者自诉人未作出口头指控，其已经在各自请求书中进行的修改同样视为自始未作出。案件的程序适用本法典第二编的规定。

（本条根据2005年11月14日《官方公报》颁布的第20074号法第1条

第（59）项修改）

第 408 条　自诉人对于适用简易程序的反对

仅在对案件作出法律定性后，并且因为自诉人对案件涉及的刑事责任的加重减轻情节的认定与检察官的认定存在分歧，自诉人所申请的刑罚超出本法典第 406 条中规定的幅度，自诉人才可以对案件适用简易程序提出反对。

第 409 条　保障法官的预先介入

在检察官提出指控前，保障法官询问被告人以确认其是否自愿同意接受适用简易程序，并确认被告人知晓其具有要求适用普通程序进行庭审的权利。此外，确保被告人知晓可以达成协商条款，并清楚可能对其产生的后果。尤其确保被告人没有受到来自检察官或者第三方的胁迫和压力。

第 410 条　关于简易程序申请的裁决

在本章规定的案件调查材料充足后，法官可以接收检察官和被告人提出的关于适用简易程序的申请。检察官要求的刑罚应当符合本法典第 406 条第 1 款的规定并且法官应当核查该申请是否告知被告人，被告人是否自愿表示同意并且是否知晓其权利。

法官认为不满足以上规定，或者认为指控方反对理由充分的，作出拒绝适用简易程序的决定，并宣布适用普通程序的庭审。在此情形下，视为被告人从未作出对于本法典第 406 条第 2 款规定的指控和已经调查事项的承认，对于为适用简易程序而对公诉或者自诉内容的修改也被视为自始未作出。同样的，法官可以指示删除所有与提出、讨论以及裁定适用简易程序申请有关的案卷材料。

第 411 条　适用简易程序的程序

达成适用简易程序的合意后，法官组织辩论，指示检察官发言。检察官简要陈述指控和已经进行的调查后，其他诉讼参与人发言。在任何情形下，均由被告人最后陈述。

第 412 条　简易程序的判决

法官在辩论结束后宣布判决。作出有罪判决的，所判处的刑罚不得高于或者相对于检察官或自诉人所要求处以的刑罚更加对被告人不利的刑罚。

不得仅依据被告人所承认的事实而作出有罪判决。

任何情形下，适用简易程序都不得妨碍根据情形处以替代刑的法律的效力。

判决内容不涉及案件牵涉的附带民事诉讼部分。

（本条根据 2012 年 6 月 27 日《官方公报》颁布的第 20603 号法第 3 条第 3 款修改）

第 413 条 简易程序的判决内容

简易程序的判决内容包括：

1. 作出判决的法院和日期，各诉讼参与人的身份。

2. 简要陈述被指控的案件的事实和情节，以及被告人承认和辩护的情形。

3. 清晰、有条理、完整地记录所有已经被证实的并且被告人承认的情节，以及依据本法典第 297 条规定的方式对上述情节的认定。

4. 作为判决基础的各项事实和情节，以及对该事实和情节的法律定性所依据的法律或者法理。

5. 针对被告人作出的有罪或者无罪判决。作出有罪判决的，应当宣布处以的刑罚，以及对剥夺或者限制自由刑依法实施的替代刑。

6. 对司法费用的判定。

7. 作出判决的法官签名。

对处以临时刑罚的判决应当明确表明执行刑罚的起始日期和实施预防性监禁或者监禁的期间，以及对执行该刑罚进行的担保。

作出有罪判决的，还应当规定是否没收或者归还犯罪工具和所得，以及归还的截止时间。

（本条根据 2012 年 6 月 27 日《官方公报》颁布的第 20603 号法第 3 条第 3 款修改）

第 414 条 对简易程序判决提起不服申请

简易程序中，仅可以通过上诉撤销由保障法官作出的确定判决。上诉申请得到支持的，原审程序以及判决均归于无效。

受理上诉申请的法院可以在审理案件时宣布是否满足本法典第 406 条规定的适用简易程序的前提。

第 415 条 简易程序适用的规定

简易程序应当适用本章规定。本章未作规定的，适用本法典的共同规定和一般程序法的规定。

七、秘鲁

《刑事诉讼法典》

第五卷 特殊诉讼

第一编 简易程序

第 446 条 简易程序的适用条件

1. 当发生以下情况时，检察官可以申请简易程序：

（1）发现或者逮捕现行犯的；

（2）承认犯罪事实的；

（3）通过供述，证明初步审理中搜集的证据材料属实的。

2. 如果涉及多名犯罪嫌疑人，只能在所有人都处在前项规定情况以及只涉及同一案件时才能申请适用简易程序。牵连案件中的其他犯罪嫌疑人不能合并适用简易程序，除非不予合并有损合理澄清事实，或者合并确有必要。

第 447 条　检察官的申请

1. 在不影响申请相应强制性措施的情况下，检察官可以向预审法官提出简易程序申请。申请应当在初步审理结束后或者在预审正式启动前 30 日提出。

2. 申请中应当附上检察官案卷。

第 448 条　裁决

1. 预审法官在 3 日内将申请抄送犯罪嫌疑人和其他当事人，然后在 3 日内直接决定是否同意适用简易程序或者拒绝检察官申请。对作出的裁决不服的可以提起上诉，上诉结果可以产生上述行为或者决定无效的效力。

2. 裁定通知后可以着手进入简易程序，检察官提起诉讼，预审法官将诉讼案件提交至具有管辖权的刑事法官，以便其作出法院立案书并进行传唤出庭。

3. 合适时，提出诉讼前，在犯罪嫌疑人的申请下，可以要求进入提前终止诉讼的程序。

4. 驳回适用简易程序的裁定通知后，检察官作出相应决定，开展或者继续开展预审。

第七编　轻微案件的程序

第 482 条　管辖权

1. 治安审判法官受理轻微案件的诉讼程序。

2. 例外时，如果当地没有治安审判法官的，则由治安法官受理该诉讼程序。相应地，高级法庭每年应当确定可以受理轻微案件诉讼的治安法庭。

3. 刑事法官受理针对判决不服提起的上诉。

第 483 条　立案

1. 轻微案件的被害人可以向警察报案或者直接向法官通报事实，并成为案件的自诉人。

2. 直接向法官通报的，如果法官认为事实构成轻微案件且追诉期尚未届满，只要认为有必要在审判前开展调查，则将举报和相关材料提交给警察，以便其开展相应调查。

3. 收到警察报告书后，只要事实构成轻微案件、追诉期尚未届满且存在充足理由证明被告人参与案件、与被告人存在关系，法官即作出传唤出庭书。反之，作出案件归档的决定。对该决定不服的，可以向刑事法官提起上诉。

4. 收到警察报告书后，作出传唤出庭书。只要被告人、被害人和其他与案件有关的证人能够立即出庭，则约定立即审理；反之，无须立即审理。被告人承认被指控的轻微案件的，可以立即作出判决。

5. 无须立即审理的，则作出裁定确定尽可能早的审判日期，并传唤被告人、被害人和相关证人。

第 484 条　审理

1. 审理的开庭应当有被告人及其辩护人参加，以及根据情况，自诉人及其辩护人也应当出席。如果被告人未委托律师，则应当为其指定一名官方律师，审判地没有律师的除外。

2. 随即，法官简要陈述警察报告书或者自诉书所列罪名。当被害人出席时，法官敦促达成可能的和解并根据情况就赔偿达成协议。达成和解或者协议的，则予以批准，诉讼结束。

3. 不能达成和解或者协议的，则讯问被告人是否认罪。如果认罪，则无须进行其他证据相关程序，法官结束法庭辩论并立即作出相应判决。可以口头宣判，2 日内作出书面正式判决。

4. 被告人不认罪的，则立即对其进行讯问。被害人出席审理的，则对其开展相应程序。随后，审查已接受的和各方提交的证据，该程序应当遵守普通程序的规则，且符合轻微案件程序的简短性和单一性特征。

5. 审理只进行一场，当有必要进行某查证程序时，法官可以依其职权或者应当事人申请中止审理，但中止审理不得超过 3 日。期间届满后，即使被传唤的证人或者专家缺席，也应当根据普通程序的规则继续审理。

6. 听取口头陈述后，法官当场或者最多不超过 3 日内作出判决。本行为应当遵守本条第 3 项的规定。

第 485 条　强制性措施

1. 法官仅可以对被告人作出无限制措施的取保候审令。

2. 被告人不愿出庭时，可以通过警察机关强制其出庭。如有需要，可以下令审前羁押直到庭审召开和结束。被告人到庭后审理立即开始。

第 486 条　上诉

1. 对判决不服的，可以提起上诉。案卷应当在提起上诉当日提交至刑事法官处。

2. 收到上诉申请后，上诉人未表示具体的查证要求的，则根据普通程序的规则审理，并符合轻微案件程序的简短性和单一性特征，刑事法官在不可延期的10日内仅根据已审事项作出判决。辩护律师提交书面陈述的，也可以在二审时进行口头陈述，并由法官在收到案卷后20日内作出判决。

3. 对刑事法官作出的判决不服的，不得提起不服申请。判决由原审法官负责执行。

第487条　撤诉或者和解

在诉讼的任何阶段，被害人或者自诉人可以撤诉或者达成和解，诉讼程序因此结束。

八、加拿大

《刑事法典》

关于刑事法典的法律

第二十七章　简易罪

解释

简易罪法院

“简易罪法院”是指在提起诉讼的区域内有司法管辖权的人，并且满足下列条件之一：

(a) 根据议会制定法的授权，对提起的诉讼有管辖权；

(b) 指定法未明确规定被授权人的情况下，是法官或省法院法官；

(c) 制定法授权两个或者两个以上法官的，是省法院。

审判

“审判”包括对控告的听审。

本章的适用

第786条　(1) 除法律另有规定以外，本章仅适用于本章中规定的程序。

限制

(2) 不得在诉因发生6个月之后提起诉讼，但检察官和被告人同意的除外。

控告书

诉讼的提起

第788条　(1) 本章规定的程序应当以格式2的控告书提起。

一名法官可在审判前实行的行为

(2) 尽管法律规定应由2名或者2名以上的法官对控告进行审理，但1名法官可以：

（a）受理控告书；

（b）签发与控告书有关的传票或者令状；及

（c）进行审理前的准备工作。

控告书的形式

第789条　（1）在适用本章规定程序书，控告书：

（a）应当以书面形式并附以宣誓；

（b）可以指控一个以上的罪名或者提出一个以上的控告事项，但对于指控多项罪名或提出多项控告事项的，根据案件具体情况，每一罪名或者控告事项应当分别提出。

不提及先前定罪

（2）控告书不能为使被告人判处较重刑罚而提及任何前科。

任何法官可以在审判前和审判后行使职权

第790条　（1）本法或者其他法律规定都应视为要在审判前或审判后提起本程序或签发传票或令状的法官应是主审法官或参与审理的法官的一位。

（2）2名或者2名以上的法官对一个简易罪程序有管辖权的，他们应一起出庭审理，但此后与该诉讼有关的实行可由1名法官根据职责或者职权单独进行。

（3）和（4）（已废止）

第791条　（已废止）

第792条　（已废止）

审判

管辖权

第798条　每一简易罪法院都有权在组成该法庭的人员享有管辖权的范围内，对提起本章规定程序的案件进行审理并依法作出裁决。

检察官不出庭

第799条　在适用本章的程序中，被告人到庭，而检察官经预先通知未出庭的，简易罪法院如果认为适当的，可以驳回起诉或者延期审理。

当双方当事人到庭时

第800条　（1）当检察官和被告人到庭时，简易罪法院应当开庭审理。

律师或代理人

（2）被告人可以亲自出庭或者由律师或代理人出庭，但如果简易罪法院认为适当的，可以要求被告人亲自出庭，亦可以签发格式7所示的逮捕被告人的令状，并延期审理以等待被告人到庭。

视频连接

（2.1）在被告人由律师代理的案件中，法庭裁定且被告人同意的，如果被告人得到与律师秘密联系的机会，被羁押于监狱的被告人可以以闭路电视或者可让法庭和被告人参与同步视频和口头表达的其他方式出庭。

组织出庭

（3）被告人是组织的，应当由其律师或者代理人出庭；如果不出庭，简易罪法院可以在证实传票已经送达后进行缺席审理。

传讯

第801条　（1）被告人出庭的，应当向其宣读控告书所指控的内容并讯问被告人：

（a）当其所控之罪为简易罪时，其对控告书作有罪答辩还是无罪答辩；

（b）当法官有权就该诉讼作出裁定时，其是否具有不应当对其作出不利裁定的理由。

认罪情况下的认定有罪、定罪判决或裁定

（2）被告人作有罪答辩或者不应对他作出不利裁定的理由不充分的，根据案件具体情况，简易罪法院应当相应地对被告人作出定罪判决或根据第730条的规定免除其刑事责任或者作出不利裁定。

不认罪情况下的诉讼程序

（3）被告人作无罪答辩或者说明了不应对其作出裁定的充分理由的，简易罪法院应当继续审理，按照第十八章有关预审的规定听取控辩双方证人的证言。

（4）和（5）（已废止）

充分全面的辩护和答辩的权利

第802条　（1）检察官有权亲自控诉、被告人有权进行充分全面的答辩和辩护。

询问证人

（2）检察官或者被告人可以根据案件情况亲自对证人进行询问和交叉询问，也可以由其律师或者代理人代为进行。

宣誓

（3）在本章规定的程序中，每名证人应当在宣誓后接受询问。

适用代理人的限制

第802.1条　尽管有第800条第（2）款和第802条第（2）款的规定，如果被告人经简易罪程序应被判处6个月以上监禁刑，其不得由代理人代理出庭、询问或者交叉询问证人，但被告人为法人或者代理人根据省督批准的计划被授权的除外。

延期审理

第 803 条 (1) 简易罪法院可以自行裁员，在审判前或者审理过程中，向当事人或其律师或代理人宣布将案件延期至另一指定的时间和地点进行审理。

被告人不出庭

(2) 被告人已经得到开庭时间和地点的通知而不到庭的，或者在按照第 (1) 款的规定延期后恢复审理时不到庭的，简易罪法院可以：

(a) 缺席审理并判决；

(b) 如认为适当，签发格式 7 的令状逮捕被告人，并延期至被告人到庭时审理。

需要总检察长的同意

(3) 审理时，简易罪法院采用第 (2) 款第 (a) 项程序的，不应提起第 145 条规定的因被告人不按指定时间和地点到庭或者不按恢复审理的日期到庭的程序；如果已提起，不应继续进行，但经总检察长同意的除外。

检察官不出庭

(4) 检察官在延期后恢复审理时不到庭的，简易罪法院可以驳回控告，可以收取或者不收取诉讼费。

(5) – (8) (已废止)

判决

认定有罪、定罪、裁定和驳回

第 804 条 简易罪法院对控告人、被告人和证人听审后，应当根据具体情况作出对被告人定罪或根据第 730 条的规定免除其刑事责任或对被告人作出裁定或者驳回控告的决定。

第 805 条 (已废止)

定罪判决或裁定的备忘录

第 806 条 (1) 当对被告人定罪或者作出裁定时，简易罪法院应当制作定罪判决或者裁定的记录或者备忘录以说明根据本章处置的事项，并且根据被告人、检察官或者其他人员的请求，法院应当制作格式 35 或者格式 36 的定罪判决或裁定，根据案件具体情况，制作经过验证的副本，并将经过验证的副本送交提交请求的人。

扣押令

(2) 当对被告人定罪或者作出裁定时，简易罪法院应当签发格式 21 或者格式 22 的拘押令，第 528 条适用于根据本款签发的拘押令。

认证副本的可采性

（3）由法庭书记员签发格式21的拘押令的，经书记员验证的拘押令副本在任何程序中可以采纳为证据。

对共犯判决

第807条　当数人共同实施同一犯罪，且每个人都被定罪后每个人都被判决向被害人赔偿的，每一赔偿数额连同诉讼费用一起（若有），不应超过被损坏或者损害的财产价值总额或因伤害造成的损失与可能发生的诉讼费用的总额，且余数应当按照法律规定的罚款的处理方式处理。

裁定驳回

第808条　（1）简易罪法院驳回控告的，如果被告人要求，简易罪法院可以作出驳回控告的裁定并将经过验证无误的副本交给被告人。

证书的效力

（2）按照第（1）款经过验证的驳回裁定的副本，无须进一步证明，具有阻止以同一诉因对被告人再次提起诉讼的效力。

九、美国

《联邦刑事诉讼规则》

第四章　传讯和准备审判

第11条　答辩

1. 作出答辩。

（1）一般规定。被告人可以作无罪答辩，有罪答辩或辩护也不认罪的答辩（须经法庭同意）。

（2）有条件的答辩。经法庭批准和政府检察官同意，被告人可以作有条件的答辩或不辩护也不认罪的答辩，以书面形式保留对裁判上诉，请求审查所有对审前申请作出的对其不利的决定的权利。上诉成功的被告应当被允许撤回答辩。

（3）不辩护也认罪的答辩。接受不辩护也不认罪的答辩之前，法庭应当考虑各方当事人的意见和有效司法中的公共利益。

（4）没有作出答辩。如果被告人拒绝答辩，或者如果被告法人未出庭，法庭应作无罪答辩处理。

2. 考虑和接受有罪答辩或者不辩护也不认罪的答辩。

（1）对被告人作出建议并询问。在接受有罪答辩或不辩护也不认罪的答辩前，被告人应宣誓，法庭应当在公开法庭亲自询问被告人，告知被告人并确定被告人理解下列事项：

（A）指控被告人伪证或虚假陈述时，被告人宣誓后的陈述可以用作不利于被告人的证据；

（B）被告人有权作无罪答辩，或者如果已经作无罪答辩，有坚持无罪答辩的权利；

（C）被告人有权由陪审团审判；

（D）被告人有权在审判和诉讼的任何阶段由律师代理，如果必要，将为被告人指定一名律师代理；

（E）有权与对方证人对质和交叉询问，有权反对强迫自我归罪，有权提供证言和证据，有权强制证人出庭；

（F）如果法庭接受有罪答辩或者不辩护也不认罪的答辩，被告人可以放弃上述审判权利；

（G）答辩所针对的指控的性质；

（H）任何法定可能最高刑，包括徒刑、罚金刑和监视释放的期限；

（I）任何强制性最低刑；

（J）任何可适用的没收；

（K）法庭可以命令被告人赔偿犯罪被害人损失；

（L）法庭应当进行一项特殊评估；

（M）量刑时，法庭应当考虑可适用的量刑准则及在某些情况下可以不适用这些准则，并且应当考虑根据《美国法典》第十八编第3553条第（a）款规定的其他量刑因素；

（N）放弃上诉和对量刑提出异议的权利的控辩协议条款中的条件；

（O）如果认罪，非美国公民的被告人可能被遣送出美国，否认其国籍，并在将来拒绝其入境。

（2）保证答辩自愿。法庭在接受有罪答辩、不辩护也不认罪的答辩前，首先要在公开法庭亲自询问被告人，确认答辩是自愿的，不是强迫、威胁的结果，也不是脱离答辩协议中许诺的结果。

（3）确定答辩的事实基础。在对有罪答辩作出决定前，法庭应当确定存在认罪答辩的事实基础。

3. 答辩协议程序。

（1）一般规定。检察官与辩护律师之间，或者与被告之间（当被告自行辩护时）可以进行讨论以达成协议，法庭不得参与此讨论。如果被告人对被指控的犯罪或者轻一点的犯罪或其他相关犯罪作承认有罪的答辩或不辩护也不认罪的答辩，检察官应作下列事项：

（A）不会提出或提议撤销其他指控；

（B）建议法庭判处或者同意不反对被告人请求判处被告人一定量刑或量刑范围是适当的、某一量刑准则的条款、政策或者量刑因素是适用或是不适用（上述检察官的建议或被告人的请求对法庭均没有约束力）；

（C）同意对本案判处一定量刑或量刑范围是适当的处理，或者同意某一量刑准则的条款、政策或者量刑因素是适用或是不适用（上述检察官的建议或被告人的请求一经法庭接受则对法庭产生约束力）。

（2）公开答辩协议。如果已经提出答辩协议，当事人应当在公开法庭公开此答辩协议，除非法庭有充足理由同意在非公开法庭公开此答辩协议。

（3）答辩协议的司法审议。

（A）如果协议属于本规则第 1 条第（c）款第（1）项（A）或（C）规定的类型，法庭可以接受也可以拒绝该协议，或者在有机会考虑提交的报告前推迟作出决定。

（B）如果协议属于本规则第 11 条第（c）款第（1）项（B）规定的类型，法庭应忠告被告，如果法庭不接受有关建议或请求，被告也无权撤回答辩。

（4）接受答辩协议。如果法庭接受答辩协议，应当通知被告人，对于属于本规则第 11 条第（c）款第（1）项（A）或（C）规定类型的答辩协议，答辩协议中商定的有关处置将在判决中体现。

（5）拒绝答辩协议。如果法庭拒绝包括本规则第 11 条第（c）款第（1）项（A）或（C）规定类型的答辩协议，法庭应公开作下列事项并记录在案（有充足理由也可以不公开进行）：

（A）通知各方当事人法庭不接受此协议；

（B）亲自忠告被告人，法庭不受答辩协议约束，并且向被告人提供撤回答辩的机会；

（C）亲自忠告被告人，如果没有撤回答辩，案件的处理对被告而言可能比答辩协议中所期望的更为不利。

4. 撤回有罪答辩或者不辩护也不认罪的答辩。被告人可以撤回有罪答辩或者不辩护也不认罪的答辩。

（1）在法庭接受答辩前，以任何理由或无理由；

（2）在法庭接受答辩后，但在量刑之前，如果：

（A）法庭根据本规则第 11 条第（c）款第（5）项的规定驳回答辩协议；或者

（B）被告人提出公平、公正的原因以请求撤回答辩。

5. 有罪答辩或者不辩护也不认罪的答辩的终局决定。在法庭作量刑之后，被告人不得撤回有罪答辩或者不辩护也不认罪的答辩，此答辩只因直接上诉或间接攻击才可被撤销。

6. 答辩、答辩讨论和相关陈述的可采性与不可采性。答辩、答辩讨论和相关陈述的可采性与不可采性适用《联邦证据规则》第410条的规定。

7. 诉讼记录。被告人作出答辩的程序应由法庭记录员或者适当的记录设备予以记录。如果作有罪答辩或不辩护也不认罪的答辩，记录应当包括根据本规则第11条第（b）款和第（c）款进行的法庭对被告人的忠告和询问。

8. 无害错误。任何与本规则所要求不一致的做法，如果未影响实体权利，为无害错误。

非　　洲

一、加纳

《1960年刑事诉讼法典》

第二章　与刑事程序有关的规定

第二十节　伪证罪中的简易程序

第152条　伪证罪

（1）如果对法庭而言，某人在之前的任何诉讼程序中曾犯有伪证罪，则法庭可以：

（a）依据伪证罪起诉书将其移交审理，并且以担保的方式要求某人保证在审理中作证；或者

（b）在每起诸如此类藐视法庭的案件中，对其处以不超过6个月的带劳役或不带劳役的监禁，或者对其处以总数不超过150个罚金单位的罚款，或者对其处以上述两种处罚。

（2）

（a）但是，当审理法院是区法院时，则相关的处罚应限于3个月以内的监禁，或者100个罚金单位以下的罚款，或者处以上述两种处罚。

（b）依本条规定对藐视法庭的行为予以处罚时，区法官应当制作并保存一份录有处罚事实的备忘录；且他应当立即向高等法院的相关法官寄送一份该备忘录的副本。

(c) 除非区法官颁布的命令被高等法院的法官所撤销，否则，任何依照本条规定所作出的处罚不能成为就相同罪行而提起其他刑事诉讼程序的障碍。

[根据第633部法律，即《刑事诉讼法典（修正案）》第14条之一项、之二项修正]

第三章　简易审判

第163条　简易审判

(1) 参照有关法律的规定，某犯罪被界定为：

(a) 一种即决犯罪；

(b) 可循简易程序审判；

(c) 可经简易程序判罚，便意味着该犯罪应遵循本章的规定而接受审理。

(2) 为避免疑义，当就某一犯罪是该予以简易程序审理还是公诉程序审理未有明确规定时，则该犯罪应作为即决犯罪审理。

[已被第633部法律，即《刑事诉讼法（修正案）》第16条替代]

第164条　适用

本章可适用于区法院、巡回法院或高等法院予以简易程序审理的犯罪。

第一节　简易程序

第165条　公开

法院坐而听审并裁判指控的房间或地方是一个开放而又公开的法庭，通常而言，公众可以方便地进入其中且该房间或空间能方便地容纳他们。

第166条　检察官缺席

(1) 当被告人应传票或令状的要求来到法庭，或者是初次开庭，或在休庭期间，如果检察官接到了有关听证或延期听证的时间、地点的通知后未到庭，除非基于某些原因，法庭认为休庭或再一次休庭直到其他日期更为适宜，否则法庭应驳回其指控；该再一次休庭，应以法庭认为适宜的时间为度。

(2) 当被告人未亲自到庭，但根据第70条的规定以书面的方式或由其律师作了有罪答辩时，尽管检察官或其律师缺席，法庭也应着手定罪量刑。

第167条　被告人缺席

如果被告人既未亲自到庭，也未根据第70条的规定以书面方式或由其律师作答辩，则法庭应颁发一份逮捕被告人令状进而可根据第72条的规定将其带至本法庭。

第168条　双方均到庭

如果在约定的开庭时间，检察官和被告人出现在听审并裁判相关指控的法官面前，或者如果检察官自己或其律师代替其出庭，而被告人根据第70条的规定得以豁免亲自出庭，则法官应继续审理该案。

第 169 条 休庭

（1）在听审案件之前或听审过程中，法庭可以依据其裁量权而推迟听审；所推迟的时间和场所可以当场确定并公示于众。同时，法庭可以任由被告人逍遥法外，或者可以判其入狱，或者可以根据法庭的裁量权而依据其所达成的有保证人或没有保证人的担保而释放被告人——该担保所附的条件是，被告人应在被休庭的本次听审或将再次开庭时进一步听审出庭。

（2）休庭不得超过 30 个工作日，但如果被指控的人被判入狱，则休庭不得超过 14 个工作日；从宣布休庭的第 2 日起算。

[根据第 633 部法律，即《刑事诉讼法典（修正案）》第 17 条修正]

第 170 条 休庭后当事人均不到庭

（1）如果在当前听审或进一步听审所推迟那个时间或地点，被告人没有出现在作出休庭令的法庭面前，则该法庭可以（除非被指控的人被控以重罪）继续本听审或进一步的听审，如同被告人在场一样。

[根据第 633 部法律，即《刑事诉讼法典（修正案）》第 17 条修正]

（2）当法官确信，受担保约束本将在任何听审或延期听审时出庭的被控任何罪行的人，因为生病或者是意外事故，不能在该听审或进一步听审时亲自到庭，则他可以在被告人缺席的情况下，命令进一步休庭，所休庭的时间要既合法又合理；而被告人在担保中所约定的时间则应被视作相应地改变了。

（3）如果法官在被告人缺席时判其有罪，则法官应确保其缺席不是其不可控的原因，且被告人已就缺席作过可能的辩护。

（4）当根据本条第 1 款规定在被告人缺席时处以任何刑罚时，法官均应就该刑罚的执行给出指示，且应就此颁发任务书或令状；当就刑罚的执行加以授权时，如果是确有必要，则此令状应被认为是，授权逮捕被定罪者以执行刑罚。对此逮捕有影响的人应将日期背书在令状的背后，且依该令状而对被逮捕者处以的任何监禁刑，均应从其被逮捕的那日起算。

（5）如果如前所述未出庭的被告人被控以重罪，或者法官依其裁量，未对缺席的被告人定罪，则法官应签发一份逮捕被告人的令状以使其能被带至法庭。

第 171 条 被告人被要求进行答辩

（1）如果被告人亲自到庭，或者根据第 70 条第 1 款的规定由其律师代替到庭，则应将指控状或控告状中所包含的具体指控内容陈述并解释给他听，或者被告人如果未亲自到庭，则应陈述并解释给他的律师听；此时，他本人或他的律师，会被询，他是否要作有罪或无罪答辩。

在陈述具体的指控内容时，法庭应就如下特定内容加以陈词：所犯罪行的具体日期、时间和场所，所犯罪行针对的人或事，以及创设该罪名的法律的具体条款。

（2）如果被告人的答辩是某种形式的有罪，则应尽可能用其具体的词语将该答辩记录下来；或者是用第 70 条第 1 款中所说的书面形式承认有罪，则应将该书面答辩状归入记录中，且法庭应认定被告人有罪并对其宣判，或对其作出一个命令，除非有明显充足的理由表明情况正相反。

（3）如果被告人的答辩是某种形式的无罪，则法庭应依下文的规定继续听审该案件。

（4）如果根据具体的情况，被告人或其律师拒绝答辩，或者是他未到庭且法庭决定依据第 170 条的规定在其缺席的情况下听审案件，那么便认为被告人提交了一个无罪答辩。且这样的答辩将与实际作出的无罪答辩具有同等效力。

第 172 条　无罪答辩时的程序

（1）如果就指控，被告人的答辩是无罪，则法庭应继续听审检察官所举出的支持其指控的证据。

（2）被告人或其律师可以针对每一位证人作的证明提出问题。

（3）如果被告人没有聘请律师，则在就控方的每一证人进行询问的最后，法庭应询问被告人，他是否希望对证人提问并将他的问题记录在案。

（4）如果代替向被告人提问的是，被告人就证人给出的证言作出了相应的陈述，如果治安法官认为，如此做是对被告人有利的，则他可以将该陈述的实质部分内容以提问的方式向证人提出。

第 173 条　无须答辩时对被告人的无罪释放

如果控方举证结束时，法庭认为，控方指出的、指向被告人的案情，不足以要求被告人进行辩护时，则就此特定指控，法庭应无罪释放被告人。

第 174 条　辩护

（1）当控方举证结束时，法庭认为控方指出的、指向被告人的案情足以要求其进行辩护时，法庭应要求被告人进入辩护阶段并应提醒他具体的指控是什么，同时告诉他，如果他希望，他可以宣誓后提交证据或给出一个陈述。此时，法庭应倾听被告人的辩护以及他在辩护时举出的任何证据。

（2）如果被告人声明，其有证人可以作证，但这些证人并未出庭，而法庭得以确认，这些证人的缺席并非被告人的过错或疏忽。且如果这些证人出庭，则他们有可能给出有利于被告人的实质性证据时，法庭应中止审理并启动相应程序，或采取其他步骤，强迫这些证人出庭。

（3）如果被告人质疑了证人或给出了任何不同于其一般品性的证据，则法庭应允许检察官有时间给出或举出证据以作出回应。

第 175 条　致函法庭

（1）检察官或其律师应有权在其案件起始时、被告人已传唤证人（除有关其品性的证人外）时以及在案件进行到一定阶段以待辩护时，致函法庭。被告人或其律师应有权在案件开始之初或案件进行到其认为合适的某一阶段时致函法庭。

（2）除非法庭许可，否则被告人或其律师应无权就检察官回应时举出的证据而致函法庭。

第 176 条　指控与证据之间的变化

（1）在控方的案件陈词结束之前，如果是简易审判，则在其任何阶段，如果法庭认为，指控无论是实质上还是形式上均存在缺憾，则法庭可作出如下命令改变指控：为满足所述案情的需要，法庭可以要求，要么修正指控，要么以一个新的指控来替代，或者添加一个新指控。

（2）一旦指控如前所述而有所变动，则法院应要求被告人就变动后的指控进行答辩。

（3）当指控根据本条第 1 款的规定变更后，被告人可以再次传唤证人或其中的任何一人出庭并接受他或他的律师的进一步交叉询问；此时，控方应有权就辩护方的进一步交叉询问引出的问题而再次询问这些证人。

（4）当考虑到所控行为实施的时间时，指控与支持指控而举出的证据之间的变化不应是实质性的，且如果证明在此时间内（如果有，要受那些有关创设的法律所限制），诉讼程序事实上就是如此设置的，则不必就此种变化而修改指控。

（5）当根据本条第 1 款就指控作出了变化，或者根据本条第 4 款所描述的那样在指控与证据之间出现一定变化，而有意见认为，被告人因此而被误导或被欺骗，则法庭应在考虑本法典的相关规定后，休庭审理本案直至一个合理而又必要的时间。

（6）当任何这种变化令法庭认为，被告人因此被欺骗或误导，则法庭可以按照其所认为合适的时期，将本案的审理休止到未来某一日。

（7）当出现任何一种这样的变化时，法庭可以根据其认为是合适的措施，而修改传票、控告状或指控状，并可以允许任何人被再次传唤到庭以进一步就与这些变化或被修改了的指控有关的事项接受质疑。

第 177 条　裁判

（1）听审了控辩双方所言及所举出的证人证言及其他证据的法庭，应考虑并裁判整个事件：法庭或者可以根据具体情况确定被告人有罪并宣判，或者根据法律的规定对被告人作出一个命令，或者无罪释放；并且法庭应以口头判决的形式给出其裁判，且应在必要时，将该裁判及其裁判理由简要地记录下来。

（2）如果认为适宜的，在考虑到可能上诉的情况下，法庭可以就宣判、针对被告人所作的定罪或命令，保存其已经告知过被告人的各种证据；法庭还应在达成定罪或作出命令时告知被告人其具有上诉的权利。

（3）如果被要求的定罪或命令随后可被打印出来，并由作出定罪或命令的法庭的书记员或其他工作人员签字。

第 178 条　交付判刑

[已被第 633 部法律，即《刑事诉讼法典（修正案）修正》第 19 条废止]

第 179 条　当罪行显示不适宜于简易裁判时的程序

（1）如果所审理的罪行根据公诉程序也是应受罚的，而在简易审判的任何阶段法庭认为，该案不适宜于简易审判，则法庭应通知提出起诉意见的检察长，并将程序休庭不超过 15 日以等待他的答复。

（2）如果在 15 日内，法庭被检察长或由检察长授权以其名义行事的人告知，将依公诉程序起诉被告人，则法庭应根据第四章的规定审理此案件；且如果该案应由高等法院或巡回法院审理，则区法院便拥有了第四章规定的相关权力。

（3）在任何其他情形下，法庭应继续以简易程序审理该罪行。

第 180 条　当涉及土地使用权问题时区法院管辖权的剥夺

[已被第 633 部法律，即《刑事诉讼法典（修正案）》第 20 条废止]

第 180A 条　[已被第 372 部法律的附录 3 废止]

二、尼日利亚

《刑事诉讼法》

第四章

第三十三节　简易审判

申请

第 277 条　本法本节之条款应当适用于可依简易程序审判的犯罪——

（a）高等法院中非依据起诉书提起的所有审判；

（b）高等法院就符合下述条件的犯罪而进行的所有审判：法律规定高等法院可以对非依据起诉书起诉的犯罪进行审判，而且对此犯罪法律未规定任何特别程序；

（c）适用于任何治安法院在其治安裁决管辖权范围内的审判；

（d）针对通过成文法宣称可依简易程序审判、依简易程序定罪、以简易方式处理或者由治安法官审判的所有罪行。

第 278 条 本法之规定，除其中依据起诉书将被告人交付高等法院审判的之外，均应适用于本章的审判程序，且当本章规定与适用条文相冲突时，应当适用本章规定。

控告听证

第 279 条 法庭应当视具体情况，在传票指定的时间和地点，或者在依据令状将被告人带至法庭的时间和地点，对已经提起控告的案件进行听证。

第 280 条 依照本法第 100 条的规定，如果案件开审时被告人遵照传票自愿出庭或者依据令状将被告人带至法庭，并且法庭确信已经正式通知控告人听证时间和地点，但其未亲自出庭或者未以成文法授权的方式出庭的，法庭应当驳回指控，除非法庭已经收到控告人或其诉讼代理人不出庭的合理理由，或者其他充分的理由，认为在合理的条件满足时，将同样的听证推迟到未来的某一天是适宜的。

第 281 条 （1）如果案件开审时被告人未遵照传票出庭，或者依据本法第 100 条的规定作有罪答辩，并且对于其缺席未提供充分的理由，那么，如果法庭确信传票（如果有）已经妥为送达，可以签发被称作法院逮捕令的令状，以对其进行逮捕，或者如果法庭不能确信传票已妥为送达，或者如果已经先行签发逮捕被告人的令状，法庭可以为了实现妥为送达之目的视情况将案件的听证推迟到未来的某一天，或者直至逮捕被告人为止。

（2）如果被告人是在签发逮捕令或其他前述令状之后被逮捕的，应当将其带至治安法官面前，治安法官应当随即依令状将其押交监狱或者其认为适宜的其他安全羁押场所，并指令在特定的时间和地点将其带至法庭，并且应当依据治安法官的指令，将该时间和地点正式通知控告人。

第 282 条 （1）如果案件开审时控告人和被告人均未出庭，法庭应当作出公正审理案件所需要的命令。

（2）法庭可以在该命令中包含其认为适宜的支付诉讼费的指令，该诉讼费可以如同罚金一样依照本法第四十二节规定的方式和条件支付……

第 283 条 当案件开审时，如果控告人与被告人均已出庭，则法庭应当继续审理并裁决案件。

第 284 条 在依据本章审理的案件中，如果控告人在最终命令作出之前的任何时间使法庭确信有充分的理由允许其撤回指控，法庭可以允许其撤回指控并且因此将被告人无罪释放，除非法庭指令应当对被告人予以释放而不是无罪释放。

第 285 条　（1）在听证开始时，法庭应当向被告人说明控告书的主要内容或者指令向被告人说明，并且应当询问其是否认罪。

（2）如果被告人认罪，并且法庭确信其有意认罪且没有理由或者没有充分的理由说明为何不能宣判，法庭应当予以判决。

（3）如果被告人不认罪，法庭应当指令所有证人离开法庭，并且依据此指令，适用《证据法》第 186 条的规定：

法官或治安法官可以酌情允许专家证人和技术类证人继续留在法庭之中；

此外，未能遵守本款的规定不会使诉讼程序无效。

（4）然后，法庭应当对控告人，以及其可能传唤的控方证人和可能提供的其他控方证据进行听证，并且也可以对被告人及其可能传唤的辩方证人和可能提供的其他辩方证据进行听证，并且，如果法庭认为适宜，若被告人已经传唤了任何证人或者提交了任何证据，法庭也可以对控告人可能传唤的对此进行回应的证人进行听证。

（5）控告人和被告人可以对对方传唤的每一位证人发问，如果被告人作证，其可以被交叉询问。

（6）如果没有律师代表被告人出庭，法庭应当在对每一位控方证人的询问结束时，询问被告人是否希望对该证人发问，并应将其回答记录在案。

第 286 条　在对控方证据的听证结束时，如果法庭认为控方向法庭提出的对被告人不利的证据不足以要求被告人作出辩护，法庭应当根据该特定指控将被告人予以释放。

第 287 条　（1）在对控方证据的听证结束时，如果法庭认为控方向法庭提出的对被告人不利的初步证据已经足以要求被告人作出辩护，法庭应当为此传唤被告人，并且——

（a）如果没有律师代表被告人参加诉讼，法庭应当告知被告人有三个选择，即

（i）其可以在当时所在处所不经宣誓地作出陈述，在这种情况下，其将不会受到交叉询问；

（ii）其可以在以证人身份作出宣誓后，在证人席上作证，在这种情况下，其将可能受到交叉询问；

（iii）如果其愿意，可以一言不发，此外，法庭应当询问其在辩护中是否需要询问任何证人或者提交其他证据，如果有，法庭接下来应当对被告人和他的证人以及其他证据进行听证。

（b）如果由律师代表被告人参加诉讼，法庭应当要求律师继续进行辩护。

（2）如果被告人或其律师表明有证人需要传唤，但证人不在场时，在本法第186条至第193条规定的情形下，法庭可以采取其中规定的措施以强制证人出庭。

第288条 如果法庭要求被告人进行辩护且询问他是否有任何证人，并且对被告人和他的证人及其他证据，如果有，进行了听证，不会仅因为未遵守本法第287条第a项的规定使审判无效。

第289条 如果被告人在辩护中提出了控告人无法预见的新事实，控告人可以在法庭的许可下，提交证据来反驳这些首次提出的证据。

第290条 如果在法庭看来，任何重病或重伤且有可能无法康复的人能够且愿意提供与简易裁判罪相关的实质性证据，并且依照本法规定对该重病或重伤之人进行取证不切合实际时，治安法官可以取得此人经宣誓的书面陈述或者未经宣誓的证词，并且治安法官应当在其上签名，确保其中准确地包含了此人的所有陈述，此外，应当附加一份说明其如此取证的原因以及取得证据的时间和地点的陈述，并且应当将此陈述存档备用。

第291条 法庭应当使即将取证的意图和取证时间与地点的合理通知送达给检察官和被告人，如果被告人被羁押，羁押场所的负责人应当依据治安法官的书面命令将其带至将要作出陈述的地点。

第292条 如果该陈述与某种罪行相关，且依据本法第二十六节的规定某人随后会因该罪行被交付审判的，则应当将该陈述移送至审判此人的法院，且将一份核证副本移送给检察官。

第293条 （1）依照《证据法》第35条的规定，按照前述规定取得的陈述可以在之后审理任何犯有陈述中涉及的罪行的人时，被作为证据使用。

（2）法官或治安法官的签名和见证应当视作任何陈述的充分的初步证据，证明该陈述在各个方面均是依法获取的，并且见证和签名应当被采纳，无须进一步证明，除非法庭认为有理由怀疑见证和签名本身的真实性。

第294条 （1）在任何情况下，法庭均应将证人的口头证言或者其中被认为是实质性的证据以书面形式记录在登记册中，以此为目的将其保存下来，并且该登记册在每天的诉讼程序结束时应当由法官或者治安法官签字。

（2）除非法律有明文规定，不应授权任何人审查或者获得按照前款规定保存的记录副本。

（3）按照前款保存的记录，或者经法官或治安法官签字并确认记录副本为真实副本的，应当在任何时候均被采信为该程序以及证人陈述的证据，无须进一步证明。

第 295 条　适用简易程序审理案件的法庭有义务根据案件情况需要，进行或指令进行局部检查。

第 296 条　当一个或多个当事人对另一个或多个当事人提出控告，并且在该前述提到的案件中的一个或多个被告人自己或与案外的其他一个或多个人一起，对该前述提到的案件中的一个或多个控告人或者对控告人与案外人一起，提出反诉，且这些反诉均涉及同一事项时，如果法庭认为适宜，可以对该控告一并进行听证并裁决。

第 297 条　当一个或多个当事人对另一个或多个当事人提起两个或更多的控告，并且这些控告指向同一事项时，如果法庭认为适宜，可以对这些控告一并进行听证并裁决。

第 298 条　在听证过程中，如果出现了使法庭认为由于犯罪性质加重或者其他充分理由而不适合由该法庭处理的情况，则该法庭可以将被告人交付高级法院审判，而不必作出裁决。

作出命令

第 299 条　在听证结束时，法庭应当当场或在延期开庭时对该案件作出裁决，裁决可以是驳回控告或判决被告人有罪，并且可以作出其他合理的命令。

具结

第 300 条　在任何简易审判中，无论控告是否被驳回，法庭均可要求控告人或被告人具结，或者要求控告人和被告人均具结，或要求其中任意一人具结，具结可以有保证人，也可以没有保证人，保证做到遵纪守法，并且可以命令受到具结义务约束的人，在未遵守具结时，除其应受到的任何其他处罚外，还可以被关押，关押不得超过 3 个月。

驳回控告和宣告无罪

第 301 条　（1）当控告被驳回并且该驳回系根据案件的实质性证据作出时，该驳回应视为与宣判无罪具有同等的效力。

（2）当控告被驳回，并且该驳回被声明不是基于实质性证据的驳回或者是不损害实体权利的驳回时，该驳回不应视为与宣告无罪具有同等的效力。

第三十四节　治安法官针对被控犯

有可公诉罪行的儿童或青少年的简易审判

第 302 条　（1）当被带至治安法官面前的儿童或青少年被指控犯有死罪之外的其他可公诉罪行时，如果治安法官认为适宜用简易程序审判的，可以在其管辖权限内对该罪行适用简易程序审判，无须与其家长或监护人进行商讨，并且如果该儿童或者青少年被判有罪，治安法官可以对其施以与依据起诉书对其审判所判处的同样种类的刑罚，就儿童而言——

（a）当判处罚金刑时，数额无论如何不应当超过4奈拉；

（b）当儿童为男性时，法庭可以在判处其他惩罚的同时或者作为其他惩罚的替代措施，命令该儿童经受体罚，或者被送到政府机构或社会公共机构，或者命令其既要经受体罚又要被送到政府机构或社会公共机构；

（c）当儿童为女性时，治安法官可以在判处其他惩罚的同时或者作为其他惩罚的替代措施，命令将该儿童送到政府机构或社会公共机构。

（2）为本条程序之目的，在案件审理过程中的任何时间，如果治安法官通过证据确信适宜用简易程序对案件审理，且指控尚未形成书面指控的，治安法官应当指示将指控简化为书面指控。

（3）本条规定不应当被理解为授权对婴儿审判。

第303条 当法庭命令一个儿童或青少年经受体罚时，该惩罚应当依照本法第四十二节关于笞刑的规定实施。

第三十五节 治安法官针对被指控犯

有可公诉罪行的成年人的简易审判

第304条 （1）当在治安法院被指控犯有死罪之外的可公诉罪行的人系成年人时，根据治安法官审判案件的管辖权限，治安法院可以适用简易程序对该犯罪进行审理。

如果由检察官进行起诉，治安法官未经检察官的同意，不得适用简易程序审理该案件。

（2）在对前述犯有可公诉罪行的成年人的指控进行审理过程中的任何时间，如果治安法官确信适宜用简易程序对案件审理，则为本条程序之目的，若指控尚未形成书面指控，治安法官应当指示将指控简化为书面指控，并且应当向被告人宣读并询问其类似的意思的问题——

“你希望视情况由高等法院的法官或者陪审团来审判，还是同意由本法院通过简易程序进行审判？”

当其作出希望案件适用简易程序并在其可能受到审判的高等法院的开庭期内进行审判的陈述时，如果治安法官认为该陈述具有可取性，若被告人已经被交付审判，且同意适用简易审判，则应当立即询问其下列问题——

“你是已认罪还是不认罪？”

（3）如果治安法官未告知被告人其有权视情况选择由高等法院的法官或者陪审团进行审判，该审判是自始无效的，除非被告人在被要求其作出辩护之前的任何时间同意由治安法官对其适用简易程序审判，在这种情况下，审判应当继续进行，如同被告人在治安法官听取案件证词之前已经同意由治安法官对其适用简易程序审判一样。

（4）在本法生效之后，任何生效的成文法中关于治安法官对可公诉罪行的简易审判，或者关于治安法官依简易审判程序审理的可公诉罪行，应当依据本条的规定，视情况被解释为由治安法官依据本条对可公诉罪行适用简易审判程序，或者被解释为治安法官可以依据本条简易审判程序审理的所有可公诉罪行。

第305条 （1）在不损害其可能拥有的其他权利的情况下，为了确定是否适宜用简易程序对案件审理，治安法官可以在审理案件之前或者在审理案件期间，决定延期审理案件并将被指控人还押候审。

（2）当一个人依据本条的规定被还押候审时，可以在各方面均采取与被指控犯有可公诉罪行的人被还押候审时所采取的相同的方式。

第306条 如果对可公诉罪行的指控是由治安法官依据本法本节规定通过简易程序进行审判的，检察官可以在裁决作出之前的任何时间，以亲笔签署书面命令的方式，要求该治安法官如同依起诉书审判的案件一样对该案件审判，收到此要求后，治安法官应当据此对案件审判。

第307条 当一个被指控犯有可公诉罪行的成年人被治安法官依简易程序审判时，该治安法官应当应负责起诉的任何人在案件裁决作出之前的任何时间提出的要求，推迟对指控的审理，以便为了获取前一条规定提及的如同审理依起诉书审判的案件一样审理该案件的命令而咨询检察官。

第308条 当一个可公诉罪行符合本法本节规定的情形时，可以被授权由治安法官依简易程序审判——

（a）在法院有权适用简易程序审判某一罪行之前，该案件的审判程序在各方面均应自始至终如同审判可公诉罪行一样，并且一旦法院有权适用简易程序审判该罪行，则从此时起及以后的阶段，该案的诉讼程序与简易程序一样，如同审理的罪行是简易程序定罪的罪行而非可公诉罪刑，并且本法的其他条文应当因此适用：

此处所列内容不应当被解释为阻止法院以后以可公诉罪刑进行审判，如果法院认为适宜以可公诉罪刑进行审判即可这样做。

（b）在法院有权对犯罪进行简易审判之前，从任何证人处取得的证据不需要被再次获取，但是如果被告人要求对其交叉询问的，则应当对该证人再次传唤。

（c）对该种罪行的定罪应当与基于起诉书对该罪行进行审判定罪一样具有同等的效力。

（d）当法院有权对犯罪进行简易审判并且依据实质性证据驳回控告时，

如果有要求，应当向被指控人送达一份经治安法官亲笔签署认证的驳回控告命令的副本，该驳回控告应当与依起诉书对该罪行进行审判并被宣告无罪具有同样的效力。

第309条 对于适用简易审判被认定犯有可公诉罪行的任何人，替代或在判处其应承担的刑罚之外，可以责令其以法院认为适宜的数额具结，具结可以有保证人，也可以没有保证人，保证其在法院确定的期限内遵纪守法和行为端正，在此具结作出之前，或者如果要求有保证人的，在有保证人的具结作出之前，法院可以指令将其监禁，但是监禁的期限不得超过1年，并且与固定期限的监禁刑加在一起，如果有，不应当超过他可能被判处的无罚金的最长的监禁刑期。

三、南非

《1977年刑事诉讼法》

第八章　认罪罚金

(第57-57A条)

第57条　认罪及支付未出庭罚金

(1) 当——

(a) 依据第54条的规定对被告人签发了传票（在这一部分统称为传票），公诉人或相关法院的书记官有理由相信治安法院在判决被告人有罪时，将不会对其处以超过司法部长决定的并不定期在报刊宣布的保证金数额，并且此公诉人或法院书记官对传票作了内容大体相似的背书，声称被告人可能会对其所犯罪行认罪且可能缴纳传票上规定的不能出庭的罚款；或

[（a）由1984年第109号法第3条（a）以及1991年第5号法第6条（a）替代]

(b) 依据第56条签发的书面通知已经送交被告人且依据该条第1款（c）所作的背书已由治安官作出，被告人可以不出庭但通过支付罚金进行认罪（在这一部分又称认罪罚金），此罚金可交给拥有管辖权的治安法院书记官或者法院管辖区域内的任何警察局；如果传票有背书说明罚金可以交给某一个地方机关，则交给该地方机关。

(2) (a) 传票或书面通知可视情况确定认罪罚金需在传票或书面通知明确规定的日期之前缴纳。

(b) 尽管已经超过（a）确定的交款日期或被告人应当出庭的日期，相关法院的书记官仍有可能接受认罪罚金。

（3）（a）（i）依据（ii）和（iii）的规定，试图依据第（1）款缴纳认罪罚金的被告人，应当视情况在缴纳罚金的同时交还传票或书面通知。

（ii）如果传票或书面通知丢失或无法找到，且作为控制性文件的复印件——

（aa）在第（1）款述及的支付地点无法找到，被告人应当视情况在缴纳罚金时交还传票或书面通知的复印件；或

（bb）在第（1）款述及的地点能够找到，被告人应当视情况在缴纳认罪罚金时无须交还传票或书面通知的复印件。

（iii）如果签发的逮捕令已经按照第55条第2A款规定作了背书，且被告人打算缴纳相关认罪罚金，法院的书记官可以视情况在确认逮捕令已经背书的情况下，接受认罪罚金，被告人无须交还传票或书面通知或它们的复印件。

［（a）由1987年第26号法第2条（a）替代］

（b）条款（a）（ii）述及的复印件，被告人可以向治安法院、警察局或地方当局索取，这些作为控制性文件的复印件在上述机构都有存档。

（c）尽管依据第（1）款的规定，（a）（iii）述及的被告人可以向逮捕令要求他出庭的法院缴纳认罪罚金，但如果该书记官不是第（1）款提到的治安法院的书记官，则他应当将此认罪罚金交给后者。

［（a）由1987年第26号法第2条（b）替代］

［第3款由1986年第33号法第6条替代］

（4）本部分规定不得被解释为可以阻止隶属于法院的检察官根据正当理由减少认罪罚金数额的权力。

（5）（a）传票或书面通知规定的认罪罚金应当与下述规定一致：涉案地区或区域内的治安法官针对犯罪行为不定期决定的；如果治安法官没有作出此决定，则由隶属于该地区或区域内有管辖权法院的检察官或警察局的军士级别及以上警官决定；如果上述警察局里没有符合条件的警官，则由警察局里的高级警官决定。

（b）依（a）决定的认罪罚金不能高于对该罪规定的最高金额或司法部长不定期在报刊上公布的数额，以低者为准。

［（b）由1984年第109号法第3条（b）以及1991年第5号法第6条（b）替代］

（6）依据第（1）款向警察局或地方当局缴纳的认罪罚金，以及依据第（3）款发出的传票或书面通知，应当在方便的时候及时送交拥有管辖权的治安法院书记官，并且此法院的书记官应当及时把依据第3条交给他的传票、书面通知里载明的基本认罪细节载入卷宗表明其已认罪。于是，依据第（7）

款的规定，该被告人应被认定已由法院对其所犯罪行人定罪和判刑。

（7）法院的主审法官应当仔细检查文件，如果他认为依据第（6）款作出的定罪或判决不合法或此种判决（依据第 4 条作出的除外）与治安法官依据第（5）款作出的决定不符，或不恰当（若治安法官还未根据词条作出决定），此主审法官可以驳回该定罪与判决。此时，该被告人可能会被传票传唤出庭对指控进行答辩。检察官倾向于如此操作。如果缴纳的认罪罚金超过了治安法官依据第（5）款决定的数额，主审法官也可驳回定罪和判决，而指示将多缴纳的部分退还给被告人。

［注意：第 57 条由 2008 年第 66 号法司法修正案第 7 条替代，此条款将在宣告后生效。见 PENDLEX］

第 57A 条　出庭后认罪并缴纳罚金

（1）如果被控犯下罪行的被告人已经出庭，并且——

（a）处于羁押中等待对此指控的审判，且无其他更严重的指控；

（b）依据第 59 条或第 60 条的规定保释在外；或

（c）依据第 72 条警告后释放。

如果有充分理由相信能对被告人审判定罪的治安法院不会对被告人判处高于司法部长不定期在报刊上公布的罚金数额，检察官可以在被告人提出答辩之前交给被告人一份书面通知，或安排治安官送交他一份书面通知，里面包含依据第 57 条作出的背书，即被告人可能认罪并缴纳规定的因不出庭而需的罚金。

［注意：第 1 款由 2008 年第 66 号法司法修正案第 8 条（a）替代，此条款将在宣告后生效。见附录］

（2）此通知应包含——

（a）案件编号；

（b）由检察官或治安官亲笔签署的证明，证明他或她已经向被告人送交或送达此通知的原件并且已向被告人解释了其含义；并且

（c）在第 56 条第（1）款（a）和（b）中述及的详细情况和指导意见。

（3）公诉人应当在指控书中说明已签署本条规定的相关通知，并且他或她或治安官应当立即将通知复印件交给有管辖权法院的书记官。

（4）第 55 条、第 56 条第（2）-（4）款，以及第 57 条第（2）-（7）款的全部规定略作变通即可适用于第（1）款下送交或送达给被告人的相关书面通知，依据第 57 条所述，此处的“通知”是“书面通知”，此书面通知规定的“罚金”也是本法条所述的“认罪罚金”。

［注意：第 4 款由 2008 年第 66 号法司法问题修正案第 8 条（b）替代，

此条款将在宣告后生效。见附录]

[第57A条由1996年第86号法第1条增加]

第十二章　简易程序

(第75条至第76条)

第75条　简易程序审理以及审理的法院

(1) 被告人因犯罪将被审判时，依据第119条、第122A条和第123条的规定，下列法院对他的审判应采用简易程序——

(a) 拥有管辖权，且他是因使用第38条下的方法实施犯罪而第一次出庭的法院；

(b) 拥有管辖权且是依据第(2)款被移送的法院；或

(c) 任何拥有管辖权，且是总检察长或总检察长授权的人为实施简易审理程序而指定的其他法院，不论是普通案件还是特别案件。

[(c)由1986年第33号法第9条替代]

(2)(a) 如果被告人出庭的法院对此案没有管辖权，则应依据检察官的要求被提交到拥有管辖权的法院。

(b) 如果被告人在治安法院出庭，但检察官告知该法院他认为被告人所犯罪行的性质或恶劣程度超过了治安法院可以量刑的管辖权，但没有超过地区法院的管辖权，则治安法院应当依据检察官的要求把被告人移送在地区法院接受简易程序审理，不管被告人是否已经就指控作出了答辩。

[(b)由1996年第86号法第3条增加]

(3) 被告人为保释申请而出席的法院应当在保释程序结束时或在此之后的任何阶段，但在被告人认罪之前，为了审判将此被告人送至检察官指定的法院。

[(3)由1997年第85号法第8条增加]

[第75条由1979年第56号法第3条替代]

第76条　指控书和刑事案件记录的证据

(1) 除非被告人是被传票传唤出庭，否则在下级法院进行的简易程序只需向该法院书记官提交指控书即可，而在高等法院，必须对被告人依据第144条的规定起诉，并把起诉书提交给该法院登记官才能启动。

(2) 除了指控的罪名，指控书上还应包括被告人姓名(如果知道并确认)、地址以及被告人的性别、国籍和年龄等。

[第2款由1992年第139号法第13条替代]

(3)(a) 法院应当保存诉讼程序的记录，可以手写也可打字，或者指令保存，记录中应包括指控书、传票或起诉书。

（b）只要出示依据第235条的规定制作的记录复印件，法庭便可证明此记录已做。

（c）若记录的正确性被质疑，被质疑的法院为了确定记录的正确性，可以用口头或书面宣誓的方式对必要的证据进行听证。

第十五章　答辩

（第105条至第109条）

第105条　被告人对指控进行答辩

检察官应当在针对被告人的审理开始前向被告人提出指控，依据第77条、第85条和第105A条的规定，法院应要求被告人按照第106条进行答辩。

（第105条由2001年第62号法第1条替代）

第105A条　辩诉交易

（1）（a）由国家检察长书面授权的检察官和有法定代理人的被告人之间，可以在被告人就其指控认罪前，协商并达成协议——

（i）被告人对被指控的犯罪行为或对其可能被指控定罪的犯罪行为认罪；而且

（ii）如果被告人被依据其认罪的犯罪行为定罪——

（aa）法院作出公正判决；或

（bb）依据第297条第1款（a）推迟判刑；或

（cc）法院作出公正判决，此判决的全部或部分执行依据第297条第1款（b）暂停；并且

（dd）如果适用，依据第300条的规定作出补偿判决。

（b）检察官可以依据（a）的规定达成协议——

（i）在案件调查后经与被指控的人协商。

（ii）至少适当考虑下列情形——

（aa）犯罪的性质及相关情况；

（bb）被告人的个人情况；

（cc）被告人的犯罪前科，如果有的话；以及

（dd）社区利益；以及

（iii）在充分考虑到犯罪相关情况、犯罪本质以及控诉人利益之后，提供控诉人或其代表向检察官交涉下述事项的机会——

（aa）协议的内容；以及

（bb）协议中关于给予控诉人财产损坏或金钱损失的一些补偿，或给予控诉人一些特定利益或服务以代替补偿。

（c）条款（b）（i）的要求可能被豁免，如果检察官确信，与依据案件

调查而被指控的人协商会在一定程度上延误诉讼程序，以至于——

（i）对检察官、被告人、控诉人或他或他的代表人造成非常大的不公正；并且

（ii）对执法机关产生不利影响。

（2）第3款述及的协议应当用书面形式，且至少应该——

（a）表明在达成协议之前，被告人已经被告知了他或她的以下各项权利——

（i）有权被认为无罪直到排除合理怀疑证明有罪为止；

（ii）有权在诉讼过程中保持沉默并且不必作证；并且

（iii）不被强迫给出证明自己有罪的证据。

（b）全面陈述协议的条款、案件的基本事实、判决协议有关的所有其他事实以及被告人所做的任何供认。

（c）由检察官、被告人及其法定代表人签名；并且

（d）如果被告人通过翻译人员跟检察官协商，包含翻译人员所作的证书，证明其在协商期间和对协议内容的翻译准确到位。

（3）依据第1款规定法院不可参与协商活动。

（4）（a）在被告人被要求答辩前，检察官应告知法院已依据第1款达成协议，法院应该——

（i）要求被告人确认已经达成的协议；并且

（ii）确信第1款（b）（i）和（b）（iii）的规定已经被遵守。

（b）如果法院确信协议不符合第1款（b）（i）和（b）（iii）的规定，则法院应当——

（i）告知检察官与被告人两者不符合的理由；并且

（ii）提供机会让检察官与被告人遵守上述规定。

（5）如果法院确信协议满足第1款（b）（i）和（b）（iii）的规定，则法院应要求被告答辩并命令将协议内容在庭上公开。

（6）（a）在协议内容被公开后，法院应当讯问被告人，确认是否——

（i）他或她同意协议所定条款，确定他或她在协议里承认的事实；

（ii）就案件指控的事实，他或她承认指控中主张并且他或她已经据此认罪；并且

（iii）协议是在其冷静且意识清醒时出于自由并自愿达成的，且未受到任何不当感化收买。

（b）在依据（a）进行调查后，如果——

（i）法院不能确认被告人已经对协议中述及犯罪行为认罪；或

（ii）法院发现被告人并没有承认指控中的主张或被告人错误地承认了此种指控或被告人对指控拥有有效答辩权；或

（iii）由于其他任何原因，法院认为被告人的认罪不成立，法院应当记录为不认罪，并将其中原因通知检察官与被告人。

（c）如果法院作不认罪记录，则审判应在其他法官主持下重新进行，但被告人可以放弃由其他法官主持审判的权利。

（7）（a）如果法院确信被告人承认了指控，而且也确认了他或她对协议中的犯罪行为认了罪，法院接下来应当考虑量刑协议问题。

（b）为了达到（a）述及的目的，法院——

（i）可以——

（aa）向检察官和被告人提出相关问题，包括与被告人前科有关的问题；

（bb）听取证据，包括被告人方面或控诉人方面的证据或陈述；以及

（ii）必须，如果相关犯罪是——

（aa）在1997年刑法修正案（1997年第105号法）附件中提到的犯罪；或

（bb）或创立该项罪名的法律规定了最低刑罚，适当考虑上述刑法修正案或相应法律的规定。

（8）如果法院确信量刑协议公正，则应告知检察官以及被告人其已经确信，此时法院应判决被告人犯有指控的犯罪并依据量刑协议对被告人量刑。

（9）（a）如果法院认为量刑协议不公正，则应当将其认为公正的判决告知检察官和被告人。

（b）当被告知法院认为判决公正时，检察官与被告人可以——

（i）遵守与指控相关的协议并告知法院，依据与量刑有关的举证和辩论权，法院可以继续处以判决；或

（ii）撤回协议。

（c）如果检察官和被告人依据（b）（i）的规定遵守协议，法院可就指控的犯罪行为对被告人定罪，并作出其认为公正的判决。

（d）如果检察官或被告人撤回了（b）（ii）的协议，则审判应在其他法官主持下重新进行，但被告人可以放弃由其他法官主持审判的权利。

（10）当依据第6款（c）或者第9款（d）重新审判时——

（a）协议应被认定无效，且不再被考虑或提及——

（i）协议之前的任何磋商；

（ii）协议本身；或

（iii）任何与之相关的诉讼程序中对协议的记录，除非被告人已全部或部分地认可由其在协议中或在相关诉讼程序过程中作出供认的记录，并且任何

被记录下来的承认应作为此种供认的证据。

(b) 检察官与被告人不得对源于同样事实的指控达成答辩或量刑协议；并且

(c) 检察官可以继续任何指控。

(11) (a) 国家检察长在与司法部长协商之后，应签发有关事项的指令，所有有关事项应是有合理理由且为达到本条的目的是必要和有利的，且签发的任何指令在本部分的应用过程中都应关注。

(b) 条款 (a) 所指的指令——

(i) 必须指明本部分在应用过程中应遵循的程序，如应用与下述有关——

(aa) 1997 年刑法修正案（1997 年第 105 号法）附件中提到的任何犯罪行为，或任何创设此罪名的法律对此规定了最轻刑罚的犯罪行为；

(bb) 法院有权或被要求进行特别调查的任何犯罪行为，无论是在对被告人定罪或判决前或后；

(cc) 法院有权或被要求对被告人的定罪发布特殊命令的犯罪行为。

(ii) 可以指明为适用本条规定或被国家检察长认为有必要或需要适用其他相关犯罪的特别程序；

(iii) 必须确保一旦检察官不遵守命令应当对其采取的适当惩戒措施；并且

(iv) 必须确保与本部分的履行及适用相关的全面记录及统计由检察机关保存。

(c) 据本条规定签发的指令在生效前，国家检察长应将它呈递给议会，并且签发的第一批指令必须在本法规定实施后 4 个月内呈交议会。

(d) 任何依据本条款签署的指令可以用同样的方式被修改或撤回。

(12) 国家检察长应至少每年一次地向议会呈交第 11 款 (b) (iv) 提及的记录与统计。

(13) 在本法中“量刑协议”是指依据第 1 款 (a) (ii) 作出的协议。

[第 105A 条由 2001 年第 62 号法第 2 条增加]

第 106 条　答辩

(1) 当被告人对指控答辩时，他可以向法庭作如下答辩——

(a) 他对指控的犯罪行为认罪，或对可能被指控定罪的犯罪行为认罪；或

(b) 他不认罪；或

(c) 对被指控的犯罪行为，他已经被判有罪；或

(d) 对被指控的犯罪行为，他已经被判无罪；或

(e) 对被指控的犯罪行为，他已依据第 327 条第 6 款规定被国家总统赦免；或

(f) 法院对此项犯罪的审理没有管辖权；或

(g) 检察官已经依据第 204 条规定撤销了对此项犯罪行为的指控；或

(h) 检察官无法定理由起诉；

(i) 由于法院依据第 342A 条第 3 款作出的命令，起诉不可被恢复或确立。

[(i) 由 1996 年第 86 号法第 4 条增加]

(2) 可以同时作出两个或两个以上的答辩，但针对同一个指控所作的有罪答辩不得跟其他答辩一并提出。

(3) 除有罪答辩或无罪答辩以外，任何其他答辩意图，被告人应给检方合理通知并告知检方他答辩的依据；但是，总检察长或检察官有可能放弃这项要求，如果那样，法院将视情况依据显而易见的正当理由，免却答辩人的通知义务，或者推迟审理日期以便答辩人能够发出这样的通知。

(4) 除非本法或其他法律有明确的不同表述，否则任何对指控提起答辩的被告人只要提出的答辩内容不是法院无权审理此案，或者针对被告人的无罪答辩是法院自己作出，该被告人有资格要求被判无罪或被判有罪。

第 107 条 真相和为了公共利益公布诽谤事件应特别答辩

被控违法出版诽谤事件的被告人，如果辩称诽谤事件是真实的并且为了公共利益此事应被公开，则该被告人应作特别答辩，除有罪答辩外可以与别的答辩一并进行。

第 108 条 答辩中提出的问题应被审理

如果被告人提出了有罪答辩之外的答辩，依据第 115 条、第 122 条以及第 141 条第 3 款的规定，他的答辩应该被视为要求对其答辩提出的问题进行审理。

第 109 条 被告人拒绝答辩

当处于刑事诉讼中的被告人拒绝对任何指控进行答辩时，法院应为被告人的利益而记录无罪答辩，并且如此记录下的答辩应与被真实提出的答辩具有同样效力。

第十七章 在简易程序中的认罪

(第 112 条至第 114 条)

第 112 条 认罪

(1) 如果处在法院简易审理程序中的被告人对被指控的犯罪，或对他可能因指控而被定罪的犯罪行为认罪，并且检察官接受认罪时——

（a）主审法官、地区治安法官或治安法官如果认为犯罪不够处以监禁或任何其他形式的羁押，又不得以罚款代替，或处以超过部长决定的并定期在报刊上公布金额的罚款，则可对认罪的被告人以其所认的罪行定罪，并且——

（i）作出合适的判决，监禁或不得以罚款代替的任何形式的羁押或超过部长决定并定期在报刊上公布金额的罚款除外；或

（ii）依据法律其他规定与被告人达成认罪协议。

［（a）由 1984 年第 109 号法第 4 条（a）、1991 年第 5 号法第 7 条（a）及 1997 年第 33 号法第 2 条替代］

（b）主审法官、地区治安法官或治安法官如果认为犯罪应被处以监禁或任何其他形式的不得以罚款代替的羁押，或处以超过部长决定的并定期在报刊上公布金额的罚款，或检察要求，他或她可以依据案件声称的事实讯问被告人以便确认其是否实施了认罪的犯罪行为，如果确信被告人对其认罪的犯罪行为有罪，可以依据其认罪的犯罪行为进行定罪并作出任何相应的判决。

［由 1984 年第 109 号法第 4 条（b）修改，并由 1991 年第 5 号法第 7 条（b）及 1997 年第 33 号法第 2 条替代］

（2）如果被告人或他的法律顾问将被告人的书面陈述交于法院，在此陈述中被告人阐述了他承认的事实并对此认罪，如果法院确信被告人对他认罪的犯罪确实有罪，则法院可以不依据第 1 款（b）讯问被告人，而是依据上述陈述对被告人定罪并且如上述条款对他进行判决，但法院可以依据自由裁量权向被告人提出任何问题，以澄清陈述中产生的任何问题。

（3）本法条不得被解释为阻止检察官对指控的任何方面出示证据，也不能解释为阻止法院听取证据，包括与判决相关的由被告人提出的或有利于被告人的证据或陈述，或为了作出合适判决而讯问被告人关于案件的任何方面的问题。

第 113 条　对认罪的纠正

（1）依据第 112 条第 1 款（a）或（b）或者第 112 条第 2 款规定，法院在诉讼程序的任何阶段，只要判决没有宣布，怀疑被告人已经认罪的罪行在法律上是否真的有罪，或者法院认为被告人没有承认指控内容，或被告人错误地承认了指控的罪行，或被告人对指控做了有效辩护，或者法院认为存在任何其他理由使得被告人的认罪不成立，法院应记录为无罪答辩并要求检察官继续起诉：但被告人到目前为止已经认可的主张，即法院已经记录为无罪答辩的主张，在任何法院都应视为对上述主张的证据，上面提及的主张除外。

［第 1 款由 1996 年第 86 号法第 5 条修改］

（2）如果法院在新的证据没有出示之前依据上述第1款规定记录了无罪答辩，针对被告人提起的指控将按原来的指控进行，除非检察官明确作了其他说明。

［第2款由1991年第5号法第8条增加］

第114条 被告人认罪后地区法院判决，治安法院收监

（1）如果治安法院，在依据认罪答辩定罪后作出量刑判决前认为——

（a）被告人被定罪的罪行的性质和严重性致使其应当被处以超过治安法院管辖范围的惩罚；

（b）被告人之前的犯罪行为使被告人被定罪的罪行应当被处以超过治安法院管辖范围的惩罚；或

（c）被告人是第286A条第1款述及的相关人员。

［由1993年第116号法第18条（b）增加］

法院应停止审理程序，并把被告人移交给拥有管辖权的地区法院进行判决。

（2）如果被告人实施的是依据第1款规定应由地区法院判决的犯罪，治安法院的程序记录应被地区法院作为证据采纳并成为该院记录的一部分，被告人的认罪和供认均应成立，除非被告人使法院相信该答辩或供认被错误记录。

（3）（a）除非相关地区法院——

（i）确信被告人所作的对其罪行有实质性影响的认罪或供认是被错误记录的；或

（ii）认为被告人对被定罪并被宣判的罪行有罪，法院应正式裁决并对被告人进行了宣判。

（b）如果法院确信被告人作出的对其罪名至关重要的认罪或任何供认被错误记录，或如果法院不确信被告人对其被定罪且判刑的罪名确实有罪，或他没有对指控提出有效辩护，法院应正式提出无罪答辩并在此法院继续进行简易程序审理；但被告人未提出质疑被告人承认的记录，应作为承认事实的证据。

（4）第112条第3款的规定应适用于本条述及的诉讼程序。

第十八章 在简易程序审理中作无罪答辩

（第115条至118条）

第115条 无罪答辩及关于争点的程序

（1）当处于简易程序审理中的被告人对指控作出无罪答辩，主审法官、地区治安法官或治安法官，视情况而定，可以讯问他是否想要陈述说明他答

辩的依据。

（2）（a）当被告人没有依据第 1 款作出陈述或虽作出了陈述但从中无法明确看出他否认或承认答辩事项的程度，法院可以讯问被告人以确立指控中到底哪些主张存在争议。

（b）法院可以讯问被告人任何问题以便澄清第 1 款或本款产生的任何事项，并应讯问被告人，没有放在无罪答辩中的主张是否可以被当作被告人对该主张的供认加以记录，如果被告人同意，此供认应被记录且应被视为第 220 条下的供认。

（3）如果被告人的法律顾问代替被告人回答法院依据本法提出的任何问题，无论采取书面形式还是口头形式，法院都应要求被告人自己声明他是否认可法律顾问的答复。

第 115A 条　地区法院为了审判将被告人收监

（1）如果被告人在治安法院作了无罪答辩，该法院应依据第 115 条规定，在证据被提交前应检察官要求，将被告人移交给拥有管辖权的地区法院审判。

（2）治安法院诉讼程序的记录应在地区法院证实后被地区法院接收并成为法院记录的一部分。

[第 115A 条由 1979 年第 56 号法第 4 条增加]

第 116 条　在治安法院审判后依据地区法院判决将被告人收监

（1）如果治安法院在依据无罪答辩定罪后判决前，认为——

（a）被告人被定罪的罪行的性质或严重性致使其应得惩罚将超出治安法院管辖权；

（b）被告人之前的犯罪行为使被告人被定罪的罪行应得的惩罚将超出治安法院管辖权；或

（c）被告人是第 286A 条第 1 款述及的相关人员，

[（c）由 1993 年第 116 号法第 19 条（b）增加] 法院应停止诉讼程序并将被告人转交给拥有管辖权的地区法院进行审判。

（2）治安法院诉讼程序的记录应在地区法院证实后被接收并作为法院记录的一部分。

（3）（a）地区法院应在考虑治安法院诉讼程序的记录后对被告人作出判决。治安法院的判决书应当满足这个目的，且能够使地区法院作出适当的判决；如果地区治安法官认为诉讼程序不符合正义或怀疑此诉讼程序是否符合正义，他或她可以要求主审法官对他或她说明定罪的理由。如果地区治安法官在审查了主审法官的定罪理由后，确认诉讼程序符合正义，他或她可以判决被告人，但如果他或她仍然认为诉讼程序不符合正义或怀疑此诉讼程序是否符合正义，则他或她不应对被告人进行判决；相反，他或她应当记录自己的理由，并将上述理由以及治安法院主审法官的理由，与治安法院诉讼程序记录，一并呈交给拥有管辖权的省级分院的登记官，此登记官应尽快把此记录提交给内庭在诉讼程序上具有同等权力的法官，如同依据第 303 条把记录呈交给法官一样。

[（a）由 1996 年第 86 号法第 6 条修改]

（b）如果地区治安法官依据（a）的附加条件采取行动，他应为此通知被告人，并推迟案件至未来某个日期，具体日期要视复查结果何时出来而定。被告人被羁押的，地区治安法官可以对被告人的拘留或释放作出他认为合适的命令。

第 117 条　特殊情况下移交给上级法院

当下级法院中的被告人对被指控的罪行提出无罪答辩，且他无罪答辩的理由是，针对他的指控所依据的省级法令或总统公告据说已经失效，那么，依据 1944 年治安法院法（1944 年第 32 号法）第 110 条，被告人应被移交给拥有管辖权的上级法院按照简易程序审理。

[第 117 条由 1996 年第 49 号法第 1 条修改]

第 118 条　无罪答辩后缺少审判员

如果被告人在简易程序审理中辩称无罪，法官、地区治安法官或治安法官无论出于何种原因不能继续审理案件，且举证还未进行，则审理可以由同一个法院的任何其他法官、地区治安法官或治安法官继续进行。

四、摩洛哥

《刑事诉讼法》

第二卷　罪行裁定

第四编　法院级别专门规定

第一章　轻罪和违警罪的专门法院

第 373 条　法院根据本法第 251 条、第 252 条和第 255 条至第 260 条规定开庭审理轻罪和违警罪。

第 374 条　法院开庭时应有一名法官、检察官代表出席和法庭书记员协助。

如果违反以上规定则审判无效。

第一节　违警罪的执行公文和司法决定

第 375 条　在犯违警罪情况下，未出现被害人，检察官可仅判处罚金，违法行为被记录在调查笔录或决定里，可以申请按照可执行文件的需要处以罚金，最大限度可以达到法律规定的一半。

第 376 条　关于违警罪的可执行文件由检察官宣布，应包括宣布时间、检察官签字以及以下内容：

1. 个人姓名、职业、家庭住址，如果情况需要，需犯罪人及其辩护人的身份证号；

2. 违警罪声明、犯罪时间地点、证明犯罪的方式；

3. 案件适用的法律条款；

4. 开庭时，法庭书记委员会应指出对其违法行为的罚金金额。

第 377 条　检察官宣布的可执行文件宣判行为人犯违警罪的，应当视情况以通知信或者以上述第 325 条第 2 款规定的其他通知形式告知其民事诉讼代理人。

通知信中包括罚金金额决定、法庭确定执行文件日期，此通知效力相当于法庭传票。

违警罪犯罪人和其民事权利代理人可在 10 日内表达同意交纳罚金的意愿，此情况下仅需保证将原信件退回，以保密邮件退还给王国检察官并告知。

第 378 条　传票规定期限为自通知当日或拒绝接受当日起 10 日内。

第 379 条　执行文件可以只通过传票送达，可以在任一初审法庭书记委员会宣布之后执行；法庭书记委员会应当自宣读执行文件之日起 1 周内，通知检察官。

第 380 条　如果被执行人在上述第 378 条规定的期限内无申诉的意愿，此执行文件则成为最终决定，由法庭书记员递交调查笔录给执行罚款的委托机构。

第 381 条　如果被执行人在上述第 378 条规定的期限内有申诉的意愿，检察官则将案件移交给法院，按照总条例处理。

如果法院认定有罪，则按违警罪法律规定对犯罪人的罚金不能少于决定罚金金额的 2/3。

第 382 条　依据第 415 条规定的条件，上述情况下宣布的司法决定不得申请异议或撤销。

根据上述条例宣布的决定具有法律效力，决定的处罚包括定罪同样生效。

第二节　轻罪司法决定

第 383 条　如果某轻罪的罚金金额不超过 5000 迪拉姆，且该轻罪未出现被害人，法官可根据王国检察官的书面申请，处以不超过法律规定的最高限额一半的罚金，代替被告人的其他刑罚和费用。

依据上述第 308 条要求，可自收到通知起 10 日内向同一法庭对该决定提出异议。异议后此决定可上诉。

如果被告人提出异议，已宣布的决定依据法律失效。

第三节　开庭与宣布判决

第 384 条　按照如下规定向初审法庭提起诉讼：

1. 依据第 383 条被告人对轻罪判决提出异议；
2. 王国检察官或民事诉讼方（律师）直接传唤被告人或其民事代理人；
3. 必须由有权提起诉讼的机关的工作人员提起；
4. 审判法官或决定机关宣布；
5. 依据第 74 条规定立即移交法庭；
6. 依据第 377 条最后一款，王国检察官移交违警罪罪犯或者辩护人。

第 385 条　如果无以上传票，依据本法第 74 条规定，被告人应当在 3 日内出庭，法庭应当告知被告人有准备辩护和选择律师的时间的权利。

应当在决定中记录这项通知和被告人的回执。

如果被告人行使上述权利，法庭应当因此给予不少于 3 日的期限，按其申请暂时释放或者解除司法监视。

如果违反以上规定，则判决无效。

通过任何一个司法警察或公权力援助、通过司法援助或司法人员对证人口头传讯，证人应当出庭并依据上述第 128 条要求行使权利。

第 386 条　对所有案件的调查应当按照上述第 287 条和其后条文的规定进行。

第 387 条　如果因轻罪或违警罪宣布被告人有罪，法院应当对其作出决定，并视情况判处附加刑和预防措施；法院应视情况依据上述第 366 条要求承担驳回诉讼和补偿被害人的责任。

第 388 条　上诉期限届满时，由法庭书记员制作宣布剥夺自由决定的笔录，由检察官提出决定并确保实施。

第 389 条　如果探明被告人没有犯罪行为或者其行为没有违反刑事法律，法庭应当宣告无罪，法庭没有民事诉讼的决定权，但必要时，可以驳回可提出异议的诉讼。

如果民事诉讼方直接向审判人员提起公诉，则执行本法第 98 条的规定。

当法庭审理时发现被告人在犯罪时存在智力障碍，应当依据刑法第 76 条、第 78 条和第 79 条执行。

如果被告人因故被免予刑罚，法庭应当决定豁免，但是法庭有权继续进行民事诉讼。

当法庭因本法第 4 条所述原因之一终止审理时，依据第 12 条法庭有权进行民事诉讼。

第 390 条　如果在法庭司法权范围内不能决定行为是轻罪还是违警罪，则宣布其无力审判，法庭应当将提起诉讼方移交给有管辖权的审判机关。

如果案件为重罪，则依照本条第 1 款审判。此情况下，法院视情况宣布判处自由刑，如果被告人未拘留则实行不惩罚；如果被告人已被拘留，则持续计算拘留时间，同时实施已判处的司法监视措施。

必要时，检察官将案件移交给主管机关。

第 391 条　如果判决书宣布时存在缺席人员，则依据民事诉讼法第三十七章、第三十八章和第三十九章规定执行并通知缺席方律师；自通知之日起，反驳期限为 10 日。

第 392 条　如果判处 1 年或 1 年以上监禁刑，按照检察官要求，法庭可发布注明原因的特殊规定，拘留或逮捕被告人。

依据第 398 条和第 532 条规定不同的是，即使撤诉，上述司法决定仍具有法律效力。

在初审宣布调查或侦查结果的情况下，法院可以接受犯罪人申请，允许对民事诉讼方提前作出赔偿，包括诉讼支付费用或预计费用，该赔偿在所有异议或申诉情况下均适用。

当法院根据严重程度与被害人需求处理财物并确定给予被害人或被侵权者全部的赔偿金额时，在特殊说明时可以要求被告人立即执行合理的部分赔偿和民事诉讼方当时的需求，在一般犯罪上诉机关，即法庭前，依据本条第 3 款、第 4 款赔偿规定，可以申请中止执行已宣布的决定。

第四节　异议

第 393 条　自通知之日起 10 日内，被告人可以在缺席审判中对其作出的决定提出异议或者为其辩护。

依据上述第 391 条规定在宣布决定通知前，法院不接受被告人对其罪刑的异议，依据下列第 394 条第 3 款规定，当被告人提出异议时需要提及已收到通知并且未放弃异议的权利，法院应当重新发出传票。

依据下述第 401 条第 2 款、第 3 款、第 4 款所规定情形，如果法庭书记员拒绝发送通知，被告人可以向法官提出异议。

但是在公诉中，如果未通知被告人本人，也未解释任何一项执行文件，被告人有权知晓被宣布的决定，对此决定的异议可保留至处罚时效结束。

由作出缺席审判的法庭审理异议。

第 394 条　缺席审理中宣布的有罪决定因被告人提出的异议无效。

除非异议对其有利，否则民事诉讼方或民事诉讼的当事人提出的异议无效。

当异议申请人接到新的法庭传票时，法院应当传唤其他各方出庭。

如果异议申请人在新签发法庭传票规定的时间未出席，则驳回异议。

针对判决提出异议后不得再次提出异议。

第 395 条 所有情况下可决定异议申请人承担缺席审理的通知费用和异议费用。

第五节 上诉

第 396 条 如果被判处监禁，被告人及其辩护律师和检察官可就违法案件宣布的决定进行上诉。

只有被决定的权利属于民事权利时，才可授予民事诉讼方相同的权利。

依据本法第 409 条和第 410 条规定的条件可以上诉。

如果出庭审判中只判处罚款未判处监禁，只有依据本法第 415 条的规定，才可对此审判提出异议。

第 397 条 依据本法第 409 条和第 410 条的规定，当决定书中相关的被告人、辩护律师、民事诉讼方、王国检察官、上诉法院王国总检察官或法律允许提起公诉的机关之一提起公诉，可对已宣布的轻罪决定提出异议。

第 398 条 依据本法第 382 条，在上诉有效期和上诉阶段的侦查期，可以中止决定的执行。

依据本法第 402 条，未执行刑罚不得阻止上诉法院王国总检察官在合法上诉期内提出上诉。

第 399 条 上诉交由上诉法院轻罪法庭审理，上诉法院轻罪法庭除包括法院院长和 2 名陪审法官外，检察官代表应当出席，法庭书记员予以协助。

上诉声明应当交予宣布决定的法庭书记员或上诉法院书记员。

如果被判处拘役，依照第 233 条规定，上诉申请应当提交给刑罚执行机关的书记员，且立即通知上诉人受理结果，该上诉申请应记录在个人司法犯罪记录中。

监狱长应在 24 小时内将声明副本送达宣布决定法庭的书记员，否则将因失职受到纪律处分和刑事追究。

第 400 条 如果诉讼方或诉讼方代表出席法庭，法院应当在全体辩论之后宣布决定，诉讼方或诉讼方代表在宣布决定之日签署决定书时，上诉期限为宣布决定之日起 10 日。

此期限自通知个人或其律师之日起生效：

1. 如果诉讼方或出席宣布决定的法庭代表在宣布判决之日未出席，且诉讼方或代理人未被通知出席；

2. 依据上述第 314 条中第 2 款、第 3 款、第 6 款规定为全体出席审判的；

3. 依据上述第 314 条中第 1 款规定为缺席审判的。

但是如果在规定期限内，除王国总检察官外有权上诉的一方或各方上诉，为其增加为期 5 日的额外上诉期限。

第 401 条　只有在宣布诉讼判决后，当事人提出上诉的情况下，才可以对判决结果或存有争议的判决提出上诉。上述规定适用于有关权限问题的判决，但不适用于超出法庭权限的案件判决。

对审判等级产生异议时，被法庭书记员拒绝其要求的一方应在 24 小时之内以书面说明的方式请求法院院长，要求法庭书记员记录其上诉声明，并且要求法庭书记员遵守该决定。

在此要求被同意的情况下，其提出时间应当被视作提出上诉声明的时间。

不得对法院院长的命令提出异议。

不得利用上述第 1 款规定作为不接受上诉的理由。

第 402 条　自决定宣布之日起 60 日内，王国总检察官有权提起上诉。

此上诉应告知被告人，在需要的情况下应当告知其民事诉讼代理人。

根据被告人或其他任何一方的上诉，开庭陈述案件时如果当庭通知出席的被告人或王国总检察官在法定期限内提起上诉，这类通知是合法的。

第 403 条　除检察官外的上诉人可以放弃上诉，这种放弃上诉是合法的。

这种放弃无效，只要法庭未给予凭证，则可以撤回上诉。

第 404 条　提出上诉的人可以被释放或解除司法监视，因以下原因不能拘留：

1. 在宣布被告人无罪、免罪，有罪但缓期执行，罚款或撤诉的情况下；

2. 被判监禁的被告人监禁期届满。

第 405 条　自上诉声明宣布之日起 8 日内，被拘留的被告人依王国检察官的决定被移交上诉法院下设的监狱机构。

第 406 条　如果因司法决定的程序错误或疏漏而撤销审判并且法院未弥补决定的错误的，上诉机关有权提出反对、进行审理。

在撤销决定的情况下，若有需要，一审法庭应声明其司法职权范围或无地域管辖权。

第 407 条　依据下列条件需要，开庭时轻罪上诉会议应根据第二卷第三编第一章规定条款执行。

一旦结束对被告人的审问，经任何一方要求，法官或陪审员均应当据实宣布决定。

审理上诉案件时应当对被告人进行审问。

如果上诉法院要求听取证人证词，证人应当出庭作证。

在后续辩论中应当遵循先原告方后被告方的顺序，原告方提供证词后，被告方再提供证词，审判长确定其提供证词的顺序。

如果对附带民事诉讼提起上诉，检察官应提供书面意见。

所有情况下应给予被告人最后陈述的机会。

第 408 条 如果向上诉法院轻罪法庭提出上诉，程序正确的基础上不得中止，法庭支持提出的上诉，如果上诉人不是检察官或法律授权提起诉讼的机关，上诉法院决定上诉人承担上诉费。

第 409 条 当检察官或法律授权提起诉讼的机关上诉时，无论赞成还是反对被告人，上诉法院轻罪法庭应当作出支持上诉人的决定，变更决定或撤销决定。

如果被告人自行提起上诉，上诉法院只可以在赞成被告人的情况下，支持审判或撤销审判。

第 410 条 上诉法院轻罪法庭保护民事诉讼方的权利，审理民事诉讼方或民事诉讼代理人的上诉，法庭应提供被告人的犯罪事实依据。

在上诉的情况下，法院可以维持、变更或撤销原判决，但变更原判时，须有利于上诉申请人。

无论执行民事权利还是提出异议，上诉后宣布的决定不影响公诉，如果宣布的决定依据检察官的书面意见，则具有法律效力。

第 411 条 如果所有行为非被告人的责任或不违反刑事法，上诉法院轻罪法庭应依据第 389 条规定执行。

如果依据第 392 条规定，初审决定明文规定赔偿加快执行，法庭必要时可要求被告人立即支付可能产生的民事赔偿。

第 412 条 如果证实被告人行为仅为违警行为，则依据本法第 387 条和第 397 条最后一款规定审理上诉，撤销初审决定。

第 413 条 如果证实被告人行为为刑事犯罪，则依据本法第 390 条规定，上诉法院轻罪法庭宣布对其无审判权。

第 413-1 条 如果被告人行为是重罪或超过 2 年监禁刑罚的轻罪，上诉法院宣布初审无审判权，并依据本法第 390 条执行。

第 414 条 上诉法院轻罪法庭应遵守本法第 1 条、第 314 条、第 386 条至第 389 条（第 3 款、第 4 款、第 5 款）、第 392 条第 1 款、第 393 条至第 395 条的规定。

第 415 条 检察官和各方可对上诉的决定或上诉法宣布的最终决定提出

异议。

依据本法下述第 518 条规定提出异议。

与第 532 条规定不同，在第 382 条第 1 款规定的情形下，异议不能中止罚款的执行，提起异议的人应当在提出异议时确保被判处的罚款已执行。

异议期间，异议受理人可驳回罚款处罚。

但是在决议具有法律效力前不得采取强制手段。

第六节　初审法院的上诉法庭

第 415-1 条　初审法院上诉法庭开庭，由一名庭长、两名法官组成，一名检察官代表出席和一名法庭书记员助理出席。

第 415-2 条　依据上述第 253 条最后一款规定，初审法院上诉法庭可执行本章第五节关于提出上诉的内容。

五、肯尼亚

《刑事诉讼法典》

第四部分　刑事调查条款

认罪协议

第 137A 条　认罪协议谈判

（1）根据第 137B 条，起诉人和被告人或其法定代理人可以谈判达成下列协议：

（a）减轻罪行指控；

（b）撤回起诉或终止其他控告，或承诺不再提起其他可能的控告。

（2）根据本条第 1 款（a）项或（b）项达成的认罪协议可以规定被告人支付任何赔偿金或补偿金。

（3）只有被告人被控告后或在宣判前，可以达成本条第 1 款中规定的认罪协议。

（4）如果私人提起诉讼，则在没有总检察长书面同意的情况下，不应作出认罪协议。

第 137B 条　代表国家的认罪协议

代表肯尼亚共和国达成认罪协议应由总检察长或检察长根据宪法第 26 条第 5 款授权的官员和其他任何成文法律授权可以起诉的人进行：

在下级法院的审判中，在提前获得总检察长、检察长或其下属官员书面批准的情况下，公诉人可以根据具体情况，依照第 137A 条第 1 款达成认罪协议。

第 137C 条 启动认罪协议

（1）提出认罪协议的可以是：

（a）检察官；或者

（b）被告人或其法定代理人。

（2）本条第 1 款规定的各方，应告知法院其进行认罪协议谈判的意向。

（3）法院不应参与本部分中公诉人和被告人的认罪谈判。

第 137D 条 与被害人等协商

在下列情况下，起诉人才可以根据第 137A 条提出认罪协议：

（a）咨询调查案件的警官；

（b）充分考虑犯罪性质和情况、被告人的个人情况以及公共利益；

（c）除非情况不允许，向被害人或其法定代理人提供就协议内容向起诉人申述的机会。

第 137E 条 认罪协议形式

认罪协议应采用书面形式，并且应：

（a）经过被告人阅览和认可，或用被告人理解的语言向其解释；

（b）如果被告人通过口译员与诉讼人谈判，由口译员提供其精通该语言和在谈判中准确翻译了协议内容的证明；

（c）充分说明协议条款、事件的实质性事实和所有其他与案件相关事实以及被告人承认的任何情况；

（d）由诉讼人和被告人或其法定代表签署；

（e）如协议中有第 175 条第 2 款（b）项中规定 d 补偿令，由原告签字。

第 137F 条 法庭记录认罪协议

（1）在法庭记录认罪协议前，被告人应宣誓，法庭应告知亲自到庭的被告人和确认被告人理解：

（a）其下列权利——

（i）不认罪，或已经作无罪辩护；

（ii）推定无罪直至被证明有罪；

（iii）保持沉默和诉讼中不作证；

（iv）不被强迫提供自证其罪的证据；

（v）完整审判；

（vi）可以自己选择法定代理人，并且在必要时，由法庭指定法定代理人；

（vii）亲自或由其法定代理人询问检方出庭证人，按照适用于检方证人的条件让己方证人出庭作证和接受询问；

（b）接受认罪协议意味着放弃完整审判的权利。

（c）其答辩的指控的性质。

（d）均可能被判处的最高刑罚，包括徒刑、罚金、社区服务令、缓刑、有条件或无条件释放。

（e）任何强制性的最低惩罚。

（f）任何可适用的财产没收。

（g）法院根据第175条第2款（b）项判处补偿或根据第177条判处赔偿的权力。

（h）达成认罪协议意味着放弃上诉权力，对量刑合理性和合法性的上诉除外。

（i）在关于伪证或虚假陈述的诉讼案件中，检方有使用被告人在协议中提供的任何对被告人不利的叙述。

（2）起诉人应向法庭说明认罪协议的事实根据，法庭应决定和认可认罪协议存在事实根据。

第137G条　被告人进行认罪协议的能力

法庭应在记录认罪协议前，亲自确认达成认罪协议时，被告人心智健全、能依自由意志行动。

第137H条　记录认罪的事实根据

（1）法庭接受认罪协议时：

（a）应在记录中记下认罪协议的事实根据；

（b）该协议应对起诉人和被告人均具有约束力；

（c）该协议应成为法庭记录的一部分。

（2）如果根据第137A条第1款（a）项进行的认罪协议，被法庭根据该条规定认可，则法庭需相应地宣告被告人有罪。

第137I条　各方发言

（1）宣判有罪后，法庭可要求各方根据第216条量刑发言。

（2）判刑时，法庭应考虑：

（a）被告人已经被拘留的时间；

（b）如果有受害人影响陈述，则根据第329C条规定作出受害人影响陈述；

（c）被告人表示认罪协议意图时所处的诉讼阶段以及当时的具体情况；

（d）被告人同意支付的赔偿金和补偿金的性质和数额。

（3）如有必要且值得，法庭可在判刑时考虑缓刑和监督官的报告。

第 137J 条　驳回认罪协议

（1）如法庭驳回认罪协议：

（a）法庭应记录驳回的理由并相应地告知各方；

（b）认罪协议应视为无效，其各项条款对任何一方均无约束力；

（c）在后续审理或将来关于相同事实的任何审理中不认可发起该认罪协议的程序；并且

（d）应相应地记录下无罪辩护。

（2）如认罪协议被法庭驳回并且因此记录下无罪辩护，检方可以在收到根据该条第 1 款（a）项作出的通知后，将该事件在其他法庭重新提交并审理。而被告人有放弃由其他法庭审理案件的权利。

（3）当认罪协议被驳回后，不应对相同事实进行进一步的认罪协议谈判。

（4）如果法庭根据本条规定驳回了认罪协议，任何一方不得针对该法庭的驳回命令提起上诉或申请复议。

第 137K 条　撤回认罪答辩

被告人可以在达成认罪协议后撤回认罪答辩：

（a）可以以任何原因撤回，但是应在法庭认可认罪协议之前；或者

（b）在法庭认可认罪协议、宣判有罪后，但尚未判刑时，如被告人能向法院证明要求撤回认罪答辩的公允原因。

第 137L 条　判决的终局性

（1）根据该条第 2 款规定，法院根据本部分作出的判决是终局判决，不接受上诉，对判决的合理性或合法性的上诉除外。

（2）尽管存在该条第 1 款规定，总检察长为维护公共利益、司法秩序和被告人的利益，可以向作出判决的法院，以欺诈或虚假陈述的理由申请驳回根据认罪协议作出的有罪判决和量刑。

（3）如果根据该条第 2 款驳回了有罪判决或判刑，应比照适用第 137J 条规定。

第 137M 条　认罪协议程序的保护

尽管有当时有效的成文法律的规定，被告人在认罪协议中作出的陈述或提供的事实不得用于除本部分以外的其他目的。

第 137N 条　适用

本部分不适用于：

（a）《2006 年性侵犯法案》中的罪行；

（b）种族屠杀罪行、战争罪和违反人道罪。

第 137O 条　本部分的规则

总检察长可以为更好地执行本部分规定制定规章，且上述规章应比照适用依据本法典案第 88 条进行的起诉。

六、埃塞俄比亚

《埃塞俄比亚刑事诉讼法典》

第四卷

第二编　特别程序

第二章　轻罪程序

第 167 条　传唤被告人

（1）轻罪案件发生后，检察官或自诉人应向有管辖权的法院申请传唤被告人到案。

（2）申请书和传唤令应包含被告人的姓名、轻罪的具体情形以及应当适用的法律和条款。

第 168 条　轻罪案件中被告人书面认罪

被告人可在传唤令上附注对指控作有罪答辩。这一附注被告人应签名并注明日期。此类案件，在与本法典第 169 条第 3 款规定不相违背的情况下，被告人可不必出庭回应传唤。

第 169 条　程序和判决

（1）收到载有附注的传唤令后，法院应记录有罪答辩，在从原告处确认案件事实后，可对被告人作出判决，并向其送达判决书副本。

（2）对于单处一罚金的案件，法院可按照前款规定审理。

（3）对于可能判处拘捕、强制劳动、警告、谴责的案件，应传唤被告人到庭，给其在判刑前进行辩护的机会。

第 170 条　被告人出庭的轻罪案件的审理

（1）如果没有在传唤令上附注有罪答辩，被告人应当在确定的审判日期出庭。

（2）在此情况下，原告方和被告人应采取必要的措施保证其证人出庭作证。

（3）庭审以口头的方式进行。法庭只需记录每位证人的关键证言。法庭可口头作出裁决，并简要说明判决的理由和法律根据。

（4）如果被告人没有合理理由缺席法庭审理的，法庭仍可作出判决。

大洋洲

一、新西兰

《新西兰2011年刑事诉讼法》
第三编　审前程序
第一章　答辩程序
第一节　进入答辩程序

第37条　被告人可启动答辩程序

（1）在法庭依据本法第39条要求进入答辩程序之前的任何时候，法庭均可接受来自被告人的答辩。

（2）被告人可答辩有罪或无罪，或作出特别答辩。

（3）如果被告人并未获得律师代理——

（a）法庭应审查确定，被告人——

（i）已经就其得到律师帮助的权利获得了充分的通知，包括其依据《2011年法律服务法》申请法律援助的权利；并且

（ii）已经充分理解那些权利的内容；并且

（iii）已经获得合理、适度的机会以充分行使那些权利；并且

（b）指控的实质内容应向被告人宣读。

（4）已获得律师代理的被告人可能通过向法庭提交通知书的方式作出无罪答辩或特别答辩。

（5）接到被告人依据本条第（4）款所提交的通知书，事务官需将此事通知检控人。

（6）如果被告人并未出庭，但表现出其将作出有罪答辩的意图，那么被告人应被带至法庭而进入答辩程序。

（7）针对第1类、第2类或第3类犯罪，事务官可依据本条行使法庭接受被告人无罪答辩的权力。

第38条　采用通知书方式答辩第1类犯罪的权利

（1）尽管有第37条规定，受到第1类犯罪指控的被告人，可通过向法庭提交通知书的方式作出有罪、无罪或特别答辩。

（2）作出有罪答辩的被告人，可——

(a) 在通知书上表示其是否有意愿出席量刑程序；以及

(b) 如果被告人认为合适（无论被告人是否有意愿出席量刑程序），可以在通知书中作出，或随通知书一并提交书面陈词，用于在量刑程序中供法庭予以考虑。

(3) 接到被告人依据本条第（1）款所提交的通知书，事务官须将此事通知检控人。

(4) 在审前的任何时刻，被告人皆可依据本条第（1）款，通过提交通知书的方式改变无罪答辩。

第 39 条　法庭要求被告人答辩

(1) 如果被告人没有依据第 37 条或第 38 条对指控进行答辩，并且法官确定被告人已依据《2008 年刑事诉讼审前披露法》第 12 条第（1）款规定进行了初步披露，那么法官可要求被告人进行答辩。

(2) 被告人可作出有罪或无罪答辩，或提出特别答辩。

(3) 如果被告人未获得律师于代理——

(a) 法庭应确定被告人——

(i) 已被通知其享有获得法律代理的权利，包括依据《2011 年法律援助法》申请法律援助的权利。并且

(ii) 已充分理解这些权利的内容；并且

(iii) 已获得合理的机会行使这些权利；并且

(b) 指控的实质内容应向被告人宣读。

(4) 如果被指控的犯罪是第 1 类、第 2 类或第 3 类犯罪，那么依据本条规定，要求被告人作出答辩的法庭权力，可由事务官行使。

(5) 如果事务官依据本条第（4）款行使法庭权力，且被告人向事务官作出有罪答辩，那么被告人应被带至法庭进入答辩程序。

第 40 条　对第 4 类犯罪的无罪答辩

对第 4 类犯罪的无罪答辩，仅可在高等法院的答辩程序中作出。

第 41 条　如果被告人拒绝或未能依据第 39 条或第 49 条第（3）款进行答辩

依据本法第 39 条或第 49 条第（3）款要求被告人作出答辩时，如果其拒绝或未能答辩，被告人被视为作出无罪答辩，并且诉讼活动应继续进行。

第 42 条　被告人可改变无罪答辩

(1) 被告人可被要求带至法庭（或如果此时被告人已在法庭受审，他可以要求获得准许），针对其所被指控的犯罪，作出将无罪答辩改为有罪答辩，或改为特别答辩的主张。

（2）当被告人因本条所规定的目的而在法庭出庭时——

（a）如果被告人未获得律师代理，那么指控的实质内容应向被告人宣读；并且

（b）被告人应被要求答辩。

第43条 被告人虽未认罪但暗示认罪意图时的程序处理

（1）如果依据本法第37条第（6）款，第39条第（5）款或第42条第（1）款，被告人显示出想作出有罪答辩的意图，那么适用本条。

（2）如果被告人并未答辩有罪，或被告人并未亲身参与答辩程序，那么——

（a）被告人在任何方面都应被视为从未表现出任何认罪意图；并且

（b）后续程序中，不能因被告人曾表现出认罪意图的这一因素而作出任何评论；

（c）被告人表现出认罪意图的这一事实，在后续任何程序中，皆不能作为不利于被告人的证据。

第44条 当指控涉及先前定罪时的答辩

如果一项指控宣称被告人先前有过定罪前科，被告人无须对这一宣称进行答辩，除非其对指控的其他内容皆作出有罪答辩。

第二节 特别答辩

第45条 特别答辩

（1）仅可依据下列事由作出特别答辩：

（a）指控已获先前的定罪裁判；

（b）指控已获先前的无罪裁判；

（c）指控已获赦免。

（2）关于同一项指控的多项特别答辩可被一并提出。

（3）如果被告人提出任何一项特别答辩，被告人应就特别答辩的成立提供信息。

第46条 先前的定罪裁判

（1）如果被告人对一项指控已获得先前定罪裁判的特别答辩，那么在确认被告人满足下述情形，并且在先前已被定罪时，法庭应依据本法第147条驳回指控。

（a）与本次指控的犯罪相同，且基于相同的事实；或

（b）基于相同事实而提出的任何其他犯罪指控。

（2）第（1）款在下述情形下不予适用——

（a）被告人确曾因一项犯罪获得定罪裁判，但是当前却因相同事实面临

更严重的犯罪指控；并且

(b) 法庭需确认，在前次审判提交指控文书时，有关本次所涉及的更严重犯罪指控的证据，在当时仍未取得。

第 47 条　先前的无罪裁判

如果被告人对一项指控，提出了该项指控已经获得先前无罪裁判的特别答辩，那么在确认被告人满足下述情形，并且在先前已被判无罪时，法庭应依据本法第 147 条驳回指控。

(a) 与本次指控的犯罪相同，且基于相同的事实；或

(b) 基于相同事实而提出的任何其他犯罪指控。

第 48 条　赦免

如果被告人对一项指控，提出了该项指控已经获得先前赦免的特别答辩，那么在确认被告人满足下述情形，并且在先前已被定罪并获赦免时，法庭应依据本法第 147 条驳回指控。

(a) 与本次指控的犯罪相同，且基于相同的事实；或

(b) 基于相同事实而提出的任何其他犯罪指控。

第 49 条　特别答辩的处理程序

(1) 如果被告人作出特别答辩，那么特别答辩是否有效，应由法官裁定。

(2) 为判断一项特别答辩是否有效，法官可权衡其所认为合适的任何证据。

(3) 如果法官裁定被告人特别答辩无效，那么被告人应被要求作出有罪答辩或无罪答辩。

(4) 除本条第 (1) 款规定外，如果被告人的特别答辩系针对第 4 类犯罪指控而作出，那么特别答辩的有效性应交由高等法官裁定。

二、所罗门群岛

《刑事诉讼法典》

第六节　地方法院的审判程序

第 187 条　听审时控告人的不出席

(1) 如果在地方法院有管辖权听审并决定的案件中，被告人遵照向其送达的传票在指定的时间和地点出席法庭，或者是在被逮捕的情形下被带至法庭，然后，如果控告人已经接到为该指控的听审而确定的时间和地点的通知，没有亲自出席或者也没有由他的代理人出席，法院应当驳回指控。除非，由于某种原因法院认为应当延期审理案件是适当的，根据这些其认为合适的条件，其中，法院可以在等待这种推迟听审期间，容许被告人保释或者送还监

狱，或者采取法院认为合适的保证被告人出庭的措施。

（2）在本条以及第 189 条和第 191 条中的“代理人”若与控告人有关，应当包括公诉人。

第 188 条 在特定案件中法院可以在被告人缺席的情形下进行听审

（1974 年第 46 号法律公告）

尽管有第 179 条的规定，如果被告人被指控犯有被判不超过 6 个月监禁期限、不超过 100 元罚款，或者两者并罚的罪行，并且在依据传票或者依据为出庭他可能曾提供的保证金保证所指定的时间和地点没有出庭，而他亲自出庭的义务并没有依据第 86 条被免除；法院可以依据之前在一个合理的时间内传票已经妥善送达的证明，或者依据保证的出示，视情况而定，在被告人同意在其缺席的情况下继续听审并决定案件，或者可以宣布延期审理案件，并依照第 89 条的规定对被告人发出逮捕令。

第 189 条 双方的出席

如果在案件审理指定的时间，控告人亲自或者由他的代理人与被告人双方都出席将听审和决定指控案件的法庭，或者如果控告人以上述的方式出席而被告人亲自出庭的义务已经依据第 86 条被免除，法院应当继续审理案件。

第 190 条 撤回起诉

（1）检察官可以经过法院的同意在作出最终命令之前的任何时间对依据本节的任何案件撤回起诉。

（2）在任何上述的撤诉之中——

（a）当撤诉在被告人被要求作出他的辩护之前进行时，法院应当宣告被告无罪；

（b）当撤诉在被告人被要求作出他的辩护之前进行时，法院应当依照第 197 条的规定以其自由裁量权作出下列任一命令——

（i）一个宣告被告人无罪的命令；

（ii）一个释放被告人的命令。

（3）一个依据第 2 款第（b）项第（ii）目作出的释放被告人的命令，不得作为对被告人因诉事实提起后续诉讼的障碍。

第 191 条 休庭

在听审案件之前或者期间，法律应当允许法院以其并随即在当时在场的当事人或者自由裁量权延期审理，并随即在当时在场的当事人或者各自的代理人的出庭和听审活动中指定和确定时间与地点，与此同时，法院可能会让被告人自由行动，或者将他送交给监狱，或者依据他的以法院的自由裁量权有担保或者无担保的具结将其释放，以保证他在此听审或者进一步听审所延期的时间和地点出席：

此延期不得超过 30 个完整工作日，或者如果被告人一直被送交监禁之中，不超过 15 日，自作出延期的次日起算。

第 192 条　休庭后的当事人不出庭

（1）如果在被延期的听审或者进一步听审的时间或者地点，被告人没有在作出延期审理命令的法院面前出现，此法院可以继续进行审理或者进一步审理，除非被告人被指控犯有重罪，如果控诉人没有出席，法院可以驳回指控收取或者不收取法院认为应当合适的诉讼费。

（2）如果上述被指控犯有重罪的被告人没有出席，或者如果法院以其自由裁量权拒绝对被告人缺席审判，法院应当发出对被告人的逮捕令，并将其带至法庭前。

第 193 条　被告人缺席的定罪可能被推翻

如果法院缺席判决被告人有罪，在确信他的缺席是由于不可抗力的原因，并且他对案情有合理的辩护理由的，可以推翻此定罪。

第 194 条　被告人缺席的量刑的起算

依据第 188 条或者第 192 条通过的量刑应被视为从逮捕的日期开始，而执行逮捕的人应当在其中背书执行逮捕令的日期。

第 195 条　被告人被要求答辩

（1）控告或者控诉的主旨应当由法院向被告人说明，应当问他到底是承认还是否认指控的事实。

（2）如果被告人承认所指控的事实，他的承认应当尽可能记录他的原话，法院应当给他定罪，并对他作出量刑或者作出不利于他的令状，除非出现相反的充分理由。

（3）如果被告人不承认所指控的事实，法院应当继续听审案件。

（4）如果被告人拒绝答辩，法院应当认为他提出了“无罪”的答辩。

（5）当法人在地方法院前被指控任何一个罪名，法人可以由其代表书面提出“有罪”或者“无罪”的答辩；如果法人并没有代表出庭，或者尽管它有代表出庭，但拒绝提出任何答辩，法院应当认为“无罪”答辩被提出，并且审判就好像法人适时地提出了“无罪”答辩一样继续进行。

（6）当对法人的指控经过被告人同意，可以由地方法院审理，法人并没有派代表出庭，或者如果它有代表出席，并且同意犯罪应当如此处理，地方法院可以依照本法典的规定继续简易审理该控告。为此条的目的，法人代表不需要依据公司的印鉴指定，一个书面声明声称签署自法人的董事、经理，或者拥有管理法人事务或者属于拥有管理法人事务之一的人（无论叫什么名字)，大意是在声明中被指名的人已经为本条的目的被任命为法人的代表，该声明应当无须进一步证明即可作为该人已经被如此任命的初步证据。

第 196 条　无罪答辩的程序

如果被告人不承认被指控的事实，法院应当继续听审控方的证人证言和其他证据（如果有的话）。

被告人或者其代理人可以对控方的每一个反对他的证人提问。

如果被告人没有聘请代理人，法院应当在每一个控方证人的调查结束之时，询问被告人是否希望对那个证人提问，并记录他的回答。

第 197 条　被告人无辩可答的无罪释放

在支持指控的举证结束之时，法庭认为案件证据并不能清晰地证明不利于被告人也不足以要求他作出辩护，法院应当驳回此案并立即宣告被告人无罪。

第 198 条　辩护

（1）在支持指控的举证结束之时，如果法庭认为案件证据对被告人的控告已经被清晰地证明且足以要求他作出辩护，法院应当再次向被告解释控告的主旨，并应当通知他，他有权利进入证人席提供经宣誓的证据，而且，如果他这样做，他将承受交叉询问，或者从被告席发表未经宣誓的声明，并询问他是否有任何目击者要审查或者提供其他证据以支持他的辩护，然后法院应当听审被告人、证人和其他证据（如果有）。

（2）如果被告人声称他有目击证人要传唤，但他们并没有出席法庭，法院确信，此证人的缺席不是由于被告人的任何错误或者疏忽，如果出庭的话，他们可能为被告人的利益提供实质证据，法院可能会推迟审判和宣判程序，或者采取其他步骤，以强迫此证人出席法庭。

第 199 条　答辩证据

如果被告人在其辩护之中举出证据引入检察官不可能预见的新的事由，法院可以允许检察官举出证据回应并反驳上述的事由。

第 200 条　控、辩案件的启动和结束

（1967 年第 19 号，第 15 条）

（1）依从于第（2）款的规定，检察官有权向法院作出开庭陈述，而被告人或者其代理人有权向法院作出开庭陈述和结案陈词。

（2）如果被告人出示证据，公诉人应当依从第 143 条的规定，在辩护方举证结束，并且由被告人或其代理人作出结案陈词（如果有）之前有权向法院发表意见。

第 201 条　指控与证据的不一致以及对指控的修正

（1）在控诉方结案之前的庭审阶段，在法院看来，指控似乎是有缺陷的，无论是实质的或者形式的，当法院认为有满足案件情况的必要时，法院可以发布这样的令状以变更指控，或者通过修正指控，或者通过替换或者增加新的指控的方式；

倘若指控作出上述的改变时，法院应当随即要求被告人就改变的指控进行答辩；

进一步而言，指控依据本条做了改变，被告人可以要求证人或者其中的任何人被传到法庭并且再度提供他们的证据，或者由被告人或他的代理人进一步交叉询问，在此最后提到的情形中，控诉方应当有权就引起进一步交叉询问的事项而再次询问任何证人。

（2）在指控和所举出的支持它的证据之间就被指称的罪行的犯罪日期不一致不是实质性的，指控不需要为这种不一致进行修正，如果据证明这个诉讼实际上是在为其启动的法律限制的时间内（如果有）所提起的。

（3）在控告是依据第（1）款进行的变更或者存在着控告与第（2）款中所述的证据之间的不一致时，如果法院认为被告人被误导或者欺骗，法院应当延期审判至合理的必要期间。

第 202 条　否定性的抗辩

任何例外、豁免、但书、借口或者条件，无论它是否在同一条中伴随在确立犯罪的法律之中罪行的描述，以及无论是否在控诉和控告之中被确定或者否定，可以由被告人进行证明，但有关于此的证据不应当要求控告人提供。

第 203 条　决定

(第 1967 年第 19 号，第 16 条)

法院听审公诉人和被告人以及他们的证人和证据，应当或者对被告人定罪和判刑，或者依法对他发出命令，或者将他宣告无罪，或者遵循刑法典第 35 条的规定，如果法院认为不适宜施加任何惩罚，即使它认为对被告人的指控已经被证明，法院也无须继续至定罪，可以作出一个命令绝对地或者有条件地撤销起诉。

第 26 章

第 204 条　拟定定罪或者命令

定罪或者命令，如果需要，应当事后起草并应当由法院的书记员或者其他官员签署。

第 205 条　无罪释放的命令对进一步诉讼的障碍

经法院书记员或者其他官员确证的无罪释放的命令副本的出示，应当无须其他证明地禁止对同一被告人的同一事实的后续起诉或者控告。

第 206 条 在特定案件中简易审判的时间限制

除一个更长时间是由法律专门许可以外，最重不超过 6 个月监禁的处罚或者 100 元的罚款或者两者并罚的罪行不应当由地方法院裁判，除非有关它的控告或者相关控诉自这种控告和控诉的事由发生之时在 6 个月内确定。

第 207 条 停止简易审判的权力和举行代替的初步调查

如果在地方法院的审判之前或者期间，地方法院认为，此案应当由高等法院审理，或者在审判开始前，案件应当由高等法院审判的申请由公诉人以其利益提出，地方法官不应当继续审判，但代之以他应当按照以下所包含的规定进行初步调查，而且在此情形下第 220 条的规定不应当被适用。

第 208 条 地方法官呈交高等法院量刑

（1）当任何年满 18 周岁的人，对由地方法院或者由高等法院都可处罚的罪行在地方法院受到审理，并且此人由地方法院就其罪行被判有罪，如果依据获取的关于此人的性格和经历的信息，地方法院认为，所涉罪行应当被施加更严重的惩罚以至于超过了该法院管辖权的范围，地方法院可以采用它有能力处理他的方式来代替处置他，将他羁押并交给高等法院按照此条的下列规定进行量刑。

（2）当罪犯被如此呈交，高等法院应当尽可能在有关量刑的考量范围内调查案件的情况，并且应当有权以能够处理他的方式处理罪犯，如果他已经被高等法院判定有罪。

除非罪犯已经由地方法院依据他自己的认罪答辩被判有罪，在允许他提出上诉的期间届满之前，或者如果提出了上诉，在对上诉作出决定或者撤销之前，高等法院不应当处理他。

（3）如果罪犯认为自己受到了高等法院根据本条的规定所作出的量刑的侵害，他可以上诉到依据宪法第 85 条建立的上诉法院，正如在高等法院被审判、定罪并量刑一样的方式。

三、瑙鲁

《瑙鲁共和国 1972 年刑事诉讼法》

第六章 地区法院的审判程序

第 150 条 控告人在审讯时不出庭

（1）凡地区法院有司法管辖权对任何案件作审讯和裁定，被告人遵循向其送达的传票的指示在传票指定的时间和地点出庭接受就该案进行的审讯，或在被逮捕后被带到法庭前，如控告人在获得就该指控审讯指定的时间和地点的通知后没有亲自或由他的出庭律师兼事务律师或讼辩人出庭，则法庭应撤销该项指控，但法庭因某些理由认为宜将对该案的审讯押后至其他日期，并施加它认为适当的条款，在该等条款中，它可准许被告人保释或将被告人予以羁押，或提取法庭认为适合的保证其出庭的保证金，以听候该押后的审讯的，则属例外。

（2）在本条及本法第 153 条和第 155 条中，“出庭律师兼事务律师或讼辩人”就控告人而言应包括公诉人及依据本法第 48 条第（3）款规定出庭并进行控诉的警务人员。

第 151 条　在某些案件中法庭可在被告人缺席的情况下进行审讯

（1）尽管有本法第 145 条规定，如以书面形式向法庭作有罪答辩或被指控就定罪最高刑罚可处以不超过 200 澳元罚金或除因不缴付罚金被判处不超过 6 个月的监禁刑以外，或同时处以罚金与监禁刑的被告人没有在传票（或经传票或经他就出庭可能已作出的任何保证书）指定的时间和地点到地区法院前，而且他亲自出庭的义务没有依据本法第 61 条获免除，则法庭如确信该书面的有罪答辩是确定的，或经证实该传票在合理时间前已妥为送达，或经出示该保证书（视属何情况而定），可在被告人缺席的情况下对案件进行审讯并作出裁定，或可将案件押后并依据本法第 63 条规定逮捕被告人签发令状。

（2）尽管有前款规定，除非他同意，否则任何人不得在其缺席的情况下受审；但如果任何人已获送达载有依据第 61 条他亲自出庭获免除所作出指示的传票，或该传票附有通知，称如他不出庭，他将被视为同意在他缺席的情况下进行审判，则他应被视为已如此同意。

第 152 条　双方均有出庭

凡在就案件审讯指定的时间内，控告人本人或其出庭律师兼事务律师或讼辩人（如果有）及被告人均有到地区法院前，或者控告人以前述方式出庭，而被告人亲自出庭的义务依据本法第 61 条获免除，则除本法第 154 条另有规定外，法庭应对案件进行审讯。

第 153 条　指控的撤回

（1）在任何案件依据本章最终命令作出前的任何时间经法庭同意，任何在地区法院审判的案件中的控诉人可撤回该指控。

（2）在前述的任何撤回中——

（a）如该撤回在被告人被传唤出庭进行辩护后作出，法庭应裁定被告人无罪。

（b）如该撤回在被告人被传唤出庭进行辩护前作出，则除本法第 158 条和第 201 条另有规定外，法庭应行使其自由裁量权作出下列命令中的一项——

(i) 裁定被告人无罪的命令；

(ii) 释放被告人的命令。

(3) 依据第 (2) 款第 (b) 项第 (ii) 目所作出的释放被告人的命令并不禁止其后根据相同的事实针对被告人提起法律程序。

第 154 条 延期审理

在对任何指控进行审理前或在审理期间，法庭可行使自由裁量权将审理延期至特定时间和地点进行，并在一方或双方或其代表出庭律师兼事务律师或讼辩人（如果有）在场并接受审讯时作出指定并宣读，同时法庭可准许被告人不在羁押中，或将其押交监狱，或可在他提供担保（由法庭行使自由裁量权决定是否须有担保人）保证其在该审讯或进一步审讯所延至的时间和地点出庭后将其释放；

该等延期不得超过 30 日，如被告人被押交监狱，则不得超过 15 日。

第 155 条 延期审理后双方均不出庭

(1) 如在地区法院就任何刑事法律程序的审判或进一步审判所延至的时间及地点，被告人没有到法庭前，而他已亲自或由他的出庭律师和事务律师或讼辩人（如有的话）代为同意在他缺席的情况下进行审判，则法庭可行使自由裁量权进行审判或进一步审判，犹如被告人在场一样。但如控告人没有亲自或由其出庭律师兼事务律师或讼辩人出庭，则法庭可撤销该项指控，并判给或不判给法庭认为适当的诉讼费用。

(2) 凡没有在任何刑事法律程序的审判或进一步审判所延至的时间及地点到法庭前的被告人没有同意在他缺席的情况下进行审判，或法庭行使自由裁量权不进行审判或进一步审判，则法庭可签发令状将他予以逮捕并将他带到法庭前，并应据此进一步将该审判或该进一步审判延期。

第 156 条 被告人缺席情况下的定罪可予作废

如地区法院在被告人缺席的情况将他定罪，法庭如确信他缺席是因为无法控制的理由及确信他就缺席有合理辩解，则应将该定罪作废。

第 157 条 被告人缺席情况下所判处刑罚的开始执行

依据本法第 151 条或第 155 条对任何人判处的刑罚应视为从执行押交令将其予以逮捕之日起开始执行，且执行逮捕的人应在该令状背面注明执行逮捕的日期。

第 158 条 与最高法院有关的某些条款适用于地区法院

本法第 187 条、第 190 条、第 191 [第 (1) 款除外] 条、第 192 条、第 193 条、第 194 条、第 195 条、第 198 条、第 201 条、第 202 条、第 203 条、

第 204 条、第 205 条、第 206 条、第 207 条、第 210 条、第 211 条及第 212 条在加以必要的变通后适用于地区法院的审判中，犹如它们适用于最高法院一样。

第 159 条　在某些案件中依简易程序审判的时效

除非获法律特别许可更长的时间，否则就定罪最高刑罚可处以不超过 6 个月监禁刑或不超过 200 澳元罚金或二者并罚（不论该等刑罚是否附有任何取消资格的命令）的罪行不得由任何法庭审判，但如该指控或与之相关的控告是在其所涉事项发生后起的 6 个月内提出的，则属例外。

第 160 条　停止依简易程序审判并替之以预审的权力

（1）如在地区法院审判前或在地区法院审判的任何阶段被告人应作出辩护前的任何阶段，法院认为案件应当由最高法院审判的案件或在审判前控诉人或被告人提出案件应由最高法院审判的申请，则地区法院如认为适当可不进行审判，但须依据本法第七章规定进行预审以代替审判。

（2）不得就地区法院对根据本条提出的任何申请所作的决定提出上诉。

（3）凡地区法院根据本条第（1）款在对任何罪行的审判时收集了证据后就该罪行进行预审，则该证据应视为在预审进行过程中被收集，且任何证人在法庭上提供的证据部分或任何证人依据本法第 146 条提出的书面陈述应视为被收集的书面证词或依据本法第 164 条或第 166 条规定收集的陈述。

第 161 条　交付最高法院判处刑罚

（1）尽管有本法第 158 条、第 190 条及第 207 条规定，在符合本条规定的原则下，凡被告人由地区法院审判并就任何罪行被定罪，且地区法院在获得有关他的性格及经历的信息后认为就该罪行应判处比它有权判处的刑罚更高的刑罚，则它仍可依据本条下列规定将他押交羁押或准许他保释以待最高法院判处刑罚，而非借其有权处理他的任何方式处理他。

（2）凡被告人依据本条被交付最高法院判处刑罚，下列条款应具有效力，亦——

（a）最高法院应审查在地区法院所进行的法律程序记录的副本，且可亲自对该案的所有情况（有罪的裁断除外）作进一步调查，如被告人被最高法院定罪，则最高法院有权以被告人曾被处理的任何方式对他进行处理。

（b）如被最高法院处理，被告人应享有针对其定罪（如有）提出上诉的同等权利，犹如他由地区法院定罪并判处刑罚一样；同时应享有针对其刑罚（如有）提出上诉的同等（但没有更多）权利，就像他由最高法院定罪并判处刑罚时他所享有的上诉权一样。

（c）最高法院在审讯了代表共和国出庭的公诉人（如他意欲被审讯）

后，可将被告人送还羁押或准许他保释以待地区法院判处刑罚，而非依据本款第（a）项处理被告人。

四、澳大利亚

《联邦起诉政策》

指控协商

6.14　指控协商是指在辩护方与控方之间就继续诉讼的指控所涉及的协商。这种协商可能导致被告人对少于他或她所面临的指控，或者更轻的指控或者更少的指控进行有罪答辩，剩下的指控或者不再继续进行，或者不考虑在定罪程序之内。

6.15　与指控协商相关的本节所涉及的各项规定应与第二章第2.21条所规定的“无论如何，提出的指控应当与随后打算提供的指控协商范围相一致”这一基本原则一起解读。

6.16　指控协商，与审判法官就其可能会判处的刑罚问题所进行的私下协商完全不同。这种协商，维多利亚州最高法院合议庭在R－V－Marsball（1981）VR725，第732页上说道：

在法官和辩护律师之间就有罪答辩或要判处的刑罚问题所作的任何私下协商的建议必须刻意予以避免。这是令人反感的，因为这不是公开进行的，它排除了最为重要的相关人，即被告人，这对政府来说是令人尴尬的，并将法官置于错误的位置，在司法执行中，这可能只会削弱公众的信任度。

6.17　在辩护方和控方之间的协商应受到鼓励，可以发生在案件起诉到法院过程中的任何阶段，且可以由控方提出。在辩护方和控方之间就某一指控或数项指控所进行的协商，其有罪答辩可能与公正的要求相一致，如果遵守以下的限制条件：

（i）继续进行的指控与被告人的犯罪行为在性质上应有合理的联系；

（ii）从案件的所有情节来看，那些指控为合适的量刑提供了充足的依据；

（iii）有证据支持指控。

6.18　任何是否同意指控建议的决定必须考虑案件的所有情节以及其他相关事项，包括：

（a）被告人是否愿意在侦查中或者起诉其他人中予以合作，或者被告人合作的程度；

（b）根据建议，如果指控有所变化（考虑到被告人是否已服了一段时间刑期这类事情），对所涉及的犯罪行为来说，可能判处的刑罚是否合适；

(c) 案件得到立即、迅速处理的满意度；

(d) 被告人的前科；

(e) 起诉案件的说服力；

(f) 证人出现相反后果的可能性；

(g) 是否有可能挽救证人，特别是被害人或其他在审判作证时感到压力的弱势证人；

(h) 在那些已经对联邦或某人造成经济损失的案件中，被告人是否已予以赔偿或安排赔偿；

(i) 为了避免给其他悬而未决的案件造成迟延的需要；

(j) 审判中所涉及的时间和花费，以及任何上诉程序；

(k) 相关部门或机构的观点；以及

(l) 被害人的观点，当这些观点可以获得时，而且如果将这些观点考虑在内是合适的。

6.19　控方不应同意由辩护方提出的指控协商建议，如果被告人继续声称他或她对其已打算进行有罪答辩的某一指控或数项指控是无罪的。

6.20　当相关的立法允许可起诉犯罪以简易的方式处理时，辩护方提出通过有罪答辩得到较少的指控或较轻的一项或数项指控的建议可能涉及一个要求，即所建议的指控将以简易方式处理，而控方也同意或不反对（根据立法的要求）以简易的方式处理这一案件。或者，辩护方可能会表明被告人将对现有的一项指控或数项指控作有罪答辩以换取案件以简易方式审理。控方在作出有关这一要求的决定时，应当对上述事项予以考虑，同时还应考虑先前依据审判模式确定的事项。

6.21　辩护方提出通过有罪答辩得到较少的指控或较轻的一项或数项指控的建议可能包括这一要求，即控方不反对将量刑在所提议的范围内处罚这一辩护意见提交给法庭。或者，辩护方可能会表示被告人将对现有的一项或数项指控进行有罪答辩，如果控方不反对这一意见。控方可以考虑同意这一要求，只要认为所提议的量刑范围或处罚是在恰当地行使量刑自由裁量权时可接受的范围内。